KLAUS GAMBER

CODICES LITURGICI LATINI ANTIQUIORES

Secunda editio aucta

Pars I

1968

UNIVERSITÄTSVERLAG FREIBURG SCHWEIZ

Veröffentlicht mit Unterstützung des schweizerischen Nationalfonds zur Förderung der wissenschaftlichen Forschung, des Bundesministeriums für wissenschaftliche Forschung der Bundesrepublik Deutschland und des Hochschulrates der Universität Freiburg/Schweiz

VORWORT

Die vorliegende 2. Auflage der «Codices liturgici latini antiquiores», abgekürzt CLLA, stellt eine völlige Neubearbeitung und Erweiterung der vor fünf Jahren erschienenen 1. Auflage dar. Es wurden noch mehr Handschriften als bisher erfaßt, vor allem auch zahlreiche Neufunde wichtiger Fragmente berücksichtigt, die zum größten Teil Prof. B. Bischoff zu verdanken sind.

Wegen der zahlreichen neu aufgenommenen Codices ließ es sich leider nicht vermeiden, an einigen Stellen die bisherige Numerierung zu ändern. Darunter fielen vor allem die Nummern 276–299 (Reliqui libri liturgici gallicani), 305–329 (Mozarabica cum officiis et missis), 646–660 (Sacramentaria Ravennatensia), 1340–1377 (neumierte Antiphonalien) und die meisten Nummern von 1601 an (Libri pro officio divino).

Neu ist das 1. Kapitel (Documenta Liturgiae occidentalis antiquissima), das an die Stelle des bisherigen «Reliquiae Liturgiae Africanae» tritt. Im neuen Kapitel werden die wenigen erhaltenen Bibelhandschriften aus den ersten Jahrhunderten (bis zum 5./6. Jh.), die wahrscheinlich im Gottesdienst verwendet wurden, aufgeführt – in der Hauptsache sind es Psalterien, Evangeliare und Apostolus-Handschriften, – ferner die verlorengegangenen Urtypen der abendländischen Liturgiebücher, wie der «Liber sacramentorum» des Paulinus von Nola, und schließlich einige Dokumente (bis etwa 450), aus denen wir Nachrichten über die Liturgie der Frühkirche im lateinischen Westen erhalten und in denen manchmal auch liturgische Texte ihrem Wortlaut nach zitiert werden. Vollständig werden in diesem 1. Kapitel auch die Zeugnisse der nur noch in Rudimenten erhaltenen nordafrikanischen Liturgie behandelt.

Da die Erforschung der Quellen des Gottesdienstes noch lange nicht abgeschlossen ist, können verständlicherweise noch nicht in allen Fragen endgültige Resultate vorgelegt werden. Auch für die Zukunft ist mit weiteren interessanten Neufunden an Handschriften und vor allem an Fragmenten zu rechnen, vor allem aber mit Editionen bisher unerschlossener Codices sowie mit Untersuchungen über Einzelfragen.

Mitten in den Fluß der Forschung tritt also dieser Katalog der älteren liturgischen Handschriften des Abendlandes als ein Hilfsmittel, das den Stand der bisherigen Arbeit anzeigen und zu weiteren Untersuchungen anregen soll.

Es ist unmöglich allen, die durch Ergänzungen und Hinweise beim Ausarbeiten der 2. Auflage einen Beitrag geleistet haben, durch Nennung des Namens den gebührenden Dank abzustatten, da die Gefahr besteht, daß der eine oder andere Namen vergessen wird. Stellvertretend für alle sei deshalb Prof. Dr. Anton Hänggi, der neue Bischof von Basel-Lugano, genannt, der in selbstloser Weise sich nicht nur um das Zustandekommen und die Gestaltung der Neuauflage bemüht hat, sondern auch durch Korrekturen am Text sowie durch den Versand der Druckbogen an verschiedene Fachgelehrte bestrebt war, daß ein möglichst hohes Maß an Exaktheit erreicht wird.

Vom bundesdeutschen Wissenschaftsministerium ist ein Druckkostenzuschuß in Aussicht gestellt. Der Schweizerische Nationalfonds zur Förderung der wissenschaftlichen Forschung und der Hochschulrat der Universität Freiburg/Schweiz haben Druckkostenbeiträge bewilligt; ohne diese Hilfe wäre es nicht möglich gewesen, das Werk herauszugeben. Dafür sei an dieser Stelle aufrichtig gedankt.

Die Drucklegung dauerte wegen des schwierigen Satzes über ein Jahr, vom Herbst 1966 bis Anfang 1968. Nicht alle Neuerscheinungen, die während dieser Zeit herausgekommen sind, konnten mehr berücksichtigt werden. Die Hauptarbeit an den umfangreichen Indices wurde dankenswerterweise von stud. phil. Sieghild Rehle, Regensburg, übernommen.

Der Verfasser

INHALTSVERZEICHNIS

ABKÜRZUNGEN[1]

ALW	= Archiv für Liturgiewissenschaft (Regensburg 1950 ff.).
Bischoff	= B. Bischoff, Die südostdeutschen Schreibschulen und Bibliotheken in der Karolingerzeit, Teil I (= Sammlung bibliothekswissenschaftlicher Arbeiten, Heft 46, Leipzig 1940, 2. Auflage Wiesbaden 1960).
BHL	= Bibliotheca hagiographica latina, 2 Bde (Bruxelles 1898 bis 1901; Neudruck 1949).
B. N.	= Bibliothèque Nationale (Biblioteca nazionale).
Bibl.	= Bibliothek (Aufbewahrungsort der Handschrift).
Bourque	= E. Bourque, Etude sur les sacramentaires romains, I (Roma 1949), II, 1 (Québec 1952), II, 2 (Roma 1958).
CC	= Corpus Christianorum (herausgegeben von den Mönchen von Steenbrugge).
CSEL	= Corpus scriptorum ecclesiasticorum latinorum (Vindobonae).
DACL	= Dictionnaire d'archéologie chrétienne et de liturgie (Paris 1907–1953).
Dekkers, Clavis	= E. Dekkers – A. Gaar, Clavis patrum latinorum (= Sacris erudiri III, 1951, Neuauflage 1961).
Delisle[2]	= L. Delisle, Mémoires sur d'anciens sacramentaires (= Mémoires de l'Académie des inscriptions et belles-lettres, XXXII, Paris 1886) 57–423.
ebd.	= ebenda (wenn die gleiche Zeitschrift wie die vorausgenannte).
Ebner	= A. Ebner, Quellen und Forschungen zur Geschichte und Kunstgeschichte des Missale Romanum im Mittelalter. Iter Italicum (Freiburg i. Br. 1896).
Edit.	= Edition (Ausgaben der Handschrift)
Ehrensberger	= H. Ehrensberger, Libri liturgici Bibliothecae Vaticanae manuscripti (Freiburg i. Br. 1897).
Ephem. lit.	= Ephemerides liturgicae (Roma 1887 ff.).
Facsim.	= Facsimile(-ausgabe)

---

[1] Es wurden möglichst wenig Abkürzungen gebraucht, um die Benützung der Handschriftenübersicht zu erleichtern.

[2] Es wird bei diesem Werk, ebenso bei den im folgenden genannten Arbeiten von Ebner, Ehrensberger und Leroquais, jeweils nur die erste Seitenzahl genannt, auch wenn die Beschreibung der betreffenden Handschrift in den genannten Werken mehrere Seiten umfaßt.

HBS	=	Henry Bradshaw Society (London 1891 ff.).
Jh.	=	Jahrhundert.
JLW	=	Jahrbuch für Liturgiewissenschaft (Münster i. W. 1921 ff.).
JThSt	=	The Journal of Theological Studies (London 1899 ff.).
Kenney	=	J. F. Kenney, The sources for the Early History of Ireland, Vol. I Ecclesiastical (New York 1929).
Klauser	=	Th. Klauser, Das römische Capitulare Evangeliorum (= Liturgiegeschichtliche Quellen und Forschungen, Heft 28, Münster i. W. 1935).
Leroquais	=	V. Leroquais, Les sacramentaires et les missels manuscrits (du VIIᵉ au XVIIᵉ siècle) des bibliothèques publiques de France, 1. vol. (Paris 1924).
Lit.	=	Literatur (zur betreffenden Handschrift)
Lowe	=	E. A. Lowe, Codices latini antiquiores. A palaeographical guide to Latin manuscripts prior to the Ninth Century (Oxford 1934 ff.).
MGH	=	Monumenta Germaniae historica (Hannoverae-Berolini 1826 ff.).
PG	=	Migne, Patrologia graeca.
PL	=	Migne, Patrologia Latina.
PM	=	Paléographie musicale. Les principaux manuscrits de chant grégorien, ambrosien, mozarabe, gallican, publiés en facsimilés phototypiques (Tournai 1889 ff.).
Rev. bénéd.	=	Revue bénédictine (Maredsous 1884 ff.).
Sakramentartypen	=	K. Gamber, Sakramentartypen. Versuch einer Gruppierung der Handschriften und Fragmente bis zur Jahrtausendwende. In beratender Verbindung mit A. Dold und B. Bischoff (= TuA, Heft 49/50, Beuron 1958).
TuA	=	Texte und Arbeiten. Herausgegeben durch die Erzabtei Beuron. I. Abteilung. Beiträge zur Ergründung des älteren lateinischen christlichen Schrifttums und Gottesdienstes (Beuron 1917 ff.).
ZkTh	=	Zeitschrift für katholische Theologie (Innsbruck 1877 ff.).

Sonst gelegentlich vorkommende Kürzungen von Buch-Titeln beziehen sich auf die zu Beginn des jeweiligen Abschnittes angeführte Literatur.

VERZEICHNIS DER SIGLA[1]

---

[1] Eine derartige Liste aufzustellen, wird immer problematisch bleiben. Nur solche Codices bekamen ein eigenes Sigel, die erfahrungsgemäß öfters zitiert werden, besonders im Varianten-Apparat der Editionen.

Nummer

D	= Sakramentar des Heribert	530
△	= Capitulare Evangeliorum des Typus △	1104
E	= Eligius-Sakramentar	901
Ev	= Capitularia Evangeliorum et Evangelistaria	S. 446
F	= Sakramentar von Fulda	970
G	= Sakramentar von Gellone	855
Ga	= Gallikanische Liturgiebücher	S. 152
GaM	= Gallikanisches Sakramentar von Mailand	205
GaV	= Sacramentarium Gallicanum Vetus	212/4
Ge	= Gelasianische Sakramentare	S. 292
Go	= «Missale Gothicum»	210
Gr	= Gregorianische Sakramentare	S. 325
H	= Sacramentarium Hadrianum	S. 337
Je	= Sakramentar von Jena	795
K	= Kiewer Blätter	895
Ko	= Konstanzer Evangelienbuch	261
L	= Römische Sakramentar-Libelli («Leonianum»)	601
LC	= Liber Commicus	S. 214
Le	= Leofric-Sakramentar	950
LM	= Liber Mozarabicus Sacramentorum	S. 196
LO	= Liber Ordinum	S. 223
Lo	= Sakramentar von Lorsch	780
Λ	= Capitulare Evangeliorum des Typus Λ	1102
M	= Sakramentar von Monza	801
MFr	= «Missale Francorum»	410
MM	= Missale Mixtum	S. 196
Mon	= Gallikanisches Sakramentar von Regensburg	211
Mone	= Mone-Messen	203
Mp	= Missalia plenaria	S. 527
MR	= Missale Romanum	S. 546
N	= Plenarmissale von Norcia	1415
NapL	= Neapolitanische Evangelien-Liste	405

Nummer

O	= Codex Ottobonianus (Sakramentar)	740
OM	= Ordo missalis (Kurienmissale)	S. 546
OV	= Orationale Visigothicum	S. 205

P	= Sakramentar von Padua	880
Pam	= Pamelius-Sakramentar	746
Ph	= Phillipps-Sakramentar	853
Po	= Pontificalia	S. 559
PoB	= Pontifikale des Baturich	1550
PoD	= Pontifikale von Donaueschingen	1552
PoF	= Pontifikale von Freiburg	1551
Pr	= Prager Sakramentar	630
Π	= Capitulare Evangeliorum des Typus II	1101

Q	= Lektionar von Schlettstadt	265

R	= Codex Reginensis (Sakramentar)	730
RavL	= Ravenna-Liste mit paulinischen Lesungen	242
Rh	= Sakramentar von Rheinau	802
Ri	= Ritualia	S. 566
Ro	= Rocca-Sakramentar	941

S	= Sakramentar von St. Gallen	830
Sal	= Sakramentar von Salzburg	883
Sto	= Stowe-Missale	101
Σ	= Capitulare Evangeliorum des Typus Σ	1103

T	= Triplex-Sakramentar	535

U	= Sakramentar von Vich	960

V	= «Codex Vaticanus» (Gelasianum)	610
Ve	= Sakramentar von Verona	725, 810

W	= Lektionar von Wolfenbüttel	250
Wep	= Würzburger Epistelliste	1001
Wo	= Wolfgangs-Sakramentar	940

X	= Lektionar von Luxeuil	255

Y	= Ordo scrutiniorum aus Oberitalien	290

Z	= Plenarmissale aus den Abruzzen	1413
ZPL	= Fragmente von Zürich-Peterlingen-Luzern	431

Einleitung

Es ist recht wenig, was vom ehemaligen Reichtum an älteren liturgischen Handschriften des Abendlandes auf uns gekommen ist. Universitätsprofessor Dr. Bernhard BISCHOFF (München), der ausgezeichnete Kenner der frühmittelalterlichen lateinischen Handschriften, spricht einmal von einigen Promille, die aus der frühen Zeit übrig geblieben sind. Aus dem 5. Jh. sind, von Evangeliaren abgesehen, überhaupt keine Liturgiebücher erhalten, obwohl es nachweisbar solche gegeben hat. So wissen wir aufgrund der 471 datierten Stiftungsurkunde einer kleinen Landkirche bei Tivoli, daß diese folgende Codices besessen hat: «Evangelia IIII, Apostolorum, Psalterium et Comitem.» Bei letzterem handelt es sich offenbar um den Liber Comitis des Hieronymus (vgl. Nr. 074 und S. 430).

Die ältesten erhalten gebliebenen Liturgiebücher stammen aus der Wende zum 6. Jh. bzw. aus dem Verlauf dieses Jahrhunderts. Es sind außer Psalterien vor allem Reste von Lektionaren (Nr. 250, 540, 1201) und eines Sakramentars (Nr. 201). Vielleicht fällt auch die Niederschrift des sog. Leonianum (Nr. 601) noch ins 6. Jh. Aus dem folgenden 7. Jh. besitzen wir z.T. schon umfangreichere Fragmente und ganze Bücher.

Die Hauptmasse des «großen Trümmerfelds der älteren liturgischen Überlieferung» (BISCHOFF) stammt aus dem 8. Jh. Aus dieser Zeit sind Handschriften der verschiedensten Typen auf uns gekommen. Nicht wenige von ihnen, wie die irischen Meß-Libelli (Nr. 101 ff.), spiegeln noch sehr frühe liturgische Formen wieder, andere zeigen den jüngsten Sakramentartypus, das von Gregor d. Gr. (590–604) redigierte Gregorianum, in bereits überarbeiteter Gestalt (Sacramentarium mixtum). Es sind dies Fragmente von Meßbüchern aus (der Gegend von) Ravenna, die an der Wende zum 8. Jh. geschrieben worden sind.

Daraus folgt aber, daß das Alter einer Handschrift nicht unbedingt etwas über das Alter des Meßbuchtypus an sich auszusagen braucht. Doch hat andrerseits auch der Grundsatz Geltung, daß nur diejenigen

Liturgiebücher der ursprünglichen Gestalt des Typus, den sie vertreten, nahestehen, die nicht allzulang nach dessen Redaktion abgeschrieben worden sind. Im Gegensatz zu anderen Schriftwerken waren nämlich die Bücher für den Gottesdienst, wie wir es heute wieder in verstärktem Maße erleben, einem ständigen Wandel unterworfen.

Während uns das 8. Jh., wie gesagt, eine bunte Fülle an liturgischen Formen hinterlassen hat, ändert sich in den letzten Regierungsjahren Karls d. Gr. die Situation sehr rasch. In den meisten Gebieten des Abendlandes verschwinden die älteren Liturgiebücher ganz plötzlich. Schuld daran waren in erster Linie die Uniformierungsbestrebungen des fränkischen Königs, der in den von ihm beherrschten Gebieten dem «usus romanus» zum Sieg verhelfen wollte. Lediglich der Süden Italiens (das selbständige Herzogtum Benevent), weiterhin die Metropole Mailand in Norditalien, sowie der spanische Raum, der damals unter die Herrschaft der Araber gekommen war, blieben von den radikalen Tendenzen Kaiser Karls unberührt. Aber auch in Ober- und Mittelitalien ist nicht allzuviel von seinen Reformen zu spüren.

Die liturgischen Denkmäler dieser Gebiete, die zudem erst verhältnismäßig spät einzusetzen beginnen[1], sind deshalb in der folgenden Aufstellung der erhaltenen Handschriften auch über die karolingische Zeit hinaus zu verfolgen. In den übrigen Fällen bildet das 10. Jh., die Zeit der letzten Karolinger, im allgemeinen die Grenze für die von uns zu beschreibenden Handschriften. Hinsichtlich der fränkischen Überlieferung des Gregorianum beschränken wir uns vielfach sogar auf das 9. Jh., weil diese in einer solchen Gleichmäßigkeit erfolgt ist, daß sie für die Sakramentarforschung nur wenig interessantes Material bietet.

Mit Karl d. Gr. beginnt nördlich der Alpen das Mittelalter. Beachtenswert sind in diesem Zusammenhang die Untersuchungen von H. PIRENNE, Mahomet und Karl der Große (Fischer-Bücherei Nr. 553).

---

[1] In Italien hat man, wie es scheint, unbrauchbar gewordene Liturgiebücher einfach verbrannt. So heißt es im Dekret 21 der 2. Provinzialsynode von Mailand, gehalten unter Kardinal Borromäus: «Libri sacri veteris et novi Testamenti, volumina item sanctorum Patrum, ... tum scripta etiam Ecclesiastica, quibus et res et verba divina consignata sunt, etsi temporis vetustate omnino consumpta, ad rerum tamen vilium ac sordidarum usum ne ullo pacto convertantur, sed in ignem potius conjiciantur.»

In diesem bedeutenden Buch wird die Kontinuität der antiken Kultur aufgezeigt, die im Norden Europas bis zur Zeit Karls d. Gr., im Süden bis ins 10. Jh. und länger gedauert hat. Diese Tatsache wird auch, wie gezeigt werden wird, an den liturgischen Büchern deutlich. Während bis dahin noch alles im Fluß war und man eine bunte Mannigfaltigkeit an Typen erkennen konnte, tritt mit Karl d. Gr. im Frankenreich nördlich der Alpen eine fast völlige Erstarrung ein. Anders in Italien, ganz zu schweigen vom byzantinischen Osten!

Da die Zeit Karls d. Gr. einen Wendepunkt in liturgischer Hinsicht darstellt, schließt mit ihr auch die ältere Liturgiegeschichte und müßte mit ihr eigentlich auch die Geschichte der älteren gottesdienstlichen Bücher abgeschlossen werden. Da man sich jedoch im fränkischen Reich mit dem bloßen Abschreiben eingeführter Liturgiebücher begnügt und nach d. J. 800 so gut wie keine neuen Typen mehr ausgebildet hat, können wir in unserem Katalog auch die späteren Handschriften (bis etwa z. J. 1000) aufnehmen. Wir müssen dies sogar tun, weil uns manche Typen (so das Gregorianum) vollständig nur in solchen späteren fränkischen Abschriften erhalten sind.

Mit der Erstarrung der Liturgie geht Hand in Hand die Unverständlichkeit der liturgischen Sprache für die Laien, die seit der Zeit der Karolinger nicht mehr Latein verstehen und auch vielfach nicht mehr lesen und schreiben können. Auf Jahrhunderte hinaus gibt es nördlich der Alpen Bildung nur bei der Kirche. In der Hauptsache sind es die Klöster, in denen liturgische Handschriften weiter abgeschrieben werden und zwar in der neuen, von der kaiserlichen Schreibschule ausgebildeten Schrift, der karolingischen Minuskel[1].

Während in der Karolingerzeit das Gebiet nördlich der Alpen auf die rein bäuerliche Stufe zurücksank, ist im Kernland der alten «Romania», in Italien selbst, die antike Tradition auch weiterhin lebendig geblieben, wenn sie auch in den Wirren der damaligen Zeit starke Einbußen erleiden mußte. Dies machte sich auch in den liturgischen Büchern des 9. und 10. Jh. bemerkbar[2]. Obwohl diese in Schrift und Kunst den allgemeinen Verfall der Kultur deutlich offenbaren, lassen sie doch eine

---

[1] Vgl. H. FORSTER, Abriß der lateinischen Paläographie (Stuttgart 1963) 179–193.
[2] Vgl. G. HOERLE, Frühmittelalterliche Mönchs- und Klerikerbildung in Italien (Freiburg i. Br. 1914) bes. 227–229.

kontinuierliche Entwicklung erkennen, die erst im dunklen 10. Jh. zu einem gewissen Stillstand kommt.

Während das Frankenreich nach Abschaffung des gallikanischen Ritus unter König Pippin († 768) in der Mitte des 8. Jh. auf den Import «römischer» Liturgiebücher angewiesen war, wurden in Italien zur gleichen Zeit neue Typen liturgischer Bücher ausgebildet, so in Oberitalien (Pavia) als neuer Sakramentar-Typus das sog. Gelasianum saec. VIII (vgl. S. 380 ff.) und ebenfalls noch im 8. Jh. in Mittelitalien das erste Plenarmissale (vgl. Nr. 1401).

In der Forschung der vergangenen Jahrzehnte wurde die Bedeutung des Frankenreichs in liturgischer Hinsicht vielfach überschätzt und die Eigenständigkeit der Entwicklung in Italien zu wenig erkannt. Schuld daran war nicht zuletzt die Tatsache, daß aus dem Norden weit mehr frühe Handschriften erhalten sind als aus dem Süden, wo die ältere Tradition vielfach nur in armseligen Fragmenten zutagetritt (Nr. 650, 651, 701, 832, 1006, 1121, 1122, 1201, 1401). Die Hauptmasse der italienischen Liturgiebücher stammt erst aus dem 10./11. Jh., während aus den Gegenden nördlich der Alpen noch aus dem 8./9. Jh. zahlreiche Codices auf uns gekommen sind.

Wegen ihres Alters und wegen der Tatsache, daß es sich meist um sklavische Abschriften handelt, haben die genannten fränkischen Codices für die Liturgiegeschichte eine besondere Bedeutung, wenn man sich auch davor hüten muß, diese Liturgiebücher zu sehr mit einer eigenen gottesdienstlichen Entwicklung im Frankenreich in Verbindung zu bringen. Sie sind in ihrer Mehrzahl getreue Abschriften von Codices, wie sie aus Italien importiert worden waren. Lediglich unter Alkuin, dem Hoftheologen Karls d. Gr., wurden an einem Teil dieser Liturgiebücher unwesentliche Redaktionen vorgenommen, so am Gelasianum saec. VIII (vgl. Nr. 855, 860) und am Comes (vgl. Nr. 1040) oder einige Anhänge gebildet, wie zum «Hadrianum» (vgl. Nr. 740 ff.).

Eine genaue zeitliche Begrenzung für die Aufnahme bestimmter liturgischer Handschriften in unsern Katalog der «Codices liturgici latini antiquiores» schien demnach nicht empfehlenswert. Bei uns geht es ja in erster Linie nicht um paläographische Fragen (wenn diese auch von größter Bedeutung sind), sondern um eine Darstellung der Quellen der älteren abendländischen Gottesdienstgeschichte. Einige dieser Quellen fließen reichlich und schon relativ früh, wie die hadrianische Überlieferung des Gregorianum, so daß, wie gesagt, eine gewisse Beschränkung bei der Nennung der zahlreichen Codices angebracht erschien. Dagegen sind wieder andere Liturgiebücher nur (oder fast nur) in späten Abschriften für uns erreichbar, wie die gregorianischen Sonntags- und Votivmessen, so daß wir in Ausnahmefällen auch jüngere Handschriften (aus dem 12. Jh.) erwähnen müssen.

Wie demnach das «antiquiores» im Buchtitel sich nicht zeitlich genau festlegen läßt, so darf auch das «latini» nicht zu eng gefaßt werden. Gemeint sind damit die (meist lateinischen) Liturgiebücher des Abendlandes. Es wurden auch die verschwindend wenigen nicht-lateinischen Codices aufgeführt, die entweder, wie die Kiewer Fragmente (Nr. 895) eine direkte Übersetzung eines lateinischen Sakramentars darstellen, oder Reste gotischer gottesdienstlicher Bücher sind (Nr. 085–089), ferner einige griechisch-lateinische Denkmäler (Nr. 079, 080, 606, 607) aus Süditalien.

*

Die folgende Aufzählung und kurze Beschreibung von fast tausend Handschriften enthält in der Hauptsache Bücher, die zur Ausbildung des späteren Vollmissale (Plenarmissale) gedient haben, nämlich die Sakramentare (mit den Orationen und Präfationen), die Lektionare (mit den Episteln und Evangelien) und die Antiphonalien (mit den Chorgesängen), sowie Liturgiebücher, die sich vom 8. Jh. an aus den Sakramentaren herausentwickelt haben, wie die Kollektare (mit den Orationen für das Stundengebet), die Pontifikalien (mit den bischöflichen Weihen) und die Ritualien (für die Spendung der Sakramente).

Codices, die in erster Linie für die Feier des Stundengebetes gedient haben, sind bis zum 10. Jh. weniger zahlreich auf uns gekommen. Die ältesten Handschriften sind irischen Ursprungs (Nr. 150 ff.). Auch beim Chorgebet wurden anfänglich verschiedene Einzelbücher benützt (Psalterien, Antiphonare, Lektionare). Zur Ausbildung von Brevieren kam es erst vom 10. Jh. an, wobei auch hier in der ersten Zeit Mittel- und Oberitalien, ferner Spanien, führend waren. In unserem Verzeichnis werden nur die Anfänge des Breviers berücksichtigt. Die Entwicklung vom 11. Jh. an darzustellen, ist nicht mehr unsere Aufgabe.

Unsere Bemühungen gingen ferner ganz allgemein dahin, für die
spätere Zeit die wichtigste Literatur zu nennen, um dem Studierenden
wenigstens den Weg auch in diese Periode der Liturgiegeschichte zu
zeigen. Die vollständige Beschreibung der einzelnen Handschriften
vom 10./11. Jh. an ist Aufgabe gebietsmäßig bedingter Erhebungen,
wie es hinsichtlich der Sakramentare und Meßbücher vor fast 70 Jahren
der Regensburger A. EBNER in seinem «Iter Italicum» in vorbildlicher
Weise für den italienischen Raum gemacht hat.

Wenn in unserm Katalog auch in erster Linie solche Handschriften
Aufnahme finden, die direkt für den Gebrauch im Gottesdienst bestimmt waren, so sind dazu für die älteste Zeit auch die meist kostbar
ausgestatteten Psalterien, Evangeliare und Apostolus-Handschriften
zu rechnen. Lediglich erwähnt werden hingegen Einträge gottesdienstlicher Texte in nicht-liturgische Bücher. Keine Aufnahme finden
liturgische Schriften didaktischen oder instruktiven Inhalts (wie die
Ordines), da darüber bereits ausgezeichnete Arbeiten (so von M. AN-
DRIEU) vorhanden sind[1].

Unser Katalog der älteren liturgischen Handschriften soll vor
allem einen möglichst objektiven Einblick in das vorhandene Hand-
schriften-Material verschaffen. Im Gegensatz dazu war es das Ziel
einer vorausgegangenen Arbeit mit dem Titel «Sakramentartypen»,
einen, wie es im Untertitel heißt, «Versuch der Gruppierung der Handschriften» zu unternehmen, was notwendigerweise Hypothesen be-
dingte, die nicht alle sofort eingehend genug begründet werden konnten.
Doch ist dies inzwischen in eigenen Arbeiten in den meisten Fällen
geschehen[2]. In den «Sakramentartypen» wurde bereits eine Sigelliste
aufgestellt, die jedoch nur z. T. in den jetzigen viel umfangreicheren
Katalog sämtlicher liturgischer Handschriften, der also nicht nur
Sakramentare enthält, übernommen werden konnte.

Im folgenden bekommen nur noch die oft zitierten Haupt-Hand-
schriften ein eigenes Buchstaben-Sigel. Alle übrigen Codices und die

---

[1] Hingewiesen sei hier auf die zusammenfassende Übersicht von C. VOGEL,
Introduction aux sources de l'histoire du culte chrétien au moyen âge (= Biblioteca degli «Studi Medievali» 1, Spoleto 1965) 127–181.
[2] Die in den «Sakramentartypen» vorgenommene Gruppierung der Liturgiebücher liegt als Ordnungsprinzip zum großen Teil dem vorliegenden Katalog
zugrunde. Es wurde jedoch regelmäßig auf unterschiedliche Auffassungen
anderer Autoren hingewiesen.

große Zahl der Fragmente werden lediglich mit Zahlen bezeichnet, ähnlich wie dies von C. R. GREGORY bei den neutestamentlichen Handschriften und von Bon. FISCHER hinsichtlich der Vetus-Latina-Handschriften geschehen ist. Dabei wurde das System der «springenden Zahlen» angewandt, sodaß noch Raum bleibt für spätere Einfügungen weiterer Handschriften und Neufunde.

Die einzelnen Gruppen der liturgischen Bücher wurden mit einem gemeinsamen Sigel versehen, so die Celtica mit Ce, die Gallicana mit Ga, die Mozarabica mit Mo usw. Dieses zusätzliche Sigel kann der betreffenden Handschriften-Nummer bei der Zitation beigegeben werden. Es ist dies aber nicht unbedingt notwendig, da bereits die erste Ziffer der jeweiligen Zahl die betreffende Gruppe eindeutig angibt (so 1 die Ce-, 2 die Ga-, 3 die Mo-Gruppe usw.). Es ergeben sich damit verschiedene Möglichkeiten für die Zitation von Liturgiebüchern: einmal mit der bloßen Handschriften-Nummer in unserem Katalog (z. B. 101), dann mit der Nummer und zusätzlich beigefügten Gruppensigel (z. B. Ce 101) und schließlich bei den Haupthandschriften nur mit dem Buchstaben-Sigel (z. B. in unserem Fall Sto). Letztere Möglichkeit ist besonders für den Varianten-Apparat bei Editionen vorgesehen, weil sie die kürzeste und einprägsamste Art der Zitation darstellt.

In einem ersten Kapitel mit der Überschrift «Documenta liturgica latina antiquissima» werden die Grundlagen genannt, auf denen die späteren Handschriften aufbauen: in erster Linie die verlorengegangenen Urtypen der abendländischen Liturgiebücher, wie der «Liber mysteriorum» des Hilarius von Poitiers (Nr. 030) oder das Sakramentar des Paulinus von Nola (Nr. 077); ferner weitere Dokumente, aus denen wir Nachrichten über die Liturgie erhalten und in denen manchmal auch liturgische Texte zu finden sind, wie die lateinische Version der Ägyptischen Kirchenordnung (Nr. 051) oder die Fragmenta Ariana (Nr. 084). In diesem ersten Kapitel beschränken wir uns auf die Zeit bis etwa 450 und gehen nur in einigen Ausnahmefällen, so bei den Zeugnissen der afrikanischen Liturgie (vgl. Nr. 022 und 024) oder bei den gotischen Codices (Nr. 085 ff.), über diesen Zeitpunkt hinaus. Auch die ältesten Bibelhandschriften, soweit sie für eine Verwendung im Gottesdienst bestimmt waren, werden in diesem ersten Kapitel aufgeführt. Alle diese genannten Dokumente tragen als Kennziffer eine Null vor der Handschriften-Zahl.

Der Verfasser hat einen großen Teil der im folgenden beschriebenen Codices in Händen gehabt. Zum genaueren Studium standen ihm weiterhin Photokopien von 200 Handschriften und Fragmenten im Liturgiewissenschaftlichen Institut Regensburg, dessen Leiter er ist, zur Verfügung. Die restlichen Codices sind nach Angaben in der einschlägigen Literatur behandelt worden. Nicht alle darin sich findenden Angaben konnten nachgeprüft werden. Das genaue Studium einer Reihe von Handschriften dürfte noch manches Interessante zutagefördern, wie auch immer neue Funde, besonders an Fragmenten, zu erwarten sind[1].

So kann die vorliegende Handschriftenbeschreibung in manchen Dingen nur vorläufigen Charakter haben. Dies gilt besonders auch hinsichtlich der paläographischen Einordnung vieler Codices, die erst nach dem Jahr 800 geschrieben sind und daher in dem mehrbändigen Werk von E. A. LOWE, Codices latini antiquiores nicht erscheinen. Hier wird der in Vorbereitung befindliche Gesamtkatalog von B. BISCHOFF über die Handschriften des 9. Jh. vielfach erst eine genaue Datierung und Lokalisierung ermöglichen.

In wichtig erscheinenden Fällen wurde jedoch schon jetzt H. Professor B. BISCHOFF konsultiert. Seine paläographische Bestimmung wurde dann regelmäßig durch die Nennung seines Namens gekennzeichnet. Ihm sei an dieser Stelle herzlich gedankt für sein großes Interesse an der vorliegenden Arbeit und seine ständige Hilfsbereitschaft bei deren Fertigstellung, besonders auch für die wiederholten Benachrichtigungen neuer Handschriften- und Fragmentenfunde. Die Verdienste, die B. BISCHOFF sich in dieser Hinsicht für die abendländische Liturgiegeschichte erworben hat, werden erst dann offenbar werden, wenn das umfangreiche neue Material vollständig erschlossen sein wird. Neben meinem 1960 verstorbenen väterlichen Freund P. Alban DOLD war er es gewesen, der mitgeholfen hat, die bisherige Forschung auf eine wesentlich breitere Grundlage zu stellen, indem er durch zahlreiche Neufunde in vielen Fällen auch zu neuen Erkenntnissen führen half.

---

[1] Über die Art und Weise, wie man liturgische Handschriften katalogisieren soll, berichten V. FIALA – W. IRTENKAUF, Versuch einer liturgischen Nomenklatur, in: Zur Katalogisierung mittelalterlicher und neuerer Handschriften (= Zeitschrift für Bibliothekswesen, Sonderheft 1963).

Das umfassende Material, wie es in den fast 1000 besprochenen Handschriften und Fragmenten vorgelegt worden ist, übersichtlich darzustellen, war ein schwieriges Unternehmen. Viele Zusammenhänge und
Querverbindungen zwischen den einzelnen liturgischen Büchern konnten lediglich angedeutet werden und sollten zur weiteren Forschung
anregen. Diese wird sicher in zahlreichen Fällen eine Klärung der angeschnittenen Fragen bringen, so manches wird jedoch für immer im
Dunkel bleiben.

Der Verfasser ist für Mitteilungen über Neufunde an Handschriften
und Fragmenten, sowie für Ergänzungen zur Literatur und Korrekturen von Druckfehlern dankbar, ebenso für die Übersendung von
Sonderdrucken, die über die hier genannten Handschriften oder über
Neufunde berichten, damit ein für später vorgesehenes Ergänzungs-
bändchen die fehlenden und neue Literaturangaben bringen kann.

Im Juni 1967   Klaus Gamber
D-84 Regensburg-Prüfening

Documenta Liturgiae occidentalis antiquissima

Aus den ersten fünf Jahrhunderten abendländischer Kirchengeschichte sind uns, wie bereits in der Einleitung betont, überhaupt keine Bücher mit liturgischen Gebeten erhalten geblieben. Die frühesten Zeugen – es handelt sich um Fragmente – stammen aus dem 6. Jh. Aus wesentlich früherer Zeit, nämlich aus dem 4./5. Jh., blieben uns lateinische Bibel-handschriften erhalten. Sie sind als liturgische Bücher im weiteren Sinn zu bezeichnen, da ein Teil von ihnen direkt für die Verwendung im Gottesdienst abgeschrieben wurde; wie überhaupt lateinische Übersetzungen der Heiligen Schriften primär deshalb angefertigt worden sind, damit bei einer lateinisch sprechenden Bevölkerung die Lesungen beim Gottesdienst in der Muttersprache vorgetragen werden konnten. Auf die Parallele zur Septuaginta-Übersetzung für die griechisch sprechenden Juden in der Diaspora sei nur kurz hingewiesen[1].

Unter den Documenta antiquissima sind deshalb in erster Linie die ältesten lateinischen Bibel-Handschriften zu erfassen; aber auch die gotisch(-lateinischen) und griechisch-lateinischen Codices sind im folgenden kurz zu nennen. Dazu kommen dann die liturgischen Texte und Nachrichten über die Liturgie, wie wir sie in Schriften, die die Kirchendisziplin betreffen (so in der Ägyptischen Kirchenordnung), oder in den Werken der abendländischen Kirchenväter vorfinden. Hier werden verschiedentlich gottesdienstliche Riten beschrieben und in einigen Fällen auch liturgische Texte entweder ihrem vollen Wortlaut nach mitgeteilt, oder wenigstens so weit zitiert, daß wir mit Sicherheit auf bekannte Formeln in späteren Liturgiebüchern schließen können – eine Tatsache, die von der liturgischen Forschung noch zu wenig ausgewertet worden ist[2].

---

[1] Umgekehrt erfahren wir durch *Melito von Sardes* († vor 190), daß die Bücher des Alten Testaments in Gemeinden mit einer judenchristlichen Majorität im hebräischen Urtext vorgelesen worden sind; vgl. B. KIPPER, in: Ephem. lit. 77 (1963) 396.

[2] Was die Schriften des Papstes Leo I betrifft, so hat A. P. LANG bereits umfangreiche Studien angestellt; vgl. die Lit. unter Nr. 601.

Lit.: F. PROBST, Liturgie der drei ersten Jahrhunderte (Tübingen 1870);
IDEM, Liturgie des 4. Jh. und deren Reform (Münster i. W. 1893); IDEM,
Die abendländische Messe vom 5. bis zum 8. Jh. (Münster i. W. 1896);
Werke, die zwar vielfach überholt sind, aber immer noch mit Nutzen ein-
gesehen werden; F. CABROL – H. LECLERCQ, Relliquiae Liturgiae vetu-
stissimae ex Ss. Patrum necnon Scriptorum ecclesiasticorum monumentis
selectae, 2 Bde (= Monumenta Ecclesiae Liturgica I, 1–2, Paris 1900 bis
1913); J. QUASTEN, Monumenta eucharistica et liturgica vetustissima
(= Florilegium Patristicum VII, 1–7, Bonn 1935/37); Fr. HEILER, Alt-
kirchliche Autonomie und päpstlicher Zentralismus (= Die katholische
Kirche des Ostens und Westens II, 1 München 1941); K. GAMBER
Liturgie übermorgen. Gedanken über die Geschichte und Zukunft des
Gottesdienstes (Freiburg i. Br. 1966); V. MONACHINO, La cura pastorale
a Milano, Cartagine e Roma nel sec. IV (= Analecta Gregoriana Vol.
XLI, Series Fac. hist. eccl., Sectio A n. 1, Romae 1947) umfangreiche
Arbeit mit Literatur (p. XI–XIV).

Ein vollständiges Bild von der Liturgie in den einzelnen Gegenden des
Abendlandes während der ersten fünf Jahrhunderte gewinnen wir
freilich dadurch nicht. Und doch ist gerade die Kenntnis der frühen
Liturgie für die Forschung von weit größerem Interesse als das
Studium der Masse der späten Handschriften. Diese spiegeln nämlich
den Gottesdienst einer Zeit wieder, die wir heute als eine Periode
liturgischer Erstarrung bezeichnen müssen. Interessant sind sie vor
allem deshalb, weil in ihnen verschiedentlich noch älteres Material
überliefert wird.

Die Formen der Liturgie zeichneten sich in der Frühzeit noch klar und
deutlich ab. Wie die Patristik an der Wende vom 4. zum 5. Jh. in
Ambrosius, Augustinus und Hieronymus eine Hochblüte erlebte, so
dürfen wir auch die damalige Liturgie als die «klassische» schlechthin
bezeichnen. In ihr waren Einfachheit und klarer Aufbau gepaart mit
biblisch und theologisch fundierten Gebeten, die zugleich in einer ele-
ganten Sprache abgefaßt waren. Ein Teil dieser Texte wird noch heute
im Gottesdienst gebraucht.

Diese klassische Liturgie in ihren Resten aufzuzeigen, wird die
Aufgabe des nun folgenden ersten Kapitels sein. Es wird dabei auch
gezeigt werden, welche Bedeutung in den ersten Jahrhunderten die
Liturgie der nordafrikanischen Kirche für weite Gebiete des Abend-
landes gehabt hat. Eine Ausnahme bilden einige griechisch sprechende
Metropolen, wie Rom, Aquileja, Vienna und Lugdunum. Die folgende
Übersicht der liturgischen Dokumente berücksichtigt im allgemeinen

nur die Zeit bis Leo d. Gr., also bis etwa zur Mitte des 5. Jh.[1]. Von da ab werden die liturgischen Quellen zahlreicher und die gottesdienstlichen Formen bereits durch Handschriften, wenn auch erst aus späterer Zeit, für uns greifbar. Darüber werden die folgenden Kapitel handeln. Was die afrikanische Liturgie betrifft, so werden die wenigen späteren handschriftlichen Denkmäler bereits hier miterfaßt.

---

[1] Die Dokumente werden im folgenden 1. Kapitel mit Ordnungszahlen versehen und wie die Codices laufend durchgezählt.

1. Documenta Liturgiae Africanae

Die Aufzählung der ältesten liturgischen Dokumente der abendländischen Kirche hat mit der Liturgie von Nordafrika zu beginnen, weil hier der eigentliche Mutterboden des lateinischen Christentums zu suchen ist. Während in anderen Gegenden des Abendlandes, so in einigen Städten Galliens (Vienna und Lugdunum) oder in Rom, bis ins 3./4. Jh. hinein die griechische Sprache im Gottesdienst vorherrschend war, hat die nordafrikanische Kirche vielleicht schon zu Beginn des 2. Jh. den Wechsel vom Griechischen zum Lateinischen vollzogen.

a) Versio Scripturae sacrae Vetus Latina

Die ältesten und in den ersten Jahrhunderten einzigen liturgischen Bücher waren die der Heiligen Schrift. Am meisten im Gottesdienst verwendet wurden das meist kostbar ausgestattete *Evangeliarium* mit den vier Evangelien, der *Apostolus* mit den paulinischen (und katholischen) Briefen, sowie das *Psalterium* mit den alttestamentlichen Psalmen, dem schon früh, so bereits im griechischen Codex Alexandrinus (5. Jh.) im British Museum, für den Gebrauch in der Liturgie die biblischen Cantica angefügt worden waren[1].

In dem lateinisch sprechenden Gebiet Nordafrikas dürften schon in der Zeit der ersten Christianisierung des Landes Übersetzungen der im Gottesdienst benötigten Bücher der Hl. Schrift aus dem Griechischen ins Lateinische erfolgt sein. Vorlage bildeten, wie es scheint, Bücher aus dem benachbarten alexandrinischen Gebiet. Augustinus meint, daß «primis fidei temporibus» die Übersetzung der Bibel begonnen worden sei[2]. Auch bemerkt er, daß zu seiner Zeit die Menge der lateinischen Übertragungen sich nicht mehr übersehen ließ[3].

---

[1] Vgl. H. SCHNEIDER, Die altlateinischen biblischen Cantica (= TuA, Heft 29/30, Beuron 1938).

[2] August., Doctr. christ. 2,11 (PL 34,43).

[3] Bei Cyprian dagegen fällt auf, daß seine zahlreichen Schriftzitate einem einheitlichen Bibeltext entnommen sind, so vor allem in den drei Büchern «Ad Quirinum», die nichts anderes darstellen, als eine Blütenlese aus dem Alten und Neuen Testament, woher ihr seit Alters gebräuchlicher Name «Testimonia» kommt; vgl. C. H. TURNER, Prolegomena to the Testimonia and Ad Fortunatianum of St. Cyprien, in: JThSt 31 (1930) 225–246.

Lit. (Auswahl): P. SABATIER, Bibliorum Sacrorum Latinae Versiones antiquae, 3 Tomi (1739–1749); H. RÖNSCH, Das Neue Testament Tertullians aus seinen Schriften rekonstruiert (Leipzig 1871); ZIEGLER, Die lateinischen Bibelübersetzungen vor Hieronymus und die Itala des Augustinus (München 1879); H. VON SODEN, Das lateinische Neue Testament zur Zeit Cyprians (= Texte und Untersuchungen Band III, 3, Leipzig 1909); D. DE BRUYNE, Saint Augustin reviseur de la Bible, in: Miscellanea Agostiniana II (1931) 521–606; F. STUMMER, Einführung in die lateinische Bibel (1928); A. JÜLICHER, Itala. Das Neue Testament in altlateinischer Überlieferung, 4 Bde (Berlin 1938 ff.); Vetus Latina. Die Reste der altlateinischen Bibel (Freiburg i. Br. 1949 ff.); A. DOLD, Konstanzer altlateinische Propheten- und Evangelientexte (= TuA, Heft 7–9, Beuron 1923); J. SCHILDENBERGER, Die altlateinischen Texte des Proverbienbuches, I. Die alte afrikanische Textgestalt (= TuA, Heft 32–33, Beuron 1941); A. VACCARI, Les traces de la Vetus Latina dans le Speculum de Saint Augustin, in: Studia Patristica IV (= Texte und Untersuchungen Bd. 79, Berlin 1961) 228–233.

Die folgende Aufzählung der Bibel-Handschriften mit altlateinischem Text beschränkt sich auf die wenigen in Afrika selbst geschriebenen Handschriften sowie auf Codices, die allem Anschein nach direkt auf solche zurückgehen. Wir nennen zuerst E v a n g e l i a r e :

001 Afrikanisches Evangeliar (Fragmenta Bobiensia)

Bibl.: Torino, B.N., Cod. G. VII. 15. – **Facs.-Ausgabe:** C. CIPOLLA, Il codice evangelico *k* della Bibl. Univ. Naz. di Torino (Torino 1913). – **Edit.:** J. WORDSWORTH – W. SANDAY – W. H. WHITE, Portions of the Gospels according to St. Marc and St. Matthew (= Old-Latin Biblical Texts 2, Oxford 1886). – **Lit.:** C. H. TURNER – F. C. BURKITT, in: JThSt 5 (1904) 88–107; J. MIZZI, in: Rev. bénéd. 75 (1965) 7–39 (s. u.); LOWE IV Nr. 465. – **Zeit und Ort:** 4./5. Jh., Nordafrika.

Erhalten sind Teile aus Matthäus und Marcus. Die Evangelien-Handschrift ist für uns besonders wertvoll, weil sie noch aus der Zeit des hl. Augustinus stammt und uns einen Einblick in die Anlage derartiger Bücher in so früher Zeit vermittelt.

Aus Nordafrika könnte auch das Fragment 1 in der Stiftsbibliothek von St. Paul in Kärnten aus dem 6./7. Jh. stammen (LOWE X, Nr. 1449). Es beinhaltet die Stelle Luc 1,64–2,51. Vor dem Canticum «Benedictus» befindet sich ein großes Kreuz[1].

---

[1] Vgl. D. DE BRUYNE, in: Rev. bénéd. 35 (1923) 62–80.

004   Evangeliar von Trient (Codex Palatinus)

> **Bibl.:** Trento, Museo Nazionale (Castel del Buonconsiglio), o.N. (früher Palat. 1185)[1]. – **Edit.:** C. TISCHENDORF, Evangelium Palatinum ineditum (Leipzig 1847). – **Lit.:** D. DE BRUYNE, in: Rev. bénéd. 45 (1933) 155; J. MIZZI, A comparative Study of some Portions of Cod. Palatinus and Cod. Bobiensis, in: Rev. bénéd. 75 (1965) 7–39; LOWE IV Nr. 437. – **Zeit und Ort:** 5. Jh., Norditalien oder Afrika; ursprünglich und bis 1803 (Säkularisierung des Hochstifts) der Dombibliothek von Trient gehörig.

Eine vollständige Handschrift mit afrikanischem Bibeltext[2]. Ihr Vorkommen in Norditalien zeigt den Einfluß, den die afrikanische Kirche durch ihre Übersetzungen auf das lateinisch sprechende Abendland in den ersten Jahrhunderten ausgeübt hat (vgl. auch Nr. 062 und 063).

Von der Existenz einer festgelegten *Perikopenordnung*, wenigstens für bestimmte Tage, erfahren wir durch Augustinus[3]. Es spricht manches dafür, so die Zählweise einiger Sonntage nach Pfingsten als Dominicae «post sancti Cypriani», daß das bekannte römische «Capitulare Evangeliorum» (Nr. 1001–1005) auf eine aus Afrika stammende Urgestalt zurückzuführen ist[4].

In Nordafrika geschrieben ist allem Anschein nach die folgende Apostolus-Handschrift, wenigstens was die primären Partien des Codex betreffen:

---

[1] Eine für G. BIANCHINI 1762 in Rom angefertigte Abschrift ist der Cod. U 66 der Biblioteca Vallicelliana in Rom. Zwei Einzelblätter der Trienter Handschrift in Dublin, Trinity College, MS 1709 bzw. London, British Museum, MS Additional 40107.

[2] Die sich mehrfach findenden Perikopen-Notizen (vgl. Nr. 249) sind von späterer Hand und ein Zeugnis der älteren Trienter Liturgie.

[3] Vgl. Tract. in Ev. Joh., prol.; PL 35, 1977; dazu W. ROETZER, Des hl. Augustinus Schriften als liturgiegeschichtliche Quelle (München 1930) 103–108; G. G. WILLIS, St. Augustin's Lectionary (= Alcuin Club Nr. XLIV, London 1962).

[4] Wie nämlich die Übersicht bei WILLIS a.a.O. 22–57 zeigt, stimmen die von Augustinus genannten Evangelien-Perikopen an den Hauptfesten mit der Ordnung im späteren römischen Capitulare überein, so u.a. an Weihnachten, Epiphanie, an der Ostervigil und am Ostertag, und zwar was entscheidend ist, sowohl gegen die übrigen abendländischen Zeugen als auch gegen die morgenländischen (mit Ausnahme der alexandrinischen); zu letzteren vgl. K. GAMBER, in: Oriens Christianus 44 (1960) 75–87.

005   Apostolus-Handschrift (unvollst.)

> **Bibl.:** München, B. Staatsbibliothek, Clm 6230 (Leimabdrücke) + Clm
> 6436 (ff. 2–18, 22–30, 33–35) + München, Universitätsbibliothek, Cod. 4⁰
> 928 + Göttweig, Stiftsbibliothek, Cod. 1 (9), ff. 23–24. – **Edit.:** D. DE
> BRUYNE, Les fragments de Freising (= Collectanea Biblica Latina, Vol.
> V, Roma 1921), mit Erwähnung früherer Teil-Editionen (VII–XI) und
> drei Facsimile-Seiten. – **Lit.:** J. GOETTSBERGER, Die Freisinger Itala, in:
> J. Schlecht, Wissenschaftl. Festgabe (München 1924) 103–125; D. DE
> BRUYNE, Saint Augustin reviseur de la Bible, in: Miscellanea Agosti-
> niana II (1931) 521–606; LOWE IX und X Nr. 1286a, 1286b. – **Schrift:**
> Unziale, 32 Langzeilen. – **Zeit und Ort:** 1. Hand: 2. Hälfte des 6. Jh.,
> Afrika; 2. Hand: 1. Hälfte des 7. Jh. Spanien (?).

Die 35 erhaltenen Blätter bieten nach den Untersuchungen von DE
BRUYNE die Textform ρ der paulinischen und katholischen Briefe,
die nach Ansicht verschiedener Exegeten auf eine Revision des Bibeltextes durch Augustinus zurückgeht[1].

Dieselbe Textform, die außer in Nr. 005 nur noch in den Schriften
Augustins zu finden ist, erscheint auch auf fol. 21 des Codex B I 6 der
Basler Universitätsbibliothek (10. Jh.), einer Handschrift mit den
paulinischen Briefen[2].

Möglicherweise stand zu Beginn oder am Schluß der Apostolus-Hand-
schrift ehedem eine *Liste* der zur Meßfeier vorzulesenden Epistel-
Abschnitte, die jedoch in unserm Fall wegen der Unvollständigkeit der
Blätter nicht erhalten ist. Ob und wieweit italienische Perikopen-
Listen (so Nr. 401, 240 oder 242) auf eine afrikanische Lese-Ordnung
zurückgehen, wissen wir nicht. Die Möglichkeit ist jedenfalls gegeben[3].

---

[1] Vgl. D. DE BRUYNE a.a.O. XXXIVf.: «Le texte *r* n'est pas seulement cité dans
les écrits d'Augustin et dans ses sermons, il est lu dans les cérémonies liturgiques.
Le sermon 162 dit: ‹Modo Apostoli epistola cum recitaretur audivimus›, et cite
Gal 5,19–21 qui est tiré certainement de *r* . . . Le sermon 174 ‹Audivimus bea-
tum apostolum Paulum dicentem: Humanus (statt: *Vulgata* fidelis) sermo . . .
cite Tim 1,15 avec *t*, et il explique: ‹Quare humanus, et non divinus?›»

[2] Vgl. G. MEYER, Ein neuer Zeuge des ρ-Typus der Vetus Latina im zweiten
Korintherbrief VII, 3 – X, 18, in: Rev. bénéd. 75 (1965) 40–53 (mit Facs.).

[3] In unserer Handschrift fehlen auch die sonst sich findenden Perikopen-
Notizen innerhalb des Textes, doch unterrichten die Punkte, durch die der
Schrifttext gegliedert erscheint, etwas über die Art des Vortrags durch die
Lektor. Als Lektoren verwendete man zur Zeit Augustins nicht selten Knaben,
«qui adhuc pueriliter in gradu lectorum christianas litteras norunt» (De cons.
evang. 1,10,15; CSEL 43,4 S. 15).

Fragmente des afrikanischen Textes der Apostelgeschichte finden sich im *Palimpsestus Floriacensis* (Paris, B. N., ms. lat. 6400 G; ff. 113–130)[1]. Die Heimat der im 5. Jh. geschriebenen Handschrift läßt sich nicht sicher bestimmen (Italien?, Afrika?).

Aus relativ später Zeit stammt folgende alttestamentliche Handschrift:

006 Der «Ashburnham Pentateuch»

> **Bibl.**: Paris, B.N., ms. nouv. acq. lat. 2334. – **Lit.**: H. QUENTIN, Mémoire sur l'établissement du texte de la Vulgate (= Collectanea Biblica Latina VI, Roma und Paris 1922) 414ff. und Tafeln 66–72; DACL I,2 2971ff. (mit Abb.); S. BERGER, Histoire de la Vulgate pendant les premiers siècles du moyen âge (Paris 1883) 11, 346, 363, 410; LOWE V Nr. 693a. – **Schrift**: Unziale, in 2 Kolumnen zu 28–29 Linien. – **Zeit und Ort**: 6. Jh. bzw. 7. Jh. (LOWE), «centre outside the main Latin stream» (LOWE), sehr wahrscheinlich Afrika und nicht Spanien[2].

Der bereits Vulgata-Text bietende großformatige Codex (375 × 310 mm) ist vor allem von Interesse wegen seiner prachtvollen Ausstattung mit Bildern. Diese zeigen, daß der Maler mit dem Leben der Beduinen in der Wüste vertraut war. Die Zeltlager der Kinder Israels mit den rastenden Kamelen wirken echt und zeigen eine Kenntnis der lokalen Verhältnisse[3]. Die Pentateuch-Handschrift ist ein Beispiel für eine im 6. Jh. in der Liturgie von Nordafrika verwendete Prachthandschrift. Auf den Gebrauch im Gottesdienst weist auch der (von erster Hand in Unziale geschriebene) Vermerk «Lectio pascae» hin (fol. 109), vielleicht auch ein solcher in Tironischen Noten «De sacramento» (fol. 93). Am Rand des Codex finden sich zahlreiche Marginalien, die in Unziale bzw. Halb-Unziale geschrieben sind.

---

[1] Vgl. H. v. SODEN, Das lateinische Neue Testament zur Zeit Cyprians (1909) 222; E. S. BUCHANAN, The four Gospels from the Codex Corbeiensis (= Old-Latin Biblical Texts 5, Oxford 1907); LOWE V Nr. 565.

[2] Die vermutlich in Nordafrika geschriebenen Handschriften sind leider noch nicht systematisch auf spezifische Eigenschaften hin untersucht. So mancher bisher als spanisch angesehener Codex wird sich bei einer derartigen Untersuchung als afrikanisch herausstellen.

[3] Vgl. auch die farbige Abbildung in T. BURCKHARDT, Von wunderbaren Büchern (Olten 1964) 55.

Noch älter (Ende des 5. Jh.) sind Pentateuch-Fragmente in München, Clm 6225 (Palimpsest-Blätter)[1]. Afrikanischer Ursprung ist nicht auszuschließen.

*

Hinsichtlich des Psalteriums stellt sich für Nordafrika die Sachlage so dar: Nachdem in den frühesten Zeiten der afrikanischen Kirche mehrere Übersetzer an eine Übertragung des griechischen Septuaginta-Textes ins Lateinische herangegangen waren, dürfte die Rezension der *Metropole von Karthago* schon bald an Ansehen gewonnen haben und weithin in der Liturgie verwendet worden sein. Möglicherweise liegt diese Rezension in der Handschrift Nr. 007 vor.

In der klassischen Zeit der Liturgie hat dann, wie wir wissen, *Augustinus*, angeregt durch die Arbeiten des Hieronymus und durch dessen Benutzung auch des hebräischen Urtextes, eine eigene Rezension des Psalmenbuches vorgenommen. Über seine Arbeitsweise spricht er in Ep. 261:

> nos... non interpretati sumus, sed codices latinorum nonnullas mendositates ex graecis exemplaribus emendavimus. Unde fortassis fecerimus aliquid commodius quam erat, non tale quale esse debebat. Nam etiam nunc, quae forte nos tunc praeterierunt, si legentes moverint, conlatis codicibus emendamus.

Die Rezension des hl. Augustinus ist sehr wahrscheinlich in der Handschrift Nr. 008 auf uns gekommen. In den folgenden Jahrhunderten sind im Abendland keine selbständigen Bearbeitungen mehr erfolgt, sondern lediglich meist wenig systematische Korrekturen an dem in der betreffenden Kirche üblichen Text. So hat nach Agnellus, Lib. pont. (PL 106,610C) Bischof Maximian von Ravenna in der Mitte des 6. Jh. die in seiner Diözese verwendeten «libri ecclesiastici» (das sind die Bücher der Hl. Schrift) teilweise aufgrund der Übersetzung des hl. Augustinus verbessert (vgl. auch S. 314).

---

[1] Vgl. L. ZIEGLER, Bruchstücke einer vorhieronymianischen Übersetzung des Pentateuch (München 1883); BISCHOFF 94f.; LOWE IX Nr. 1250 mit weiterer Lit.

Lit.: B. CAPELLE, Le texte du Psautier latin en Afrique (= Collectanea Biblica Latina, Vol. IV, Roma 1913); D. DE BRUYNE, Saint Augustin reviseur de la Bible, in: Miscellanea Agostiniana II (Rome 1931) 521–606; A. ALLGEIER, Die überlieferungsgeschichtliche Stellung des St. Galler Palimpsestpsalters, in: TuA, Heft 21–24 (Beuron 1933) 27–208.

Die Einzeluntersuchungen sind hierüber noch lange nicht abgeschlossen. Wir beschränken uns deshalb im folgenden auf die wichtigsten Handschriften, von denen nur eine und dazu noch sehr späte aus Afrika selbst stammen dürfte (Nr. 009).

007 Psalterium Veronense

Bibl.: Verona, Biblioteca Capitolare, Cod. I (alt 1). – Edit.: J. BIANCHINI, Vindiciae canonicarum Scriptuarum Latinae editionis (Roma 1740) 1–278. – Lit.: B. CAPELLE, S. Augustin et le psautier de Verone, in: Collectanea Biblica Latina, Vol. IV, Roma 1913) 207–211; D. DE BRUYNE, Saint Augustin reviseur de la Bible, in: Miscellanea Agostiniana II (Roma 1931) 521–606, bes. 544–578; A. ALLGEIER, Augustinus und das Psalterium Veronense, in: TuA, Heft 21–24 (Beuron 1933) 30–52; LOWE IV Nr. 472. – Schrift: Unziale, 26 Langzeilen. – Zeit und Ort: 6./7. Jh., vermutlich Verona.

Schon H. SCHNEIDER[1] hat die Vermutung geäußert, daß das Psalterium Veronense die Abschrift eines Codex darstellt, den der hl. Zeno, Bischof von Verona (362–373?), der aus Afrika stammt, von dort mitgebracht hat. Darauf weist die höchst altertümliche Fassung des Textes hin, die sich verschiedentlich auch bei Augustinus findet. Die Handschrift zeigt neben dem lateinischen auch den griechischen Text (vgl. auch Nr. 080).

Nach den Untersuchungen von SCHNEIDER hat der Codex Veronensis die weitaus altertümlichsten *Cantica-Texte* von allen lateinischen Psalter-Handschriften überliefert (S. 46)[2]. Von späteren Korrekturen abgesehen, könnte die Textfassung noch in die Zeit Cyprians von

---

[1] H. SCHNEIDER, Die altlateinischen biblischen Cantica (= TuA, Heft 29/30, Beuron 1938) 26–45.

[2] Hinsichtlich des *Canticum vineae* vgl. M. BOGAERT, Sermon sur le Cantique de la Vigne attribuable à Quodvultdeus, in: Rev. bénéd. 75 (1965) 109–135.

Karthago († 258) zurückgehen. Wie Niceta von Remesiana († um 420)[1],
so kennt auch der Psalter von Verona als einziges neutestamentliches
Canticum nur das Magnificat. Die Texte selbst zeigen deutlich ihre
liturgische Verwendung, indem sich in ihnen Änderungen im biblischen
Text sowie Hinzufügungen finden (vgl. SCHNEIDER 27).

008   Psalterium palimpsestum Sangallense

> **Bibl.:** St. Gallen, Stiftsbibliothek, Cod. 912. – **Edit.:** A. DOLD, Der
> Palimpsestpsalter im Codex Sangallensis 912 (= TuA, Heft 21–24,
> Beuron 1933). – **Lit.:** A. ALLGEIER, in: TuA 21–24 (Beuron 1933) 27–208;
> LOWE VII Nr. 970. – **Schrift:** Unziale und Halb-Unziale, 23 Langzeilen. –
> **Zeit und Ort:** Ende des 5. Jh., vermutlich Oberitalien (LOWE), vielleicht
> Afrika.

Das Psalterium ist, von einigen Lücken abgesehen, bis zu Beginn von
Ps 118 erhalten. Trotz ihres hohen Alters stellt die Handschrift eine
jüngere Rezension des Psalmenbuches dar als der Codex Veronensis
(Nr. 007). Wenn nicht alles täuscht, liegt hier und nicht im Veronensis,
wie DE BRUYNE meinte, die Rezension des hl. Augustinus vor.

Nach den eingehenden Untersuchungen von A. ALLGEIER (a.a.O.
142–168) ist im Text des Psalterium Sangallense in starkem Maße eine
Korrektur nach dem Psalterium Romanum (vgl. Nr. 072) vorgenommen worden. Dabei ist eine Reihe alt-afrikanischer Lesarten, wie sie
auch im Codex Veronensis vorkommen, erhalten geblieben. Die
eigenen Lesarten könnten auf den Bischof von Hippo zurückgehen[2].

---

[1] In seinem Sermo «De psalmodiae bono» (ed. BURN 67–82), wo er die in seiner
Kirche gebräuchlichen Cantica aufführt.

[2] A. ALLGEIER a.a.O. 45–50 weist nach, daß Augustinus in den Enarrationes
zum Psalm 118 dann, wenn er vom Text des Veronense abweicht, fast immer
mit dem Psalterium Romanum zusammengeht. Die Sachlage scheint demnach
so zu sein, daß Augustinus um das J. 427, wohl im Zusammenhang mit seiner
Arbeit an den Enarrationes eine durchgreifende Revision des Psaltertextes
seiner Bischofkirche vorgenommen hat und zwar unter Benutzung der hexa-
plarischen Rezension des Hieronymus. Wenn Augustinus in seinen vor d. J.
427 liegenden Schriften Stellen aus dem Psalterium zitiert, geht er in der Regel
mit dem Codex Veronensis zusammen. Dieser stellt jedoch nicht seine eigene
Rezension dar.

Augustinus erwähnt in seinen Schriften *Psalmengesang* an drei Stellen der Meßfeier, einmal nach der Lesung, dann zur Austeilung der hl. Kommunion und schließlich «ante oblationem»[1]. Um welche Stelle in der Liturgie es sich im letzteren Fall handelt, wissen wir nicht[2]. Die Psalmen wurden responsorial vorgetragen, d. h. die einzelnen Verse sang ein Vorsänger, das Volk respondierte mit einem gleichbleibenden Vers (Responsorium)[3].

009 Psalterium Sinaiticum

> **Bibl.:** Sinai, Katharinenkloster, Cod. Slavonicus 5. – **Lit.:** J. GRIBO-
> MONT, in: Analecta Bollandiana 75 (1957) 105–134 (mit weiterer Lit.);
> E. A. LOWE, An Unknown Latin Psalter on Mount Sinai, in: Scriptorium
> 9 (1955) 177–199 (mit mehreren Facs.-Seiten); IDEM, in: Scriptorium 19
> (1965) 3–29. – **Schrift:** «Exotic Minuscule» (LOWE), 20–21 Langzeilen,
> Kleinformat (163 × 105 mm). – **Zeit und Ort:** Anfang des 10. Jh.
> (LOWE)[4], vielleicht jedoch früher, Mittelmeergebiet (Nordafrika?)[5].

Das etwas lückenhaft überlieferte Psalterium weist zu den einzelnen Psalmen «Tituli» auf und zwar der Serie II nach SALMON[6]. Solche Tituli zu den Psalmen, die die Intention des christlichen Sängers wiedergeben sollen, finden wir gelegentlich schon von Augustinus er-

---

[1] Vgl. W. ROETZER, Des hl. Augustinus Schriften als liturgiegeschichtliche, Quelle (München 1930) 100–102, 117, 134–135; R. GALDOS, Psalmi ad missam in: Ephem. lit. 47 (1933) 13–14; F. VAN DER MEER, Augustinus der Seelsorger (Köln 1951) 384–397.

[2] ROETZER sieht darin einen Gesang zur Gabenbereitung. «Oblatio» heißt jedoch nicht Gabenbereitung, sondern «Opfer» schlechthin, oft auch «Eucharistie-gebet» (vgl. S. 96).

[3] Bei der Kommunionausteilung wurde mit Vorliebe der Psalm 33 gesungen (vgl. u. a. En. i. ps. 33, 12; PL 36, 315); vgl. weiterhin G. I. PERL, Musik der Psalmen auf Grund der Quellen bei Augustinus, in: Liturgisches Leben 3 (1936) 248–251.

[4] Vgl. E. A. LOWE, in: Rev. bénéd. 74 (1964) 152.

[5] Die Handschrift wurde i. J. 1950 von G. GARITTE in der Bibliothek des Ka-tharinenklosters gefunden und photographiert; vgl. G. GARITTE, in: Muséon 63 (1950) 120. Sie könnte, wie auch Nr. 022 und 024, durch nordafrikanische Mönche zum Sinai gebracht worden sein.

[6] P. SALMON, Les «Tituli Psalmorum» des manuscrits latins (= Collectanea Biblica Latina, Vol. XII, Roma 1959) 78.

wähnt[1]. Auf die Psalmen folgte in der Handschrift ehedem eine 1. Reihe von Cantica; es ist jetzt nur mehr der Schluß von Dan 3 erhalten (f. 82ʳ). Mit f. 82ᵛ beginnt mit einer eigenen Überschrift eine weitere Reihe mit 18 numerierten Cantica; am Schluß steht das Magnificat und das Benedictus (vgl. Nr. 007). Darauf folgt ff. 106–108 ein Kalendar (Nr. 091).

Auch das *Psalterium Casinense* (Cod. A 557 von Monte Cassino aus dem 12. Jh.) geht wahrscheinlich auf eine afrikanische Redaktion des Psalmenbuches zurück[2]. Es handelt sich um eine Überarbeitung nach dem hebräischen Text.

Wie GRIBOMONT betont, sind die *Cantica-Texte* im Psalterium Sinaiticum (ff. 82–105) und im Cod. Vat. Regin. lat. 11 (Nr. 1617; ff. 213ᵛ bis 230ᵛ) nahe verwandt[3]. In ihnen wird (nach SCHNEIDER) eine Überarbeitung sichtbar, die nach der Zeit des hl. Augustinus liegen dürfte und Beziehungen erkennen läßt zu den Cantica der mozarabischen Liturgie (vgl. Nr. 351 ff.). Auch die Zahl der Cantica ist gegenüber der Handschrift Nr. 007 vermehrt. Im Cod. Voss. F. 58 der Universitätsbibliothek von Leiden (9. Jh.) ist ein Kommentar des Afrikaners *Verecundius von Junca* (um 530) zu diesen Cantica erhalten[4].

010 Psalter-Kollekten aus Nordafrika

Handschriftlich aus Nordafrika nicht erhalten, sondern lediglich in einem karolingischen Psalterium Gallicanum überliefert (Paris, ms. lat. 13159; vgl. Nr. 1620). – **Edit.:** L. BROU (– A. WILMART), The Psalter Collects (= HBS 83, London 1949) 72–111. – **Lit.:** L. BROU, Etudes sur les Collectes du Psautier, I. La série africaine et l'évêque Verecundius de Iunca, in: Sacris erudiri 6 (1954) 73–95; IDEM, Où en est la question des Psalter Collects», in: Studia Patristica II (= Texte und Untersuchungen

---

[1] Z. B. zu Ps 1: «De Domino nostro Jesu Christo, hoc est homine dominico»; vgl. P. SALMON a. a. O. 24 f.

[2] Herausgegeben von A. A. AMELLI (= Collectanea Biblica Latina I, Roma 1912).

[3] J. GRIBOMONT, in: Analecta Bollandina 75 (1957) 110.

[4] Vgl. SCHNEIDER a. a. O. 17 ff.; DEKKERS, Clavis Nr. 870 S. 193. Die Cantica-Fassung des hl. Augustinus findet sich vielleicht im ms. 8407 der Bibliothèque de l'Arsenal zu Paris, einem griechischen Psalter mit griechisch-lateinischen Cantica; vgl. SCHNEIDER 23–26, 172–177.

64, Berlin 1957) 17–20; C. MOHRMANN, A propos des Collectes du Psautier, in: Etudes sur le latin des chrétiens, Tom. III Latin chrétien et liturgique (= Storia e Letteratura 103, Roma 1965) 245–263 = Vigiliae Christianae 6 (1952) 1–19; DEKKERS, Clavis Nr. 2015 S. 455.

Die 150 Orationen, die im Anschluß an die einzelnen Psalmen stehen (zusätzlich der 21 für die Abschnitte des Psalmes 118), stammen nicht mehr aus der klassischen Zeit der afrikanischen Liturgie, sondern erst aus dem 5. Jh. Sie stellen den einzigen längeren liturgischen Text dar, der aus Nordafrika auf uns gekommen ist. Die afrikanischen Psalter-Kollekten sind zu unterscheiden von den spanischen (Nr. 350) und den «römischen» (Nr. 1616).

b) Fontes Liturgiae Africanae

Direkte Quellen sind aus der nordafrikanischen Liturgie fast nicht erhalten. Erst jüngst sind einige Fragmente aus der Spätzeit (nach der Eroberung Afrikas durch die Araber) wieder entdeckt worden (vgl. Nr. 022 und 024).

Lit. *(zur afrikanischen Liturgie)* : F. PROBST, Liturgie des 4. Jh. und deren Reform (Münster i. W. 1893); DACL I,1 591–657 (mit der älteren Lit.); W. C. BISHOP, The African Rite, in: JThSt 13 (1911/12) 250–277; J. SAUER, Der Kirchenbau Nordafrikas, in: Aurelius Augustinus, Festschrift der Görres-Gesellschaft (Köln 1930) 243–300; R. HÖSLINGER, Die alte afrikanische Kirche (Wien 1935); E. DEKKERS, Afrikaanse liturgie, in: Liturgisch Woordenboek I (Brüssel 1958) 64–74 (mit weiterer Lit.); K. GAMBER, Die afrikanisch-römische Liturgie, in: Liturgie übermorgen. Gedanken über die Geschichte und Zukunft des Gottesdienstes (Freiburg i. Br. 1966) 105–117; vgl. auch die Lit. zu Nr. 017.

Wie die ältesten lateinischen Übersetzungen der Hl. Schrift in Nordafrika entstanden sind, so vermutlich auch schon früh lateinische liturgische Formeln, die ersten vielleicht schon im 2. Jh., d. h. bald nach der Einführung des christlichen Glaubens in diese römische Provinzen. Ein Zeugnis für die rasche Verbreitung des Christentums in Nordafrika findet sich bei Tertullian, wenn er um das Jahr 200 sagt, daß die Christen hier fast in jeder Stadt bereits die Mehrheit bildeten[1].

---

[1] Vgl. Ad Scapul. c. 2: «. . . pars paene maior civitatis cuiusque».

Daß nicht so sehr Rom, sondern die Metropole Alexandrien den Glauben in die westlich davon gelegenen Gebiete Nordafrikas vermittelt hat, ist ebenso anzunehmen, wie die Vermittlung der ersten Bücher der Hl. Schrift in griechischer Sprache sowie liturgischer Bräuche und Gebete nach dort. Die engen Handelsbeziehungen zwischen Alexandrien und Karthago bildeten dabei die natürliche Brücke.

011 Liturgische Urformeln

> Eine eigene Studie darüber fehlt noch; zu vgl. ist G. Morin, Formules liturgiques orientales et occidentales aux IVe–Ve siècles, in: Rev. bénéd. 40 (1928) 134–138.

Dazu sind zu rechnen die «Oratio dominica» (s. u.), das Tauf-Symbolum (vgl. Nr. 076) sowie die bei der Spendung der Sakramente von den ersten Anfängen an verwendeten Formeln und Gebete. Solche enthält die «Traditio Apostolica» (Nr. 051); einige sind auch in den «Arianischen Fragmenten» (Nr. 084) und bei Niceta, Instructio ad competentes (Nr. 081) zu finden. Bezüglich der «Canonica prex» vgl. Nr. 082. Hier einige Angaben zur Oratio dominica bei Tertullian:

> **Lit.:** H. Rönsch, Das Neue Testament Tertullians (Leipzig 1871) 79–82; 591 ff.; G. J. D. Aalders, Tertullianus' Citaten uit de Evangelien an de oud-latijnsche Bijbelvertalingen (Amsterdam 1932) 92 f.; W. Haller, Das Herrengebet bei Tertullian, in: Zeitschrift für praktische Theologie 12 (1890) 327–354; B. Simonic, Le pater chez quelques pères latins: Tertullian, in: La France franciscaine 21 (1938) 193–222; Dekkers, Tertullianus en de geschiedenis der liturgie (1947) 24–27.

Von Tertullian stammt auch der älteste Kommentar zur «Oratio dominica». Sein Text dieses Gebetes zeigt noch eine altertümliche Fassung und unterscheidet sich wesentlich von dem bei Cyprian (vgl. Nr. 013). Auffällig ist die Umstellung der 2. und 3. Bitte[1]. Vermutlich hat die «Oratio dominica» zur Zeit Tertullians noch keinen festen Platz in der Meßfeier gehabt.

---

[1] Vgl. I. Nitzsch, Über die noch unerörterte Umstellung der 2. und 3. Bitte des Vater Unsers bei Tertullian, in: Theol. Studien und Kritiken 3 (1830) 846–860; Haller a. a. O. 336 ff.

012 Die Schriften Tertullians als liturgiegeschichtliche Quelle

Lit.: F. PROBST, Liturgie der drei ersten Jahrhunderte (Tübingen 1870) 183–207; J. KOLBERG, Verfassung Cultus und Disciplin der christlichen Kirche nach den Schriften Tertullians (Braunsberg 1886); F. CABROL – H. LECLERCQ, Relliquiae liturgicae vetussimae (= Monumenta Ecclesiae Liturgica I,1 Paris 1900/02) Nr. 1578–1860; F. X. FUNK, Tertullien et l'Agape, in: Revue d'Histoire ecclésiastique (1904); E. ROLFFS, Tertullian der Vater des abendländischen Christentums (Berlin 1930); J. SCHÜMMER, Die altchristliche Fastenpraxis mit besonderer Berücksichtigung der Schriften Tertullians (Münster i. W. 1933); F. J. DÖLGER, Die Eingliederung des Taufsymbols in den Taufvollzug nach den Schriften Tertullians, in: Antike und Christentum 4 (1934) 138–146; E. DEKKERS, Tertullianus en de geschiedenis der liturgie (= Catholica VI,2 Brüssel-Amsterdam 1947).

Eine sehr frühe, wenn auch nicht immer sicher deutbare Quelle der altafrikanischen Liturgie stellen die Werke *Tertullians* († nach 220) dar. Er war nach seiner Bekehrung (vor 195) bis zu seinem Abfall zum Montanismus (um 207) Lehrer und Katechet in der Kirche von Karthago. Es ist nicht ausgeschlossen, daß auf Tertullian oder auf seine Zeit einige liturgische Formeln der afrikanischen Liturgie zurückgehen. Jedenfalls scheint er in seinen Schriften mehrmals auf solche anzuspielen, so u. a. auf Canon-Gebete (vgl. Nr. 082), das «Te Deum» (Nr. 083) und den Einsegnungsritus bei der Eheschließung[1]. Im übrigen kann hier auf die gründliche Untersuchung von E. DEKKERS hingewiesen werden.[2]

---

[1] Vgl. K. GAMBER, in: Byzantinische Zeitschrift 56 (1963) 350–352, wo als Beispiel die Gebete der «Actio nuptialis» in V 1443–1455 angeführt werden. Diese Formeln sind sicher gegenüber den ganz ähnlichen zur «Velatio nuptialis» in L 1105–1110 ursprünglicher. Auf afrikanischen Ursprung könnte die Rubrik V 1453 hinweisen, wenn es hier heißt: «Post haec dicis: *Pax uobiscum*» (dagegen im römischen Ritus: «Pax domini sit semper uobiscum»). Ähnlich sagt Augustinus in Serm. 227 (PL 38, 1101): «Post ipsam (sc. Orationem dominicam) dicitur: *Pax uobiscum*». Auch das in L fehlende Segensgebet «Domine sancte pater . . .» (V 1454) könnte ein Hinweis auf den afrikanischen Ursprung der genannten Formeln sein; vgl. auch J. P. DE JONG, Brautsegen und Jungfrauenweihe, in: ZkTh 84 (1962) 300–322.

[2] Hinsichtlich des Symbolum in Afrika vgl. F. J. BADCOCK, Le Credo primitiv d'Afrique, in: Rev. bénéd. 45 (1933) 3–9.

013   Die Schriften Cyprians als liturgiegeschichtliche Quelle

> **Lit.:** F. PROBST, Liturgie der drei ersten christlichen Jahrhunderte (Tübin-
> gen 1870) 207 ff.; F. CABROL – H. LECLERCQ, Relliquiae liturgicae vetustis-
> simae (= Monumenta Ecclesiae Liturgica, Vol. I, 1, Paris 1900/02) Nr.
> 1861–2100; P. BATIFFOL, Etudes d'histoire et de théologie positive, 2. ser.
> L'eucharistie (Paris 1920) 227–247; J. C. NAVICKAS, The Doctrine of St.
> Cyprian on the Sacraments (Würzburg 1924); B.CAPELLE, L'absolution
> sacerdotale chez S. Cyprien, in: Recherches théol. ancienne et médiévale 7
> (1935) 221–234; I. KÖHNE, Die Bußdauer auf Grund der Briefe Cyprians,
> in: Theologie und Glaube 29 (1937) 245–256.

Die bedeutendste Persönlichkeit der nordafrikanischen Kirche des
3. Jh. war der hl. *Cyprian*, Bischof von Karthago (248/9–258). In
seinen Schriften sind mehrfach Nachrichten über die Liturgie seiner
Zeit vorhanden. Eine eingehende Untersuchung steht noch aus. Anzu-
führen ist hier das Büchlein «De oratione», worin c. 7 der damals in
Afrika gebräuchliche Text der «Oratio dominica» (vgl. Nr. 011) zitiert
wird. Eigenartig ist die Fassung der 6. Bitte: «Et ne patiaris nos induci
in tentationem», die sich ebenso in der Schrift «De sacramentis» (Nr.
081) findet.

Liturgiegeschichtlich interessant ist u. a. auch die Ep. 63, wo Cyprian
von der Feier der Eucharistie (Dominicum celebrare)[1] spricht und
besonders von der Vorschrift, Wein und Wasser (und nicht Wasser
allein) darzubringen. Es geht aus dem Brief nicht deutlich genug
hervor, ob zur Zeit Cyprians noch eine Feier der Eucharistie am Abend
bekannt war (vgl. 63,16)[2]. Dies ist jedoch durchaus anzunehmen,
zumal noch Augustinus in Ep. 54 7,9 (CSEL 34,2 168) davon spricht,
daß «es an einem bestimmten Tag im Jahr, an dem der Herr das
heilige Abendmahl eingesetzt hat, erlaubt sei, zur Erinnerung daran
erst nach dem Essen den Leib und das Blut zu opfern und zu empfangen»[3].

---

[1] Der Ausdruck «dominicum» (zu ergänzen ist: sacrificium) für die Eucharistiefeier findet sich auch bei Tertullian (De fuga c. 11) und in den Märtyrerakten
des Dativus (vgl. Nr. 029).

[2] Vgl. H. ACHELIS, Das Christentum in den drei ersten Jahrhunderten, II (Leipzig 1912) 79.

[3] Vgl. W. ROETZER, Des hl. Augustinus Schriften als liturgiegeschichtl. Quelle
(München 1930) 32–36.

015 Beschlüsse afrikanischer Synoden

Lit.: H. Th. BRUNS, Canones Apostolorum et Conciliorum saec. IV–VII, Tom. I (Berlin 1839) 134–202; F. CABROL – H. LECLERCQ, Relliquiae liturgicae vetustissimae (= Monumenta Ecclesiae Liturgica, Vol. I, 1, Paris 1900/02) Nr. 2327–2354; C. H. TURNER, Ecclesiae Occidentalis Monumenta iuris antiquissima (Oxford 1904–1913); F. L. CROSS, History and Fiction in the African Canons, in: JThSt 12 (1961) 227–247; P.-P. JOANNOU, Discipline générale antique (IVᵉ–IXᵉ s.), Tom. I, 2: Les canons des Synodes Particuliers (= Pont. Commissione per la redazione del Codice di diritto canonico orientale. Fonti, fasc. IX, Grottaferrata 1962); DEKKERS, Clavis Nr. 1764–1769 S. 392–393.

Für die frühe Liturgie der nordafrikanischen Kirche ist der sog. «Codex canonum ecclesiae africanae» aufschlußreich. Es handelt sich dabei um die Akten der i. J. 419 gehaltenen Generalsynode zu Karthago[1]. Hier wurden die Beschlüsse der Synoden von Karthago, Hippo und Mileve in den Jahren 390–418 wiederholt und elf neue Canones beigefügt. Den Inhalt bilden Verordnungen über Wahl, Weihe und Rechte der Bischöfe und Priester, über den Canon der Hl. Schrift, über Taufe, Buße, Eucharistie und Ehe, weiterhin über Zölibat, Sonntags- und Osterfeier u. ä.

Eine umfassende Auswertung der Synodalbeschlüsse der afrikanischen Kirche für die Liturgiegeschichte fehlt noch. In unserem Zusammenhang interessant sind in erster Linie Bestimmungen hinsichtlich der Meßbücher. So schreibt der Canon 21 der Synode von Hippo v. J. 393 vor:

Ut nemo in precibus vel patrem pro filio vel filium pro patre nominet, et cum altari adsistitur, semper ad patrem dirigatur oratio[2]. Et quicumque sibi preces aliunde describit, non eis utatur, nisi prius cum instructioribus fratribus contulerit (MANSI, Coll. conc. III 922)[3].

---

[1] Es wurde im 6. Jh. eine griechische Übersetzung angefertigt; vgl. C. H. TURNER, in: JThSt 30 (1929) 340 ff.; JOANNOU a. a. O. 197–436.

[2] Vgl. J. A. JUNGMANN, Die Stellung Christi im liturgischen Gebet (= Liturgiegeschichtl. Quellen und Forschungen, Heft 7/8, Münster 1925, Neuauflage 1963).

[3] In: De baptismo contra Donatistas 6, 25 (CSEL 51, 323) klagt Augustinus, daß manche Bischöfe Gebete verwenden, die nicht approbiert sind oder gar von häretischen Verfassern stammen.

Von Bedeutung ist auch der Canon 12 der Synode von Mileve v. J. 416, wo es heißt:

> Placuit etiam et illud, ut *preces* vel *orationes* seu *missae*, quae probatae fuerint in concilio ... ab omnibus celebrentur. Nec aliae omnino dicantur in ecclesia, nisi quae a prudentioribus tractatae vel conprobatae in synodo fuerint, ne forte aliquid contra fidem vel per ignorantiam vel per minus studium sit compositum (MANSI IV 330).

Ganz ähnlich lautet ein Beschluß der Synode von Karthago v. J. 407, wo außerdem noch «commendationes seu manus impositiones» als liturgische Formeln erwähnt werden. In beiden Synoden ist bereits eine Verschärfung der Bestimmung von Hippo zu beobachten, indem in der Folge nur mehr von der Synode approbierte Texte gebraucht werden dürfen. Die angeführten Canones zeigen aber auch, daß schon im 4./5. Jh. Meßbücher, wahrscheinlich waren es nur Libelli, in der nordafrikanischen Kirche in Gebrauch waren. Sie enthielten «orationes» (Fürbittgebete zu Beginn der Eucharistiefeier?), «preces» (Weihe- und Eucharistiegebete)[1] und «missae» (Segnungsgebete bei der Entlassung?)[2].

Es ist wahrscheinlich, daß einzelne Gebete aus den älteren afrikanischen Meß-Libelli in späteren Dokumenten erhalten geblieben sind. Dies gilt in erster Linie für die *Canonica prex*, den feststehenden Teil des Eucharistiegebets (prex)[3], die in der Sermonen «De sacramentis» erhalten geblieben sein könnte (vgl. Nr. 082)[4].

---

[1] Der Ausdruck «prex» für das Eucharistiegebet findet sich schon bei Cyprian, Ep. 15,1 (PL 4,265), Ep. 60,4 (PL 4,362) und Ep. 66,1 (PL 4,398); vgl. A. FORTESCUE, The Mass (London 1912) 323, aber auch noch in beneventanischen Liturgiebüchern des 10./11. Jh. (vgl. Nr. 431).

[2] Die Entstehung des Wortes «missa» wird verschieden gedeutet; vgl. D. MARK, Ursprung und Bedeutung des Wortes Missa, in: Programm des fb. Privatgymnasiums am Seminarium Vinzentinum (Brixen 1883) 1–48; F. BÖHMER, Ahnenkult und Ahnenglaube im alten Rom (Leipzig 1943) 128ff.; J. A. JUNGMANN, Missarum Sollemnia I (1949) 223; C. MOHRMANN, Missa, in: Vigiliae Christianae 12 (1956) 67–92; sehr wahrscheinlich sind zwei verschiedene Bedeutungen zu unterscheiden: missa (= dimissio) und missa (= προσφορά, oblatio); vgl. K. GAMBER, Missa, in: Ephem. lit. 74 (1960) 48-52, IDEM, ebd. 81 (1967) 70-73.

[3] *Zum alten afrikanischen Eucharistiegebet* vgl. S. SALAVILLE, L'Epiclèse afri-

Afrikanische Gebetstexte dürften, vor allem in römischen Liturgiebüchern weiterleben, da man, wie es scheint, bei der Abschaffung der
griechischen Liturgiesprache in *Rom* (vgl. Nr. 070) die bisher gebrauchten griechischen Formulare nicht ins Lateinische übersetzt, sondern
einfach entsprechenden Libelli der nordafrikanischen Kirche übernommen hat.

*

Wie die oben zitierten Synodalbeschlüsse zeigen, hat die nordafrikanische Liturgie an der Wende zum 5. Jh. eine reichere Entwicklung
genommen. Es ist die Zeit des hl. Augustinus, Bischof von Hippo
(396–430), die klassische Zeit der Patristik und zugleich die klassische
Zeit der Liturgie.

017 Die Schriften Augustins als liturgiegeschichtliche Quelle

Lit.: F. Probst, Liturgie des 4. Jh. und deren Reform (Münster i. W.
1893); W. Roetzer, Des hl. Augustinus Schriften als liturgiegeschichtliche Quelle (München 1930); J. Zellinger, Augustin und die Volksfröm-
migkeit (München 1933); H. Lang, S. Aurelii Augustini Episcopi Hippo-
nensis Textus Eucharistici selecti (= Florilegium Patristicum, Fasc.
XXXV, Bonn 1933); G. Destefani, Il s. Sacrificio e sant' Agostino, in:
Liturgia 5 (1937) 108 ff.; vgl. ALW 2 (1952) 154–156; B. Busch, De modo
quo S. Augustinus descripserit initiationem christianam, in: Ephem. lit. 52
(1938) 385–483; F. van der Meer, Augustinus der Seelsorger (Köln 1951)
bes. 375–609; E. Marec, Monuments chrétiens d'Hippone. Ville épisco-
pale de Saint Augustin (Paris 1958); K. Baus, Ostern in der Verkündigung
des hl. Augustinus, in: Fischer-Wagner, Paschatis Sollemnia (Freiburg
i. Br. 1959) 57–67; C. Eichenseer, Das Symbolum Apostolicum beim hl.
Augustinus (= Kirchengeschichtliche Quellen und Studien, Bd. 4, St.

caine, in: Echo d'Orient 39 (1941/42) 268–282; J. Gribomont, Ecclesiam
adunare. Un écho de l'eucharistie africaine et de la Didaché, in: Recherches de
Théologie ancienne et médiévale 27 (1960) 20–28.
[4] Vgl. K. Gamber, Canonica prex, in: Heiliger Dienst 17 (1963) 57–64; 87–95;
idem, Das Eucharistiegebet in der frühen nordafrikanischen Liturgie, in:
Liturgica 3 (= Scripta et Documenta 17, Montserrat 1966) 51–65; idem,
Liturgie übermorgen (Freiburg i. Br. 1966) 111–115.

Ottilien 1960); T. VAN BAVEL – F. VAN DER ZANDE, Répertoire bibliographique de Saint Augustin (= Instrumenta Patristica III, Steenbrugge 1963) Nr. 1581–1661 *(umfangreiche Lit.-Übersicht);* H. FRANK, Die Paschavigil als Ende der Quadragesima und ihr Festinhalt bei Augustinus, in: ALW IX,1 (1965) 1–27.

Aus der Zeit des hl. Augustinus sind uns keine Liturgiebücher erhalten, auch nicht in späteren Abschriften. Wir sind deshalb, was die liturgischen Gebete betrifft, auf gelegentliche Zitate in seinen Schriften angewiesen. Diese sind in der Arbeit von ROETZER zu finden[1]. Hier sei als Beispiel erwähnt, daß von Augustinus im Sermo 249,3 (PL 38,1162) ganz deutlich auf die «Oratio ad infantes consignandos» im Gregorianum (ed. LIETZMANN 86) angespielt wird[2].

DÖLGER weist weiterhin auf die ‹Conversi ad dominum›-Gebete hin, wie sie sich mehrfach am Schluß von Sermonen des hl. Augustinus finden, so von Sermo 67 (PL 38,437), Sermo 100 (PL 38,605), Sermo 141 (PL 38,778). Sermo 362 (PL 39,1634)[3]. Es handelt sich nach Sermo fragm. 3 contra Pelag. (PL 39,1721) um «Benedictiones», wie sie über die Gläubigen (nach der Predigt) gesprochen worden sind.

In der ps.-augustinischen Altercatio cum Pascentio (c. 15; PL 33,1156 ss.) wird ein kleines Stück aus einer «prex» (Eucharistiegebet) mitgeteilt, wenn es hier heißt: «Laudantes enim deum dicere solemus in precibus eius magnitudinem admirantes: *Qui capit omnia quem capit nemo*»[4].

Verschiedene abendländische Sakramentare bezeichnen Augustinus

---

[1] W. ROETZER, Des hl. Augustinus Schriften als liturgiegeschichtliche Quelle (München 1930); P. BATIFFOL, Un texte peu remarqué de Saint Augustin sur le Canon de la messe, in: JThSt 19 (1915) 538–541; A. SAGE, Saint Augustin et la prière du Canon «Supplices te rogamus», in: Mélanges M. Jugie, in: Revue des Etudes byzantines 9 (1953) 252–265; E. EICHENSEER, Das Symbolum Apostolicum beim hl. Augustinus (= Kirchengeschichtliche Quellen und Studien, 4. Bd., St. Ottilien 1960).

[2] Vgl. E. LLOPART, Les fórmules de la confirmació, in: Liturgica 2 (Montserrat 1958) 165.

[3] F. J. DÖLGER, Sol Salutis. Gebet und Gesang im christlichen Altertum (= Liturgiegeschichtliche Forschungen Heft 4/5, 1. Aufl. 1920) 254–256.

[4] Vgl. F. PROBST, Liturgie des vierten Jh. und deren Reform (Münster i. W. 1893) 286.

als den Verfasser des *Exultet* (vgl. Nr. 043), sicher jedoch zu Unrecht[1].

Unter dem Namen des Bischofs von Hippo wird eine weitere «Laus cerei» überliefert. Sie stammt jedoch nicht von ihm, sondern von einem späteren Afrikaner[2].

Dagegen hat Augustinus einen psalmartigen Hymnus (Psalmus contra partem Donati) verfaßt, den er Retract. I,18 (CSEL 51, 1 3–15) anführt und bespricht[3]. Er wird durch den Refrain (Ypopsalma) «Omnes qui gaudetis de pace . . .» in Strophen eingeteilt, die mit den Buchstaben A–V des Alphabets beginnen, dann folgt ein Nachgesang[4].

Wie in anderen Gebieten des Abendlandes (vgl. Nr. 032 und 077, macht sich auch in Nordafrika in der Mitte des 5. Jh. die Tendenz zu einem Jahres-Sakramentar bemerkbar. Es ist an die Stelle der einzelnen Meßlibelli getreten.

020   Sakramentar des Voconius

> Gennadius, De vir. ill. c. 78 nennt als Verfasser eines «sacramentorum egregius libellus» Voconius, Bischof von Castell(an)um († um 460). Dieses Liturgiebuch ist, wie auch die Schrift «Adversus ecclesiae inimicos Iudaeos et Arianos», nicht erhalten. – Noch keine Literatur.

---

[1] In De civ. Dei XV,22 (CSEL 40,2 108) führt dagegen Augustinus Verse einer von ihm verfaßten «Laus cerei» an:
  Haec tua sunt, bona sunt, quia tu bonus ista creasti.
  Nil nostrum est in eis nisi quod peccamus amantes
  Ordine neglecto pro te, quod conditur abs te.

[2] Herausgegeben von P. VERBRAKEN, Une «laus cerei» africaine, in: Rev. bénéd. 70 (1960) 301–312. Hinsichtlich eines weiteren Textes vgl. A. C. VEGA, Una antiqua pieza liturgica. Augustiniana o visigotica?, in: La Ciudad de Dios 153 (1941) 169–176; weiterhin Analecta Tarr. 14 (1941) 405.

[3] Vgl. W. MEYER, Anfang und Ursprung der lateinischen und griechischen rhythmischen Dichtung, in: Abhandl. der Münchener Akad. d. W. I. Klasse, XVII. Bd., II. Abt., 284ff.; C. WEYMAN, Beiträge zur Geschichte der christlich-lateinischen Poesie (München 1929) 110–113; A. VACCARI, I versi di San Agostino, in: La Civiltà Cattolica 98 (1947) 213ff.

[4] Vgl. F. ERMINI, Il «Psalmus contra partem Donati», in: Miscellanea Agostiniana, Vol. II (Roma 1931) 341–352.

Es ist möglich, daß Teile dieses verloren gegangenen Liturgiebuches[1] in spätere abendländische Sakramentare übernommen worden sind und darin weiterleben. Zu denken wäre dabei in erster Linie an das Palimpsest-Sakramentar Nr. 205. Hier finden wir, wie L. EIZENHÖFER gezeigt hat[2], eine Reihe von Gebeten, die fast wörtlich aus Schriften afrikanischer Väter (vor allem Cyprian und Augustinus) gebildet sind; andere lateinische Väter werden kaum benützt. Da als Verfasser des genannten Palimpsest-Sakramentars Musaeus von Marseille anzunehmen ist, wäre es denkbar, daß dieser aus dem etwas älteren Meßbuch des Voconius geschöpft hat. Die Beziehungen zwischen den Hafenstädten Karthago und Marseille waren im 5. Jh. noch sehr rege. Eigenartig ist auf jeden Fall, daß der zur gleichen Zeit lebende Gennadius von Marseille an der oben zitierten Stelle die beiden Liturgiebücher, nämlich das des Voconius und das des Musaeus, unmittelbar hintereinander aufführt[3].

Es dürfte hier der Platz sein, auf das, was ein S a k r a m e n t a r ist und welche Texte es enthält, kurz einzugehen. Die Bezeichnung «(Liber) sacramentorum»[4] finden wir einigemale bei Gennadius, wenn er De vir. ill. von der Abfassung eines derartigen Buches durch Voconius (c. 78 s. o.), Musaeus (c. 79 vgl. Nr. 032), Paulinus (c. 49 vgl. Nr. 077) und Gelasius (c. 96 vgl. S. 300) spricht. Eine ältere (gallische)Bezeichnung ist «Liber mysteriorum», wie Hieronymus, De

---

[1] Die Sammlung von Traktaten des hl. Augustinus, wie sie im Codex Guelferbytanus 4096 von Wolfenbüttel vorliegt, mag in der Anordnung und Reihenfolge der einzelnen Sermonen und in den jeweiligen Überschriften uns ein Bild vom verloren gegangenen Sakramentar vermitteln; herausgegeben von G. MORIN, Sancti Aurelii Augustini Tractatus sive Sermones inediti (Kempten-München 1917); vgl. Sakramentartypen 14.

[2] L. EIZENHÖFER, in: Römische Quartalschrift 50 (1955) 248–254.

[3] Für den afrikanischen Ursprung einiger Gebete in Nr. 205 spricht ferner ein ‹Post mysterium›-Gebet (Unde nos pater sce), das auffallend mit einem liturgischen Text, den der Afrikaner Fulgentius von Ruspe († 533) zitiert, übereinstimmt; vgl. Sakramentartypen 13.

[4] Wenn ohne «liber», dann war das Wort indeklinabel; so an einer Stelle im Gelasianum (ed. MOHLBERG Nr. 430); später wurde dann «Sacramentorium» daraus; vgl. H. LIETZMANN, Das Sacramentarium Gregorianum nach dem Aachener Urexemplar (Münster i. W. 1921) Einleitung; wir finden auch den Ausdruck «Sacramentarius» (zu ergänzen «liber»), so im Brief des Papstes Hadrian an Karl d. Gr. (vgl. S. 337), später «Sacramentarium».

vir. ill. c. 100 das Meßbuch des Hilarius von Poitiers (vgl. Nr. 030) nennt.

Der «Liber mysteriorum» bzw. «sacramentorum» enthielt die Texte, die der Priester an den verschiedenen Festen und Tagen des Kirchenjahres bei der Feier der hl. Messe sowie bei der Spendung der Sakramente (mysteria-sacramenta) zu sprechen hatte. Es fehlen in diesem Buch alle Partien, die dem Diakon, dem Lektor und dem Chor zufielen. Während das Sakramentar Gebete für das ganze Jahr (per anni circulum) beinhaltete, waren in den (älteren) Meß-Libelli nur einige Meßformulare sowie Texte für die Spendung der Sakramente vorhanden.

> **Lit.:** A. BAUMSTARK, Missale Romanum (Eidinghove 1936); E. BOURQUE, Etudes sur les sacramentaires romains, 3 Bde. (Roma 1949, Québec 1952, Roma-Québec 1960); A. CHAVASSE, Le sacramentaire gélasien (Tournai 1958); K. GAMBER, Sakramentartypen. Versuch einer Gruppierung der Handschriften und Fragmente bis zur Jahrtausendwende (= TuA, Heft 49/50, Beuron 1958); C. VOGEL, Introduction aux sources de l'histoire du culte chrétien au moyen âge, in: Studi Medievali, Ser. III 3 (1962) 1–98; 4 (1963) 435–570 = Biblioteca degli «Studi medievali» I (Spoleto 1965); A.-G. MARTIMORT, Handbuch der Liturgiewissenschaft I (Freiburg i. Br. 1963) 301–311. – *Zum Bilderschmuck:* A. SPRINGER, Der Bilderschmuck in den Sacramentaren des frühen Mittelalters (= Abhandl. der K. Sächsischen Ges. d. W., phil.-hist. Classe, Band 11,4 Leipzig 1889); A. EBNER, Der künstlerische Schmuck der Sacramentarien und Missalien nach seiner historischen Entwicklung, in: Iter Italicum (1896) 429–454; V. LEROQUAIS, Les Sacramentaires et Missels manuscrits des bibliothèques de France, 4 Bde. (Paris 1924) bes. die Einleitung.

Das 4./5. Jh. darf als die «klassische» Zeit der Sakramentare angesehen werden. Wie damals die patristische Literatur in besonderer Blüte stand (Hilarius, Ambrosius, Hieronymus, Augustinus), so sind in dieser Zeit auch die meisten der später noch gebrauchten liturgischen Texte entstanden und in verschiedenen Ausgaben eines «Liber sacramentorum» vereinigt worden. Alle diese Bücher sind uns, wie das Sakramentar des Voconius, überhaupt nicht, oder wenigstens nicht mehr in ursprünglicher Gestalt überliefert. Schuld daran war einmal die Tatsache, daß alle Bücher, die für den Gottesdienst bestimmt sind, naturgemäß einer ständigen Wandlung unterliegen; dann aber auch die in späterer Zeit allgemeine Verbreitung des «Liber sacramentorum», den Gregor d. Gr. um das Jahr 592 verfaßt und gleichsam als eine letzte

Gabe der sterbenden Antike der Nachwelt hinterlassen hat (vgl. S. 325 ff.).
Dieses Sakramentar kann sich jedoch an literarischem Wert mit den
älteren Meßbüchern in keiner Weise messen.

*

In jüngster Zeit sind folgende Fragmente liturgischer Bücher aus der
Spätzeit der nordafrikanischen Liturgie[1] gefunden worden:

022 Fragment eines Epistolars auf dem Sinai

> **Bibl.:** Sinai, Katharinenkloster, Cod. Arabicus 455 (fol. 1 und 4). –
> **Edit.:** E. A. LOWE, Two new Latin Liturgical Fragments on Mount
> Sinai, in: Rev. bénéd. 74 (1964) 252–283, bes. 280–283 (mit 4 Facs.-
> Seiten). – **Lit.:** BON. FISCHER, Zur Liturgie der lateinischen Handschriften
> vom Sinai, in: Rev. bénéd. 74 (1964) 284–297, bes. 294–297; E. A. LOWE,
> Two other unknown Latin Liturgical Fragments on Mount Sinai, in:
> Scriptorium 19 (1965) 3–29. – **Schrift:** «Exotic Minuscule» (LOWE). –
> **Zeit und Ort:** 9./10. Jh. (LOWE), vielleicht früher, Mittelmeergebiet
> (Nordafrika?), zuletzt im Katharinenkloster am Sinai.

Die zwei Einzelblätter zeigen Lesungen (Episteln) der Osterwoche
(Osterfreitag bis Weißer Sonntag) und (vermutlich) der Quinquage-
sima. Die ersteren sind aus der Apostelgeschichte, die letzteren aus
der Apokalypse genommen (altlateinische, näherhin nordafrikanische
Textfassung). Von etwas späterer Hand sind jeweils Anfang und
Schluß der Evangelien-Lesung verzeichnet. Vor und nach der Epistel
findet sich eine Antiphon, AD PLU (= Ad Paulum?) bzw. PSAL A UR
(= Psalmus alleluia[ticus] Versus?)[2] überschrieben. Die Herkunft aus
der nordafrikanischen Liturgie scheint weitgehend sicher zu sein.
Wie beim Psalterium Sinaiticum (Nr. 009) könnten auch hier nordafrikanische Mönche das ehemalige Liturgiebuch, aus dem die Fragmentblätter stammen, in einer Zeit der Verfolgung durch die Araber
zum Kloster am Sinai gebracht haben.

---

[1] Zur spätafrikanischen Kirche vgl. R. DEVREESSE, L'église d'Afrique durant
l'occupation byzantine, in: Mélanges d'archéologie et d'histoire 57 (1940) 143
bis 166; G. MARCAIS, La Berbérie musulmanne au moyen âge (Paris 1946).

[2] Die angegebenen Deutungsversuche befriedigen noch nicht.

024 Teile eines Antiphonars auf dem Sinai

> **Bibl.:** Sinai, Katharinenkloster, Cod. Graecus 567 (foll. 1–6, 214–219). –
> **Edit.:** E. A. LOWE, Two new Latin Liturgical Fragments on Mount Sinai,
> in: Rev. bénéd. 74 (1964) 252–283, bes. 256–279 (mit einer Facsim.-Seite). –
> **Lit.:** BON. FISCHER, ebd. 284–297; E. A. LOWE, in: Scriptorium 19 (1965)
> 3–29. – **Schrift:** «Exotic Minuscule and Cursive Minuscule» (LOWE). –
> **Zeit und Ort:** Ende des 10. Jh. (LOWE), vielleicht jedoch früher, Mittel-
> meergebiet (Nordafrika?).

Erhalten sind 12 Blätter (vermutlich vom Anfang) eines Antiphonars
mit Texten für die Vigiliae und den Morgengottesdienst (Matutinum,
Laudes) sowie die Meßfeier von Weihnachten, Stephanus, Jakobus-
Johannes und Innocentes. Die Offiziums-Gesänge sind mit den Responsorien des mozarabischen Antiphonars (Nr. 380) verwandt. Die
Psalm-Verse, die nur nach ihrem Anfang und Ende angegeben werden,
stimmen mit dem Psalterium Sinaiticum (Nr. 009) überein. Die Meßgesänge zeigen einen Gesang vor der Epistel (diese ist nur ihren An-
fangs und Schlußworten nach angegeben) sowie einen solchen vor dem
Evangelium (vgl. Nr. 047). An Weihnachten hat nach dem Evangelium
das Gloria seinen Platz und zwar in der Fassung des Codex Alexandrinus mit den beigefügten Psalmversen (Per singulos dies benedicimus
te . . .)[1]. Für die Opferfeier sind jeweils drei Gesänge (Offertorium,
Confractorium, Communio?) angegeben. Auch hier scheint wie in
Nr. 047 die Herkunft aus der nordafrikanischen Liturgie weitgehend
sicher zu sein (vgl. Bon. FISCHER a. a. O.)[2].

Ob auch die *punische Volkssprache* damals im Gottesdienst verwendet
worden ist, wissen wir nicht. Möglicherweise war dies in den Dörfern

---

[1] Zum Gloria vgl. Nr. 041. In Nordafrika scheint es nur an Weihnachten im
Anschluß an das Evangelium gesungen worden zu sein. Seine Stelle in der
Liturgie vertrat das Te Deum (Nr. 083); vgl. K. GAMBER, in: Rev. bénéd. 74
(1964) 318–321.

[2] Nach FISCHER handelt es sich um eine Gemeinde, «die alte Traditionen bewahrt hat, daneben auch Jüngeres aufgegriffen hat, aber doch von der Entwicklung in der übrigen lateinischen Kirche ziemlich abgeschnitten war»
(a. a. O. 293). Daß die Gesangsstücke mit denjenigen im mozarabischen Ritus
verwandt sind, widerlegt nicht, wie FISCHER 289 meint, «die oft vertretene
Ansicht, daß der afrikanische Ritus mit dem römischen eng verwandt war»,
da es sich dabei sehr wohl um jüngere Bestandteile der nordafrikanischen
Liturgie handeln kann.

der Fall, in denen man kaum Latein verstand. In De cat. rud.
9,13 gibt Augustinus zu, daß manche Geistliche nicht verstehen, was
sie beten, und die Worte verkehrt aussprechen. Ähnliches ist De bapt.
6,25,47 zu lesen[1].

c) Acta Martyrum

Während der Märtyrerkult in den ersten vier Jahrhunderten der Kirche
mehr lokale Bedeutung hatte, breitet sich die Verehrung einzelner
Heiliger vom 4./5. Jh. an immer mehr aus.

> **Lit.:** P. Ruinart, Acta martyrum (verschiedene Ausgaben, am meisten
> zitiert: Regensburg 1859); Bibliotheca Hagiographica Latina antiquae et
> mediae aetatis (= Subsidia Hagiographica 6, Bruxellis 1898–1899, Neu-
> druck 1940) (= BHL); G. Rabeau, Le culte des Saints dans l'Afrique
> chrétienne d'après les inscriptions et les monuments figurés (Paris 1903);
> H. Delehaye, Sanctus. Essai sur le culte des Saints dans l'antiquité
> (= Subsidia Hagiographica 17, Bruxelles 1927, Nachdruck 1954); idem,
> Origines du culte des martyrs (Bruxelles 1933); idem, Contributions
> récentes à l'hagiographie de Rome et d'Afrique, in: Analecta Boll. 54
> (1936) 265–315. J. Quasten, Die Reform des Martyrerkultes durch Augu-
> stinus, in: Theologie und Glaube 25 (1933) 318–331; B. de Gaiffier, La
> lecture des actes des martyrs dans la prière liturgique en occident, in:
> Analecta Bollandiana 72 (1954) 134–166; V. Raffa, in: Ephem. lit. 69
> (1955) 25–30.

Eine besondere Bedeutung für die liturgische Feier der Jahrtage der
Märtyrer hatten die Acta martyrum. Für die afrikanische Kirche
ist das Verlesen der Märtyrerakten an den Jahrtagen der Heiligen
ausdrücklich bezeugt[2]. So schreibt der Canon 36 der 3. Synode von
Karthago v. J. 397 vor:

> . . . ut praeter scripturas canonicas nihil in ecclesia legatur sub
> nomine diuinarum scripturarum . . . Liceat etiam legi *passiones*
> *martyrum*, quum anniversarii dies eorum celebrantur (Mansi
> III,924).

---

[1] Vgl. F. Van der Meer, Augustinus der Seelsorger (Köln 1951) 271–272.

[2] Vgl. W. Roetzer, Des hl. Augustinus Schriften als liturgiegeschichtliche
Quelle (München 1930) 62–63; K. Gamber, Zeugen des Herrn. Zeugnis der
Martyrer der Frühkirche nach zeitgenössischen Gerichtsakten, Briefen und
Berichten (Einsiedeln 1962) bes. 111 ff.

Die christliche Literatur Nordafrikas umfaßt eine Reihe von Märtyrer-Passionen, die in ihrer Gesamtheit die beste hagiographische Sammlung der Frühzeit darstellen. Sie stehen an historischer Zuverlässigkeit und literarischer Formung anderen Kirchenprovinzen voran.

025 Passio sanctarum Perpetuae et Felicitatis

Codices: Die Passio ist lateinisch und griechisch überliefert. In ihrer lateinischen Fassung findet sie sich nur in drei Codices. Einer davon ist Cod. C 210 sup. der Biblioteca Ambrosiana in Mailand (Anfang des 12. Jh.), der ein kleines *Passionarium* im Anschluß an Augustinus-Schriften enthält. Vermutlich handelt es sich bei diesem direkt um eine Abschrift aus einer afrikanischen Vorlage. – **Lit.:** Analecta Bollandiana 11 (1892) 278–282; E. RUPPRECHT, Bemerkungen zur Passio SS. Perpetuae et Felicitatis, in: Rheinisches Museum für Philologie 40 (1941) 177–192; DEKKERS, Clavis Nr. 32 S. 6; O. HAGEMEYER, Ich bin Christ. Frühchristliche Martyrerakten (Düsseldorf 1961) *mit ausführlichem Kommentar*.

Diese Akten genossen zur Zeit des hl. Augustinus ein solches Ansehen, daß dieser seinen Lesern sagen mußte: «nec scriptura ipsa canonica est»[1]. Das Hauptstück wurde von den Blutzeugen selbst im Kerker nach Art eines Tagebuches geschrieben. Der Redaktor dieser vielleicht berühmtesten Märtyrerakten ist (nach Rupprecht) wahrscheinlich Tertullian.

026 Acta proconsularia S. Cypriani

Codices: H. VON SODEN, Die cyprianische Briefsammlung (= Texte und Untersuchungen 25,3 Leipzig 1904) 232 ff.; in einer der ältesten Handschriften, Würzburg, Universitätsbibliothek, M.p.th.f. 33 (III) aus der Mitte des 9. Jh., sind die Acta proconsularia mit Briefen Cyprians verbunden. – **Lit.:** P. RUINART, Acta martyrum (Regensburg 1859) 261–264; R. REITZENSTEIN, Die Nachrichten über den Tod Cyprians, in: Sitzungsberichte (Heidelberg 1913) 14. Heft; DEKKERS, Clavis Nr. 53 S. 11.

Weitere berühmte afrikanische Märtyrerakten, so vor allem die *Acta Scillitanorum* aus dem 2. Jh., werden von DEKKERS, Clavis Nr. 2049 bis 2055 aufgeführt. Wir beschränken uns im folgenden auf die hand-

---

[1] De natura et origine animae 1, 10, 12 (CSEL 60, 1 S. 312).

schriftliche Überlieferung der Sammlungen der Akten in Passionaren:

028   Fragment eines Passionars in Reims und Berlin

> **Bibl.**: Reims, Bibl. munic., ms 1424 + Berlin, Deutsche Staatsbibliothek,
> Cod. Phillipps 1741 (ff. 209–210). – **Lit.**: LOWE VI Nr. 825. – **Schrift**:
> «Half-Uncial Verging on Minuscule» (LOWE). – **Zeit und Ort**: 1. Hälfte
> des 7. Jh., Entstehungsort nach LOWE unbekannt, Spanien oder Afrika
> möglich (B. BISCHOFF).

Das aus drei Blättern bestehende Fragment beinhaltet Teile der Passio
S. Pionii et Sociorum (BHL Nr. 6852) und der Passio S. Theodosiae
(BHL Nr. 8090)

In Ravenna, Biblioteca Civica (vgl. LOWE IV, Nr. 412), findet sich ein
weiteres Fragment mit der Passio der afrikanischen Heiligen Marianus
und Jacobus (BHL Nr. 131), das etwa aus der gleichen Zeit stammt
und ebenfalls in Nordafrika geschrieben sein könnte[1].

In verschiedenen späteren Passionaren, so im Cod. Vat. lat. 5771 aus
Bobbio (9. Jh.), kommt am Fest der *Machabäer* am 1. August die
Lesung aus 2 Mach 6,12–7,42 in altlateinischer Fassung vor[2]. Dies
läßt auf eine frühe Verwendung in der Liturgie schließen. Die beiden
erhaltenen afrikanischen Kalendare (vgl. Nr. 091) kennen jedenfalls
ein Fest der Machabäer am 1. August.

029   Passio Apostolorum Petri et Pauli

> **Bibl.**: Sinai, Katharinenkloster, Cod. Slavonicus 5 (ff. 109 ss.). – **Lit.**: wie
> Nr. 009. – **Zeit und Ort**: wie Nr. 009.

Am Schluß des Psalterium Sinaiticum findet sich nach dem Kalendar
eine Passio Apostolorum Petri et Pauli (BHL Nr. 6667), wie sie ebenso
in verschiedenen abendländischen Passionaren vorkommt.

---

[1] Weitere spätere Passionare unter Nr. 276 ff. und 1645 ff.
[2] Vgl. D. DE BRUYNE, Les anciennes traductions latines des Machabées (= Anecdota Maredsolana 4, Maredsous 1932); A. PONCELET, Catalogus Codicum
   hagiographicorum latinorum Bibliothecae Vaticanae (= Subsidia Hagiographica 11, Bruxelles 1910) 143.

Auch das ist hier noch zu erwähnen: Die Märtyrerakten einer bestimmten Gegend sind zusammen genommen eine nicht unergiebige *Quelle für die Liturgie* der betreffenden Zeit. Eine umfassende Arbeit darüber fehlt noch[1]. Besondere Beachtung verdienen u. a. die «Stoßgebete» der Märtyrer Dativus, Saturninus und ihrer Gefährten während ihres peinvollen Verhörs[2], sowie die Bezeichnungen «Collecta» für den Wortgottesdienst (ad scripturas dominicas legendas) und «Dominicum» für die Eucharistiefeier. «In domo mea egimus dominicum» sagt Emeritus (in den Akten der genannten Märtyrer c. 11), die bereits von der Synode von Karthago v. J. 411 und von Augustinus (Brev. coll., die 3, c. 17) erwähnt werden.

Der *Islam*, der in den Jahren 647–717 Nordafrika eroberte, hat der afrikanischen Kirche (und damit auch deren Liturgie) den Todesstoß versetzt, während die vorausgehende Eroberung des Landes durch die arianischen Wandalen lediglich eine Unterdrückung der katholischen Mehrheit zur Folge hatte. Im 12. Jh. sind auch die letzten Reste der afrikanischen Kirche verschwunden[3].

---

[1] Material darüber findet sich gesammelt in CABROL-LECLERCQ, Relliquiae liturgicae vetustissimae (= Monumenta Ecclesiae Liturgica I, Paris 1900/02) Nr. 3933–4102.

[2] CABROL-LECLERCQ a. a. O. 4021–4037.

[3] Innere Gründe für das verhältnismäßig schnelle und vollständige Verschwinden der christlichen Gemeinden in Nordafrika nennt H. REICHARD, Westlich von Mohammed. Geschick und Geschichte der Berber (Köln-Berlin 1957) bes. 225 ff.

2. Documenta Liturgiae Galliae et Hispaniae

Die Christianisierung ging im Abendland viel langsamer vor sich als im Orient oder in Nordafrika. Größere Christengemeinden sind in Gallien während des 2. Jh. vor allem im Rhône-Gebiet nachweisbar. Die bedeutendste Gestalt dieser frühen Zeit ist der aus Kleinasien stammende *Irenäus*, Bischof von Lugdunum († um 202). Vielleicht geht auf ihn der herrliche Bericht über die Märtyrer von Vienna und Lugdunum (Lyon) zurück, den Eusebius in seiner Kirchengeschichte (Lib. V) überliefert. Er ist in Form eines Briefes an die Kirchen in der Provinz Asien und Phrygien abgefaßt. In den von Irenäus erhaltenen Schriften finden sich, außer der Angabe des Wortlautes des Symbolums seiner Kirche (Contra haereses I, 10, 1), nur wenige Notizen, die auf die Liturgie der damaligen Zeit schließen lassen[1].

Den Taufritus und den Sonntagsgottesdienst beschreibt ausführlicher *Justinus*, ein in Palästina geborener Philosoph, der die ganze christliche Welt von Ost nach West durchwanderte und schließlich um 165 in Rom den Märtyrertod starb, in seiner 1. Apologie (c. 65–67)[2]. Man kann daran zweifeln, ob man den von Justinus geschilderten Ritus der Sonntagsfeier, mit seiner Verbindung von Wortgottesdienst und Mahlfeier, für den Ritus der Stadt Rom in Anspruch nehmen darf, nur weil er dort gestorben ist. Justinus dürfte bei seiner Schilderung in erster Linie den kleinasiatisch-südgallischen Ritus im Auge gehabt haben.

---

[1] Sie sind zusammengestellt von F. CABROL – H. LECLERCQ, Relliquiae Liturgicae Vetustissimae (= Monumenta Ecclesiae Liturgica I, 1 Paris 1900/02) Nr. 2176–2260 (das Symbolum als Nr. 2181). Vgl. auch J. P. DE JONG, Der ursprüngliche Sinn von Epiklese und Mischungsritus nach der Eucharistielehre des hl. Irenäus, in: ALW IX, 1 (1965) 28–47.

[2] Griechischer Text der betreffenden Kapitel mit erklärenden Anmerkungen bei J. QUASTEN, Monumenta eucharistica et liturgica vetustissima (Bonn 1935/37) 13–21. Die Märtyrerakten des Justinus sind erhalten; vgl. RUINART, Acta martyrum (Regensburg 1859) 105–107; O. v. GEBHARDT, Ausgewählte Märtyrerakten und andere Urkunden aus der Verfolgungszeit der christlichen Kirche (Berlin 1902) 1–12.

a) Documenta Liturgiae Galliae

Anfänglich (2./3. Jh.) ist für Südgallien das Griechische als liturgische Sprache vorauszusetzen. Griechische Ausdrücke finden wir noch in den Überschriften der Gebete im Missale Gothicum (Nr. 210), so «Post eucharistiam», «Post mysterium» oder sie sind in vulgärer Weise übersetzt: μυστήριον = Secreta, προσφορά = missa[1].

Nicht auf die frühgallische Zeit kann dagegen der Gesang des «Ajus» (Trishagion) zurückgehen, da dieser im 4. Jh. in die antiochenisch-byzantinische Liturgie Aufnahme gefunden hat. Er wurde in der gallikanischen Liturgie in griechischer und lateinischer Sprache gesungen und könnte vom hl. *Hilarius, Bischof von Poitiers* († 376) aus Kleinasien, wo dieser längere Zeit in der Verbannung gelebt hat, neben anderen liturgischen Bräuchen (so dem Hymnengesang) nach Gallien mitgebracht worden sein.

030 Der «Liber mysteriorum» des hl. Hilarius

> Davon spricht Hieronymus, De vir. ill. c. 100. – **Lit.:** H. LINDEMANN, Des hl. Hilarius von Poitiers «Liber mysteriorum» (Münster i. W. 1905); J. P. BRISSON, Hilarius de Poitiers, Traité des Mystères (= Sources Chrétiennes 19, Paris 1947); K. GAMBER, Der «Liber mysteriorum» des Hilarius von Poitiers, in: Studia Patristica V (= Texte und Untersuchungen, Band 80, Berlin 1962) 40–49.

Bis zur Auffindung der umfangreichen Reste eines sog. «Tractatus mysteriorum» in einer Handschrift zu Arezzo durch GAMURRINI i. J. 1887[2] galt der von Hieronymus erwähnte «Liber mysteriorum» zusammen mit dem «Liber hymnorum» (vgl. Nr. 040) als ein liturgisches Buch, das jedoch verloren sei. GAMBER hat nachzuweisen versucht, daß die Fragmente von Arezzo eine Schrift (des Hilarius) «De figuris veteris testamenti» darstellt, während der von Hieronymus erwähnte «Liber mysteriorum» tatsächlich ein Sakramentar gewesen war, das stark verändert in späten Abschriften, so im Missale Gothicum (Nr. 210), erhalten geblieben ist.

---

[1] Vgl. K. GAMBER, Missa, in: Ephem. lit. 74 (1960) 48–52.
[2] GAMURRINI, S. Hilarii Tractatus de mysteriis et Hymni et S. Silviae Aquitanae Peregrinatio (Romae 1887); vgl. A. WILMART, in: Rev. bénéd. 27 (1910) 1–10.

Der «Liber mysteriorum» ist das erste Sakramentar der abendländischen Kirche, wobei «Liber mysteriorum» die ältere Bezeichnung
gegenüber «Liber sacramentorum» ist. Die frühe Abfassung dieses
Liturgiebuches (schon im 4. Jh.) sowie die Tatsache, daß es damals
etwas Gleichwertiges nicht gab, dürfte die Ursache seiner weiten Verbreitung in ganz Gallien und darüber hinaus auch nach Oberitalien
gewesen sein[1].

Einzelne Gebete des «Liber mysteriorum» waren nach Ausweis des
späteren Missale Gothicum direkt an den Sohn gerichtet[2] (so durchweg
am Palmsonntag)[3]; sogar die «Immolatio missae» (das Eucharistiegebet) macht hierin keine Ausnahme. Die Gebete zeigen damit deutlich eine anti-arianische Tendenz. Vielleicht hängt damit zusammen,
daß die Synode von Hippo v. J. 393 vorschreibt, «semper ad patrem
dirigatur oratio» (vgl. Nr. 015).

Während die genannte Gebetsanrede an den Sohn ein Hinweis auf
Hilarius, den Vorkämpfer der Orthodoxie gegen den Arianismus sein
kann, so noch mehr die eigenartigen Beziehungen, die zwischen einigen
gallikanischen Eucharistiegebeten und der frühen kleinasiatisch-
syrischen Liturgie bestehen. Gemeint ist hier die Christus-Epiklese:
«Veni et communica nobiscum in tua eucharistia». Es ist sehr wahrscheinlich, daß der verbannte Bischof von Poitiers diese Form der
Epiklese von Kleinasien nach Gallien mitgebracht hat[4].

Ein Wort noch zu einer weiteren typischen Formel des gallikanischen Eucharistiegebets. Auf sie weist eine unechte Augustinus-Stelle
bei Hinkmar, De una et non trina deitate (Pl 125,507 ff.) hin, die vermutlich auf einen gallischen Autor des 5./6. Jh. zurückgeht[5]. Hier ist

---

[1] Jedenfalls scheint zur Zeit des hl. Ambrosius der «Liber mysteriorum» in
Oberitalien schon bekannt gewesen zu sein; vgl. K. GAMBER, Ist der Canon-
Text in De sacramentis in Mailand gebraucht worden?, in: Ephem. lit. 79
(1965) 109–116.

[2] Allgemein zu dieser Frage: J. A. JUNGMANN, Die Stellung Christi im liturgischen Gebet (= Liturgiegeschichtliche Quellen und Forschungen 7/8, Münster
i. W. 1925, Neuauflage 1962).

[3] Vgl. die kritische Ausgabe dieses Formulars, in: Studia Patristica V (1962)
45–49.

[4] Vgl. K. GAMBER, Die Christus-Epiklese in der altgallischen Liturgie, in: ALW
IX, 2 (1966) 27–34.

[5] Vgl. G. MORIN, Une particularité du ‹Qui pridie› en usage en Afrique au

von einer Formel «Qui forman sacrificii perennis instituit» in Verbindung mit dem «Qui pridie» die Rede[1]. Eine solche Formel findet sich tatsächlich mehrfach in gallikanischen und mozarabischen Texten, auch im ambrosianischen Meßbuch am Gründonnerstag (ed. PAREDI 489)[2].

032 Der «Liber sacramentorum» des Musaeus von Marseille

> **Lit.:** G. MORIN, in: Rev. bénéd. 22 (1905) 329–356; K. GAMBER, Das Lektionar und Sakramentar des Musaeus von Massilia, in: Rev. bénéd. 69 (1959) 198–215.

Über die Abfassung eines Sakramentars durch den Priester *Musaeus von Marseille* († 461) sagt Gennadius (De vir. ill. c. 79):

> Et ad personam sancti Eusebii episcopi . . . conposuit *sacramentorum* egregium et non paruum uolumen per membra quidem opportunitate officiorum et temporum pro lectionum textu, psalmorum serie et cantatione discretum. Sed et supplicandi deo et contestandi beneficiorum eius soliditatis suae consentaneum, quo opere grauissimi sensus et castigatae eloquentiae agnouimus uirum. *Homilias* etiam dicitur declamasse quas et haberi a fidelibus cognoui sed ego non legi[3].

Es ist wahrscheinlich, daß uns größere Teile dieses Sakramentars in einer Mailänder Palimpsest-Handschrift (Nr. 205) erhalten sind[4].

Ve–VIe siècle, in: Rev. bénéd. 41 (1929) 70–73; A. DOLD, in: TuA 43 (Beuron 1952) 36–37.

[1] Bezüglich der Unterschiede zwischen dem gallikanischen Eucharistiegebet und dem des afrikanisch-römischen Liturgiekreises vgl. K. GAMBER, Canonica prex, in: Heiliger Dienst 17 (1963) 57–64, 87–95, bes. 92 ff.

[2] Vgl. das Mailänder Palimpsest-Sakramentar (Nr. 205) p. 6* ed. DOLD; LM (Nr. 301) in den Formeln 744, 1367 und 1385 (ed. FÉROTIN) sowie in Go (Nr. 210) in der Formel 514 (ed. MOHLBERG).

[3] Es spricht manches für die Annahme, daß die unter dem Namen *Eusebius Gallicanus* (Emesenus) bekannten Sermonen (DEKKERS, Clavis Nr. 966 ss.) auf Predigten zurückgehen, die Musaeus im Auftrag des Bischofs Eusebius von Marseille gehalten hat und von denen hier Gennadius spricht.

[4] Schon dem Herausgeber des Mailänder Codex, A. DOLD (= TuA, Heft 42, Beuron 1952), sind weitgehende Beziehungen zum mozarabischen Sakramentar (Nr. 301) aufgefallen. Es liegt jedoch sicher keine Abhängigkeit von diesem vor, vielmehr ist wahrscheinlich das mozarabische Sakramentar von Meßbuch des Musaeus abhängig.

034   Die «Contestatiunculae» des Sidonius Apollinaris

> Gregor v. Tours († 594) hat diesen Libellus des Sidonius Apollinaris neu
> bearbeitet; vgl. Hist. Franc. II,22 (PL 71,218). – **Lit.:** Sakramentar-
> typen 21.

Von diesem liturgischen Büchlein erfahren wir durch einen Brief des
Sidonius Apollinaris, Bischof von Averna († 480/90), an den Bischof
Megethius:

> Diu multumque deliberavi, quanquam mihi animo affectus
> studioque parendi sollicitaretur an destinarem sicut iniungis
> *contestatiunculas*[1] quas ipse dictavi. Vicit ad ultimum sententia
> quae tibi obsequendum definiebat: ergo petita transmisi (Lib.
> VII, Ep. 3).

Vielleicht gehen die sog. *Mone-Messen* (Nr. 203) auf diese «Contestatiunculae» des Sidonius bzw. deren Bearbeitung durch Gregor v. Tours
zurück.

035   Das Lektionar des Musaeus von Marseille

> **Lit.:** G. MORIN, Le plus ancien monument qui existe de la liturgie galli-
> cane: Le lectionnaire palimpseste de Wolfenbüttel, in: Ephem. lit. 51
> (1937) 3–12; K. MOHLBERG, in: Ephem. lit. 51 (1937) 353–360; K. GAM-
> BER, Das Lektionar und Sakramentar des Musaeus von Massilia, in: Rev.
> bénéd. 69 (1959) 198–215.

Außer einem Sakramentar (Nr. 032) hat Musaeus auch ein Lektionar
zusammengestellt. Dieses Liturgiebuch ist zum großen Teil als Palimpsest erhalten geblieben (vgl. Nr. 250)[2]. Die Abschrift ist nur ungefähr
50 Jahre jünger als die Redaktion durch Musaeus. Diese Redaktion
wird von Gennadius wie folgt beschrieben (De vir. ill. c. 79):

> Hortatus a sancto Venerio episcopo[3] excerpsit ex sanctis scriptu-
> ris *lectionum* totius anni festiuis apta diebus, *responsoria*[4] etiam

---

[1] «Contestatiuncula» ist eine Verkleinerungsform von «Contestatio» (gallikanischer Ausdruck für die Präfation).
[2] Vgl. G. MORIN, in: Ephem. lit. 51 (1937) 3–12.
[3] Venerius war ungefähr von 431–452 Bischof von Marseille.
[4] Damit sind die «Responsoria gradualia» gemeint. Im oben genannten Palimpsest sind einige dieser Responsorien noch zu entziffern; vgl. K. GAMBER a.a.O.
200.

psalmorum capitula tempore et lectionibus congrua, quod opus
tam necessarium lectoribus ecclesiae conprobatur, ut expeditum
et sollicitudinem tollat et moram plebique ingerat scientiam
celebritatis decorem.

Die Auswahl der Lesungen zeigen einen in der Hl. Schrift sehr ver-
trauten Mann. Das Lektionar setzt bereits ein weithin ausgebautes
Kirchenjahr voraus und beginnt mit der Ostervigil[1].

037 Das Lektionar des Claudianus Mamertus

Lit.: G. Morin, La lettre-préface du Comes se rapporterait au lectionnaire
de Claudien Mamert?, in: Rev. bénéd. 30 (1913) 228–231; C. Vogel,
Introduction aux sources de l'histoire du culte chrétien au moyen âge
(Spoleto 1965) 259; G. Berti, in: Ephem. lit. 68 (1954) 147–154.

Sidonius Apollinaris sagt von *Claudianus Mamertus* von Vienna († 474):
«Hic sollemnibus annuis paravit, quae quo tempore lecta convenirent.»
Der auf Mamertus zurückgehende Lektionartypus ist möglicherweise
im Lectionarium Luxoviense (Nr. 255) erhalten geblieben. Morin
wollte die Vorrede zum Comes (vgl. Nr. 074) mit unserm Lektionar in
Beziehung bringen; doch dürfte dies kaum zutreffen.

An Psalter-Handschriften ist aus der Zeit der frühen gallischen
Kirche lediglich folgender Codex erhalten geblieben:

039 Psalterium (unvollst.) von Lyon

Bibl.: Lyon, Bibliothèque de la Ville, ms. 425 (alt 351) + Paris, B. N.,
ms. nouv. acq. lat. 1585. – **Lit.:** L. Delisle, Mélanges de paléographie et
de bibliographie (Paris 1880) 11–35; DACL VI, 1 535–636; XIV, 2 1956;
V. Leroquais, Les Psautiers manuscrits I (Mâcon 1940) 226 ff.; Lowe VI
Nr. 772. – **Schrift:** Unziale, 13 Langzeilen (Schriftspiegel quadratisch:
205 × 205 mm). – **Zeit und Ort:** 5./6. Jh., geschrieben in einer Schule
mit bester römischer Tradition, wahrscheinlich in Gallien[2].

---

[1] Daß Ostern in den ersten Jahrhunderten als Beginn des Kirchenjahres angesehen worden ist, zeigen u. a. die Traktate des hl. Zeno (vgl. Nr. 058); vgl.
dazu A. Dold, in: TuA 26–28 (Beuron 1936) S. XCII f.

[2] Aus Lyon stammt auch die in 3 Spalten angelegte Heptateuch-Handschrift des
6. Jh.,: Lyon, Bibl. de la Ville, ms. 403; vgl. Lowe VI Nr. 771.

Es handelt sich um ein vorhieronymianisches (altlateinisches) Psalterium. Es ist nicht vollständig erhalten; so finden sich in Lyon 103 Blätter mit den Psalmen 10,7–51,7; 113,3–17 und in Paris 63 Blätter mit den Psalmen 117,7–139,5.

Relativ früh wurde in Gallien die zweite Redaktion des Psalteriums, die Hieronymus vorgenommen hat, eingeführt. Es hat deshalb auch die Bezeichnung *Psalterium Gallicanum* erhalten (vgl. Nr. 072 und Nr. 1617 ff.).

040   Der «Liber hymnorum» des hl. Hilarius

> **Lit.:** GAMURRINI, S. Hilarii Tractatus de mysteriis et Hymni et S. Silviae Aquitanae Peregrinatio (Roma 1887); W. H. MYERS (Philadelphia 1928); G. M. DREVES, Das Hymnenbuch des hl. Hilarius, in: ZkTh 12 (1888) 358–369; A. L. FEDER, Studien zu Hilarius von Poitiers III (= Sitzungsberichte der k. akad. d. W. in Wien, Phil.-hist. Klasse 169. Bd., 5. Abh., Wien 1912); W. BULST, Hymni Latini antiquissimi LXXV (Heidelberg 1956) bes. 182; DEKKERS, Clavis Nr. 463–464 (mit weiterer Lit.); J. W. HALPORN, Metrical Problems in the First Arezzo Hymn of Hilary of Poitiers, in: Traditio 19 (1963) 461–466.

Einen «Liber hymnorum» des hl. Hilarius erwähnt Hieronymus, De vir. ill. c. 100; Hilarius spricht Tract. in ps. 64,12 (PL 9,420) selbst von seinen Bemühungen um den Hymnengesang. Es sind nur einige Hymnen von ihm erhalten. Der Codex, den GAMURRINI i. J. 1887 in Arezzo fand und herausgab, enthält drei Hymnen. Es findet sich an erster Stelle ein Lehrgedicht über die Gottheit Christi in Form eines Akrostichons, dessen einzelne sechsteilige Strophen der Reihe nach mit den Buchstaben des Alphabets beginnen.

Möglicherweise sind noch weitere Hymnen des hl. Hilarius auf uns gekommen. So erwähnt das irische Antiphonar (Nr. 150) beim ersten der dort sich findenden Hymnen Hilarius als Verfasser (vgl. DEKKERS, Clavis Nr. 464). Dies läßt den Schluß zu, daß weitere Hymnen im genannten Antiphonar ebenfalls auf diesen zurückgehen.

Aus dem Codex 27 (1125) der Stiftsbibliothek von Einsiedeln (ff. 23–24) aus dem 8./9. Jh. hat A. DOLD einen Hymnus in Form eines Akrostichons herausgegeben[1]. Ob nicht auch hier Hilarius als Verfasser angesehen werden darf?

---

[1] A. DOLD, Ein Hymnus Abecedarius auf Christus (= TuA, Heft 51, Beuron 1959); vgl. LOWE VII Nr. 827.

Zur Zeit des hl. Hilarius begann die *christliche Hymnendichtung* im Abendland aufzublühen. Die Texte der einzelnen Gesänge waren jedoch noch zu lehrhaft und zu lang, um volkstümlich zu werden.

Dies gilt auch von den drei erhaltenen trinitarischen Hymnen des *Marius Victorinus* († nach 363), die wohl nie liturgisch gebraucht worden sind. Erwähnenswert ist der dritte, dessen einzelne Strophen litaneiartig mit «O beata trinitas» schließen (PL 8, 1139–1146)[1]. Erst die Hymnen des hl. Ambrosius (vgl. Nr. 061) gingen wegen ihrer Volkstümlichkeit schon bald in die Liturgie ein.

Die Werke des größten altchristlichen Dichters, *Aurelius Prudentius* († nach 404), nämlich das «Cathemerinon» und das «Peristephanon»[2], waren ebenfalls nicht für den liturgischen Gebrauch bestimmt, wenn auch später einige Texte daraus Eingang in die Liturgie gefunden haben, so der Hymnus «Inventor rutili dux bone luminis» (Cathem. V 1–32, 149–164), der verschiedentlich am Karsamstag «Ad ignem benedicendum» gesungen worden ist[3].

041   Der Hymnus «Gloria in excelsis deo»

> **Lit.:** C. BLUME, Der Engelhymnus Gloria in excelsis deo. Sein Ursprung und seine Entwicklung, in: Stimmen aus Maria Laach 73 (1907) 43–62; A. BAUMSTARK, Die Textüberlieferung des Hymnus angelicus, in: Hundert Jahre Markus-und-Weber-Verlag (Bonn 1909) 83–87; J. BRINKTRINE, Zur Entstehung und Erklärung des Gloria, in: Römische Quartalschrift 35 (1927) 303–315; G. PRADO, Una nuova recension del himno ‹Gloria in excelsis deo›, in: Ephem. lit. 46 (1932) 481–486; E. T. MONETA-CAGLIO, La ‹Laus angelorum›, l'inno mattinale dell'antichità, in: Ambrosius 11 (1935) 209–223; A. HODÜM, Hymni angelici ordo et historia, in: Collationes Brugenes 37 (1937) 45–47; B. CAPELLE, Le texte du Gloria in excelsis, in: Travaux liturgiques II, 176–191; W. STAPELMANN, Der Hymnus angelicus (Heidelberg 1948); B. STÄBLEIN, Gloria, in: Musik in Geschichte und Gegenwart V (1956) 302–320 *(mit weiterer Lit.)*; A.-G. MARTIMORT, Handbuch der Liturgiewissenschaft I (Freiburg i. Br. 1963). 358–360.

---

[1] Vgl. DEKKERS, Clavis Nr. 99 S. 22.

[2] PL 59, 775 ff.; DEKKERS, Clavis Nr. 1438 und 1443 S. 319 f.

[3] Vgl. Analecta Hymnica, fasc. 50, 30; E. A. SANFORD, Were the Hymns of Prudentius intended to be sung, in: Classical Philology 31 (1936) 71.

Das «Gloria» ist ein Rest aus dem Hymnenschatz der ältesten Kirche. Während die orientalischen Fassungen des Hymnus voneinander abweichen, stimmen die abendländischen weitgehend miteinander überein; sie geben die Fassung des griechischen Textes im Anhang des Codex Alexandrinus wieder. Wahrscheinlich ist *Hilarius von Poitiers* (s. o.) der Überbringer nach dem Westen.

In lateinischen Handschriften erscheint das «Gloria» relativ spät. Die älteste derartige Handschrift ist das (irische) Antiphonar von Bangor (Nr. 150), das vermutlich auf eine gallische Vorlage zurückgeht. Hier erscheint es als ein Hymnus des Morgengottesdienstes (Matutinum)[1]; zum Meßgesang wurde es erst später, beginnend in Rom. Die afrikanische Kirche hat, wie es scheint, das «Gloria» in der uns bekannten Fassung nicht liturgisch verwendet (vgl. Nr. 024). Seine Stelle hat der Morgenhymnus «Te deum» (Nr. 083) eingenommen[2]; er baut auf einer älteren Fassung des «Gloria» auf, in der der «Engelsgesang» (Luc 2, 14) zu Beginn noch gefehlt hat[3].

043 Das «Exultet» und weitere «Laus cerei»-Texte

Lit.: B. CAPELLE, L'«Exultet» pascal oeuvre de Saint Ambroise, in: Miscellanea G. Mercati I (= Studi e Testi 121, Roma 1946) 219–236; BON. FISCHER, Ambrosius der Verfasser des österlichen Exultet?, in: ALW II (1952) 61–80; J. M. PINELL, La benedicció del ciri pasqual e els seus textos, in: Liturgica 2 (= Scripta et Documenta 10, Montserrat 1958) 1–119. – Vgl. auch Nr. 490 ff.

Die älteste Quelle für das «Exultet», das Praeconium paschale, bilden gallikanische Sakramentare (Nr. 210 und 220). Dieses dürfte (nach FISCHER) im 4./5. Jh. im Bereich der gallikanischen Liturgie (Gallien/ Oberitalien) entstanden sein. Der unbekannte Verfasser (nicht Ambrosius, ein Bischof Augustinus?) hat die «Immolatio missae» für die

---

[1] Zum Morgengottesdienst vgl. unten Nr. 056; weiterhin K. GAMBER, Privatgebete aus der alten Kirche Ägyptens, in: Heiliger Dienst 15 (1961) 81–85.

[2] Vgl. K. GAMBER, Das «Te Deum» und sein Autor, in: Rev. bénéd. 74 (1964) 318–321.

[3] Der Engelsgesang begegnet uns auch sonst zu Beginn altchristlicher Hymnen; vgl. A. BAUMSTARK, Vom geschichtlichen Werden der Liturgie (= Ecclesia Orans 10, Freiburg i. Br. 1923) 20, mit Anm. 27.

Osternacht im Missale Gothicum (ed. MOHLBERG Nr. 270) für seine Komposition benützt[1].

Weitere «Laus cerei»-Texte sind (außer für Rom, wo ein Praeconium paschale bis ins Frühmittelalter hinein nicht üblich war) auch für Nordafrika (vgl. Nr. 017), Süditalien (vgl. Nr. 485 ff.) und Spanien bezeugt. Von hier sind zwei Texte erhalten (vgl. DEKKERS, Clavis Nr. 1217a und Nr. 1932). Ebenfalls zwei Texte besitzen wir vom Bischof *Ennodius von Pavia* († 521), deutlich Erzeugnisse der Spätzeit (vgl. DEKKERS, Clavis Nr. 1500). Aus Ravenna könnte der Text im sog. Gelasianum (Nr. 610) stammen (ed. MOHLBERG Nr. 425–430)[2]. Das Mailänder Praeconium paschale stammt möglicherweise aus dem 5./6. Jh. und zwar von dem Priester *Maximinus* (DEKKERS, Clavis Nr. 1906a)[3]. Es scheinen sich nur die besseren Kompositionen auch späterhin behauptet zu haben; ursprünglich ist vielleicht jedes Jahr ein neuer Text geschaffen worden.

044 Liturgische Bestimmungen gallischer Synoden

> **Lit.:** J. MABILLON, De Liturgia Gallicana libri III (Parisiis 1729) Introd.; H. BRUNS, Canones Apostolorum et Conciliorum saec. IV–VII, Tom. II (Berlin 1839) 130 ff.; PL 76, 879 ff.; E. GÖLLER, Studien über das gallische Bußwesen zur Zeit Caesarius v. Arles und Gregors von Tours, in: Archiv für kathol. Kirchenrecht 109 (1929) 3–126; G. MORIN, Le canon du concile d'Agde sur l'assistance à la messe entière et la façon de l'interpréter, in: Ephem. lit. 49 (1935) 360–366; C. MUNIER, Les Statuta Ecclesiae antiqua (Paris 1960); IDEM, Une forme abrégée du rituel des ordinations des ‹Statuta Ecclesiae antiqua›, in: Revue des Sciences religieuses 32 (1958) 79–84; IDEM, Concilia Galliae A. 314–A. 506 (= Corpus Christianorum 148, Turnholti 1963); DEKKERS, Clavis Nr. 1776–1786 S. 394–396; O. PONTAL, Liste des manuscrits contenant des statuts synodaux de l'ancienne France classés par diocèses, in: Bulletin d'information de l'Institut de recherche et d'histoire des textes 9 (1962) 79–107.

Von besonderer Bedeutung sind für die Liturgiegeschichte die *Statuta Ecclesiae antiqua*. Sie wurden bisher meist als afrikanisch angesehen;

---

[1] Vgl. K. GAMBER, in: Fischer-Wagner, Paschatis Sollemnia (Freiburg i. Br. 1959) 163. Hier wurde als Verfasser der «Immolatio» Ambrosius vermutet; weitere Untersuchungen sprechen eher für Hilarius (vgl. Nr. 030) als Urheber.

[2] Vgl. K. GAMBER, Sakramentartypen (Beuron 1958) 55.

[3] Vgl. M. HUGLO, in: Vigiliae Christianae 7 (1953) 86.

nach den Untersuchungen von MUNIER sollen sie jedoch um das Jahr 475 in Gallien entstanden sein. Als Redaktor wird von ihm *Gennadius von Marseille* (um 480) vermutet. Eine afrikanische Urfassung der «Statuta» ist jedoch auf jeden Fall anzunehmen[1]. In ihrem zweiten Teil, «Recapitulatio ordinationis officialium ecclesiae» überschrieben, finden sich eingehende liturgische Bestimmungen bezüglich der einzelnen *Weihegrade*. Bei den niederen Weihen, angefangen mit dem Exorzistat, werden auch kurze Formeln angegeben[2].

Weitere Canones gallischer Synoden befassen sich mit dem Taufritus, besonders nachdem von 5. Jh. an der römische Taufritus immer stärkeren Einfluß über Italien hinaus zu gewinnen beginnt (vgl. Nr. 075).

> **Lit.:** P. DE PUNIET, La liturgie baptismale en Gaule avant Charlemagne, in: Revue des questions historiques 37 (1902) 383–420: A. DONDEYNE, La discipline des scrutins dans l'église latine avant Charlemagne, in: Revue d'histoire ecclésiastique 28 (1932) 5–33, 751–787; VAN DEN EYNDE, Le deuxième canon du Concile d'Orange de 441 sur la chrismation, in: Recherches de Théologie ancienne et médiévale 11 (1939) 97–100.

Eine weitere Quelle für den altgallischen Taufritus bilden die späteren gallikanischen Sarkamentare (Nr. 210 ff.), weiterhin die Schrift «De mysteriis» des hl. Ambrosius (vgl. Nr. 060); bezüglich der oberitalienischen Skrutinienordnungen vgl. Nr. 290 ff.

---

[1] Gennadius scheint in erster Linie der Übermittler der Statuta von Afrika nach Gallien gewesen zu sein. Marseille, die Heimat des Gennadius, stand als Handelsmetropole in engem Kontakt zu Karthago; vgl. auch das zu Nr. 020 Gesagte; ferner J. M. HANSSENS, La liturgie d'Hippolyte (Roma 1959) 398–401.

[2] Vgl. B. BOTTE, Le Rituel d'ordination des Statuta Ecclesiae antiqua, in: Recherches de théologie ancienne et médiévale 11 (1939) 223–242.

b) Documenta Liturgiae Hispaniae

Daß die altafrikanische Bibelübersetzung in der frühen spanischen Kirche Eingang gefunden hat, ist von der Vetus-Latina-Forschung schon lang erkannt worden[1]. Daß neben Bibelhandschriften auch liturgische Formeln und ganze Liturgiebücher den Weg von Nordafrika nach der Iberischen Halbinsel gefunden haben, ist mehr als wahrscheinlich, besonders seit der Auffindung eines afrikanischen Antiphonars (Nr. 024), das mit dem mozarabischen (Nr. 380) zahlreiche Gemeinsamkeiten aufweist. Weiterhin ist gar nicht ausgeschlossen, daß sich so manche «Spanish Symptoms», die sich in abendländischen Liturgiebüchern finden, durch weitere Forschungen als Elemente der alt-afrikanischen Liturgie herausstellen.

> **Lit.** *(zu den «Spanish Symptoms»)* : E. BISHOP, Liturgica Historica (Oxford 1918) 163–210; C. COEBERGH, in: Miscellanea Liturgica II (Roma 1949) 205–304; L. EIZENHÖFER, in: Sacris erudiri 4 (1952) 27–45; L. BROU, in: Hispania sacra 7 (1954) 467–485; K. GAMBER, in: Sacris erudiri 12 (1961) 28–31.

Über die älteste Liturgie Spaniens sind wir nur ungenügend unterrichtet. Wir sind auf einige spärliche Nachrichten in den Canones der Synoden und auf Rückschlüsse aus den Texten späterer Liturgiebücher (vgl. Nr. 301 ff.) angewiesen. Jedenfalls war auf der Pyrenäen-Halbinsel ursprünglich sicher nicht der «gallikanische» Ritus (wie seit dem 7. Jh.), sondern ein eigener, wohl auf die Liturgie der nordafrikanischen Kirche zurückgehender Ritus, in Gebrauch.

> **Lit.:** F. PROBST, Die spanische Messe bis zum 8. Jh., in: ZkTh 12 (1888) 1–35, 193–245; IDEM, Die abendländische Messe vom 5. bis zum 8. Jh. (Münster i. W. 1896); A. BAUMSTARK, Orientalisches in altspanischer Liturgie, in: Oriens Christianus 10 (1935) 1–37; H. LIETZMANN, Messe und Herrenmahl (Bonn 1926) 47–49, 98–116; F. HEILER, Altkirchliche Autonomie und päpstlicher Zentralismus (München 1941); V. M. JANERAS, El rito de la fracción en la liturgia hispánica, in: Liturgica 2 (= Scripta et

---

[1] Vgl. A. ALLGEIER, Das afrikanische Element im altspanischen Psalter (Münster i. W. 1930); H. SCHNEIDER, Die altlateinischen biblischen Cantica (Beuron 1938) 126–158. Zum Einfluß Nordafrikas auf Spanien in paläographischer Hinsicht vgl. B. BISCHOFF, Scriptoria e manoscritti mediatori di civiltà, in: Settimane di studio del Centro italiano di studi sull' alto medioevo XI (Spoleto 1964) 482.

Documenta 10, Montserrat 1958) 217–247; J. BERNAL, Primeros vestigios de lucernario en España, in: Liturgica 3 (= ebd. 17, Montserrat 1966) 21–50.

Ein Rest des alten (afrikanisch-)spanischen Ritus könnte im Gebetsruf *Sancta sanctis* vor der Kommunion vorliegen. Dieser ist Allgemeingut der orientalischen Riten; er findet sich im Abendland sonst nur bei Niceta von Remesiana († um 420), bei dem uns ebenfalls Formen aus der alten afrikanischen Liturgie begegnen (vgl. Nr. 081)[1].

045 Beschlüsse spanischer Synoden

> **Lit.:** F. CABROL – H. LECLERCQ, Reliquiae liturgicae vetustissimae (= Monumenta Ecclesiae liturgica, Vol. I,1 Paris 1900/02) Nr. 2363 bis 2374; H. TH. BRUNS, Canones Apostolorum et Conciliorum saec. IV–VII (Berlin 1839); GAMS, Kirchengeschichte Spaniens II,1 ff.; V, 481 ff.; HEFELE-LECLERCQ, Histoire des Conciles I,1 (Paris 1907); P. GLAUE, Zur Geschichte der Taufe in Spanien II, in: Sitzungsberichte der Heidelberger Akad. d. W., Phil.-hist. Klasse (1927) 4–8; DEKKERS, Clavis Nr. 1787 bis 1790 S. 396–397; J.V IVES – T. MARIN – G. MARTÍNEZ, Concilios Visigóticos e hispano-romanos (= Consejo Superior de Investigaciones Cientificas. Instituto E. Flórez. Colección España Christiana I, Barcelona-Madrid 1963).

Liturgiegeschichtlich interessant sind in erster Linie die Canones der Synode Elvira, die i. J. 309 abgehalten worden ist[2]. So verbietet der Canon 48 die Fußwaschung nach der Taufe. Der Canon 36 enthält ein Bilderverbot in der Kirche. In den Canones 23, 26 und 43 werden bestimmte Fastenzeiten festgesetzt und Pfingsten als Festtag eingeschärft (MANSI II 15).

Ein kleiner Hinweis auf den Ritus der noch nicht gallikanischen **Meßfeier** im 6. Jh. in Spanien liegt im Can. 1 der Synode von Valencia vor. Hier heißt es:

> Ut sacrosancta evangelia ante munerum oblationem vel missam catechumenorum, in ordine lectionum, post apostolum legantur;

---

[1] Vgl. L. BROU, Le ‹Sancta Sanctis› en Occident, in: JThSt 46 (1945) 160 ff.; L. BROU – J. VIVES, in: Monumenta Hispaniae sacra V,1 (Barcelona-Madrid 1959) 510; K. GAMBER, in: Ostkirchl. Studien 9 (1960) 164.

[2] Zur Datierung (15. Mai 309): vgl. H. GRÉGOIRE, Les persécutions dans l'Empire romain (= Académie Royale de Belgique, Mémoires 46, Bruxelles 1950) 128–130 (mit Lit.).

quatenus salutaria praecepta domini nostri Iesu Christi, vel sermonem sacerdotis, non solum fideles, sed etiam catechumeni ac poenitentes, et omnes qui ex diverso sunt, audire licitum habeant. Sic enim pontificum praedicatione audita, nonnullos ad fidem attractos evidenter scimus (MANSI VIII, 620).

Hier werden zwei Lesungen erwähnt, Epistel und Evangelium, worauf die «praedicatio» durch den Bischof und anschließend die Entlassung der Katechumenen, die «missa (= dimissio) catechumenorum» statt-findet. Danach beginnt die «(munerum) oblatio». Wichtig erscheint die ebenso auch für Nordafrika bezeugte Wendung «missa catechumeno-rum» zu sein[1], die im Bereich der gallikanischen Liturgie fehlt. Ihr entspricht hier ein «dimissis catechumenis»[2].

Für die Geschichte des spanischen Gottesdienstes, näherhin der Taufe, ist ferner ein Schreiben von Bedeutung, das Papst *Siricius* (384–399) an den Bischof *Himerius von Tarragona* gerichtet hatte, als Antwort auf Fragen, die dieser an Papst Damasus, seinen Vorgänger, der Spanier war, übermittelt hatte[3].

Eine eingehende Untersuchung über die aus Spanien erhaltenen Taufkatechesen fehlt noch[4]. In vielen Fällen ist der Verfasser nicht mit Sicherheit zu bestimmen. So wurde von CASPARI der um 360 lebende Bischof Lucifer von Cagliari (Sardinien) als Verfasser einer

---

[1] Es handelt sich hierbei deutlich um einen Ausdruck der afrikanischen Liturgie; vgl. z.B. Augustinus, Sermo 49 (PL 38324): «Ecce post sermonem fit missa catechumenis», und den Can. 84 des Concilium Carthaginiense (v. J. 398): «. . . usque ad missam catechumenorum» (Mansi III, 958).

[2] Vgl. Ambrosius, Epist. 20,4 (PL 16,994): «. . . post lectionem atque tractatum, dimissis catechumenis . . .» Der Unterschied, der zwischen «fit missa catechumenis» bzw. «missa catechumenorum» und «dimissis catechumenis» besteht, wurde bisher zu wenig gesehen.

[3] Nähere Angaben bei: P. GLAUE, Zur Taufe in Spanien II, 8–12; DEKKERS, Clavis Nr. 563 S. 128; J. KRINKE, Der spanische Taufritus im frühen Mittel-alter, in: Gesammelte Aufsätze zur Kulturgeschichte Spaniens 9 (Münster i. W. 1954) 33–116.

[4] So von Pacianus von Barcelona († um 390), Sermo de baptismo (PL 13, 1089 bis 1094); vgl. DEKKERS, Clavis Nr. 563; Ps.-Ambrosius (= Syagrius?), Exhortatio ad neophytos de symbolo (PL Suppl. I, 606–611); DEKKERS, Clavis Nr. 1781 dazu weitere Sermonen, die unter dem Namen des hl. Augustinus bekannt sind; vgl. DEKKERS, Clavis Nr. 560; Ps.-Maximus (= Syagrius?), Tractatus II; de baptismo (PL 57, 771–782); vgl. DEKKERS, Clavis Nr. 222.

«Exhortatio» angesehen[1]. Auch die Frage der Autorschaft der «Tractatus III» ist noch nicht sicher geklärt[2].

048   Die «Benedictio super fideles» des Priscillian

> **Bibl.:** Würzburg, Universitätsbibliothek, M. p. th. q. 3. – **Edit.:** G. Schepss, Priscilliani quae supersunt (= CSEL 18,103–106); L. C. Mohlberg, Missale Gallicanum Vetus (= Rerum Ecclesiasticarum Documenta, Series Maior Fontes III, Roma 1958) 103–105. – **Lit.:** G. Morin, Pro Instantio, contre l'attribution à Priscillien des opuscules du ms. de Würzburg, in: Rev. bénéd. 30 (1913) 153–173; Bourque I,76; Lowe IX Nr. 1431. – **Zeit** (der Niederschrift des Codex): 5./6. Jh.

Der lange Text, der mit den Worten «Sancte pater omnipotens deus, qui multiformis gratiae . . .» beginnt, stellt offensichtlich ein Segensgebet dar, wie es verschiedentlich nach dem Eucharistiegebet «super fideles» gesprochen wurde[3]. Da der Text wohl eine Schöpfung *Priscillians* († um 386) ist, kann, da dieser Häretiker war, das Gebet nicht unbedingt für die damalige katholische Liturgie Spaniens in Anspruch genommen werden.

049   Das «Itinerarium Egeriae» als liturgiegeschichtliche Quelle

> **Edit.:** E. Franceschini – R. Weber (= Corpus Christianorum 175, 1958) mit vollständiger Literatur; CSEL XXXIX,37 ff. – **Lit.:** F. Cabrol, Etude sur la Peregrinatio Silviae. Les églises de Jérusalem, la discipline et la liturgie au IVe siècle (Paris 1895); J. B. Thibaut, Ordre de la Semaine Sainte à Jerusalem du IVe au Xe siècle (Paris 1926); DACL VII, 2304 bis 2392; E. Dekkers, De datum der «Peregrinatio Egeriae», in: Sacris erudiri 1 (1948) 180–205; H. Pétré (– K. Vretska), Die Pilgerreise der Aetheria (Klosterneuburg 1958); G. Kretschmar, Die frühe Geschichte der Jerusalemer Liturgie, in: Jahrbuch für Liturgie und Hymnologie 2 (1956) 22–46; A. Coppo, Una nuova ipotesi sull'origine di «missa», in: Ephem. lit. 71 (1957) 225–267. Dekkers, Clavis Nr. 2325 S. 519; A. A. R. Bastiaensen,

---

[1] C. Caspari, Alte und neue Quellen (Christiania 1879) 186–195; K. Künstle, Antipriscilliana (Freiburg i. Br. 1905) 127 f. möchte dagegen in dem in der Mitte des 5. Jh. in Spanien (Galläcien) lebenden *Syagrius* den Verfasser sehen.

[2] Vgl. B. Capelle, in: Rev. bénéd. 45 (1933) 108–118, wo diese Ansprachen ins 6. Jh. und nach Oberitalien verlegt werden.

[3] Es entspricht dem Inklinationsgebet der orientalischen Liturgien und der Benedictio populi der gallikanischen Liturgie.

Observations sur le vocabulaire liturgique dans l'itinéraire d'Egérie (= Latinitas Christianorum primaeva, Fasc. XVII, Nijmegen-Utrecht 1962); G. F. M. VERMEER, Observations sur le vocabulaire du pèlerinage chez Egérie et chez Antonin de Plaisance (= ebd. Fasc. XIX, 1965); J. MATEOS, La vigile cathédrale chez Egérie, in: Orientalia Christiana Periodica 27 (1961) 281–312; J. BERNAL, Primeros vestigios de Lucernario en España, in: Liturgica 3 (Montserrat 1966) 21–50, bes. 29 ff.

Der Reisebericht der Egeria (Silvia, Aetheria), einer frommen Matrone, die wahrscheinlich aus Galläzien (Nordwestspanien) stammte, zu den Heiligen Stätten ist mit seiner eingehenden Beschreibung der Liturgie von Jerusalem (an der Wende vom 4. zum 5. Jh.) hier deshalb aufzuführen, weil die Pilgerin manchmal Vergleiche zieht mit der Liturgie ihrer Heimat. Wir finden bei ihr das Wort «missa» in einer zweifachen Bedeutung, einmal im Sinn von Entlassung (z. B. 24,10) dann im Sinn von Meßfeier, so in c. 42: «celebratur missa ordine suo[1].» Ihre Heimat ist daher in einer Gegend zu suchen, wo sich afrikanisch-römische und gallikanische Einflüsse berühren[2].

In späterer Zeit schließt sich die spanische Liturgie immer mehr der *gallikanischen* an. Der Grund hierfür dürfte ein politischer gewesen sein. Südgallien und Spanien gehörten im 6./7. Jh. zum gleichen *westgotischen Reich*. Der Übergang zur gallikanischen Liturgie hat sich, wie es scheint, jedoch nur langsam vollzogen. So mußte noch i. J. 633 der Canon 2 der Synode von Toledo fordern:

Unus igitur ordo orandi atque psallendi nobis per omnem Hispaniam atque Galliam conservetur, unus modus in missarum sollemnitatibus, unus in vespertinis matutinisque officiis, nec diversa sit ultra in nobis ecclesiastica consuetudo, quia in una fide continemur et regno. Hoc enim et antiqui canones decreverunt, ut unaquaeque provincia et psallendi et ministrandi parem consuetudinem teneat.

Die eigentliche «mozarabische» Liturgie (wie später die spanische genannt wurde) dürfte erst im 6./7. Jh., nach dem Übertritt des west-

---

[1] Vgl. C. MOHRMANN, Etudes sur le latin des chrétiens III (= Storia e Letteratura 103, Roma 1965) 351–376; K. GAMBER, in: Ephem. lit. 74 (1960) 48–49; A. COPPO, ebd. 80 (1966) 390–396.

[2] Wie in Nr. 045 gezeigt, war in Spanien bis ins 5. Jh. wie in Afrika «missa» nur im Sinn von Entlassung gebraucht worden, in Gallien und in Oberitalien dagegen nur in der Bedeutung von Opfer (vgl. Nr. 060).

gotischen Königs Reccared i. J. 589 zur katholischen Kirche, in der Zeit der großen spanischen Bischöfe wie Leander von Sevilla († 599), Isidor von Sevilla († 636) und Julian von Toledo († 690) ausgebildet worden sein. Darüber wird in einem eigenen Kapitel gehandelt (S. 194 ff.).

Allein im von den Sueben beherrschten Galläzien, an der Nord-West-ecke Spaniens mit der Metropole Braga konnte sich der gallika-nische Ritus nicht durchsetzen[1]. Damals hat sich Bischof *Profuturus von Braga* an den Papst gewandt und um Übersendung römischer Liturgiebücher gebeten. *Papst Vigilius* (538–555) übersandte darauf-hin einen Meß-Libellus und einen Taufordo (vgl. Nr. 605). In einem Begleitbrief heißt es (PL 69,15–19):

> Quapropter et ipsius canonicae precis textum direximus supra-dictum, quem deo propitio ex apostolica traditione accepimus.

Die Synode von Braga v. J. 563 befiehlt im Canon 3 (MANSI V, 840):

> Item placuit, ut eodem ordine missae celebrentur ab omnibus, quem Profuturus quondam huius metropolitanae ecclesiae episcopus ab ipsa apostolicae sedis auctoritate suscepit scriptum.

Im 11. Jh. wurde in Spanien der gallikanische («mozarabische») Ritus wieder abgeschafft und der römische eingeführt[2]. Ein frühes Zeugnis ist das Sakramentar von Vich (Nr. 960).

---

[1] Vgl. P. DAVID, Etudes historiques sur la Galice et le Portugal du VIᵉ au XIIᵉ siècle (Lisbonne 1947). Bezüglich der späteren Liturgie von Braga vgl. A. A. KING, Liturgies of the Primatial Sees (London 1957); J. O. BRAGANÇA, A Liturgia de Braga, in: Miscellanea Férotin (Barcelona 1965) 259–281.

[2] Vgl. J. JANINI, Los sacramentarios de Tortosa y el cambio de Rito, in: Analecta sacra Tarragonensia 35 (1962) 5–56.

3. Documenta Liturgiae Italiae

Die Christianisierung ist in Italien gegenüber den östlichen Reichspro-
vinzen relativ langsam erfolgt. Hier war, wie in Nordafrika, in weiten
Gebieten Latein die Volkssprache. Lediglich in den Metropolen Rom
und Aquileja, die von den frühesten Zeiten an Christengemeinden auf-
wiesen, sowie im Süden des Landes und in Sizilien (Graecia magna),
war die Umgangssprache Griechisch. Wie in Rom in den ersten drei
Jahrhunderten mehrere Päpste orientalischer oder griechischer Abstammung waren, so auch die ersten Bischöfe von Aquileja.

a) Documenta Liturgiae Italiae Septentrionalis

In der frühen Zeit (etwa bis Konstantin) gab es noch keinen eigentlichen, in den einzelnen Kirchen verschiedenen «Ritus». Die gottesdienstlichen Formen waren noch einfach, die Formulierung der
Gebete noch weithin dem Zelebranten (Bischof) überlassen[1]. Man
brauchte damals daher auch keine liturgischen Bücher (Sakramentare,
Lektionare, Antiphonare und ähnliche). Vor allem benötigt wurden
jedoch Handschriften mit dem Text der Hl. Schrift: das meist kostbar
geschmückte Buch mit den vier Evangelien, den «Apostel» mit den
paulinischen Briefen, das «Psalterium» für den responsorialen Gesang,
sowie die übrigen Bücher des Alten und Neuen Testaments. Wie die
erhaltenen Codices (Nr. 001, 004, 005, 008) zeigen, benützte man in
Oberitalien in den ersten Jahrhunderten die alt-afrikanische Bibelübersetzung[2]. Ein stärkerer Einfluß der nordafrikanischen Liturgie
läßt sich jedoch nicht nachweisen.

Folgendes darf nicht vergessen werden: In einzelnen Gegenden des
Reiches konnten sich einige Bräuche aus der urchristlichen Zeit länger
halten als anderswo. So wich die Kirche Kleinasiens lange Zeit in der

---

[1] Vgl. R. P. C. HANSON, The Liberty of the Bishop to improvise Prayer in the
Eucharist, in: Vigiliae Christianae 15 (1961) 173–176.

[2] Aus Nordafrika kamen auch die Bischöfe Zeno von Verona und Fortunatianus
von Aquileja.

Frage des Ostertermins von der übrigen Praxis ab; ähnlich hat die in der Zeit der Völkerwanderung isolierte Kirche von Irland ältere Riten bewahren können[1]. Besonders war es aber die Kirche Ägyptens mit ihrem großen Anteil an Judenchristen, die zäh an alten Formen festhielt, so in der Frage der Feier des Sabbats (neben dem Sonntag)[2] und in der Begehung der Eucharistie am Samstagabend[3].

Darüber berichtet *Sokrates* († nach 439) in seiner Kirchengeschichte V,22; PG 67,636 A) und meint, auch (die ägyptische Gemeinde in) Rom weiche hierhin von der sonstigen Übung ab (vgl. S. 96). Ähnlich schreibt der Kirchenhistoriker *Sozomenes* († nach 450):

> In vielen Städten und Ortschaften Ägyptens kommt man gegen alle bestehende Gewohnheit am Sabbat gegen Abend zusammen und empfängt, nachdem man schon gegessen hat, die Mysterien[4].

Nun erfahren wir durch einen Brief des Bischof Valerian von Aquileja an den röm. Kaiser, daß seine Kirche in Disziplin und (Kirchen-) Ordnung (dispositionem ordinemque) der Kirche von Alexandrien folge (PL 16,989). Was die Sabbatfeier betrifft, so wird diese Abhängigkeit von ägyptischen Gewohnheiten noch durch den Can. 13 des Concilium Forojuliense v. J. 796 bestätigt (quod et nostri rustici observant)[5].

> **Lit.:** G. Oberziner, Antichi rapporti fra la Chiesa di Trento e le Chiese di Milano e Aquileia; in: Miscellanea Da Dante a Leopardi (Milano 1904) 605–631; A. Calderini, Rapporti fra Milano e Aquileia durante i sec. IV e V dopo Cristo, in: Studi aquileiesi (Aquileia 1953) 287–297; E. Marcon, La «Domus ecclesiae» di Aquileia. Ipotesi e indagini (Cividale 1958); dazu: G. Brusin, in: Memorie Storiche Forogiuliesi 43 (1958/59) 47–58; G. Biasutti, La tradizione marciana aquileiese (Udine 1959);

---

[1] Vgl. R. Kottje, Studien zum Einfluß des Alten Testaments auf Recht und Liturgie des frühen Mittelalters (= Bonner historische Forschungen 23, Bonn 1964).

[2] Vgl. E. Hammerschmidt, Stellung und Bedeutung des Sabbats in Äthiopien (Stuttgart 1963).

[3] Vgl. Th. Schermann, Agapen in Ägypten und die Liturgie der vorgeheiligten Elemente, in: Theologie und Glaube 5 (1913) 177–187; K. Gamber, Das Eucharistiegebet im Papyrus von Der-Balizeh und die Samstagabend-Agapen in Ägypten, in: Ostkirchl. Studien 7 (1958) 48–65, bes. 56 ff.

[4] Sozomenes, Hist. eccl. VIII,9 (PG 67,1478).

[5] Vgl. PL 99,301; G. Biasutti, Sante Sabide. Studio storico-liturgico sulle cappelle omonime del Friuli (Udine 1956) 22–23.

dazu: G. C. MENIS, in: Aquileia Nostra 30 (1959) 91–98; K. GAMBER, Zur ältesten Liturgie Aquilejas, in: Ostkirchliche Studien 11 (1962) 52–56; S. TAVANO, Aspetti del primitivo cristianesimo nel Friuli, in: La religiosità popolare nella valle padana (Modena 1966) 383–399.

Ein weiteres Zeugnis für die engen Beziehungen der Kirche von Aquileja zu der von Alexandrien ist die «Traditio Apostolica» (Nr. 051), da sie handschriftlich im Gebiet der alten Adria-Metropole bezeugt wird, wenn es sich hierbei, was verschiedentlich angenommen wird, um ein Dokument der alexandrinischen Kirche handelt («Ägyptische Kirchenordnung»). Zuvor ist jedoch auf eine noch ältere Schrift einzugehen, die seit ihrer Entdeckung im griechischen Originaltext unter dem Namen «Didache» (Διδαχὴ τῶν δώδεκα ἀποστόλων) bekannt geworden ist. Sie ist vielleicht schon im 1. Jh. entstanden. Die Frage der Heimat der Schrift ist noch nicht restlos geklärt[1]. Von der Didache existiert eine alte lateinische Übersetzung:

050 Die lateinische «Doctrina Apostolorum»

> **Bibl.:** München, B. Staatsbibliothek, Clm 6264 (Frisingensis 64) aus dem 11. Jh. – **Edit.:** J. SCHLECHT, Die Lehre der zwölf Apostel in der Liturgie der katholischen Kirche (1901) mit vollständigem Facs.; Text auch bei H. LIETZMANN, Die Didache (= Kleine Texte 6). – **Lit.:** L. WOHLEB, Die lateinische Übersetzung der Didache kritisch und sprachlich untersucht (= Studien zur Geschichte und Kultur des Altertums VII, 1 Paderborn 1913); A. SIEGMUND, Die Überlieferung der griechischen christlichen Literatur in der lateinischen Kirche bis zum 12. Jh. (= Abhandlungen der bayer. Benediktiner-Akademie V, München 1949); B. ALTANER, Zum Problem der lateinischen Doctrina Apostolorum, in: Vigiliae christianae 6 1952) 160–167. – Ein weiteres kleines Fragment (bis II, 5 reichend) findet sich in einer Melker Handschrift, ediert von A. HARNACK, in: Texte und Untersuchungen II, 1 (Leipzig 1884) 277.

Vorliegende Übersetzung der urchristlichen Lehre von den zwei Wegen könnte in Aquileja entstanden sein, nachdem sie im Einflußgebiet dieser Metropole (nämlich in Freising) weiter tradiert worden und auch die Nachfolgeschrift der Didache, die «Didascalia Apostolorum», zusammen mit der «Traditio Apostolica» in lateinischer Fassung aus dem

---

[1] Vgl. neuerdings J. H. WALKER, An argument from the Chinese for the Antiochene Origin of the Didache, in: Studia Patristica VIII (= Texte und Untersuchungen 93, Berlin 1966) 44–50.

Patriarchat Aquileja erhalten ist. Im Gegensatz zum bekannten griechischen Text enthält die Münchener Handschrift der «Doctrina Apostolorum» nicht die liturgischen Schlußkapitel VII–XVI.

> **Lit.** *(zur Didache und den Schlußkapiteln)* : J. P. AUDET, Didachè. Instructions des Apôtres (Paris 1958) mit ausführlicher Lit.; hier ist deshalb nur hinzuweisen auf: H. LIETZMANN, Messe und Herrenmahl 230 ff.; P. BOCK, in: ZkTh 109, 417 ff.; E. PETERSON, in: Ephem. lit. 58 (1944) 3–13; K. GAMBER, in: Ostkirchl. Studien 7 (1958) 48–56; 8 (1959) 31–45; IDEM, Liturgie übermorgen (Freiburg i. Br. 1966) 28–36.

Die Einführung der griechischen Didache in der Kirche von Aquileja mag schon in der ersten Zeit der Christianisierung erfolgt sein. Wann hier die lateinische Übersetzung entstanden ist, wissen wir nicht.

051 Die Ägyptische Kirchenordnung (Traditio Apostolica)

> **Bibl.:** Verona, Biblioteca Capitolare, Cod. LV (alt 53). – **Edit.:** H. HAULER, Didascaliae Apostolorum Fragmenta Veronensia Latina (Lipsiae 1900); E. TIDNER, Didascaliae Apostolorum (= Texte und Untersuchungen 75, Berlin 1963). – **Lit.:** LOWE IV Nr. 508. – **Zeit und Ort:** 5. Jh., vermutlich Venetien.

Es handelt sich um eine nicht mehr ganz vollständige Übersetzung (die vielleicht in Aquileja entstanden, jedenfalls hier abgeschrieben worden ist) des griechischen Urtextes der Ägyptischen Kirchenordnung, der sog. Traditio Apostolica ('Αποστολικὴ παράδοσις)[1]. Sie enthält *liturgische Gebete* für die einzelnen Weihen (Bischofs-, Priester- und Diakonatsweihe), zur Taufe und Firmung sowie zur Eucharistiefeier; dazu Anweisungen zur Abhaltung der Agape, hier noch «cena dominica» genannt.

> **Lit.:** E. VON DER GOLTZ, Die Taufgebete Hippolyts und andere Taufgebete der Alten Kirche, in: Zeitschrift für Kirchengeschichte 27 (1906) 1–51; R. H. CONNOLLY, On the text of the baptismal Creed of Hippolytus, in: JThSt 25 (1924) 131–139; A. STENZEL, Die Taufe (Innsbruck 1958) 55–76; J. M. HANSSENS, La liturgie d'Hippolyte (= Orientalia Christiana Analecta 155, Roma 1959) mit Literatur; J. A. JUNGMANN, Die Doxologien in der Kirchenordnung Hippolyts, in: ZkTh 86 (1964) 321–326; E. SEGELBERG, The Benedictio olei in the Apostolic Tradition of Hippolytus, in: Oriens Christianus 48 (1964) 268–281.

---

[1] J. MAGNE, in: Ostkirchl. Studien 14 (1965) 66 vermutet als ehemaligen Titel: Αἱ διατάξεις τῶν ἁγίων ἀποστόλων.

Eine solche Schrift genügte in den ersten Jahrhunderten für den liturgischen Gebrauch fast vollständig. Ähnliche liturgische «Ur-Formeln» (vgl. Nr. 011) wie hier finden wir in den «Fragmenta Ariana» (vgl. Nr. 084).

Strittig ist immer noch die Frage nach der Heimat dieser Schrift. Sie ist eng verbunden mit der *Verfasserfrage*. Es werden Rom und Alexandrien als Heimat und *Hippolyt* als Verfasser genannt. Dieser ist nach HANSSENS ein Alexandriner (a. a. O. 291 ff.).

> **Lit.** *(zur Verfasserfrage)* : u. a. R. LORENTZ, De egyptische Kerkordering en Hippolytus van Roma (Diss. Leyden, Haarlem 1929); G. DIX, The Shape of the Liturgy (Westminster 1947); H. ENGBERDING, Das angebliche Dokument römischer Liturgie aus dem Beginn des 3. Jh., in: Miscellanea Liturgica I (Roma 1948) 47–71; B. BOTTE, La Tradition Apostolique de Saint Hippolyte. Essai de reconstruction (= Liturgiewissenschaftl. Quellen und Forschungen 39, Münster i. W. 1963) Rekonstruktionsversuch (mit umfangreicher Lit.); J. MAGNE, La prétendue Tradition Apostolique d'Hippolyte de Rome, in: Ostkirchl. Studien 14 (1965) 35–67.

Die weite Verbreitung der Schrift in verschiedenen Übersetzungen gerade im Orient, so u. a. in Arabisch, Koptisch[1] und Äthiopisch[2], sowie eine Reihe weiterer wichtiger Gründe könnten für eine Entstehung in Ägypten sprechen (vgl. Lit.)[3]. Eine andere Frage ist es, ob unsere Kirchenordnung in ihrer griechischen Urgestalt durch Hippolyt im 3. Jh. zeitweise in einigen Gemeinden Roms, besonders in der ägyptischen, Geltung erlangt hat. Von einem offiziellen römischen Liturgiedokument kann man jedenfalls sicher nicht sprechen, wie auch ein Weiterwirken auf die spätere römische Liturgie nicht zu beobachten ist[4].

---

[1] Vgl. W. TILL – J. LEIPOLDT, Der koptische Text der Kirchenordnung Hippolyts (= Texte und Untersuchungen Band 58, Berlin 1954).

[2] Vgl. H. DUENSING, Der äthiopische Text der Kirchenordnung des Hippolyt (= Abhandl. der Ges. d. W. zu Göttingen, 3. Folge, Nr. 32, 1946).

[3] Nach A. HARNACK (in: Texte und Untersuchungen 2, Heft 1.2.5) ist unsere Kirchenordnung um 300 in Ägypten entstanden als eine Kompilation aus vier alten Schriften; vgl. auch DERS., Geschichte der altchristlichen Literatur II,1 (Nachdruck 1958) 532.

[4] Vgl. dagegen J. JUNGMANN, Beobachtungen zum Fortleben von Hippolyts «Apostolischer Überlieferung», in: ZkTh 53 (1929) 538–585; D. VAN DEN EYNDE, in: Miscellanea liturgica I (Roma 1948) 407–411.

Auch die im Codex Veronensis der Ägyptischen Kirchenordnung vorausgehende «Didascalia Apostolorum» (aus dem Anfang des 3. Jh.)
enthält einige liturgische Anordnungen, so u.a. hinsichtlich der Ver-
teilung der Sitzplätze bei der Agape-Eucharistie (II, 52 ff.; p. 158 ss.
ed. FUNK; p. 47 ss. ed. TIDNER) [1].

052   Das Eucharistiegebet in der «Traditio Apostolica»

> **Urfassung** (griech. Rückübersetzung): TH. SCHERMANN, Ägyptische
> Abendmahlsliturgien des 1. Jahrtausends (= Studien zur Geschichte und
> Kultur des Altertums, 6. Bd., Heft 1/2, Paderborn 1912) 17–20; R. H.
> CONNOLLY, The so-called Egyptian Church Order (= Texts & Studies 8,
> Cambridge 1916) 350–369, IDEM, The Eucharistic Prayer of Hippolytus,
> in: JThSt 39 (1938) 350–369; H. LIETZMANN, Messe und Herrenmahl
> (= Arbeiten zur Kirchengeschichte 8, Bonn 1926, Neuaufl. 1958) 174 f.
> **Lit.:** B. BOTTE, L'épiclèse de la Tradition apostolique de Saint
> Hippolyte, in: Recherches de Théologie ancienne et médiévale 14 (1947)
> 241–251; K. GAMBER, in: Ostkirchl. Studien 17 (1968).

Im Zusammenhang mit der Bischofsweihe wird in der «Traditio Apostolica» der Text eines Eucharistiegebets mitgeteilt (p. 124 ed. TIDNER),
das vielleicht auch in seiner lateinischen Fassung (in Aquileja) liturgisch verwendet worden ist. Vorausgeht ein Eingangsdialog, der weitgehend mit dem in der späteren ägyptischen Liturgie übereinstimmt [2].
Das Eucharistiegebet selbst beginnt, im Gegensatz zu fast allen späteren Texten, die mit 'Αληθῶς γὰρ ἄξιον (Vere dignum et iustum est)
einsetzen (lediglich einige ägyptische Fragmente bilden hier eine Ausnahme), noch mit der Beracha-Formel wie in der Didache: Εὐχαριστοῦμέν
σοι ὁ θεός, sowie mit der in ägyptischen Texten häufigen Beifügung: «per dilectum puerum tuum Iesum Christum», worauf ein aus-
gedehnter christologischer Teil des Dankgebets folgt [3], an den der Einsetzungsbericht (wenig organisch) unmittelbar angeschlossen wird. Auf

---

[1] Dabei wird II, 58, 3 noch ein eigenes Dankgebet über den Kelch erwähnt, was
für ein hohes Alter dieser Schrift zeugt. – Ausgabe außer FUNK von R. H.
CONNOLLY, Didascalia apostolorum. The syriac version transl. and accompanied
by the Verona latin Fragments (Oxford 1929).

[2] Vgl. H. ENGBERDING, Der Gruß des Priesters zu Beginn der Eucharistia in
östlichen Liturgien, in: JLW 9 (1929) 138–143.

[3] Schon P. DREWS, Zur Entstehungsgeschichte des Kanons in der römischen
Messe (Tübingen 1902) 96 ff. hat auf inhaltliche und wörtliche Berührungen

diesen folgt die Anamnese, ein Opfergebet und eine Art Epiklese. Das «Sanctus», das erst im 5. Jh. im Abendland in das Eucharistiegebet eingeführt worden ist[1], fehlt noch.

055 Die Evangelienliste des Fortunatianus von Aquileja

> **Lit.:** G. MORIN, L'année liturgique à Aquilée à l'époque d'après le Codex Evangeliorum Rehdigeranus, in: Rev. bénéd. 19 (1902) 1–12; K. GAMBER, Die älteste abendländische Evangelien-Perikopenliste, vermutlich von Bischof Fortunatianus von Aquileja, in: Münchener Theol. Zeitschrift 13 (1962) 181–201.

Unsere Evangelienliste ist in verschiedenen Handschriften aus dem Patriarchat Aquileja überliefert (vgl. Nr. 245–247), in ihrer ursprünglichen Form jedoch spätestens unter Bischof *Fortunatianus* († nach 360) entstanden. Schon Hieronymus erwähnt eine solche Liste, wenn er in seinem Büchlein De vir. ill. c. 97 schreibt:

> Fortunatianus natione Afer Aquileiensis episcopus imperante Constantio († 361) in evangelia titulis ordinatis breves sermone rustico scripsit commentarios.

Einige kleine Fragmente dieses von Hieronymus erwähnten Evangelienkommentars sind in letzter Zèit wieder entdeckt worden (vgl. CC Tom. IX, 365 ff.). Unklar war lange Zeit, was Hieronymus mit «titulis ordinatis» gemeint hat[2]. Es kann heute jedoch keinem Zweifel mehr unterliegen, daß darunter eine Evangelienliste zu verstehen ist. Dies zeigt nämlich ganz deutlich der Vergleich zwischen der altaquileischen Evangelienliste und den Fragmenten des Kommentars.

Aufgrund der in der Liste vorkommenden Perikopen erhalten wir einen Einblick in die *Feier des Kirchenjahres* in Aquileja in der Mitte des 4. Jh. Im Mittelpunkt steht dabei das Osterfest. Diesem geht eine

---

dieses Teils des Dankgebets mit dem Schlußkapitel der Schrift Hippolyts Contra Noëtum hingewiesen, was jedoch an sich nicht dessen Autorschaft am Gebetstext zu beweisen braucht; vgl. auch H. ELFERS, Die Kirchenordnung Hippolyts von Rom (Paderborn 1938) 50–54, wo weitere Berührungspunkte zu Schriften Hippolyts aufgezeigt werden.

[1] Vgl. L. CHAVOUTIER, Un Libellus Pseudo-Ambrosien, in: Sacris erudiri 11 (1960) 136–192, bes. 174–191; K. GAMBER, in: Heiliger Dienst 14 (1960) 132–136.

[2] Vgl. BERGER, Histoire de la Vulgate (Paris 1893) 307–302.

vierzigtägige Vorbereitungszeit (Quadragesima) voraus und folgt eine fünfzigtägige Freudenzeit (Pentecosten bzw. Quinquagesima) nach. Eine Meßfeier war in diesen Wochen, wie es scheint, außer an den Sonntagen nur in der Kar- und Osterwoche üblich, ferner (wie im Orient) am Mittwoch nach dem 3. Sonntag nach Ostern (In medio Pentecosten) und an Christi Himmelfahrt. Für verschiedene Tage, besonders in der Fastenzeit, wird ein eigenes Evangelium für den Morgengottesdienst (ad matutinas) angegeben[1].

Gegenüber der zentralen Stellung, die das Fest der Auferstehung innehat, tritt das Fest der Geburt des Herrn (In nativitate domini) am 25. Dezember deutlich zurück. Jedoch finden wir in der (späteren Fassung der) Evangelienliste bereits eine Art Vorfeier von Weihnachten, einen ersten Ansatz des späteren Advents. Es ist die «Dominica ante natale domini», an der der Verkündigung des Engels (De adventu) gedacht wurde, was in Ravenna im 5. Jh. an der Weihnachtsvigil geschah[2]. Wir finden ferner eine Feier des Oktavtages von Weihnachten mit dem Gedächtnis der Beschneidung und Darstellung Jesu im Tempel.

Der Feier der Geburt Christi folgen unmittelbar drei Feste. Das Epiphaniefest am 6. Januar (mit Vigilfeier) wiederum hatte das Mysterium der Taufe Jesu (und das Wunder zu Kana) zum Inhalt. Dieser Tag war zugleich (wie im Orient) Tauftag. Neben Weihnachten nimmt das Fest des hl. Johannes d. T. am 24. Juni eine besondere Stellung ein. Auch hier finden wir eine eigene «Dominica ante natale sancti Iohannis» und eine Vigilfeier. Vom Fest der Makkabäer (1. August) und von dem der Enthauptung des hl. Johannes (29. August) abgesehen, begegnen uns keine weiteren Heiligentage mehr. So vermissen wir die römischen Feste Peter und Paul, Laurentius und Andreas. Dagegen findet sich schon das Fest der Kreuzauffindung im Mai. Bemerkenswert ist, daß in erster Linie nur solche Tage liturgisch begangen wurden, die damals auch staatliche Feiertage waren: also die Sonntage, die Woche vor und nach Ostern, Weihnachten mit den folgenden Tagen

---

[1] Solche Perikopen kennt das (jüngere) römische «Capitulare Evangeliorum» (Nr. 1101 ff.) nicht mehr.
[2] Vgl. K. GAMBER, Die Orationen des Rotulus von Ravenna, in: ALW V, 2 (1958) 354 ff.

und Neujahr.[1] Die Tatsache, daß der 25. Dezember schon vorher Feiertag war (Natalis Solis invicti), dürfte nicht zuletzt ausschlaggebend gewesen sein für die Feier des Festes Christi Geburt gerade an diesem Tag.

Der Evangelienkommentar des Fortunatianus scheint im 4. Jh. im Abendland weit verbreitet gewesen zu sein. Jedenfalls hat die ihm zugrunde liegende Perikopenliste dadurch auch Einfluß auf die Evangelienordnungen außerhalb von Aquileja gewonnen. Am deutlichsten ist ein solcher Einfluß in der altmailändischen Evangelienliste (Nr. 541) zu erkennen.

*

Eine reichere Ausbildung hat die Liturgie von Aquileja unter Bischof Chromatius (387–407) erhalten. Damals (von 400–407) lebte auch *Rufinus*, der in Concordia bei Aquileja geboren ist, in der Stadt. Zusammen mit *Hieronymus* gehörte er schon vorher zu einem Kreis aszetisch gesinnter junger Leute von Aquileja.

056 Die liturgische Tätigkeit des Chromatius von Aquileja

> **Lit.:** P. DE PUNIET, Les trois homélies catéchétiques du sacramentaire gélasien, in: Revue d'histoire ecclésiastique 5 (1904) 505–521; 755–786; 6 (1905) 15–32, 304–318, bes. 315; DEKKERS, Clavis Nr. 2002 S. 452, Nr. 219 S. 51; K. GAMBER, I più antichi libri liturgici dell'alta Italia, in: Rivista di storia delle Chiesa in Italia 15 (1961) bes. 72–73.

Von Chromatius sind in neuerer Zeit ein Sermo «De octo beatitudinibus», mehrere Traktate «In evangelium Matthaei»[2] und jüngst von

---

[1] Vgl. H. KELLNER, Heortologie (Freiburg i. Br. 1911) 7 ff. – Von einer Häufung heidnischer Feiertage um den 1. Januar spricht Maximus von Turin; vgl. J. A. FISCHER, Frühchristl. Reden zur Weihnachtszeit (Freiburg i. Br. 1963)137; lat. Text in: CC 23,401.

[2] Vgl. DEKKERS, Clavis Nr. 217 und 218 S. 51. – Neuerdings R. ETAIX – J. LEMARIÉ, La tradition manuscrite des ‹Tractatus in Matheum› de saint Chromace d'Aquilée, in: Sacris erudiri 17 (1966) 302–354.

J. LEMARIÉ weitere Sermonen gefunden worden[1]. Mit Sicherheit geht auf ihn auch die *Praefatio orationis dominicae* zurück[2], eine liturgische Ansprache an die Kompetenten, die in gallikanischen Sakramentaren aus Oberitalien, nämlich im Fragment III des Missale Gallicanum Vetus (Nr. 214), im Bobbio-Missale (Nr. 220), sowie im Gelasianum (ed. MOHLBERG 319–328) vorkommt. Damit wird aber auch nahegelegt anzunehmen, daß das Gelasianum, bevor es in der Mitte des 8. Jh. ins Frankenreich gelangt ist (vgl. Nr. 610ff.) in Oberitalien in liturgischem Gebrauch war.

Chromatius ist möglicherweise auch der Verfasser von *Psalter-Kollekten* und zwar der sog. Series romana, von der A. Wilmart (in: HBS 83) vermutet hat, daß sie spätestens im 5. Jh. in Oberitalien entstanden sind. Jedenfalls bestehen deutlich sprachliche Beziehungen zwischen diesen und den *Orationes matutinales* (Gebete zum Morgengottesdienst) im Fragment Nr. 201, die zusammen mit den übrigen sich darin findenden Formularen Chromatius zum Verfasser haben könnten[3].

Ein eigener Morgengottesdienst (Matutinum) scheint in Aquileja, wie überhaupt im gallikanischen Liturgiebereich, in den Kathedral- und Pfarrkirchen länger üblich gewesen zu sein als im afrikanisch-römischen Ritus. Die Hauptbestandteile dieses (nicht-monastischen) Matutinum waren nach den Untersuchungen von J. A. JUNGMANN neben dem Psalm «Miserere» verschiedene Cantica bzw. Hymnen sowie die «Laudes»-Psalmen (148–150), dann eine Lesung (mit Predigt), abschließend (und vielleicht auch einleitend) Morgengebete. Letztere sind, wie erwähnt, aus Aquileja im Fragment Nr. 201 überliefert. Orationen nebst Cantica und Hymnen für den Morgengottesdienst enthält auch das (auf eine gallikanische Vorlage zurückgehende) irische Antiphonar (Nr. 150ff.). Innerhalb der Matutin in der Quadragesima fanden in Oberitalien, wie der «Ordo scrutinorum» (Nr. 290) zeigt, die Katechesen und Skrutinien der Kompetenten (Taufschüler) statt.

---

[1] J. LEMARIÉ, in: Rev. bénéd. 72 (1962) 132–145; 201–277; 73 (1963) 181–243; 76 (1966) 314–321.

[2] Die «Expositio evangeliorum», die im gleichen Sakramentar mit der «Praefatio orationis dominicae» verbunden ist, wird (ob mit Recht?) Papst Leo zugewiesen; vgl. DEKKERS, Clavis Nr. 1657 S. 365.

[3] Man vgl. z.B. die Oration 48 der Psalterkollekten mit dem Gebet IV,2 (ed. DOLD) im Sakramentar Nr. 201.

Lit.: J. A. JUNGMANN, Die vormonastische Gebetshore, in: ZkTh 78 (1956) 306–333; J. M. PINELL, El ‹Matutinarium› en la liturgia hispana, in: Hispania sacra 9 (1956) 61–68; R. ZERFASS, Die Rolle der Lesung im Stundengebet, in: Liturgisches Jahrbuch 13 (1963) 159–167 (mit weiterer Lit.); K. GAMBER, Der Morgen- und Abendgottesdienst, in: Liturgie übermorgen (Freiburg i. Br. 1966) 236–245.

Weitere nicht-monastische Gottesdienste neben der Messe waren die «Vigiliae» (Nachtgottesdienste), die jedoch nur an wenigen Tagen des Jahres, so hauptsächlich an Weihnachten, Epiphanie, Ostern, Pfingsten, Johannes d. T., Kirchenpatron) üblich waren[1], und der Abendgottesdienst (Ad vesperas), auch «Duodecima» (sc. hora) genannt. Auch für diese Feiern bieten die gallikanischen Liturgiebücher Texte (hinsichtlich der ravennatischen vgl. Nr. 067).

Vom bereits erwähnten R u f i n u s stammt ein *Kommentar zum Symbolum* (Commentarius in symbolum Apostolorum)[2], der bereits von Gennadius, De vir. ill. c. 17 mit besonderen Lobsprüchen ausgezeichnet worden ist. Ihm liegt das Symbolum der Kirche von Aquileja mit der charakteristischen Wendung «descendit ad inferna» zugrunde[3].

Auf den späteren Bischof H e l i a s von Grado († 586), den Erbauer der heute noch stehenden Kathedrale in Grado (bei Aquileja), könnte eine interessante Karsamstagshomilie (an die Täuflinge) zurückgehen, in der auf das am gleichen Tag gefeierte Fest der hl. Euphemia (13. April) hingewiesen wird[4].

*

---

[1] *Niceta von Remesiana* († um 420) feierte dagegen in seiner Kirche (in Dacien) regelmäßig an den Nächten zum Samstag und zum Sonntag die Vigilien; vgl. einen diesbezüglichen Sermo von ihm in: K. GAMBER, Niceta von Remesiana (= Textus patristici et liturgici 1, Regensburg 1964) 84–91.

[2] Vgl. DEKKERS, Clavis Nr. 196 S. 44.

[3] Vgl. A. HAHN, Bibliothek der Symbole und Glaubensregeln (Breslau 1897) § 36. – Vielleicht geht auf ihn auch eine eigene Psalmübersetzung zurück; vgl. A. M. AMELLI, Liber psalmorum iuxta antiquissimam latinam versionem (= Collectanea Biblica Latina I, Roma 1912).

[4] Hierüber und über die liturgischen Zusammenhänge vgl. K. GAMBER, in: Sacris erudiri 12 (1961) 407–410.

In Verona zeigen sich im 4. Jh. deutlich Einflüsse vonseiten der nordafrikanischen Kirche. Diese dürften zusammenhängen mit der Person
des hl. *Zeno*, Bischof von Verona (362–373?), der aus Nordafrika
stammt. Möglicherweise hat er die Urschrift des Psalterium Veronense
(Nr. 007), das afrikanischen Psalter-Text bietet, aus seiner Heimat mitgebracht. Dieses läßt eine Textgestalt erkennen, die noch auf die Zeit
Cyprians zurückgeht.

058   Die Oster-Traktate des hl. Zeno

> **Edit.:** PL 11, 253–528, bes. 500-509. – **Lit.:** A. DOLD, in: TuA, Heft 26–28
> (Beuron 1936) XCIIf.; H. SCHNEIDER, Die altlateinischen biblischen
> Cantica (= TuA, Heft 29–30, Beuron 1938) 28–31; DEKKERS, Clavis Nr.
> 208 S. 49.

Aus den Traktaten des hl. Zeno erfahren wir Näheres über die Lesungen
und Cantica in der Osternacht. So wurde das Lied vom Weinberg (Is 5)
gesungen. Eine weitere Osterpredigt schließt sich an eine Lesung aus
dem Buche Exodus an. Diese endet mit dem Meerlied des Moses und
der Mirjam (Ex 15). Eine dritte Reihe von Traktaten beschäftigt sich
mit den drei Jünglingen im Feuerofen, vor allem mit ihrem Lobgesang
(Dan 3).[1] Wie Randbemerkungen in den erhaltenen Codices zeigen,
wurden die Traktate in den späteren Jahrhunderten liturgisch verwendet[2].

Aus Verona stammt wahrscheinlich auch eine «Enarratio in Symbolum Apostolorum», die (etwas defekt) einzig im Codex Veronensis LIX
(57) aus dem 6./7. Jh. unter dem Namen eines Athanasius überliefert
wird[3].

---

[1] Nach den Untersuchungen von H. SCHNEIDER stimmen die Zitate bei Zeno mit
dem Text der entsprechenden Cantica im Psalterium Veronense (Nr. 007) und
mit der Fassung, wie wir sie bei Cyprian finden, überein.

[2] So heißt es z.B. in einer aus dem 8. Jh. stammenden ehemals Veroneser, später
Reimser Handschrift vor Traktat XLV: Recitenda in conventu a diacono ipso
die paschatis coram ipso pontifice, postquam ipse cum diaconibus a cubiculo
descenderit et sederit porrectis secundum morem malis (= genis) cum pace
praestita, dicente pontifice : Surrexit Christus. Respondentibus aliis: Et
illuxit nobis; vgl. A. BIGELMAIR, Des heiligen Bischofs Zeno von Verona
Traktate (= BKV II, 10 München 1934) 305, dazu 17–18.

[3] G. BIANCHINI, Enarratio pseudo-Athanasiana in Symbolum (Veronae 1732);
DEKKERS, Clavis Nr. 1744a S. 387; PL Suppl. I, 785–790; LOWE IV Nr. 509.

Das Symbolum weist eine sonst nicht bekannte Fassung auf[1]. Die genannte *Symbolum-Katechese* (anläßlich der «Traditio symboli») ist vermutlich noch im 4. Jh. entstanden. Der Afrikaner Vigilius von Thapsus (2. Hälfte des 5. Jh.) ist sehr wahrscheinlich nicht, wie man früher gelegentlich annahm, der Verfasser[2].

Das *Psalterium Veronense* wurde bereits als Nr. 007 wegen seines afrikanischen Psalter-Textes unter den Dokumenten der nordafrikanischen Liturgie erwähnt. Der *Codex Veronensis*, eine Evangelien-Prachthandschrift des 5. Jh., wird unter Nr. 063 genannt werden.

*

Die Liturgie der Metropole M a i l a n d (Mediolanum), über die in einem eigenen Kapitel ausführlich zu sprechen ist, wird uns, was die 2. Hälfte des 4. Jh. betrifft, durch gelegentliche Hinweise in den Schriften des hl. *Ambrosius von Mailand* (geb. 340, † 397) in vielen Punkten deutlich.

060   Die Schriften des Ambrosius als liturgiegeschichtl. Quelle

> **Lit.:** F. PROBST, Die Liturgie des 4. Jh. und deren Reform (Münster i. W. 1893) 226–271; M. MAGISTRETTI, La liturgia della Chiesa Milanese nel sec. IV (Milano 1899); H. FRANK, Die Feier der Feste ‹Natalis salvatoris› und ‹Epiphania› in Mailand zur Zeit des Bischofs Ambrosius, in: JLW 12 (1932) 145–155; IDEM, Das mailändische Kirchenjahr in den Werken des hl. Ambrosius, in: Pastor bonus 51 (1940) 40 ff.; C. DOTTA, S. Ambrogio e l'anniversario della consecrazione episcopale, in: Ambrosius 9 (1933) 210–213; A. PAREDI, La liturgia di Sant'Ambrogio, in: Sant'Ambrogio nel XVI centenario della nascita (Milano 1940) 69–157; R. GRYSON, Les degrés du clergé et leurs dénominations chez saint Ambroise de Milan, in: Rev. bénéd. 76 (1966) 119–127.

---

[1] Vgl. F. KATTENBUSCH, Das apostol. Symbol I (Leipzig 1894); HAHN (1877) § 41.

[2] Der Schlußartikel «In sanctam matrem ecclesiam» könnte auf Verona weisen, wo die Beifügung «mater» zu «ecclesia» oft vorkommt, aber dann als Name der Kathedrale. Der Artikel «descendit ad inferna», der durch Rufin's Kommentar für Aquileja bezeugt ist, weist auf die Nähe zu dieser Metropole hin. Da außerdem noch die einzige handschriftliche Überlieferung aus Verona stammt, spricht manches für die Annahme, daß Verona die Heimat des Symbolums und damit des Verfassers der «Enarratio» ist.

Besondere Beachtung fand schon immer die Schrift *De mysteriis*[1]. Sie stellt eine Katechese dar, die der Bischof von Mailand den Neugetauften während der Osterwoche gehalten hat. Er erklärt ihnen darin die Sakramente («mysteria»)[2], die sie empfangen haben, und spricht dabei auch über einzelne Riten.

Von liturgiegeschichtlichem Interesse ist darin u.a. die Erwähnung einer *Fußwaschung* nach der Taufe. Eine solche war in Rom (und in Alexandrien)[3] nie bekannt, sie findet sich jedoch in Gallien und Nordafrika. In Spanien wurde sie auf der Synode von Elvira v. J. 309 verboten. Über die Situation in der afrikanischen Kirche sind wir durch die Ep. 55,33 (CSEL 34,207f.) des hl. Augustinus unterrichtet. Zu seiner Zeit wurde die Fußwaschung allmählich abgeschafft oder auf den dritten Tag nach Ostern bzw. den Oktavtag verlegt[4].

Die neuere Forschung möchte auch die sechs Sermonen *De sacramentis*, die im wesentlichen das gleiche Thema behandeln wie De mysteriis, dem hl. Ambrosius zuweisen (vgl. Nr. 081). Man will in diesen eine stenographische Niederschrift eines Zuhörers sehen, während De mysteriis die von Ambrosius ausgearbeitete Fassung darstelle[5]. Dieser Ansicht stehen jedoch hauptsächlich Schwierigkeiten liturgiegeschichtlicher Art entgegen; in erster Linie ist es der in De sacramentis wörtlich angeführte Canon-Text (vgl. Nr. 082)[6].

---

[1] Herausgegeben von O. FALLER, in: CSEL 73 (1955) 87–116; B. BOTTE (= Sources Chrétiennes 25, Paris 1950, 2. Aufl. 1962); früher: PL 16,389ff.

[2] Zu sacramentum = mysterium vgl. J. HUHN, Die Bedeutung des Wortes Sacramentum bei dem Kirchenvater Ambrosius (Fulda 1928); dazu: JLW 8 (1928) Nr. 212; O. FALLER, in: ZkTh 54 (1930) 590–598; O. CASEL, in: JLW 10 (1930) Nr. 228.

[3] Vgl. Origenes, In Joh. tom. 32,7 und In Jes. 6,3.

[4] Im einzelnen vgl. TH. SCHÄFER, Die Fußwaschung (= TuA, Heft 47, Beuron 1956) bes. 1–19.

[5] Vgl. G. MORIN, Pour l'authenticité du De sacramentis, in: JLW 8 (1928) 86–106; O. FALLER, in: ZkTh 53 (1929) 41–65; 64 (1940) 1–14; 81–101; R. H. CONNOLLY, The De sacramentis a work of St. Ambrose (Oxford 1942); C. MOHRMANN, Le style oral du De sacramentis de Saint Ambroise, in: Vigiliae Christianae 6 (1952) 168–177 u.a.

[6] Vgl. K. GAMBER, Ist der Canon-Text von «De sacramentis» in Mailand gebraucht worden, in: Ephem. lit. 79 (1965) 109–116; weiterhin: TH. SCHERMANN, Die pseudoambrosianische Schrift De sacramentis, in: Römische Quartalschrift 17 (1903) 36–53; 237–255; A. BAUMSTARK, Liturgia romana e liturgia dell'Esarcato (Roma 1904) 161ff.

Nicht unerwähnt soll hier eine Stelle bleiben, die sich in der Epist. 20, 4 des Ambrosius an seine Schwester Marcellina findet (PL 16, 994):

> Sequenti die, erat autem dominica, post lectiones atque tracta- tum, dimissis catechumenis, symbolum aliquibus competentibus in baptisteriis tradebam basilicae. Illic nuntiatum est mihi com- perto quod ad Portianam basilicam de palatio decanos misissent et vela suspenderent, populi partem eo pergere. Ego tamen mansi in munere: missam facere coepi. Dum offero . . .

Aus dieser Stelle wird deutlich, daß zur Zeit des hl. Ambrosius in Mailand der *gallikanische Ritus* üblich war. So findet sich die «Traditio symboli» unmittelbar vor der «Missa» des Palmsonntag im gallikani- schen Meßbuch Nr. 214; dabei weist gerade der Gebrauch von «missa» im Sinn von Eucharistiefeier in dieselbe Richtung, da dieser im 4. Jh. nur im Bereich der gallikanischen Liturgie vorkommt[1].

In seiner Schrift in Lucam 10,18 (PL 15,1815s.) zitiert Ambrosius größere Partien des Textes der *Taufwasserweihe*, wie er noch heute in Mailand gebraucht wird und der ebenfalls gallikanisches Gepräge zeigt, fast wörtlich[2]. Dieser Text geht vermutlich nicht erst auf den großen Mailänder zurück, er dürfte ihn vielmehr im «Liber mysteriorum» vor- gefunden haben.

Unter den Nachfolgern des hl. Ambrosius haben nach dem «Liber notitiae Sanctorum Mediolani»[3] die Bischofe *Simplicianus*, *Marolus* und *Eusebius* sich um die Gestaltung des Gottesdienstes durch Ab- fassung neuer Texte bemüht. Damals dürften auch die *orientalischen Einfluß* erkennen lassenden Transitorien-Gesänge ausgebildet worden sein[4].

---

[1] Vgl. K. GAMBER, Missa, in: Ephem. liturgicae 74 (1960) 48–52; 81 (1967) 70–73.

[2] Vgl. F. PROBST, Die ältesten römischen Sacramentarien und Ordines (Münster i. W. 1892) 223–224; L. L. MITCHEL, Ambrosian Baptismal Rites, in: Studia Liturgica 1 (1962) 241–253, bes. 247. In dieser Studie werden sowohl «De mysteriis» als auch «De sacramentis» als Zeugen der Mailänder Liturgie des 4. Jh. verwendet, ohne daß dem Verfasser die Widersprüche, die sich in beiden Schriften finden, aufgefallen wären.

[3] Herausgegeben von M. MAGISTRETTI – U. MONNERET DE VILLARD (Milano 1917).

[4] Vgl. E. CATTANEO, I canti della frazione e communione nella liturgia Ambro- siana, in: Miscellanea Liturgica II (Roma 1949) 147–174.

061   Die Hymnen des hl. Ambrosius

Edit.: L. BIRAGHI, Inni sinceri e carmi di Sant'Ambrogio (1862); G. M. DREVES, in: Analecta Hymnica, Bd. 50; H. LIETZMANN, Lateinische altkirchliche Poesie (= Kleine Texte 47/49, Berlin 1938). – **Lit.:** G. M. DREVES, Aurelius Ambrosius, der Vater des Kirchengesangs. Eine hymnologische Studie (= 58. Ergänzungsheft zu den «Stimmen aus Maria Laach», Freiburg i. Br. 1893); A. STEINER, Untersuchungen über die Echtheit der Hymnen des Ambrosius (Leipzig 1903); A. WALPOLE, Notes of the Hymn of S. Ambrose, in: JThSt (1907) 428 ff.; DACL I, 2 1347–52; G. GHEDINI, L'opera del Biraghi e l'Innologia ambrosiana, in: La Scuola Cattolica 60 (1940) 160–170; G. LAZZATI, Gli inni di Sant'Ambrogio in: Sant' Ambrogio nel XVI Centenario della nascità (Milano 1940) 307–320.

Nicht Hilarius von Poitiers (vgl. Nr. 040), sondern Ambrosius ist als der Vater des abendländischen Hymnengesangs zu bezeichnen. Von ihm berichtet Augustinus (Conf. IX, 7), daß er i. J. 386 in den Tagen heißer Glaubenskämpfe, als er sich mit seiner Gemeinde tagelang in der Kathedrale einschloß, Hymnen und Psalmen singen ließ. Die Hymnen des Ambrosius fanden schon bald über Mailand hinaus Verbreitung. So erinnert Augustinus in einer Weihnachtspredigt (Sermo 372, 3) seine Zuhörer an das Lied, «das sie gerade gesungen haben»: «Intende qui regis Israel». Der Hymnus «Splendor paternae gloriae» wird auch in De sacramentis (vgl. Nr. 081) zitiert[1].

In den *Handschriften* wurden die Ambrosius-Hymnen schon früh den biblischen Cantica beigefügt, so in Nr. 590–592 und 1617. Die echten ambrosianischen *Melodien* zu den Hymnen sind nach STÄBLEIN im Cod. 347 der Biblioteca Trivulziana in Mailand (14. Jh.) überliefert[2].

*

Aus Oberitalien bzw. aus dem italienischen Gebiet sind einige sehr alte **Evangelien-Handschriften** erhalten geblieben. Sie waren, wie die äußere Ausstattung zeigt, für den Gottesdienst bestimmt (vgl. auch Nr. 079).

---

[1] Vgl. K. GAMBER, in: Ostkirchliche Studien 9 (1960) 149.
[2] Vgl. B. STÄBLEIN, Monumenta Monodica Medii Aevi, Bd. I Hymnen (Kassel-Basel 1956) 2–16, 503–507 (mit Facs. Nr. 1).

062 Evangeliar von Vercelli (Codex Vercellensis)

> **Bibl.:** Vercelli, Tesoro della Cattedrale, s. N. – **Edit.:** A. GASQUET, Codex Vercellensis (= Collectanea Biblica Latina, Vol. III, 2 Bde., Roma 1914). – **Lit.:** LOWE IV Nr. 467 mit weiterer Lit. – **Zeit und Ort:** 4. Jh., Vercelli.

Der Codex Vercellensis, die älteste lateinische Evangelien-Handschrift, enthält die vier Evangelien in der Reihenfolge: Matthäus, Johannes, Lucas, Marcus, die der Häufigkeit der Verwendung der Evangelisten in der Liturgie entspricht. Im 7. Jh. wurden in den Codex Perikopen-Notizen eingetragen (vgl. GASQUET XVI–XIX). Diese stellen ein Zeugnis der älteren Liturgie von Vercelli dar.

063 Evangeliar von Verona (Codex Veronensis)

> **Bibl.:** Verona, Biblioteca Capitolare, Cod. VI (alt 6). – **Edit.:** E. S. BUCHANAN, The Four Gospels from the Codex Veronensis (Oxford 1911). – **Lit.:** G. TURRINI, Indice dei Codici Capitolari di Verona (Verona 1965) 29; LOWE IV Nr. 481 mit weiterer Lit. – **Zeit und Ort:** Ende des 5. Jh., Verona.

Das Evangelienbuch ist auf Purpur-Pergament mit Silberbuchstaben geschrieben. Der hl. Bernhardin von Siena sagt von ihm: «In Verona sah ich ein altes Buch in der Sakristei, ein Evangeliar, dessen Blätter wie das Kleid Christi gefärbt waren. Alle Buchstaben waren von Silber, nur da, wo der Name Jesus genannt wird, waren sie von Gold»[1]. Auf fol. 99 v findet sich zum Fest des hl. Zeno eine liturgische Eintragung (II. Id. Apr. Adsumptio sci Zenonis episcopi).

Perikopen-Notizen sind auch im *Evangeliar von Trient* vorhanden, das wegen seines alt-afrikanischen Bibeltextes unter den Zeugnissen der Liturgie Nordafrikas aufgeführt worden ist (vgl. Nr. 004)[2].

064 Evangeliar (Codex Corbeiensis)

> **Bibl.:** Paris, B. N., ms. lat. 17225. – **Edit.:** J. BELSHEIM, Codex f₂ Corbeiensis sive Quatuor Evangelia ante Hieronymum latine translata

---

[1] Vgl. T. BURCKHARDT, Von wunderbaren Büchern (Olten 1964) 8.

[2] Vgl. D. DE BRUYNE, in: Rev. bénéd. 45 (1933) 255. Zu vgl. sind weiterhin die Handschriften Nr. 245–247.

(Christiania 1887); E. S. BUCHANAN, The Four Gospels from the Codex Corbeiensis (= Old-Latin Biblical Texts V, Oxford 1907). – **Lit.:** LOWE V Nr. 666 mit weiterer Lit. – **Schrift:** Unziale in 2 Kolumnen zu 24 Linien. – **Zeit und Ort:** Italien, später in Corbie.

Der kalligraphisch hervorragende Codex zeigt (wie Nr. 039) völlig quadratisches Format (170 × 170 mm). Er beinhaltet wie die vorausgenannten Handschriften einen Bibeltext, der vor dem des Hieronymus liegt; eine Entstehung bzw. Verwendung in Oberitalien ist jedoch in keiner Weise sicher. Eine Hand des 7. Jh. hat (noch in Italien) in kursiver Minuskel einige Lesungen für die Sonntage am Rand verzeichnet, so fol. 6 v, 108, 109 und 156. Auf fol. 109 lautet die Angabe: «Die d(omi)nico. Diebus illis rogabat dnm ihm quidam de pharisaeis» (Luc 7, 36) [1].

Folgende Propheten-Handschrift ist wegen ihres Alters hier noch zu erwähnen:

066   Propheten-Handschrift (unvollst.) von Konstanz

> **Bibl.:** Darmstadt, Landes- und Hochschulbibliothek, Hs. 3140 + Fragmentblätter in Donaueschingen, Fulda, St. Paul in Kärnten und Stuttgart. – **Edit.:** A. DOLD, Konstanzer altlateinische Propheten- und Evangelienbruchstücke (= TuA, Heft 7–9, Beuron 1923). – **Lit.:** A. ALLGEIER, Die Konstanzer altlateinische Prophetenhandschrift, in: Jahresbericht der Görres-Gesellschaft 1939 (Köln 1940) 81–86; M. STENZEL, in: Sacris eruditi 5 (1953) 27–85; LOWE VIII Nr. 1174 mit weiterer Lit. – **Schrift:** Unziale, in drei Kolumnen zu 23 Linien. – **Zeit und Ort:** 5. Jh., Oberitalien, später in Konstanz.

Die Handschrift ist in Oberitalien liturgisch verwendet worden, wie die Note «In letania» bei Ezech 18, 1, von sehr früher Hand in Capitalis rustica geschrieben, zeigt (vgl. DOLD 70) [2].

---

[1] Trotz der charakteristischen Wendungen ist eine Lokalisierung nicht gelungen. Der Ausdruck «die dominico» findet sich nicht in Oberitalien, sondern in Rom (so mehrmals im Gregorianum) und in Kampanien. Zu beachten ist weiterhin der Beginn mit «Diebus illis» statt «In illo tempore» und der Zusatz «dnm» zu «ihm». Zu beachten ist auch, daß eine zusätzliche Bezeichnung zum «Die dominico» fehlt, wie auch die Tatsache, daß die angegebene Lesung sonst nirgends als Sonntags-Evangelium erscheint (im römischen Ritus am Quatemberfreitag im September).

[2] Zur alttestamentlichen Lesung in der oberitalienischen Liturgie vgl. Nr. 265.

Wegen ihres Alters (4./5. Jahrhundert) und ihrer Miniaturen, die denen des Vergil in der Vaticana ähnlich sind (Lowe I Nr. 11), sind hier die Fragmentblätter aus dem Liber Regum in Quedlinburg, Stiftskirche, Schatzkammer, s. N. und Berlin, Deutsche Staatsbibliothek, Cod. Theol. lat. fol. 485, zu erwähnen. Sie sind in Italien geschrieben; wo das kalligraphische Zentrum gelegen hat, wissen wir nicht[1].

*

Der alte römische Handels- und Kriegshafen Ravenna gewann an Ansehen, als Kaiser Theodosius die unangreifbare Festung i. J. 402 als Residenz wählte. Unter Bischof *Petrus Chrysologus* (425–451) ist Ravenna auch kirchliche Metropole geworden.

067 Die Sermonen des hl. Petrus Chrysologus

> **Lit.:** A. OLIVAR, Los sermones de San Piedro Crisologo. Estudio critico (= Scripta et Documenta 13, Montserrat 1962) mit ausführlicher Lit. (S. 1–4); DEKKERS, Clavis Nr. 227–229a S. 58–60. – *Zur älteren Liturgie Ravennas:* A. BAUMSTARK, Liturgia romana e liturgia dell'Esarcato (Roma 1904); E. CARONTI, Frammenti di anaphora ravennate del sec. IV, in: Liturgia di Finalpia 9 (1922) 114–118; IDEM, Liturgia ravennate del IV/V sec., in: Rivista diocesana di Ravenna e Cervia 13 (1922) 27–32; G. LUCCHESI, Note agiografiche ravennati (Faenza 1943).

Die zahlreichen Sermonen des hl. Petrus Chrysologus – eine frühe Sammlung dieser Sermonen geht auf den Bischof *Felix von Ravenna* (um 715) zurück – bieten für die Liturgiegeschichte reiches Material. Liturgische Verwendung fand noch in späterer Zeit in einer Skrutinienordnung von Cividale seine «Expositio symboli»[2].

In den Sermonen des Petrus Chrysologus wird ein Text zitiert, der mit den heutigen Gebeten bei der *Taufwasserweihe* übereinstimmt.

---

[1] Lowe VIII Nr. 1069 mit Lit., H. DEGERING – A. BOECKLER, Die Quedlinburger Itala-Fragmente (Berlin 1932).

[2] Vgl. A. OLIVAR, S. Piedro Crisologo autor de la Expositio Symboli de Cividale, in: Sacris erudiri 12 (1961) 294–312.

Lit.: F. Lanzoni, La ‹Benedictio fontis› e i sermoni di S. Pier Crisologo, in: Rassegna Gregoriana 7 (1908) 425–429; S. Benz, Zur Vorgeschichte des Textes der römischen Taufwasserweihe, in: Rev. bénéd. 66 (1956) 218–255; A. Olivar, San Piedro crisológo autor del texto de la bendicción de las fuentas bautismales?, in: Ephem. lit. 71 (1957) 280–292; idem, Vom Ursprung der römischen Taufwasserweihe, in: ALW VI, 1 (1959) 62–78; idem, in: Scripta et Documenta 13 (Montserrat 1962) 405–414.

Wie Ambrosius (vgl. oben), so hat auch Petrus Chrysologus den Text der Taufwasserweihe vermutlich nicht selbst verfaßt, sondern in seiner Kirche bereits vorgefunden.

Lit. *(zur Taufwasserweihe)*: H. Scheidt, Die Taufwasserweihegebete im Sinne vergleichender Liturgieforschung untersucht (= Liturgiegeschichtl. Quellen und Forschungen, Heft 29, Münster i. W. 1935); E. Stommel, Studien zur Epiklese der römischen Taufwasserweihe (= Theophaneia 5, Bonn 1950); B. Capelle, L'inspiration biblique de la bénédiction des fonts baptismaux, in: Bible et vie chrétienne 13 (1956) 30–40; idem, La bénédiction de l'eau baptismale, in: Bulletin du Comité des Etudes 26 (1959) 612–618; J. Magne, La bénédiction romaine de l'eau baptismale. Préhistoire du texte, in: Revue de l'histoire des religions 68 (1959) 25–63; J. P. de Jong, Benedictio fontis. Eine genetische Erklärung der römischen Taufwasserweihe, in: ALW VIII, 1 (1963) 21–46; E. Lengeling, Die Taufwasserweihe der römischen Liturgie, in: W. Dürig, Liturgie. Gestalt und Vollzug (München 1963) 176–251 (mit vollständiger Lit.); C. Coebergh, in: Sacris erudiri 16 (1965) 343–351.

Ein weiteres Dokument der älteren Liturgie von Ravenna sind die *Orationen des Rotulus* (Nr. 660), von denen einige auf Chrysologus zurückgehen könnten[1]. Es ist zu vermuten, daß sie als Psalmen-Kollekten in der *Weihnachtsvigil* (In uigiliis natalis domini) gebraucht wurden[2]. Bisher sah man in ihnen meist Adventsorationen.

Über die Ordnung der *Ostervigil* (In vigiliis paschae) sind wir durch oberitalienische Lektionare aus dem 8./9. Jh. (Nr. 1210/1211) unterrichtet. Danach waren in Ravenna zehn Lesungen üblich, im Gegensatz

---

[1] Vgl. F. Cabrol, Autour de la liturgie de Ravenne, in: Rev. bénéd. 22 (1905) und 23 (1906); A. Olivar, Los sermones de San Piedro Crisologo (Montserrat 1962) 414–424.

[2] Vgl. K. Gamber, Die Orationen des Rotulus von Ravenna, in: ALW V, 2 (1958) 354–361.

zu Rom, wo (nach dem Gregorianum) vier, sowie im Gegensatz zu Mailand und Benevent, wo sechs Lesungen vorgetragen wurden. Die in den genannten Lektionaren sich findenden Cantica zur Ostervigil sind in ihrem responsorialem Vortrag sonst nicht nachweisbar[1].

In der Zeit des Ostgotenkönigs *Theoderich d. Gr.* († 526) gewinnt Ravenna als Residenz der Gotenkönige erneut Bedeutung. Neben der Kathedrale der Katholiken entstand die Anastasis-Kathedrale der Goten und die Palastkirche des Königs (heute S. Apollinare nuovo). Über die Liturgie der Goten wird in einem späteren Kapitel zu handeln sein.

Nach der Gotenherrschaft wird Ravenna i. J. 535 Sitz des byzantinischen Exarchen. Unter den Bischöfen *Ecclesius* (521–534) und *Maximianus* (546–553) werden römische Liturgiebücher eingeführt (vgl. S. 311 ff.).

Was die Liturgie im übrigen Oberitalien betrifft, so sind vor allem die Sermonen des Bischofs *Gaudentius von Brescia* († um 410), besonders dessen Traktat 2 (CSEL 68, 25 ff.), und die Predigten des Bischofs *Maximus von Turin* († 408/23) für die Liturgiegeschichte von Interesse[2].

b) Documenta Liturgiae Urbis Romae

Das älteste liturgische Dokument, das aus Rom erhalten ist, stellt ein längeres Gebet in griechischer Sprache dar, das sich am Schluß des (1.) Briefes des Papstes *Clemens von Rom* († um 95) an die Gemeinde in Korinth findet:

> **Lit.:** E. VON DER GOLTZ, Das Gebet in der ältesten Christenheit (Leipzig 1901) 191–207; W. SCHERER, Der erste Clemensbrief (Regensburg 1902)

---

[1] Vgl. K. GAMBER, Die Lesungen und Cantica an der Ostervigil im «Comes Parisinus», in: Rev. bénéd. 71 (1961) 125–134. Hier zu erwähnen ist auch die *Epistelliste*, die unter Nr. 242 aufgeführt ist.

[2] Neuausgabe von A. MUTZENBECHER (Corpus Christianorum Bd. XXIII, 1962); vgl. auch A. MUTZENBECHER, Der Festinhalt von Weihnachten und Epiphanie in den echten Sermonen des Maximus von Turin, in: Studia Patristica V (= Texte und Untersuchungen 80, Berlin 1962) 109–116. – Zu *Vercelli*: R. PASTE, Il Rito Eusebiano, in: Arch. Soc. Vercellese di Storia ed Arte (Vercelli 1909).

98–116; K. GAMBER, Das Papyrusfragment zur Markusliturgie und das Eucharistiegebet im Clemensbrief, in: Ostkirchliche Studien 8 (1959) 31–45; A. M. SCHNEIDER, Die ältesten Denkmäler der römischen Kirche, in: Festschrift zur Feier des 200-jährigen Bestehens der Akad. d. W. in Göttingen (Berlin-Göttingen 1951) 166–198; R. PADBERG, Gottesdienst und Kirchenordnung im (ersten) Klemensbrief, in: ALW IX,2 (1966) 367–374.

Dieses Gebet wurde meist als der Niederschlag eines Gläubigen-Gebets (Gemeindegebets) am Schluß des Wortgottesdienstes angesehen. Doch gab es ein solches Gebet Ende des 1. Jh. noch gar nicht; es handelt sich (nach GAMBER) vielmehr um *Anklänge an ein Eucharistiegebet*, worin nach ursprünglicher Weise ein Dankgebet (für die Erlösung) mit einem Bittgebet (für die Anliegen der Kirche) verbunden ist[1]. Da der Wortlaut des Eucharistiegebets im 1. Jh. und weithin auch in den folgenden Jahrhunderten (bis in die Zeit Konstantins) für den Zelebranten noch nicht verbindlich festgelegt war, dürfen wir den genannten Text im Clemensbrief als Ganzes nicht als eine feste Formel ansehen[2]. Daß jedoch Teile daraus bereits formelhaft geworden waren, beweist u. a. eine Stelle in der Markus-Liturgie, die auf frühe liturgische Beziehungen zwischen den beiden Metropolen Rom und Alexandria hinweisen könnte[3].

Schon vor Jahren hat O. CASEL darauf hingewiesen, daß sich in c. 33 (und c. 20) des Clemens-Briefes deutliche *Anklänge an ein Dankgebet für die Schöpfung* erkennen lassen[4], wobei an der zitierten Stelle auch das Singen des Dreimalheilig durch die Gemeinde erwähnt wird. Es dürfte sich hierbei um Stücke aus dem Morgengottesdienst handeln, in dem in den frühesten Zeiten ein Dankgebet für die Schöpfung, ein

---

[1] Vgl. K. GAMBER, Jüdische Berakha und frühchristliches Eucharistiegebet, in: Liturgie übermorgen (Freiburg i. Br. 1966) 36 ff.

[2] So dürfte der lange Schluß des Gebetes (mit den Bitten um Frieden und Eintracht) in erster Linie durch den Charakter des Briefes bestimmt sein. Daß es sich jedoch um Formulierungen handelt, die in der Liturgie damals gebräuchlich waren, zeigt der plötzliche Übergang zu Beginn in die direkte Anrede Gottes.

[3] Vgl. J. E. RAHMANI, Les liturgies orientales et occidentales (Beyrouth 1919) 615–653; E. LANNE, Liturgie alexandrine et liturgie romaine. L'onction des martyrs et la bénédiction de l'huile, in: Irénikon 31 (1958) 138–155.

[4] O. CASEL, Das Gedächtnis des Herrn in der altchristlichen Liturgie (= Ecclesia orans, 2. Bändchen, Freiburg i. Br. 1922) 24 ff.

alter synagogaler Brauch[1], mit abschließendem Dreimalheilig (Keduscha) einen festen Platz hatte[2].

070 Römisches Canon-Verzeichnis (Fragmentum Muratorianum)

> **Bibl.:** Milano, Biblioteca Ambrosiana, Cod. I 101 sup. (fol. 10–11). – **Edit.:** L. A. MURATORI (1740); oft nachgedruckt; H. LIETZMANN (= Kleine Texte 1, 2. Aufl. 1933). **Facs.-Edit.:** G. GALBIATI, Biblioteca Ambrosiana Milano 1609–1959 (Milano 1959). – **Lit.:** u. a. A. HARNACK, in: Zeitschrift für neutestamentl. Wissenschaft (1925) 1–16; (1926) 160–163; M.-J. LAGRANGE, Le canon d'Hippolyte et le fragment de Muratori, in: Revue biblique 42 (1933) 161–186; E. A. LOWE, The Ambrosiana of Milan (= Folia Ambrosiana I, 1966) 44–45 (mit Facs.); LOWE III Nr. 352. – **Zeit und Ort** (der Mailänder Abschrift): 8. Jh., Oberitalien.

Beim «Fragmentum Muratorianum» handelt es sich um ein am Anfang und Ende verstümmeltes römisches Verzeichnis der Heiligen Schriften[3]. Es ist nach 150 entstanden. Es ist auch liturgiegeschichtlich interessant, da es zeigt, welche Schriften im 2. Jh. im römischen Gottesdienst zur Verlesung gekommen waren. Während A. HARNACK in diesem Verzeichnis ein amtliches Dokument der römischen Kirche sehen wollte, halten andere (so LAGRANGE) den jungen Hippolyt für den Verfasser.

Der gleiche Hippolyt wird heute allgemein auch als der Autor der sog. Traditio Apostolica (Ägyptischen Kirchenordnung) angesehen (vgl. Nr. 051). Nur einige Forscher (so u. a. ENGBERDING und MAGNE) äußern dazu ernste Bedenken. Von den Verfechtern der These von der Autorschaft des Hippolyt wird die Redaktion der Schrift kurz vor oder in die Zeit des Papstes *Callistus* (217–222)[4] verlegt. Wenn tatsächlich der (nach HANSSENS aus Ägypten stammende) *Hippolyt* († 235?) der Ver-

---

[1] Vgl. W. BOUSSET, Eine jüdische Gebetssammlung im 7. Buch der Apostolischen Konstitutionen, in: Nachrichten der k. Ges. d. W., Phil.-hist. Klasse (Göttingen 1915) 435–489, wo eine Reihe frühchristlicher Dankgebete des Morgengottesdienstes zu finden sind.

[2] Vgl. A. BAUMSTARK, Trishagion und Keduscha, in: JLW 3 (1923) 18–32.

[3] Vier weitere kleine Fragmente finden sich in Handschriften des 11. und 12. Jh. in Monte Cassino.

[4] Vgl. I. DÖLLINGER, Hippolytus und Callistus, oder die römische Kirche in der ersten Hälfte des 3. Jh. (Regensburg 1853).

fasser der Traditio Apostolica darstellt, so ist damit noch nicht gesagt, daß diese Kirchenordnung damals auch in der offiziellen römischen Liturgie zur Einführung gelangt war[1]. Rom hatte im 3. Jh. noch über eine Million Einwohner und beherbergte in seinen Mauern viele ausländische Christengemeinden. Vielleicht war die genannte Kirchenordnung in der immer sehr starken *ägyptischen Gemeinde in Rom* eingeführt, wie dies aufgrund der aus dem Patriarchat stammenden lateinischen Übersetzung ähnlich für die Adria-Metropole Aquileja anzunehmen ist (vgl. Nr. 051).

In einem kurzen griechischen Zitat bei Marius Victorinus glaubte man ebenfalls ein Stück aus der frühen römischen Liturgie erkennen zu können[2]. Marius stammte aus Nordafrika (daher sein Beiname Afer) und lebte als Rhetor in Rom. Er zitiert um das Jahr 360 in seiner Schrift Adv. Arium II,8 (PL 8,1094) in griechischer Sprache und ebd. I,30 (PL 8,1063) in einer von ihm verfertigten lateinischen Übersetzung einen Satz aus einer, wie er sich ausdrückt, «oratio oblationis». Doch handelt es sich dabei nicht um eine Wendung aus dem eigentlichen Eucharistiegebet, sondern aus dem darauf folgenden *Inklinationsgebet*. Ein solches war jedoch, soviel wir wissen, an dieser Stelle in der römischen Liturgie damals nicht üblich. GAMBER vermutet deshalb, daß der zitierte liturgische Text aus Ägypten stammt und in der ägyptischen Gemeinde in Rom, deren von der übrigen christlichen Welt abweichenden Ritus noch Sokrates (H.E. V,22; PG 67, 636 A) erwähnt, gebraucht worden ist[3].

Einige Jahrzehnte nach Marius Victorinus zitiert der unbekannte Verfasser (Ambrosiaster) der «Quaestiones Veteris et Novi Testamenti» eine Wendung aus einem *Oblatio-Gebet*: «summus sacerdos» (sc. Melchisedech), die sowohl zum späteren römischen Canon als auch zur Canonica prex in der Schrift «De sacramentis» (vgl. Nr. 082) paßt (CSEL 50,

---

[1] Vgl. u.a. H. ENGBERDING, Das angebliche Dokument der römischen Liturgie aus dem beginnenden 3. Jh., in: Miscellanea Liturgica I (Roma 1948) 47–71. Weitere Literatur zur Kirchenordnung und zu den angeschnittenen Fragen unter Nr. 051.

[2] Vgl. W. H. FRERE, The Anaphora or Great Eucharistic Prayer (London 1938) 142–143; G. BARDY, Formules liturgiques grecques à Rome au IVe siècle, in: Revue des Sciences religieuses 20 (1940) 109–112.

[3] K. GAMBER, Ein kleines Fragment aus der Liturgie Roms des 4. Jh., in: Rev. bénéd. 77 (1967) 148–155.

268). Aus der Stelle «hic in urbe Roma» in Quaest. 114 nimmt man an, daß der Verfasser zur Zeit der Niederschrift seines Werkes in Rom gelebt hat[1].

Bezüglich des Kalendarium Romanum im «Catalogus Liberianus», der aus der Zeit des Papstes *Liberius* (352–366) stammt, vgl. Nr. 090.

*

Der Übergang von der griechischen zur lateinischen Liturgiesprache ist in Rom sicher nicht auf einmal erfolgt. KLAUSER meint, daß diese grundlegende Änderung zur Zeit des Papstes *Damasus* (366–384) statt-gefunden hat. Doch werden die Inschriften der Papstgräber schon von der 2. Hälfte des 3. Jh. an lateinisch, beginnend mit der Inschrift des Papstes Cornelius († 253).

> **Lit.:** TH. KLAUSER, Der Übergang der römischen Kirche von der griechi-schen zur lateinischen Liturgiesprache, in: Miscellanea G. Mercati I (Roma 1946) 467–482; IDEM, Abendländische Liturgiegeschichte (Bonn 1949) 7 ff.; (Bonn 1965) 23–28; vgl. B. BOTTE, in: Bulletin de Théologie ancienne et médiévale 5 (1948) 374; C. MOHRMANN, Les origines de la latinité chrétienne à Rome, in: Études sur le latin des chrétiens, III. Latin chrétien et liturgique (= Storia e letteratura 103, Roma 1965) 67–126 = Vigiliae Christianae 3 (1949) 67–106; 163–183; EADEM, in: La Maison Dieu 23 (1950) 12–13; W. H. FRERE, The Anaphora or Great Eucharistic Prayer. An eirenical Study in Liturgical History (= Church Historical Society, London 1938) 134–152; G. BARDY, Formules liturgi-ques à Rome au IVe siècle, in: Revue des sciences religieuses 20 (1940) 109–112; K. GAMBER, Ein kleines Fragment aus der Liturgie Roms des 4. Jh., in: Rev. bénéd. 77 (1967) 148–155.

Es ist anzunehmen, daß es lateinische Gemeinden in Rom schon von Anfang an gegeben hat, wie auch griechische Minoritäten weiterhin den Gottesdienst in ihrer Sprache und in ihrer Liturgie gefeiert haben[2]. Auch andere Minoritäten, wie die Syrer oder Ägypter, dürften in Rom

---

[1] GAMBER vermutet im späteren Bischof Niceta von Remesiana († um 420) den Verfasser der Quaestiones; vgl. Weitere Sermonen ad competentes (= Textus patristici et liturgici 5, Regensburg 1966) 29 ff.

[2] Die doppel-sprachigen Lesungen noch in der byzantinischen Zeit Roms (vgl. Nr. 1275) zeigen ebenfalls, wie lange sich die griechischen Minoritäten in der Ewigen Stadt halten konnten.

Gemeinden mit eigener Liturgie gehabt haben, sodaß (nach GAMBER) für die Zeit der Blüte der Stadt Rom (bis etwa 400) kein einheitlicher «römischer» Ritus anzunehmen ist[1].

072 Die Revision der Hl. Schrift durch Hieronymus (Vulgata)

> **Lit.:** S. BERGER, Histoire de la Vulgata (Paris 1887), *mit der älteren Lit.*; A. DOLD, Propheten-Texte in Vulgata-Übersetzung (= TuA, Heft 1–2, Beuron 1917); R. WEBER, Le Psautier romain et les autres Psautiers latins (= Collectanea Biblica Latina, Vol. X, Roma 1953); Biblia sacra iuxta latinam vulgatam versionem, Tom. X, Liber Psalmorum (Roma 1953); A.-G. MARTIMORT, in: La Maison Dieu 59 (1959) 167–173 *(Stand der Arbeiten über den Psalter mit Lit.-Angaben)*; E. MASSAUX, Deux fragments d'un manuscript oncial de la Vulgate, in: Ephem. theol. Lovanienses 37 (1961) 112–117.

Der gelehrte Priester *Hieronymus* († 419/20) hat i. J. 383 bei seinem Aufenthalt in Rom im Auftrag des Papstes Damasus für den liturgischen Gebrauch zuerst den lateinischen Text der *Evangelien* revidiert und noch im gleichen Jahr dem Papst eine Revision des Psalteriums vorgelegt, das sog. *Psalterium Romanum* (vgl. Nr. 1610ff.). Die neuen Texte befahl Damasus sogleich in die römische Liturgie einzuführen[2]. Allein mit dieser Revision, die er «eilig» gemacht hatte, war Hieronymus nicht zufrieden. Er unternahm i. J. 392, als er sich schon nach Bethlehem zurückgezogen hatte, eine neue Emendation des lateinischen Psalteriums, die zuerst in Gallien Eingang fand und deshalb den Namen *Psalterium Gallicanum* erhielt (vgl. Nr. 1617ff.). Eine später erfolgte direkte Übersetzung aus dem Hebräischen, das *Psalterium iuxta Hebraeos*, kam dagegen nicht zur Einführung in die Liturgie (vgl. Nr. 1617 und 1620).

Außerhalb Roms scheint man die Bibelübersetzung des Hieronymus nur langsam in den Kirchen angenommen zu haben[3]. So erwähnt

---

[1] Wie A. CHAVASSE in seinen Arbeiten mit Recht betont, ist auch für die Zeit des frühen Mittelalters noch kein einheitlicher römischer Ritus zu erkennen, zum mindesten hat der Ritus des päpstlichen Hofes eine Sonderstellung.

[2] Dieses war bis auf Pius V. (1566–1572) in allen Kirchen Roms in Gebrauch (heute nur noch im Kapitel der Peterskirche). Im Missale und Brevier sind jedoch noch einzelne Stücke des «Psalterium Romanum» erhalten geblieben, so der Invitatorium-Psalm.

[3] Hinsichtlich der Verbreitung des Psalterium Romanum vgl. Nr. 008 (Benüt-

Agnellus in seinem Liber Pontificalis (PL 106,610 C), daß Bischof Maximan von Ravenna (546–553) die «libri ecclesiastici» nach der Rezension des hl. Augustinus revidiert habe, abgesehen von den vier Evangelien, bei denen er die Übersetzung des Hieronymus als Grundlage genommen hat (vgl. Nr. 646)[1]. Eine frühe Handschrift mit Vulgata-Text aus Nordafrika ist der «Ashburnham Pentateuch» (Nr. 006).

073 Evangelien-Handschrift mit Vulgata-Text (unvollst.)

> **Bibl.:** St. Gallen, Stiftsbibliothek, Cod. 1395; sowie weitere Fragmente in Zürich und St. Paul in Kärnten. – **Lit.:** C. H. TURNER, The Oldest Manuscript of the Vulgate Gospels (Oxford 1931); P. LEHMANN, Funde und Fragmente, in: Zentralblatt für Bibliothekswesen 50 (1933) 50–76; A. DOLD, ebd. 709 ff.; IDEM, in: Biblica 22 (1941) 105 ff.; B. BISCHOFF, ebd. 147 ff.; LOWE VII Nr. 984 mit weiterer Lit. – **Schrift:** Halbunziale, in zwei Kolumnen zu 24 Zeilen. – **Zeit und Ort:** 1. Hälfte des 5. Jh., noch zur Zeit des Hieronymus, Italien (Rom?) .

Von der ehemaligen Handschrift sind nur mehr 110 Blätter bzw. Teile von solchen erhalten. Wenn es sich auch um keine der üblichen Prachthandschriften für den Gottesdienst handelt, so ist die Schrift doch sehr schön, trotz ihrer Unregelmäßigkeit. Für die Verwendung in der Liturgie spricht eine (oberitalienische?) Lesungsnotiz aus dem 7. Jahrhundert (?)[2].

Nur ein wenig jünger, jedenfalls noch aus dem 5. Jh. stammend, sind die 83 Palimpsestblätter eines Evangeliars in Unziale mit Vulgata-Text (Autun, Bibl. munic., ms. 21). Die ehemalige Handschrift war zweispaltig angelegt (22–24 Zeilen) und wie Nr. 073 in Italien (Rom?) geschrieben[3].

---

zung durch Augustinus) und S. 579 (Verbreitung in England und Dacien); vgl. weiter F. VAN DER MEER, Augustinus der Seelsorger (Köln 1951) 401–402.

[1] Sogar in Rom selbst scheint es Widerstände gegeben zu haben. Das zeigt eine im 5. Jh., vermutlich in Rom geschriebene, jedenfalls jedoch dort gebrauchte Evangelien-Handschrift, von der umfangreiche Fragmente im Codex Sangallensis 1394 erhalten sind; vgl. LOWE VII Nr. 978a.

[2] Vgl. D. DE BRUYNE, in: Bulletin d'ancienne littérature chrétienne latine II Nr. 281; DEKKERS, Clavis Nr. 1962.

[3] Vgl. A. ROYET, in: Revue biblique 31 (1922) 518 ff.; 32 (1923) 213 ff.; 372 ff.; LOWE VI Nr. 722 (mit weiterer Lit.).

074   Der «Liber Comitis» des Hieronymus

>   **Lit.:** G. MORIN, L'auteur de la lettre à Constantius, in: Rev. bénéd. 7
>   (1890) 416–423; IDEM, Constantius évêque de Constantinople et les ori-
>   gines du Comes romain, in: Rev. bénéd. 15 (1898) 241–246; IDEM, Le plus
>   ancien Comes ou lectionnaire de l'église romaine, in: Rev. bénéd. 27 (1910)
>   41–74; ebd. 30 (1913) 228–231; DEKKERS, Clavis Nr. 1960; K. GAMBER,
>   Das älteste Fragment des Comes des hl. Hieronymus, in: Ephem. lit. 75
>   (1961) 214–222. – Weitere Lit. S. 429.

Die Verfasserschaft des Hieronymus ist noch umstritten. Die «Epistula
ad Constantium», mit der die älteren Handschriften des «Liber Comitis»
(= Liber Commicus, Perikopenbuch)[1] eingeleitet werden[2], will jedenfalls von Hieronymus verfaßt sein. Sicher ist, daß i. J. 471 eine kleine
Landkirche bei Tivoli bereits einen «Comitem» besessen hat[3]. Der
Liber Comitis enthält zum bequemen Gebrauch im Gottesdienst sämtliche Episteln (aus dem Alten und Neuen Testament) des Kirchenjahres, beginnend mit der Vigil von Weihnachten, «per omnes dies
festos ecclesiae» ihrem vollen Wortlaut nach. Gegen die Echtheit des
Prologs und damit gegen die Autorschaft des Hieronymus hat sich
seinerzeit MORIN ausgesprochen. Die von ihm angeführten Gründe ge-
nügen jedoch nicht[4]; die Frage ist daher noch offen. Möglicherweise
wurde der Prolog erst bei der Redaktion des Lectionarium plenarium
(vgl. S. 470) ausgebildet.

Nach der Überlieferung hat Hieronymus auch ein Martyrologium
verfaßt. Näheres darüber S. 440.

075   Die alt-römischen Meßlibelli

>   **Lit.:** A. STUIBER, Libelli Sacramentorum Romani. Untersuchungen zur
>   Entstehung des sog. Leonianum (= Theophaneia. Beiträge zur Religions-

---

[1] Was die Worterklärung betrifft, vgl. S. 430.

[2] Vgl. PL 30,487–488, 501–503; E. RANKE, Das kirchliche Perikopensystem
(Berlin 1847) Appendix I; W. H. FRERE, Studies in Early Roman Liturgy III
(Oxford-London 1935) 75–76.

[3] Vgl. BRUZZA, Regesto della chiesa di Tivoli (= Studi e Documenti di storia e
diritto I, Roma 1880) 15–16.

[4] MORIN beruft sich u. a. in seinen Untersuchungen auf den Zusatz «Constanti-
nopolitanum episcopum» zum Namen des Constantius. Dieser Zusatz ist jedoch
deutlich sekundär, da es einen solchen Bischof nicht gegeben hat; er ist wahr-

und Kirchengeschichte des Altertums 6, Bonn 1950); K. GAMBER, Liturgie übermorgen. Gedanken zur Geschichte und Zukunft des Gottesdienstes (Freiburg i. Br. 1966) 118–126; vgl. auch Nr. 605–607 und die dort angegebene Lit.

Die Liturgie der Stadt Rom war, wie die oben besprochene Notiz bei Marius Victorinus zeigt, bis ins 4. Jh. in keiner Weise einheitlich. Auch in den kommenden zwei Jahrhunderten kannte man allem Anschein nach in der Ewigen Stadt keinen offiziellen «Liber sacramentorum». Während die Päpste nach ältestem Brauch für jeden Stationsgottesdienst, wie STUIBER gezeigt hat, ein eigenes Meßformular verfaßt haben (vgl. auch Nr. 601), waren in den Titelkirchen sehr wahrscheinlich eigene Meßbücher in Gebrauch.

Von der Übersendung eines römischen Meßlibellus, dem ein Taufritual angeschlossen war, wissen wir durch einen Brief des Papstes *Vigilius* (538–555) an Profuturus, Bischof von Braga in Galläcien (vgl. PL 69,15–19)[1]. Außerdem ist anzunehmen, daß die erhaltenen irischen Meßbücher (Nr. 101 ff.) ebenfalls auf einen solchen römischen Libellus zurückgehen, den der erste Bischof Irlands, der i. J. 431 vom Papst Coelestinus geweihte *Palladius*, auf die Grüne Insel gebracht haben könnte[2].

Die alt-römischen Meßlibelli hätten demnach, ähnlich wie die entsprechenden orientalischen Liturgiebücher, lediglich einige wenige Formulare für die Meßfeier, vor allem den Meß-Canon, enthalten. Zu Beginn stand, wenigstens in den irischen Handschriften, die «Litania»[3]. wie sie in Rom vor dem Stationsgottesdienst auf dem Weg zur Kirche gesungen worden ist. Den Schluß des Buches bildeten Formulare für die Spendung der Sakramente (Tauf- und Krankenordo).

Lit. *(zur römischen Liturgie)*; A. FORTESCUE, The Mass. A Study of the Roman Liturgy (London 1912); J. A. JUNGMANN, Missarum Sollemnia (1. Aufl. Wien 1949, 5. Aufl. 1962) mit umfangreicher Lit.; A. G. MARTI-

---

scheinlich in Ravenna, der Stadt des byzantinischen Exarchen, beigefügt worden. Dieser Zusatz fehlt noch in einigen bedeutenden Handschriften (so in Nr. 1005).

[1] Näheres darüber unter Nr. 605.

[2] Vgl. K. GAMBER, Liturgie übermorgen 118–126.

[3] Vgl. E. BISHOP, The Litany of Saints in the Stowe-Missal, in: JThSt 7 (1906) 122–136 = Liturgica Historica (Oxford 1918) 137–164.

MORT, Handbuch der Liturgiewissenschaft, 2 Bde. (Freiburg 1963/64);
P. RADÓ, Enchiridion liturgicum. Complectens theologiae sacramentalis
et dogmata et leges, 2 Bde. (Roma 1966).

Eine eigene Erwähnung verdienen die sog. *Orationes sollemnes*[1]. Sie
fehlen in den irischen Meßlibelli. Diese Gebete, die heute nur noch am
Karfreitag gesungen werden, hatten im frühen Mittelalter einen festen
Platz auch am Mittwoch in der Karwoche (vgl. Ordo Romanus I n. 28).
Sie dürften spätestens aus dem 4. Jh. stammen. Bereits im 5. Jh. werden sie von Prosper von Aquitanien erwähnt, wobei einzelne Stücke
wörtlich angeführt werden[2]. Ob freilich damals in der Folge der einzelnen Fürbitten die gleiche Ordnung wie heute vorhanden war, wissen
wir nicht[3].

Ähnliche «Orationes sollemnes» werden von Augustinus auch für Nordafrika als Gebete zu Beginn der Eucharistiefeier bezeugt. Er nennt sie
in Ep. 149,2,16 (CSEL 44,3 362) Precationes, «quas facimus in cele-
britate sacramentorum, antequam illud, quod est in domini mensa,
incipiat benedici». Augustinus führt einige Stellen aus diesen Gebeten
an, die sich z. T. mit den römischen berühren[4].

Die alten römischen Meßlibelli enthielten, wie erwähnt, neben einer
Art «Missa canonica» noch den *Taufritus*. Erkennbar ist dieser in den
irischen Meßlibelli (vgl. Nr. 101 ff.). Miteinander verwandt wiederum
sind die umfangreichen Riten während der Vorbereitung auf die Taufe
(Scrutinia), sowie bei der Taufspendung, wie sie im Gelasianum (Nr.
610), Lib. I, 29 ff., und im Ordo Romanus XI (ed. ANDRIEU II, 417 ff.)
vorkommen (vgl. Nr. 292).

> **Lit.:** A. CHAVASSE, Le Carême romain et les scrutins prébaptismaux avant
> le IXᵉ siècle, in: Recherches de Sciences religieuses 35 (1948) 325–381;
> IDEM, Les deux rituels romain et gaulois de l'admission au catéchuménat

---

[1] P. ALFONZO, Oratio fidelium (Finalpia 1928); M. CAPPUYNS, Les «orationes
sollemnes» du vendredi saint, in: Les quest. lit. par. 23 (1938) 18–31; K. GAM-
BER, in: Heiliger Dienst 20 (1966) 61–65.
[2] Vgl. V. L. KENNEDY, The Saints of the Canon of the Mass (= Studi d'antichità
14, Roma 1938, Neuauflage 1963) 29–32.
[3] Vgl. die Ep. 7 (13) des Papstes Felix II (438–492), die eine etwas andere
Ordnung der Gebete voraussetzt (PL 58,925 C).
[4] Die einzelnen Stellen sind bei W. ROETZER, Des hl. Augustinus Schriften als
liturgiegeschichtliche Quelle (München 1930) 113–115 zu finden.

que renferme le sacramentaire Gélasien. Etudes de critique et d'histoire religieuses (Lyon 1948) 79–98; A. STENZEL, Die Taufe. Eine genetische Erklärung der Taufliturgie (= Forschungen zur Geschichte der Theologie und des innerkirchlichen Lebens, Heft VII/VIII, Innsbruck 1958) bes. 201 ff. (mit weiterer Lit.); C. VOGEL, in: Studi Medievali 4 (1963) 472–475 (zum Ordo XI) bzw. Introduction (1965) 138–141.

Aus den letzten Jahren des 5. Jh. besitzen wir einen Brief des römischen *Diakons Johannes* an einen gewissen Senarius von Ravenna, der Antwort auf eine Reihe von Fragen über den Ritus der Taufe in Rom gibt (PL 59, 399–408). Vom 5. Jh. an ist ein Einfluß des römischen Taufritus nach Gallien und Spanien (hier teilweise schon im 4. Jh.; vgl. Nr. 045) deutlich zu erkennen, wie die «Canones ad Gallos» (MANSI III, 1137) und der 2. Canon des 1. Conzils von Orange v. J. 441 (MANSI VI, 435) beweisen[1].

> **Lit.** *(zur Taufe im allgemeinen)*: H. LIETZMANN, Liturgische Texte I (= Kleine Texte 5); D. VAN DEN EYNDE, Notes sur les rites postbaptismaux dans les églises d'occident, in: Antonianum 14 (1939) 257–276; PH. HOFMEISTER, Die heiligen Öle der morgen- und abendländischen Kirche (= Das östl. Christentum NF 6/7, Würzburg 1948); H. KRAFT, Texte zur Geschichte der Taufe, besonders der Kindertaufe in der Alten Kirche (= Kleine Texte Heft 174, Berlin 1953); weitere Lit. (bis 1958) bei A. STENZEL, Die Taufe 309–312; J. JEREMIAS, Die Kindertaufe in den ersten vier Jahrhunderten (1958); K. ALAND, Die Säuglingstaufe im Neuen Testament und in der Alten Kirche (= Theologische Existenz heute NF 86, München 1961); H. KIRSTEN, Die Taufabsage. Eine Untersuchung zur Gestalt und Geschichte der Taufe nach den altkirchlichen Taufliturgien (Berlin 1960); G. KRETSCHMAR, Beiträge zur Geschichte der Liturgie, insbesondere der Taufliturgie, in Ägypten, in: Jahrbuch für Liturgik und Hymnologie 8 (1963) 1–54; IDEM, Die Geschichte des Taufgottesdienstes in der alten Kirche, in: Leiturgia (Kassel 1966) mit umfangreicher Lit.

Vom alt-römischen Taufritus zu unterscheiden sind u. a. oberitalienische Formulare (Nr. 290–292) und der gallische Ritus, wie er in der Schrift des hl. Ambrosius «De mysteriis» (Nr. 060) beschrieben wird und dessen Texte in den gallikanischen Sakramentaren (Nr. 210 ff.) zu finden sind. Charakteristisch für den gallikanischen Taufritus ist das Fehlen einer zweiten (Firmungs-) Salbung nach der Taufe. Mit

---

[1] Vgl. VAN DEN EYNDE, Le deuxième canon du Concile d'Orange de 441 sur la chrismation, in: Recherches de Théol. ancienne et médiévale 11 (1939) 97–109.

dem altrömischen Taufritus scheint dagegen übereinzustimmen, was in der Schrift «De sacramentis» (vgl. Nr. 081) diesbezüglich zu lesen ist.

076   Das «Symbolum Apostolorum» der römischen Kirche

Griechische Urfassung: im «Psalter des Königs Aethelstan» (London, British Museum, Cotton MS Galba A. 18) aus der Zeit um 850. Die *lateinische Fassung* stellt eine wörtliche Übersetzung dar. – **Lit.:** C. P. CASPARI, Alte und neue Quellen zur Geschichte des Taufsymbols (Christiania 1879); IDEM, Kirchenhistorische Anecdota I (Christiania 1883); IDEM, Ungedruckte . . . Quellen zur Geschichte des Taufsymbols und der Glaubensregel (Christiania 1869); A. HAHN, Bibliothek der Symbole und Glaubensregeln (Breslau 3. Aufl. 1897) § 17–23 (Rom); E. A. BURN, Neue Texte zur Geschichte des apostolischen Symbols, in: Zeitschrift für Kirchengeschichte 19 (1899) 179–190; 21 (1901) 128–137; 25 (1904) 148–154; K. KÜNSTLE, Eine Bibliothek der Symbole (= Forschungen zur christlichen Literatur- und Dogmengeschichte I, 3 Mainz 1900); IDEM, Antipriscilliana (Freiburg i. Br. 1905); F. KATTENBUSCH, Das apostolische Symbol, 2 Bde. (Leipzig 1894–1900); IDEM, Beiträge zur Geschichte des altkirchlichen Taufsymbols (Gießen 1892); A. HARNACK, Das altrömische Taufsymbol, in: Geschichte der altchristlichen Literatur II, 1 (Nachdruck 1958) 524 bis 532; B. CAPELLE, Les origines du symbole romain, in: Rech. de théol. ancienne et médiévale 2 (1930) 5–20; J. RUIZ GOYO, Los orígines del Símbolo apostólico, in: Estud. ecles. 13 (1934) 316–337; H. LIETZMANN, Symbole der Alten Kirche (= Kleine Texte 17/18); J. N. D. KELLY, Early Christian Creeds (London 1950).

Den Text des Symbolum der römischen Kirche finden wir nach 400 in den Erklärungen des Glaubensbekenntnisses in der «Instructio ad competentes» des Niceta von Remesiana (vgl. Nr. 081). Von der römischen Fassung unterscheiden sich, teils mehr teils weniger, die Texte des Symbolum in den übrigen abendländischen Metropolen, so u. a. von *Aquileja* (HAHN § 36) mit der charakteristischen Wendung «descendit ad inferna», bekannt durch den Kommentar des Rufinus (PL 21, 335); ferner das Symbolum der Kirche von *Ravenna* (HAHN § 35), bekannt durch die Sermonen des Petrus Chrysologus 57–62 (PL 52, 357 ff.); und das von *Turin* (HAHN § 34), überliefert in der Hom. 83 des Maximus von Turin (PL 57, 433)[1].

---

[1] Gute Übersicht über weitere (fränkische, spanische) Texte bei H. LIETZMANN (s. o.).

Zu Beginn des 5. Jh. ist es *Papst Innocenz* I (402–417), der in einem Schreiben an den Bischof Decentius von Gubbio (Eugubium in Umbrien) v. J. 416 (Ep. 25; PL 20,553f.; Jaffé 311) die Einheit im Ritus für das ganze Abendland fordert:

> Praesertim cum sit manifestum in omnem Italiam, Galliam, Hispanas, Africam atque Siciliam insulas interiacentes nullum instituisse ecclesias nisi eos quos venerabilis apostolus Petrus aut eius successores constituerunt sacerdotes ... oportet eos hoc sequi quod ecclesia Romana custodit, a qua eos principium accepisse non dubium est.

Kein Papst hat je zuvor ähnliche Forderungen gestellt, wie wir sie in diesem Brief, der in der Hauptsache rituelle Fragen behandelt, finden[1]. Diese blieben damals jedoch nicht unwidersprochen.

Lit.: E. H. CONNOLLY, Pope Innocent I de nominibus recitandis, in: JThSt 20 (1919) 215–226; G. MALCHIODI, La lettera di S. Innocenzo I a Decenzio Vescovo di Gubbio (Roma 1921); J. MACDONALD, Imposition of Hands in the Letters of Innocent I., in: Studia Patristica II (= Texte und Untersuchungen 64, Berlin 1957) 17–20; K. GAMBER, in: Ostkirchl. Studien 9 (1960) 139–140.

Glücklicherweise blieben diese Uniformierungsbestrebungen im wesentlichen auf die Zeit und Person des Papstes Innocenz beschränkt. Gregor d. Gr. dachte in diesen Fragen viel «moderner», wenn er z. B. in Ep. I,43 (PL 77,497 C) schreibt: «In una fide nihil officit ecclesiae consuetudo diversa»[2].

Erst zu Beginn des 8. Jh. sind wieder ähnliche Tendenzen wie unter Innocenz I zu beobachten. Damals war es *Papst Gregor II* (715–731), der in einem Capitulare, das er den päpstlichen Gesandten nach Bayern mitgegeben hatte, die Forderung erhob, daß man sich bei der Feier der hl. Messe und beim Chorgebet «secundum traditionem apostolicae sedis antiquitatis ordinem» richten müsse (PL 89,532).[3]

---

[1] Darin hat die Stelle «De nominibus recitandis» schon immer die Gemüter der Liturgiker bewegt. Sie zeigt, daß zu Beginn des 5. Jh. in Oberitalien noch der gallikanische Ritus vorherrschte, in welchem die Verlesung der Diptychen (vgl. Nr. 295ff.) vor dem Eucharistiegebet üblich war (in Rom dagegen erst während des Canon).

[2] Die andere bekannte Stelle in der Ep. XI,64,3 (PL 77,1187) wurde von S. BRECHTER, Die Quellen zur Angelsachsenmission Gregors d. Gr. (München 1941) 13–111 hinsichtlich der Echtheit zu Unrecht bezweifelt.

[3] Vgl. R. BAUERREISS, Kirchengeschichte Bayerns I (St. Ottilien 1949) 55f.

c) Documenta Liturgiae Campaniae et Calabriae

In der Gegend südlich von Rom finden wir bis zur Jahrtausendwende liturgische Formen, die nicht mit der römischen Liturgie übereinstimmen. Während in der Weltstadt Rom mit einer Bevölkerung in der Kaiserzeit von über einer Million und seinem Völkergemisch das Griechische noch verhältnismäßig lang Umgangssprache geblieben war (vgl. S. 97), dominierte im Süden, in der «Provinz», das Lateinische, abgesehen von den Gebieten, die schon in frühklassischer Zeit unter griechischer Herrschaft gestanden haben[1].

Schon aus diesem Grund war für die ersten vier Jahrhunderte kein liturgischer Einfluß von der Hauptstadt auf die südlichen Landesteile zu erwarten. Für Kampanien, sowie das benachbarte Samnium (mit der Hauptstadt Benevent) und Apulien (mit dem später noch bedeutenden Zentrum Bari), dürfen wir eine stärkere Beeinflussung von Nordafrika her vermuten. Ein Blick auf die Karte zeigt, daß die alte Hafenstadt Neapolis, nur durch das Mittelmeer getrennt, unmittelbar gegenüber der Metropole Karthago gelegen ist.

Die Abhängigkeit der kampanischen Liturgie von der nordafrikanischen läßt sich heute im einzelnen nicht mehr nachweisen, doch könnte sehr wohl manches Kampanische in Wirklichkeit aus Afrika stammen und von hier importiert sein. Jedenfalls zeigt noch in späterer Zeit der Gottesdienst von Kampanien und Benevent durchaus selbständige, von der römischen Liturgie unabhängige Formen, auf die in einem späteren Kapitel (S. 226 ff.) eingegangen wird.

077   Der «Liber sacramentorum» des hl. Paulinus von Nola

Gennadius, De vir. ill c. 49. – **Lit.:** K. GAMBER, Das kampanische Meßbuch als Vorläufer des Gelasianum. Ist der hl. Paulinus von Nola der Verfasser? in: Sacris erudiri 12 (1961) 5–111; IDEM, Das Meßbuch des hl. Paulinus

---

[1] Die Sprachgrenze ist auf Karte 9 und etwas anders auf den Karten 12, 13 und 15 bei F. VAN DER MEER, Bildatlas der abendländischen Kultur (Gütersloh 1962) eingetragen. Danach wurde in der Hauptsache in den Küstengebieten Apuliens (Kalabriens) sowie im östlichen Teil von Sizilien Griechisch gesprochen.

von Nola, in: Heiliger Dienst 20 (1966) 17–25; V. RAFFA, S. Paulinus Nolanus auctor sacramentarii Gelasiani primigenii?, in: Ephem. lit. 76 (1962) 345–348.

Das Sakramentar des hl. *Paulinus von Nola* († 431)[1] ist das älteste Meßbuch aus Italien, von dem uns in der Literatur berichtet wird. Es kann als sicher gelten, daß Teile dieses Sakramentars in den späteren kampanischen und beneventanischen Meßbüchern (vgl. Nr. 410 ff.) weiterleben. Auch dem «ambrosianischen Sakramentar» (vgl. Nr. 501 ff.) dürfte es als Grundlage gedient haben, wie auffällige Beziehungen zwischen diesem und den genannten Meßbüchern nahelegen.

Die Verbreitung des Sakramentars des Paulinus scheint überhaupt von Anfang an nicht auf Kampanien beschränkt geblieben zu sein, da zu Beginn des 5. Jh., der Zeit der Abfassung dieses Liturgiebuches, zwischen den einzelnen Metropolen noch regere Beziehungen bestanden haben als in den darauf folgenden unruhigen Zeiten der Völkerwanderung. Auch sah man darin nicht das Meßbuch Kampaniens, sondern das Werk des unter seinen Zeitgenossen berühmten Paulinus von Nola[2].

Daß *Niceta von Remesiana* († um 420), der Freund des Paulinus (er hat ihn zweimal und zwar in den Jahren 398 und 402 von Dacien aus besucht), dieses damals neue Sakramentar in seiner Kirche eingeführt hat, ist nicht nur von vornherein zu vermuten, sondern auch durch deutliche Anspielungen auf Gebete dieses Meßbuches in seinen Schriften anzunehmen[3]. Aus all dem darf es als wahrscheinlich gelten, daß der Liber sacramentorum des Bischofs von Nola auch in der von Nola nicht weit entfernten *Metropole Rom* im Gottesdienst verwendet worden ist und zugleich die Grundlage zum späteren «Gelasianum» (vgl.

---

[1] *Zur Person des Paulinus* vgl. A. BUSE, Paulin Bischof von Nola und seine Zeit, 2 Bde. (Regensburg 1856); V. JODICE, Profilo storico ed estetico di S. Paolino vescovo die Nola (Milano 1931).

[2] So schreibt Augustinus in einem Brief an Licentius: «Vade in Campaniam; disce quibus opibus ingenii sacrificia laudis offerat» (Ep. XXVI alias 38) ad Licentium); und Hieronymus an Paulinus: «Magnum habes, Pauline, ingenium et infinitam sermonis suppellectilem» (Ep. VIII ad Paulinum).

[3] Vgl. K. GAMBER, Das Meßbuch des hl. Paulinus von Nola, in: Heiliger Dienst 20 (1966) bes. 24–25. Niceta scheint von seiner Reise auch das neue Psalterium Romanum des Hieronymus in seine Bischofstadt mitgenommen zu haben (vgl. S. 579).

Nr. 610) abgegeben hat. Die Untersuchungen hierüber haben erst begonnen.

Nach den Angaben des Gennadius hat Paulinus auch einen Liber hymnorum verfaßt. Ob damit ein liturgisches Buch gemeint ist oder ob lediglich auf die zahlreichen Carmina des Nolaners[1] hingewiesen wird, wissen wir nicht[2].

Über die *Epistelliste*, die nachweisbar bis ins 6. Jh., wahrscheinlich aber auch darüber hinaus in Kampanien in Gebrauch war, wird unter Nr. 401 eigens zu sprechen sein. Hier sei lediglich die bis jetzt noch nicht näher begründete Vermutung ausgesprochen, daß der Ursprung dieser Liste in der nordafrikanischen Liturgie zu suchen ist. Auch eine *Evangelienliste*, die in der gleichen Gegend beheimatet war, ist in späteren Dokumenten aus dem angelsächsischen Raum erhalten (vgl. Nr. 405–407). Bei ihr zeigen sich Beziehungen zur Evangelienliste von Aquileja (vgl. Nr. 245 ff.).

Ein Charakteristikum und zugleich ein Zeichen hohen Alters ist das *Drei-Lesungen-System* der kampanischen Liturgie. Die afrikanische Kirche kannte zur Zeit des hl. Augustinus meist nur mehr zwei Lesungen bei der Meßfeier: die Epistel mit einem darauffolgenden Psalm (von Augustinus einigemal als Lesung bezeichnet) und das Evangelium. Im kampanisch-beneventanischen Ritus finden wir noch in Meßbüchern des 10./11. Jh. (so Nr. 430 und 431) zuerst (ähnlich wie im gallikanischen Ritus)[3] eine Lesung aus dem Alten Testament (Lectio), darauf den responsorialen Psalm (Graduale), die Lesung aus dem Apostel (Epistel) mit anschließendem Alleluja-Gesang, und schließlich als 3. Lesung das Evangelium[4].

*

---

[1] Ausgabe in: CSEL 30 (1894); vgl. DEKKERS, Clavis Nr. 203 S. 47.

[2] Hinsichtlich der kampanischen Kalendare vgl. Nr. 096 und 097.

[3] Ebenso noch heute im ambrosianischen Ritus. Hier entfällt jedoch die Lectio in den nicht-gesungenen Messen. Drei Lesungen hatten auch die orientalischen Riten, doch hat man auch hier (z. T. erst in der Neuzeit) die alttestamentliche Lesung wegfallen lassen.

[4] Vgl. A. DOLD, in: TuA 25 (Beuron 1934) XXVII, LII–LX; K. GAMBER, in: Sacris erudiri 12 (1961) 67–73. – Hinsichtlich der *Karwochenliturgie* in Kampanien vgl. D. MALLARDO, La Pasqua e la settimana maggiore a Napoli dal sec. V al XIV, in: Ephem. lit. 66 (1952) 3–36.

In weiten Teilen Süditaliens und Siziliens war in der Antike (und ist in Resten noch heute) die griechische Sprache in Gebrauch. Dies zeigt sich auch in den wenigen erhaltenen liturgischen Denkmälern. Aus ältester Zeit sind es nur Bibel-Handschriften:

079   Griechisch-lateinische Apostolus-Handschrift

> **Bibl.:** Paris, B.N., ms. gr. 107. – **Edit.:** C. TISCHENDORF, Codex Claromontanus sive Epistolae Pauli omnes (Leipzig 1852). – **Lit.:** C. R. GREGORY, Textkritik des Neuen Testaments I (Leipzig 1900) 105 ff.; LOWE V Nr. 521 mit weiterer Lit.; H. J. FREDE, Altlateinische Paulus-Handschriften (= Vetus latina – Aus der Geschichte der lateinischen Bibel 4, Freiburg 1964) 88–101. – **Zeit und Ort:** 5. Jh., wahrscheinlich Süditalien.

Der berühmte «Codex Claromontanus» zeigt auf der linken Seite griechischen, auf der rechten lateinischen Text. Der Codex war offensichtlich für den liturgischen Gebrauch bestimmt, wie nicht zuletzt auch die (in Halb-Unziale geschriebenen) liturgischen Noten auf foll. 38, 149 und 173 zeigen[1]. Die Doppelsprachigkeit war durch das Vorlesen der Epistel in griechischer und lateinischer Sprache im Gottesdienst bedingt. Bezüglich gotisch-lateinischer Bibel-Handschriften vgl. Nr. 087 ff.

Vermutlich etwas jünger ist der «Codex Cantabrigiensis» (Codex Bezae), jetzt in der Universitätsbibliothek von Cambridge. Er stammt aus der gleichen Gegend wie der Claromantanus und enthält die vier Evangelien und die Apostelgeschichte, dabei ebenfalls neben dem griechischen den lateinischen Text bietend[2].

In Süditalien, näherhin in der Kathedrale von Rossano in Kalabrien, wurde ein griechisches *Evangeliar* («Codex Rossanensis») gebraucht, das

---

[1] Bekannt ist ferner der sich fol. 467ᵛ findende «Catalogus Claromontanus», ein Verzeichnis der Heiligen Schriften (einschl. Barnabasbrief, Pastor Hermae, Paulus-Akten und Petrus-Apokalypse); Text u. a. bei F. CABROL – H. LECLERCQ, in: Monumenta Ecclesiae Liturgica I, 1 (Paris 1902) S. 158.

[2] Ausgabe von SCRIVENER (Cambridge 1864); phototypographische Wiedergabe (Cambridge 1899); LOWE II Nr. 140 mit weiterer Lit.; zum «westlichen Text» der Apostelgeschichte vgl. BON. FISCHER, Ein neuer Zeuge zum westl. Text der Apostelgeschichte, in: Biblical and Patristic Studies (Freiburg 1963) 33–63.

heute noch im Domschatz derselben Kathedrale aufbewahrt wird[1]. Die auf Purpurpergament geschriebene Handschrift, von der nur mehr Teile erhalten sind, enthält prächtige Darstellungen biblischer Szenen. Als Heimat des Codex wird Syrien angenommen. Dieser vermittelt einen Eindruck von der Pracht der Evangelienbücher, wie sie zu Ausgang der Antike hergestellt und in der Liturgie gebraucht worden sind.

080   Griechisch-lateinisches Psalterium (unvollst.)

> **Bibl.:** Paris, B.N., ms. Coislin 186 (Suppl. gr. 385) – **Lit.:** A. RAHLFS, Septuaginta-Studien II (Göttingen 1907) 28–29; LOWE V Nr. 520 mit weiterer Lit. – **Schrift:** Unziale, 22–24 Langzeilen. – **Zeit und Ort:** 7. Jh., «an important Western centre where Greek calligraphy was still practised» (LOWE), sehr wahrscheinlich Süditalien, seit dem 8. Jh. in Frankreich.

Der lateinische Text steht auf der Verso-, der griechische auf der Recto-Seite. Jener nimmt also hier den Ehrenplatz ein. In der älteren Handschrift Nr. 079 steht noch der griechische Text auf der Verso-Seite. Zum lateinisch-griechischen Psalterium Veronense vgl. Nr. 007.

Aus der frühen Zeit sind sonst keine liturgischen Denkmäler aus Süditalien auf uns gekommen. Aus dem 10. Jh. stammen griechisch-lateinische Meßlibelli (Nr. 606 und 607).

---

[1] Veröffentlicht in schwarz-weißem Lichtdruck von A. HASELOFF, Codex purpureus Rossanensis (Leipzig und Berlin 1898). Zwei gute farbige Wiedergaben in: A. GRABAR, La peinture byzantine (Genf 1953).

4. Documenta Liturgiae provinciarum Danubii

Lateinische Sprache und lateinische Liturgie waren in fast allen Donau-provinzen, von Rhätien bis Dacien (Mösien), vorherrschend. Wir besitzen jedoch nur mehr wenige liturgische Zeugnisse.

a) Documenta Liturgiae Daciae

Eine Hauptquelle für unsere Kenntnis der Liturgie in der römischen Provinz Dacia sind die Schriften des Niceta von Remesiana[1] († um 420), besonders die «Instructio ad competentes», die jedoch leider nur in Bruchstücken erhalten ist.

081   Die Schrift «Instructio ad competentes» des Niceta

Verfaßt wohl erst nach 416 (GAMBER). – **Edit.**: A. E. BURN, Niceta of Remesiana. His life and works (Cambridge 1905); *ältere Teilausgaben:* MIGNE, PL 52, 847 ss. (vollständige Übersicht in der Edition von Gamber); *Versuch einer Rekonstruktion:* K. GAMBER, Niceta von Remesiana, Instructio ad competentes (= Textus patristici et liturgici, Fasc. 1, 2 und 5, Regensburg 1964–66). – **Lit.**: E. HÜMPEL, Nicetas, Bischof von Remesiana. Eine litterarkritische Studie zur Geschichte des altkirchlichen Taufsymbols (Bonn 1895); W. A. PATIN, Niceta Bischof von Remesiana als Schriftsteller und Theologe (Diss., München 1909); K. GAMBER, Die sechs Bücher «Ad competentes» des Niceta von Remesiana, in: Ostkirchl. Studien 9 (1960) 123–173; vgl. weiterhin ebd. 7 (1958) 153–172; 11 (1962) 204–206; 13 (1964) 192–202.

Wie wir durch Gennadius erfahren (De vir. ill. c. 22), bestand das Werk aus sechs Büchern. Von ihm wird immer nur der Inhalt des jeweils ersten Sermos angegeben. Wir können vermuten, daß in der «Instructio» sämtliche Predigten und Katechesen zusammengestellt waren, die der Bischof in der Vorbereitungszeit der Kompetenten auf die Taufe gehalten hat. Nach GAMBER gehen auch die berühmten sechs Sermonen

---

[1] Heute Bela Palanka, 40 km östlich von Niš in Jugoslavien.

«De sacramentis», die bisher meist dem hl. Ambrosius zugewiesen
werden (vgl. Nr. 060), auf Niceta zurück[1].

Die «Instructio ad competentes» gibt uns einen Einblick in das Kate-
chumenat der frühen Kirche und teilt uns an verschiedenen Stellen
liturgische Texte wörtlich mit[2].
Am interessantesten ist:

082   Die «Canonica prex» in «De sacramentis»

> **Edit.:** J. QUASTEN, Monumenta eucharistica et liturgica vetustissima
> (= Florilegium Patristicum Fasc. VII, Bonn 1935/37). – **Lit.:** K. GAMBER,
> Canonica prex, in: Heiliger Dienst 17 (1963) bes. 57–59; IDEM, in: Ostkirchl.
> Studien 13 (1964) 192–202; IDEM, Ist der Canon-Text von De sacramentis
> in Mailand gebraucht worden?, in: Ephem. lit. 79 (1965) 109–116; IDEM, in:
> Liturgica 3 (= Scripta et Documenta 17, Montserrat 1965) 51–65.

Augustinus nennt den feststehenden Teil des Eucharistiegebets «Prex
mystica», im Sacramentarium Pragense (Nr. 630) wird dieser «Canonica»
(sc. prex) genannt (vgl. auch Nr. 605). Augustinus spricht weiter davon,
daß der Priester dieses Gebet auswendig kennen mußte. Es umfaßte
die Gebete um den Einsetzungsbericht[3]. Nach GAMBER handelt es sich
bei den Canon-Texten in «De sacramentis» um einen ursprünglich afrikanischen Text[4].

---

[1] Die Beweise für seine Ansicht sind in verschiedenen Aufsätzen und in den Ein-
leitungen seiner Niceta-Edition niedergelegt; hier sei noch genannt: Die
Autorschaft von De sacramentis. Zugleich ein Beitrag zur Liturgiegeschichte
der Provinz Dacia mediterranea (= Studia patristica et liturgica 1, Regensburg 1967).

[2] Darunter auch im 3. Buch (ed. BURN 37; ed. GAMBER 65) den Gebetsruf vor der
Kommunion «Sancta sanctis»; vgl. G. MORIN, in: Rev. bénéd. 40 (1928) 136 bis
137; L. BROU, Le «Sancta sanctis» en Occident, in: JThSt 46 (1945) 160–178;
47 (1946) 11–29.

[3] Vgl. W. ROETZER, Des hl. Augustinus Schriften als liturgiegeschichtliche
Quelle (München 1930) 120–121.

[4] Literatur s. o. – Nach Afrika weist auch der Wortlaut der 6. Bitte der Oratio
dominica in «De sacramentis» (VI, 5, 29); VI, 6, 24), der sich bei den frühen
afrikanischen Vätern, so bei Cyprian (De orat. 25), findet. Das Gebet schließt
mit einer umfangreichen, vom Priester gesprochenen Doxologie (VI, 6, 25). Der
Wortlaut des Symbolums entspricht jedoch dem der römischen Kirche (vgl.
Nr. 076).

083 Der Hymnus «Te Deum»

> **Lit.:** G. Morin, Nouvelles recherches sur l'auteur du «Te Deum», in:
> Rev. bénéd. 11 (1894) 49–77, 337–345; idem, Le «Te Deum». Type
> anonyme d'anaphore latine préhistorique, ebd. 24 (1907) 180–223;
> P. Cagin, Te Deum ou Illatio? (Solesmes 1906); E. A. Burn, Niceta
> of Remesiana (Cambridge 1905) XCVII–CXXXI; idem, The hymn
> «Te Deum» and its Author (London 1926); *deutsch von* O. Wissig
> (Kassel 1930); DACL XV, 2028–48; C. Blume, Ursprung des Ambro-
> sianischen Lobgesangs, in: Stimmen aus Maria Laach (1911); C. Calle-
> waert, De hymno «Te Deum . . .», in: Ephem. lit. 41 (1927) 25–28;
> M. Frost, in: JThSt 34 (1933) 250–257; 39 (1938) 388–391; 43 (1942)
> 59–68, 192–194; *dazu:* J. Brinktrine, in: Ephem. lit. 64 (1950)
> 349–351; A. Baumstark, Te Deum und eine Gruppe griechischer Abend-
> hymnen, in: Oriens Christianus 34 (1937) 1–26; E. Kähler, Studien
> zum «Te Deum» (Göttingen 1938); Dekkers, Clavis Nr. 650 S. 151;
> K. Gamber, Das «Te Deum» und sein Autor, in: Rev. bénéd. 74 (1964)
> 318–321.

Als Verfasser des Hymnus verzeichnen zehn irische Handschriften
(vgl. Nr. 177)[2] Niceta von Remesiana, während sonst (vom 8. Jahrhundert an) meist Ambrosius, aber auch Hilarius, Augustinus u. a.
als Autoren genannt werden. Während Kähler eine Autorschaft
des Niceta für nicht wahrscheinlich hält, ist zu vermuten, daß
auf Niceta wenigstens der 2. Teil des Hymnus («Te ergo quaesumus . . .») zurückgeht. Das «Te Deum» selbst ist wahrscheinlich in
Afrika entstanden und stellt ein Gegenstück zum «Gloria» (vgl. Nr.
041) dar[3].

b) Documenta Liturgiae Pannoniae

Die Metropole der römischen Provinz Pannonien war Sirmium
(Ruinen bei Mitrowitz in der Gegend von Peterwardein). Die Stadt war
unter Kaiser Constantius mehrmals Residenz des kaiserlichen Hofes;

---

[1] Vgl. K. Gamber, Das Eucharistiegebet in der frühen nordafrikanischen Kirche,
in: Liturgica 3 (1966) 55 ff.; idem, in: Ostkirchl. Studien 13 (1964) 197 ff.

[2] Die Handschriften werden aufgezählt u. a. von A. E. Burn, Niceta of Remesiana (Cambridge 1905) C–CI.

[3] Gamber weist auf Stellen bei Tertullian (De orat. 3) und bei Cyprian (De mort.
26) hin.

i. J. 441 (oder 442) wurde sie von den Hunnen zerstört. Pannonien
kam in der Folgezeit zum Patriarchat von Aquileja[1].

084   Liturgische Texte in den «Fragmenta Ariana»

> **Cod.:** Roma, Cod. Vat. lat. 5750. – **Edit.:** A. MAI, Scriptorum veterum
> nova Collectio III (1827) II, 208 ff.; danach MIGNE, PL 13,611 bis
> 612 (Fragment VII); L. C. MOHLBERG, Sacramentarium Veronense
> (Roma 1956) 201–202. – **Lit.:** G. MERCATI, Frammenti liturgici tratti
> da un anonimo ariano del sec. IV/V (= Studi e Testi 7, Roma 1902)
> 47–77, bes. 51–53; DACL I,2 2814–19; BOURQUE I S. 83; LOWE I
> Nr. 31. – **Zeit und Ort:** Anfang des 6. Jh., Ort unbekannt, vielleicht
> Oberitalien.

Weder der Verfasser noch die Heimat der wohl noch im 4. Jh. entstandenen Schrift sind bekannt. MERCATI ist bei seinen gründlichen
Untersuchungen zu dem Schluß gekommen (S. 50): «appartengono
all'Italia del Nord o forse meglio a qualcuna delle chiese situate lungo
il Danubio (dove Ariani ed Arianesimo durarono a lungo)». Da Oberitalien aus verschiedenen Gründen, besonders wegen der höchst alter-
tümlichen Form eines der in den Fragmenta vorkommenden Gebete
(s. u.) ausscheiden dürfte, ist es nahliegend an die Metropole Sirmium als Heimat der Schrift und damit der in ihr zitierten liturgischen
Gebete zu denken[2].

Die Stadt war, wie bereits angedeutet, unter dem arianisch gesinnten
Kaiser Constantius längere Zeit Sitz des Hofes und Mittelpunkt des
Arianismus. Hier fanden mehrere Synoden statt, die erste 347/49,
die zweite 351 und eine dritte 357. In den Fragmenta Ariana wird
(p. 31 b) ein Schreiben des Kaisers Constantius an eine dieser Synoden
erwähnt. Im Jahre 359 brachte eine 4. Synode die Formel zustande,
die den Sohn «gemäß der Schrift» als in allem dem Vater ähnlich er-
klärte.[3]

---

[1] In der 2. Hälfte des 9. Jh. wirkte in Pannonien in päpstlicher Mission als Erzbischof der Grieche Methodius; bezüglich der von ihm verfaßten liturgischen
Bücher in slavischer Sprache vgl. Nr. 895.

[2] Aus Sirmium stammt auch die «Altercatio Heracliani laici cum Germinio
episcopo Sirmiensi de fide synodi Nicaenae et Ariminensis Arianorum»; herausgegeben von C. CASPARI, Kirchenhistorische Anecdota I (Christiania 1883)
133–147; vgl. DEKKERS, Clavis Nr. 687.

[3] Vgl. Athanasius, De syn. 8 (PG 26,694).

Diese geschichtlichen Ereignisse sind als Hintergrund bei der Entstehung der Fragmenta Ariana, die eine Verteidigung der arianischen Auffassung darstellen, zu betrachten. Der unbekannte Verfasser zitiert Stellen aus der Hl. Schrift, aus der (katholischen) Liturgie und aus Kaisererlassen, die für seine Anschauung zu sprechen scheinen[1].

Am altertümlichsten scheint das zitierte Gebet bei der Salbung nach der Taufe («Benedictio» genannt) zu sein:

> Deus et pater domini nostri Iesu Christi qui te regenerauit ex aqua ipse te linet spiritu sancto.

MERCATI hat auf die Stelle Act 10,30 (Iesum a Nazareth quomodo unxit eum deus spiritu sancto) hingewiesen, die sich mit obigem Gebet berührt. Die Fragmenta Ariana zitieren weiterhin die Anfänge von zwei Texten bei der Handauflegung («Manupositio») und die Fragen bei der Taufspendung, die eine andere Fassung als die in De sacramentis (II,20) aufweisen.

Von besonderem Interesse sind die Anfänge von zwei Eucharistiegebeten («Oblatio» genannt), die sich hier ebenfalls finden. Schon MERCATI hat eine Verwandtschaft zu «gallikanischen» Texten gesehen. Die sich in ihnen findende Wendung »mittens nobis Iesum Christum»[2] dürfte ihre Urheimat im Eucharistiegebet der «Traditio apostolica» (Nr. 052) haben, wo es heißt:

> . . . quem ultimis temporibus misisti nobis saluatorem et angelum uoluntatis tuae.

Ob hier frühe Beziehungen zwischen Aquileja und Sirmium die Ursache gebildet haben?

---

[1] Als Verfasser bieten sich an: in erster Linie Germinianus, der arianische Bischof von Sirmium (um 366), ferner Auxentius, Bischof von Dorosturum, ein Schüler Ulfilas, sowie der Gotenbischof Maximinus; zu diesen Schriftstellern vgl. DEKKERS, Clavis Nr. 685 ff.

[2] Sie erscheint u.a. in der (1.) Präfation der 2. Mone-Messe (ed. MOHLBERG Nr. 281): «. . . mittendo nobis unigenitum tuum . . .».

c) Documenta Liturgiae Gothorum

Die Liturgie der Goten, die im 4. Jh. in den östlichen Balkanprovinzen (Hämus-Gebirge) beheimatet waren, ist von verschiedenen germanischen Stämmen seit dem Beginn des 5. Jh. in weiten Gebieten des Abendlandes gefeiert worden, so in Italien von den Ostgoten, in Spanien von den Westgoten und in Nordafrika von den Wandalen[1].

Lit.: GABELENTZ-LOEBE, Ulfilas, 3 Bde. (Lipsiae 1843); O. STREITBERG, Die gotische Bibel, 2 Bde. (Heidelberg 1908/10, Neudruck 1960); G. W. S. FRIEDRICHSEN, The Gotic Version of Gospels (Oxford 1926); L. A. WINTERSWYL, Die christliche Liturgie bei den Germanen, in: Liturgisches Leben 7 (1935) 218–226; FR. HEILER, Altkirchliche Autonomie und päpstlicher Zentralismus (München 1941) 163–184 (mit weiterer Lit.); DACL VI, 2 1430–1448; K. GAMBER, Die Liturgie der Goten. Versuch einer Darstellung des griechisch-gotischen Ritus, in: Ostkirchl. Studien 10 (1961) 109–135; IDEM, Die gotisch-griechische Liturgie, in: Heiliger Dienst 16 (1962) 33–44; W. GRÖNBECH, Kultur und Religion der Germanen, 2 Bde. (Darmstadt 1961).

Obwohl die Liturgie der Goten orientalischen (byzantinisch-thrazischen) Ursprungs ist und nicht in lateinischer, sondern in gotischer Sprache gefeiert wurde, mögen dennoch die wenigen erhaltenen Reste liturgischer Bücher hier angeführt werden, zumal diese für den Gebrauch im Abendland verschiedentlich in zwei Sprachen (Gotisch und Lateinisch) geschrieben waren (vgl. Nr. 087).

Zuvor ist jedoch ein kurzer Überblick über den *Ritus der Eucharistiefeier* bei den Goten zu geben. Der Ritus entsprach dem von Konstantinopel und Thrazien im 4. Jh., bevor er, wie die erhaltenen Denkmäler zeigen, im Kampf gegen den Arianismus Umgestaltungen, besonders textlicher Art (Doxologien), erfahren hat.

Im Wortgottesdienst waren, wie wir von Salvian, De gubern. Dei V 2, 5 (MGH Auct. ant. I 56) erfahren, noch drei Lesungen üblich. Auf das Evangelium folgten umfangreiche Litaneien. In der Eucharistiefeier ging der Friedenskuß, wie in den orientalischen Riten und in der gallikanischen Liturgie, dem Eucharistiegebet voraus, während er in Afrika

---

[1] Vgl. das pseudo-augustinische Gespräch mit dem Arianer Pascentius, wo vom Singen des «Frôja armês» (= Domine miserere) bei den Wandalen in Afrika die Rede ist (PL 33, 1162); dazu F. WREDE, Sprache der Vandalen (Straßburg 1886) 71, 92f.

(und Rom) seinen Platz vor der Kommunion einnahm. Auf die Brotbrechung und das Gebet des Herrn folgte ein Inklinationsgebet. Darauf
der Ruf: «Das Heilige den Heiligen!» und die Austeilung der hl. Kommunion[1].

Die gotischen Handschriften mit Büchern aus der Hl. Schrift gehen auf
eine Übersetzung des Bischof Ulfila († 383) zurück. Dieser war in
den damaligen Glaubensstreitigkeiten, wie sein Konsekrator, Semiaria-
ner, d. h. Vertreter einer Mittelpartei. Ulfila selbst war im Grund allen
dogmatischen Formeln abhold. Er hielt sich an den Wortlaut der
Hl. Schrift: «Der Vater ist größer als der Sohn» (vgl. Joh 14,28). Er
stellte Vater und Sohn nebeneinander, wie einem irdischen König sein
Sohn zur Seite steht[2].

Ulfila hat seine Übersetzung nicht (wie später *Luther*) zur privaten
Lektüre seiner Gläubigen geschaffen, sondern zu dem Zweck, daß beim
Gottesdienst die Lesungen in gotischer Sprache vorgetragen werden
konnten. Insofern sind die gotischen Apostolus- und Evangelien-
Handschriften als *liturgische Handschriften* im weiteren Sinn zu be-
trachten. Wegen der Verehrung, die besonders dem Evangelienbuch
in der Liturgie gezollt wurde, hatte dieses regelmäßig eine prachtvolle
Ausstattung erfahren (vgl. Nr. 088).

Bei ihrem Aufenthalt in Oberitalien wurde diese gotischen Handschriften vielfach ein *lateinischer Text* an die Seite gestellt (vgl. Nr. 087
und 088)[3]. Dabei handelt es sich, wie es scheint, um eine offizielle
Redaktion. Die Praefatio zu dieser lateinisch-gotischen Redaktion ist
im Codex Brixianus (vgl. Nr. 088) erhalten. Sie soll von den Goten
Sunia und *Fretela* verfaßt worden sein[4].

---

[1] Im einzelnen vgl. K. GAMBER, Die Liturgie der Goten, in: Ostkirchl. Studien 10
(1961) bes. 123–132.

[2] Die Christologie der Goten entsprach im wesentlichen dem Bekenntnis der
Synode von Seleucia-Rimini v. J. 359; vgl. A. J. JUNGMANN, Liturgisches Erbe
und pastorale Gegenwart (Innsbruck 1960) 30f.; L. A. WINTERSWYL, Das
christologische Dogma und der frühgermanische Arianismus, in: Das Hoch-
land 37 (1939/40) 221.

[3] Als Parallele finden wir in süditalienischen Bibel-Handschriften gelegentlich
einen griechisch-lateinischen Text (vgl. Nr. 079).

[4] Vgl. PL 12,18; W. STREITBERG, Die gotische Bibel I (1919) p. XLII–XLIII;
DEKKERS, Clavis Nr. 690 S. 159. – *Zur Entstehung in Oberitalien* vgl. M.-J.
LAGRANGE, Introduction à l'étude du Nouveau Testament II,2 (Paris 1935)
329.

085 Gotische Apostolus-Handschrift (unvollständig) in Mailand-Turin

> **Bibl.:** Milano, Biblioteca Ambrosiana, Cod. S 36 sup. + Torino, B. N., F. IV, 1 (Fasc. 10). – **Edit.:** C. O. Castiglione (1819–39); J. de Vries, Wulfilae Codices Ambrosiani (Torino 1936). – **Lit.:** Lowe III Nr. 364. – **Zeit und Ort:** 6. Jh., Oberitalien.

Von der ehemaligen Handschrift sind 96 Blätter als Palimpsest erhalten. Den Schluß des «Apostolus» bildete ehedem ein *liturgisches Kalendar*, von dem noch die Schlußseite erhalten ist (vgl. Nr. 099).

086 Gotische Apostolus-Handschrift (Fragment) in Mailand

> **Bibl.:** Milano, Biblioteca Ambrosiana, Cod. S 45 sup. – **Edit.:** J. de Vries, Wulfilae Codices Ambrosiani (Torino 1936). – **Lit.:** E. Chatelain, Uncialis scriptura codicum latinorum novis exemplis illustrata (Paris 1901–02) Tafeln LXXXIV–LXXXV; Lowe III Nr. 365 (mit weiterer Lit.); E. A. Lowe, The Ambrosiana of Milan and the Experiences of a Paleographer (= Folia Ambrosiana I, 1966) 44 (mit Abbildung XII). – **Zeit und Ort:** 6. Jh., Oberitalien.

In der als Palimpsest fragmentarisch erhaltenen Handschrift finden wir einigemal die Bezeichnung «daiktjo» (= lectio) an den Rande geschrieben. Wir haben hier Reste der *liturgischen Leseordnung* der Goten vor uns[1].

087 Gotische Apostolus-Handschrift (Fragment) in Wolfenbüttel

> **Bibl.:** Wolfenbüttel, Herzog-August-Bibliothek, Cod. Weissenb. 64 (alt 4148). – **Edit.:** Knittel (1762); A. Uppström, Fragmenta Gothica selecta (Upsala 1861) 5–13; K. Tischendorf, Anecdota sacra et profana (1861) 155 ff. – **Facs-Ausgabe:** H. Henning, Die Wulfila der Bibliotheca Augustana zu Wolfenbüttel (Hamburg 1913). – **Lit.:** A. Dold, in: Aus der Welt des Buches. Festgabe G. Leyh (= Centralblatt für Bibliothekswesen, Beiheft 75) 13–29; Lowe IX Nr. 1388. – **Zeit und Ort:** Ende des 6. Jh., Oberitalien.

---

[1] Vgl. Gabelentz-Loebe, Ulfilas (Lipsiae 1843) Tom. I, p. XXIV; Tom. II, p. 103; Streitberg, Die gotische Bibel XXVII; K. Gamber, in: Ostkirchl. Studien 10 (1961) 115.

In dieser Palimpsest-Handschrift mit Teilen aus dem Römerbrief finden wir einen zweisprachigen Text, wobei links die gotische Übersetzung und rechts eine altlateinische Fassung steht. Dabei ist sowohl der gotische als auch der lateinische Text (Bezeichnung: guelph) in Sinnzeilen geschrieben.

088 Gotisches Evangeliar (Codex argenteus)

> **Bibl.:** Uppsala, Universitätsbibliothek, Cod. DG. 1 (Codex argenteus). – **Facs.-Ausgabe::** O. VON FRIESEN, Codex argenteus Upsaliensis iussu Senatus Universitatis phototypice editus (Uppsala-Malmö 1927). – **Edit.:** J. DORTRECHT (1665); A. UPPSTRÖM (1854–57), zeilengetreuer Abdruck. – **Zeit und Ort:** um 500, möglicherweise Ravenna (Palastkirche des Theoderich), später in Prag, zuletzt im Kloster Werden.

Es handelt sich um ein nicht vollständig erhaltenes Evangeliar (von den ursprünglich 330 Blättern sind nur 187 vorhanden), das in ganz prachtvoller Weise nach Art der byzantinischen Codices in Silberbuchstaben auf Purpurpergament geschrieben ist. Die ersten Worte der einzelnen Abschnitte sind durch Goldbuchstaben hervorgehoben. Die Abschnitte, die zugleich liturgische Leseabschnitte (Lectio continua) darstellen dürften, sind am seitlichen Rand durchgezählt; am unteren Rand finden sich die Canones des Eusebius.

Die lateinische Parallel-Handschrift zum Codex Argenteus stellt der *Codex Brixianus* (Brescia, Biblioteca Civica Queriniana, s. n.) dar. Er stammt aus der gleichen Zeit wie jener und hat mit ihm, was die Ausstattung betrifft, entscheidende Gemeinsamkeiten. Außerdem findet sich in ihm die oben S. 117 erwähnte Praefatio[1].

Ein kleines *Fragment* (zwei Blätter) eines gotischen Evangeliars mit dem Schluß des Matthäus-Evangelium findet sich im Cod. J 61 sup. der Biblioteca Ambrosiana in Mailand (vgl. LOWE III Nr. 351). Die Schrift ist stark verschieden von den übrigen Handschriften. Im Cod. G 82 der gleichen Bibliothek ist ein kleines Bruchstück aus dem gotischen Alten Testament (Nehemias 5–7) auf uns gekommen (vgl. LOWE III Nr. 344b).

---

[1] Vgl. LOWE III Nr. 281; Codex argenteus Upsaliensis (Uppsala 1927) 52 und passim; C. NORDENFALK, Die spätantiken Canontafeln (Göteborg 1938) 263 ff., 283; P. MCGURK, Latin Gospels Books (Paris-Bruxelles-Anvers-Amsterdam 1961) 85 Nr. 93; G. PANAZZA, in: Storia die Brescia (1963) I, 551.

089   Gotisch-lateinisches Evangeliar-Fragment

> **Bibl.:** Gießen, Hochschulbibliothek, Cod. 651/20 (i. J. 1944 zugrundege-
> gangen). – **Edit.:** P. KLAUE – K. HELM, in: Zeitschrift für neutestamentl.
> Wissenschaft 11 (1910) 1 ff. (mit Fasc.). – **Lit.:** LOWE VIII Nr. 1200. –
> **Zeit und Ort:** 6. Jh., Blätter gefunden in der Nähe von Antinoë in
> Ägypten.

Es handelt sich um Teile zweier Blätter mit Lucas-Text, wobei auch
hier (wie in Nr. 087) links der gotische und rechts der lateinische Text
steht.

*

Leider ist uns keine einzige gotische *Meßbuch- oder Psalter-Handschrift*
erhalten geblieben. Die Erinnerung an ein «gotisches» Meßbuch war
jedoch bis ins späte Mittelalter hinein irgendwie lebendig geblieben,
wie die spätere Bezeichnung «Missale Gothicum» für ein im fränkischen
Teil des Westgotenreiches geschriebenes gallikanisches Sakramentar
(Nr. 210) beweist [1]. Noch im 9. Jh. weiß Walafrid Strabo zu berichten,
daß in einigen Gegenden des Balkan, besonders in Tomi (in der heutigen Dobrudscha) die gotische Sprache beim Gottesdienst gebraucht
worden ist, während von der gotischen Bibel in Deutschland selbst
noch mehrere Exemplare aufbewahrt würden (De rebus eccl. 7; PL
114, 927).

Es sind eine Reihe von *Predigten gotischer Bischöfe* auf uns gekommen.
Am bedeutendsten ist die Sammlung von Sermonen des Bischof
Maximinus († nach 428) im Cod. LI (49) der Biblioteca capitolare zu
Verona (6. Jh.) [2].

---

[1] Das altspanische (mozarabische) Brevier trägt entsprechend die Bezeichnung
«Breviarium Gothicum».

[2] Herausgegeben von A. SPAGNOLO – C. H. TURNER, in: JThSt 16 (1915)
161 ff., 314 ff.; 17 (1916) 225 ff.; vgl. auch PL 57, 782 ff. unter den Werken des
Maximus von Turin; weiterhin DEKKERS, Clavis Nr. 694–698; K. GAMBER,
in: Ostkirchl. Studien 10 (1961) 116 ff. Von einem Goten stammen wahrscheinlich auch die Fragmente von Homilien über Lucas; vgl. A. MAI, Scriptorum Veterum Nova Collectio III, 2 (Roma 1828) 191–207; DEKKERS, Clavis
Nr. 704.

Es ist zu bedauern, daß der Gegensatz zur katholischen Reichskirche sowie manches Mißgeschick der Germanen bei ihren Staatenbildungen diesen frühen Ansatzpunkt für eine Liturgie in der Volkssprache vereitelt haben[1]. So ist mit dem Untergang der Goten auch deren Liturgie zugrunde gegangen.

---

[1] Solche Ansatzpunkte sind auch in der alt-irischen Liturgie (siehe nächstes Kapitel!) zu erkennen (Rubriken und Hymnen); ferner im Mittelalter in der Petrus-Liturgie (vgl. Nr. 606 und 607) bei der Griechisch sprechenden Bevölkerung Süditaliens und in der slavischen Übersetzung des Meßbuches durch Cyrill und Method (vgl. Nr. 895).

Appendix: Kalendaria vetustissima

Die frühesten Dokumente der Liturgie einer bestimmten Gegend sind nicht selten die Kalendare. Bei diesen handelt es sich um kalendermäßig geordnete Verzeichnisse der in einer bestimmten Kirche gefeierten Feste und Gedächtnisse. Die Grundlage bildet jeweils der römische Kalender. Naturgemäß verzeichnen die älteren Zeugen, im Gegensatz zu den mittelalterlichen, nicht für jeden Tag des Jahres ein eigenes Fest oder den Namen eines Heiligen.

Das älteste liturgische Kalendar ist im Werk des «Chronographus» v. J. 354, das nur in zwei Kopien erhalten ist, auf uns gekommen. Es ist das der Kirche von Rom und besteht aus zwei Listen, von denen die eine «Depositio episcoporum», die andere «Item depositio martyrum» überschrieben ist.

090 Kalendarium Romanum   Sigel: KR

> **Edit.:** TH. MOMMSEN, Der Chronograph v. J. 354, in: Abhandlungen der
> k. sächs. Ges. d. W. zu Leipzig, Phil.-hist. Klasse (1850) 547–668; PL
> 13,464; MGH Auct. ant. IX, 70; L. DUCHESNE, in: Act. SS., Nov. t. 2,1,
> p. LXX–LXXI; E. PREUSCHEN, Analecta (= Sammlung ausgewählter
> kirchen- und dogmengeschichtlicher Quellenschriften I,8,1 Tübingen
> 1909) 131–133; 145–148; H. LIETZMANN, Die drei ältesten Martyrologien
> (= Kleine Texte 2) 2–4; R. VALENTINI – G. ZUCCHETTI, Codice topografico
> della Città di Roma II (Roma 1942) 12–28. – **Lit.:** J. STRZYGOWSKI, Die
> Kalenderbilder des Chronographen von 354 (= Jahrbuch des Arch. Inst.,
> Ergänzungsheft 1, 1888); J. P. KIRSCH, Der stadtrömische christliche
> Festkalender im Altertum (= Liturgiegeschichtl. Quellen und Forschungen, Heft 7/8, Münster i. W. 1924); H. LIETZMANN, Petrus und Paulus in
> Rom (1927) 72–83; H. DELEHAYE, Tusco et Basso conss., in: Mélanges
> P. THOMAS (Brügge 1930) 201–207; E. SCHÄFER, Die Bedeutung der Epigramme des Papstes Damasus I. für die Geschichte der Heiligenverehrung
> (= Bibliotheca «Ephemerides Liturgicae», Roma 1932); C. NORDENFALK,
> Der Kalender v. J. 354 und die lateinische Buchmalerei des 4. Jh. (Göteborg 1936); H. STERN, Le calendrier de 354. Etude sur son texte et ses
> illustrations (= Bibl. archéol. et histor. 55, Paris 1953); DEKKERS, Clavis
> Nr. 2028 S. 458.

Das nicht mehr erhaltene Urexemplar war von *Filocalus*, dem bekannten Kalligraphen des Papstes Damasus (366–384), in kunstvoller Weise angefertigt. Es enthielt, wie die Kopien zeigen, eine Liste der

Konsekrationstage der Kaiser, womit ein Kalender eröffnet wird, dessen astronomischer Teil durch Bilder der Planeten und des Tierkreises geziert ist, während den bürgerlichen Fest- und Arbeitskalender Bilder der zwölf Monate schmücken. Es folgt eine Liste der Konsuln v. J. 510 a. Chr. bis zum J. 354 p. Chr., weiterhin eine Tabelle der Osterdaten von 312 bis 411, ein Verzeichnis der Praefecti urbis für die Jahre 254 bis 354. Den Schluß bilden die Depositio-Listen der Bischöfe und Märtyrer von Rom, schließlich ein Verzeichnis der Päpste, von Petrus bis Liberius (352–366); von letzterem wird nur mehr der Amtsantritt vermerkt.

Dieser «Catalogus Liberianus», wie er auch genannt wird, ist die Grundlage des späteren Liber pontificalis geworden[1]. Dieser ist, was seine disziplinären und liturgischen Angaben betreffen, für die frühen Jahrhunderte eine wenig zuverlässige Quelle. Der Liber pontificalis dürfte in seinen ältesten Stücken erst im 6. Jh. entstanden sein. Nach der sorgfältigen Prüfung, die L. DUCHESNE vornahm (Tom. I, p. LXVIII–CLXIII), entstammen die genannten Angaben fast alle den zu Gunsten des Papstes Symmachus (498–514) fingierten Schriftstücken.

091   Kalendarium Karthaginense (unvollst.)   Sigel: KK

> **Bibl.:** Cluny, ehem. Klosterbibliothek (Fragment verloren). – **Edit.:** MABILLON, Vetera Analecta III (1682) 398–401 = PL 13,1219; E. PREUSCHEN, Analecta (= Sammlung ausgewählter kirchen- und dogmengeschichtlicher Quellenschriften I,8,1 Tübingen 1909) 133–136; H. LIETZMANN, Die drei ältesten Martyrologien (= Kleine Texte 2, Bonn 1911) 4–6. – **Lit.:** L. DUCHESNE, Les sources du martyrologe Hieronymien (Roma 1885); H. ACHELIS, Die Martyrologien, ihre Geschichte und ihr Wert, in: Abhandl. der k. Gesellschaft d. W. zu Göttingen, Phil.-hist. Klasse, N. F. III,3 (1900) 18–29; Sakramentartypen 14; DEKKERS, Clavis Nr. 2030 S. 458. – **Zeit und Ort:** nach 505, Karthago[2].

---

[1] Herausgegeben von L. DUCHESNE, Le Liber Pontificalis, 2 Bde. (Paris 1886/92; Nachdruck 1962); MGH, Gesta Pontificum I,1 (1898); vgl. DEKKERS, Clavis Nr. 1568 S. 347.

[2] Die Zeit der Redaktion ist dadurch gegeben, daß die Bischöfe von Karthago, deren Name sich in der Liste befinden, von Cyprian († 258) bis auf Eugenius († 505) durchgeführt sind.

Erhalten waren ehedem zwei Blätter. Sie waren als Buchdeckel verwendet und seinerzeit von MABILLON in Cluny gefunden worden. Es
handelt sich um das Kalendar der Kirche von Karthago, wie der Titel
aussagt:

> HIC CONTINENTUR DIES NATALICIORUM MARTYRUM ET DEPOSI-
> TIONES EPISCOPORUM QUOS ECCLESIA CARTAGENSIS CELEBRANT(!).

Die Liste der Heiligen reicht vom 19. April bis zum 16. Februar, wo
sie defekt abbricht. Außer ausgesprochenen afrikanischen Heiligen
findet sich auch eine Reihe römischer Märtyrer, wie sie ähnlich im
Gelasianum vorkommen. Es scheint hier ein Kirchenjahr vorausgesetzt
zu sein, das mit Ostern (bzw. mit der Vorbereitungszeit auf Ostern)
begann (vgl. das Lektionar Nr. 250). Möglicherweise gehörten die
Blätter ehedem zu einem Liturgiebuch, entweder zu einem Psalterium
(vgl. Nr. 009) oder zu einer Apostolus-Handschrift (vgl. Nr. 085);
auch an ein Sakramentar (etwa Nr. 020) ist zu denken.

Aus der Spätzeit der afrikanischen Kirche stammt ein Kalendar im
Cod. Slavonicus 5 (foll.106–108) im Katharinenkloster des Sinai
(vgl. Nr. 009)[1]. Dieses Kalendarium Sinaiticum, wie es genannt
wird, stimmt nur gelegentlich, wenn auch an den entscheidenden
Stellen mit dem älteren von Karthago überein. Dagegen weicht es von
den etwa gleichzeitigen abendländischen Kalendaren stark ab. Es
finden sich in ihm mehrere afrikanische Lokalheilige, die z.T. nicht
mehr identifiziert werden können.

Zu erwähnen ist an dieser Stelle auch ein aus d. J. 637 stammendes
afrikanisches Reliquien-Verzeichnis[2].

094   Kalendarium marmoreum Hispanicum (unvollst.)   Sigel: KH

Erhalten sind ein größeres Fragment in Carmona und zwei kleinere aus
Itálica und Alcalá la Real. – **Lit.:** H. DELEHAYE, in: Analecta Bollandiana
31 (1912) 319–231; J. VIVES, Inscriptiones cristianas de la España
romana y visigoda (Barcelona 1942) Nr. 333, 334 und 335 S. 112ff.;
M. ALMO, Les calendriers mozarabes d'après Dom. Férotin, in: Revue

---

[1] Vgl. J. GRIBOMONT, Le mysterieux calendrier latin du Sinai, in: Analecta
Bollandiana 75 (1957) 105–134; DEKKERS, Clavis Nr. 2030a S. 458.
[2] Herausgegeben von L. SONZOGNI, Un inventario di reliquie del sec. VII in
Africa, in: Ephem. lit. 45 (1931) 368–373.

d'histoire ecclésiastique 39 (1943) 100–131, Anhang 2; B. DE GAIFFIER, Hagiographie hispanique, in: Analecta Bollandiana 66 (1948) 299–318; DEKKERS, Clavis Nr. 2044–2064 S. 460–461.

Die Liste der Heiligen beginnt nach einer defekten Überschrift mit der «Natiuitas domini nostri Iesu Christi secundum carnem»; darauf Stephanus und Johannes Ap. Nach nur wenigen, hauptsächlich spanischen Heiligen bricht das Fragment von Carmona mit dem Tage des hl. Johannes d. T. ab[1].

095 Kalendarium Turonense   Sigel: KT

> Das Schriftstück befand sich ehedem im Bischöfl. Archiv von Tours. Text bei: Gregor von Tours, Historiarum libri duodecim X, 31, 6 (MGH Script. rer. mer. I, I, 2 1942). – **Lit.**: B. KRUSCH, Studien zur christlich-mittelalterlichen Chronologie (Leipzig-Berlin 1880–1938) 529–530; DEKKERS, Clavis Nr. 2019 S. 458.

Durch Gregor von Tours, der den Text des Schriftstückes vollständig wiedergibt, erfahren wir, daß Bischof Perpetuus von Tours († 491) «instituit ieiunia vigiliasque, qualiter per circulum anni observarentur, quae hodie apud nos tenetur scriptum». Es werden hier zuerst die Fasttage genannt und dann die verschiedenen Feiertage (jeweils mit Angabe der Stationskirche)[2], wie sie in Tours gegen Ende des 5. Jh. begangen worden sind.

096 Kalendarium Capuanum (Fragment)   Sigel: KC

> Fragmentarisch in einem angelsächsischen Sakramentar erhalten (vgl. Nr. 412). – **Edit.**: P. SIFFRIN, Das Walderdorffer Fragment saec. VIII, in: Ephem. lit. 47 (1933) 201–221; IDEM, in: Mohlberg, Missale Francorum (Roma 1957) 79–85. – **Lit.**: K. GAMBER, in: Sacris erudiri 12 (1961) bes. 43–51; DEKKERS, Clavis Nr. 2038 S. 460.

Die Vorlage des Kalendars dürfte spätestens auf das 7. Jh. zurückgehen. Erhalten sind lediglich die Monate Juli bis Oktober. Für einen

---

[1] Über die älteren handschriftlichen Kalendare aus Spanien vgl. außer der oben genannten Literatur J. VIVES, in: Hispania sacra 2 (1949) 119–146; 3 (1950) 145–161; B. DE GAIFFIER, in: Analecta Bollandiana 69 (1951) 282–323; DIAZ S. 457–458.

[2] Aus späterer Zeit (8. Jh.) stammt eine Stationsliste der Kirche von Metz; wahrscheinlich ein Werk Chrodegangs († 766); vgl. Nr. 1111.

Ursprung in Kampanien sprechen die vorkommenden Heiligen[1]. Auffällig ist das Fest «In die adsumptionis s. Simeonis monachi» am 21. Juli,
das sich ebenso im folgenden Kalendar (Nr. 097) findet[2]; weiterhin die
Tatsache, daß sich am 14. September nur ein Fest des hl. Cyprian
(auch hier wie in Nr. 097) findet und demnach die in römischen Liturgiebüchern übliche Verbindung dieses Heiligen mit Papst Cornelius
noch fehlt[3].

097   Kalendarium marmoreum Neapolitanum   Sigel: KN

> **Aufbewahrungsort:** Napoli, Palazzo arcivescovile[4]. – **Facs.-Aus-
> gabe:** A. SALVAGNI, Monumenta epigraphica christiana saec. XIII
> antiquiora IV,1 (Napoli 1943). – **Lit.:** MAZZOCCHI, Il vetusto calendario
> napolitano nuovamente scoverto, 12 Bde. (Napoli 1744–1768); H. DELE-
> HAYE, Hagiographie napolitaine, in: Analecta Bollandiana 57 (1939) bes.
> 6–64; A. EHRHARD, Der Marmorkalender in Neapel, in: Rivista di archeo-
> logia cristiana 11 (1934) 119–150; D. MALLARDO, Il Calendario Marmoreo
> di Napoli (= Bibliotheca «Ephemerides Liturgicae» 18, Roma 1947);
> A. FERRUA, Note sul testo del «Calendario Marmoreo» di Napoli, in:
> Miscellanea Liturgica I (Roma 1948) 135–167; DEKKERS, Clavis Nr. 2043
> S. 460.

Der Marmorkalender von Neapel ist wesentlich jünger als das vorausgenannte Kalendarium Capuanum. Er stammt aus der Zeit um 840/50
und weist bereits fast für jeden Tag des Jahres eine Eintragung auf.
Besonders zahlreich sind griechische Heilige vertreten.

099   Kalendarium Gothicum (Fragment)   Sigel: KG

> **Edit.:** H. ACHELIS, Der älteste deutsche Kalender, in: Zeitschrift für
> neutestamentl. Wissenschaft 1 (1900) 309–373; W. STREITBERG, Die

---

[1] Vgl. auch A. CHAVASSE, Le sacramentaire gélasien (Tournai 1958) 271–402,
bes. 238–288; E. BOURQUE, Etudes sur les sacramentaires I (Roma 1948)
278–288.

[2] Hier heißt es am 21. Juli lediglich «Simeon Salu». Eine «Adsumptio s. Iohannis
euangelistae» findet sich am 26. Sept. und in der neapolitanischen Evangelienliste (NapL Nr. 169 ed. GAMBER).

[3] Mit dem Kalendarium Capuanum verwandt ist das *Willibrord-Kalendar* (Nr.
414); vgl. auch Nr. 413.

[4] Der Marmorkalender besteht aus zwei Tafeln, die bei Bauarbeiten i. J. 1742
in der Kirche San Giovanni in Neapel gefunden wurden.

gotische Bibel 472–474. – **Lit.**: K. GAMBER, in: Ostkirchl. Studien 10 (1961) 140–143.

Das Kalendar findet sich in der gotischen Apostolus-Handschrift Nr. 085 (p. 405 des ehemaligen Codex). Erhalten ist nur das Schluß-blatt, dessen Rückseite (p. 406) leer geblieben war. Aus den wenigen noch vorhandenen Angaben des Fragments (Ende Oktober bis November) ist zu erkennen, daß das Kalendar in einer Zeit zusammengestellt worden ist, als die Goten noch in Thrazien (Hämus-Gebirge) saßen, also im 4. Jh. Wir finden neben gotischen Heiligen (Märtyrer unter den Kaisern Valentin, Valens und Gratian) in erster Linie solche, die in Konstantinopel und Thrazien verehrt wurden.

*

In den späteren Liturgiebüchern, besonders in Sakramentaren, findet sich häufig ein Kalendar zu Beginn der Handschrift.

Lit.: a) *Allgemein:* J. S. ASSEMANI, Kalendaria Ecclesiae universae, 6 vol. (Roma 1755–1757); W. H. FRERE, Studies in Early Roman Liturgy, Vol. I The Calendar (= Alcuin Club Collection XXVIII, Oxford 1930); DEK-KERS, Clavis Nr. 2028–46; J. HENNIG, Kalendar und Martyrologium als Literaturform, in: ALW VII,1 (1961) 1–44; IDEM, Martyrologium and Kalendarium, in: Studia Patristica V (= Texte und Untersuchungen, Band 80, Berlin 1962) 68–82. – b) *Einzeluntersuchungen:* F. PIPER, Die Kalendarien und Martyrologien der Angelsachsen (1852); A. LECHNER, Mittelalterliche Kirchenfeste und Kalendarien in Bayern (Freiburg i. Br. 1891); M. MAGISTRETTI, Beroldus sive Ecclesiae ambrosianae Kalendarium et Ordines (1894); G. MORIN, Une liste des fêtes chômées à Bologne, in: Rev. bénéd. 19 (1902) 353–356; IDEM, Les quatre plus anciens calendriers du Mont-Cassin, in: Rev. bénéd. 25 (1908) 486–497; G. SWAR-ZENSKI, Die Regensburger Buchmalerei des 10. und 11. Jh. (Leipzig 1904) Anhang; G. ZILLIKEN, in: Bonner Jahrbücher 119 (1910) 13–157 *(Köln)*; P. MIESGES, in: Trierisches Archiv, Erg. Heft XV (1915) *(Trier)*; G. MORIN, Un Calendrier Poitevin-Breton du Xᵉ siecle, in: JLW 11 (1931) 78–93; F. WORMALS, English Kalendars before A. D. 1100, Vol. I Texts (= HBS 72, London 1933); A. WILMART, Un témoin anglosaxon du calendrier métrique de York, in: Rev. bénéd. 46 (1934) 41–69; W. PA-RINGER, in: Studien und Mitteilungen 52 (1934) 146–165 *(Weltenburg)*; W. NEUSS, Ein Meisterwerk der karolingischen Buchkunst aus der Abtei Prüm in der Biblioteca Nacional zu Madrid, in: Spanische Forschungen der Görresges., 1. Reihe (Münster i. W. 1940) 37–64; J. W. GREWE, Der Münsterische Festkalender (Dissert. Münster 1941); E. MUNDING, Die

Kalendarien von St. Gallen (= TuA, Heft 36/37, Beuron 1948/51);
R. HENGGELER, in: Zeitschrift f. schweizerische Kirchengeschichte 48
(1954) 31–65 *(Einsiedeln)*; E. MUNDING, Das älteste Kalendar der Reichenau, in: Colligere Fragmenta (= TuA, 2. Beiheft, Beuron 1952)
236–246; O. HEIMING, Die ungedruckten ältesten Kalender der mailändischen Kirche, ebd. 214–235; M. BARTH, in: Freiburger Diözesanarchiv
73 (1953) 59–87 *(Murbach)*; I. MÜLLER, in: Studien und Mitteilungen 65
(1953/54) 81–89; 174–302 *(Disentis)*; J. HENNIG, The place of Irish
Saints in medieval English Calenders, in: The Ecclesiastical Record 82
(1954) 93–106; R. BAUERREISS, Das Kalendarium im sog. Egbert-Psalter
in Cividale, in: Studien und Mitteilungen 69 (1958) 134–138 *(Zwiefalten –
Kladrau)*; IDEM, ebd. 72 (1961) 171–192 (Wessobrunn); A. DOLD, Wesso-
brunner Kalendarblätter irischen Ursprungs, in: Archivalische Zeitschrift
58 (1962) 11–33; V. BURR, Calendarium Elvacense, in: ALW VI,2 (1960)
372–416; E. GUGUMUS, in: Jahrbuch für das Bistum Mainz 8 (1960)
286–321 *(Lorsch)*; I. MÜLLER, in: Zeitschrift für schweizerische Kirchengeschichte 55 (1961) 21–34, 91–138 *(Pfäfers)*; G. G. MEERSSEMAN – E. ADDA,
Manuale di Computo (=Italia sacra 6, Padova 1966) 53–64, 173–180
(Verona); P. MEYVAERT, A metrical Calendar by Eugenius Vulgarius, in:
Analecta Boll. 84 (1966) 349–377.

Die wichtigsten Kalendare werden bei der Besprechung der einzelnen
Handschriften jeweils eigens erwähnt werden.

*

Damit endet das erste, mehr vorbereitende Kapitel unserer Darstellung der älteren liturgischen Handschriften des Abendlandes. Es wurden dabei in der Hauptsache Dokumente aufgeführt, die uns einige Züge
von der Frühzeit (etwa bis 450) des Gottesdienstes im westlichen Teil
des römischen Imperiums geben. Die Zahl der liturgischen Handschriften, die aus dieser Zeit auf uns gekommen sind, ist gering. Es handelt
sich fast nur um Bücher der Heiligen Schrift (Evangeliare, Apostolare,
Psalterien usw.), wie sie damals zum Gebrauch im Gottesdienst
gedient haben. Andere Bücher wurden in der ersten Zeit auch kaum benötigt, da die Zahl der fixierten liturgischen Texte (hauptsächlich
Eucharistie- und Weihegebete) noch gering war. Diese wurden teils
in Kirchenordnungen (vgl. Nr. 051), teils in eigenen Libelli (vgl. Nr.
075) überliefert.

Im 4./5. Jh., der «klassischen Zeit» der Liturgie, sind dann, wie wir
sahen, mit der feierlicheren Ausgestaltung des Gottesdienstes auch

umfangreichere liturgische Bücher, in der Hauptsache Sakramentare
und Lektionare, entstanden. Sie sind uns nur zu einem kleinen Teil,
wie das Lektionar des Musaeus (Nr. 035), in ihrer ursprünglichen Gestalt erhalten geblieben. Die meisten Werke leben lediglich in späteren
Umarbeitungen weiter, ferner in Redaktionen, die an sich Neukompo-
sitionen darstellen, die aber doch einen Teil des älteren Gutes weiter-
tradieren. Es wird die Aufgabe der künftigen Forschung sein zu ver-
suchen, in den liturgischen Handschriften der Spätzeit, vor allem des
6. bis 9. Jh., das ältere Material festzustellen und dadurch einen Einblick in die Gebetssprache in der klassischen Zeit der Liturgie zu vermitteln. Diese allein verdient auch heute noch ein allgemeines, über-
lokales Interesse. Um zu ihr vorzustoßen, ist es nötig die spätere Entwicklung in ihren Dokumenten gründlich zu erforschen. Das soll in den
nun folgenden Kapiteln erfolgen. Wir beginnen dabei mit den irischen
Handschriften, weil in ihnen älteste Traditionen, z. T. solche Stadt-
Roms, weiterleben.

Libri liturgici celtici
(Sigel: Ce)

Das von den Kelten bewohnte Irland, dessen liturgische Denkmäler im folgenden beschrieben werden, war nie römische Provinz gewesen. Es wurde erst im 5. Jahrhundert christianisiert, doch gab es sicher schon im 4. Jahrhundert zahlreiche Christengemeinden. Handelsbeziehungen zu Gallien und der rege Verkehr mit der römischen Nachbarinsel Britannien boten Gelegenheiten genug, daß die Iren mit der christlichen Lehre bekannt wurden. Da Irland das Glück hatte, von den Wogen der Völkerwanderung verschont zu bleiben, konnten sich hier älteste liturgische Texte aus der Zeit der Christianisierung des Landes erhalten.

Lit.: F. E. WARREN, The Liturgy and Ritual of the Celtic Church (Oxford 1881); DACL II, 2 2969–3032 (mit ausführl. Lit.); J. F. KENNEY, The sources for the early history of Ireland, I. Ecclesiastical (New York 1929), bes. 687–718; H. JENNER, in: The Catholic Encyclopaedia III 493–504; F. HEILER, Altkirchliche Autonomie und päpstlicher Zentralismus (= Die katholische Kirche des Ostens und Westens, Bd. II, 1 München 1941) 131–149; P. POWER, The Mass in the early Irish Church, in: The Irish Ecclesiastical Record 60 (1942) 197–206; F. O'BRIAN, The Blessed Eucharist in Irish Liturgy and History, in: Studia Eucharistica (Antwerpen 1946) 216–245; A. A. KING, Liturgies of the past (London 1959) 186–276; J. HENNIG, A feast of All Saints of Europe, in: Speculum 21 (1946) 49 bis 66; IDEM, Studies in the Liturgy of the early Irish Church, in: The Irish Ecclesiastical Record 75 (1951) 318–332; vgl. dazu Ephem. lit. 65 (1951) 228; IDEM, Studies in the literary tradition of the «Martyrologium Poeticum», in: Proceedings of the Royal Irish Academy 56 (1954) 197–226; IDEM, Sacramentaries of the Old Irish Church, in: The Irish Ecclesiastical Record 96 (1961) 23–28; Fr. J. RYAN, The Mass in the early Irish Church, in: Studies 50 (1961) 371–384; L. BIELER, Irland. Wegbereiter des Mittelalters (Olten 1961); IDEM, The Irish Penitentials (= Scriptores Latini Hiberniae, Bd. 5, Dublin 1963); R. KOTTJE, Studien zum Einfluß des Alten Testaments auf Recht und Liturgie des frühen Mittelalters (= Bonner historische Forschungen 23, Bonn 1964).

Die irische Kirche hat nach den Forschungen von J. HENNIG (siehe Literatur!) [1] in der älteren Zeit nur ein einziges oder ganz wenige verschiedene Meßformulare gekannt, die auf das Kirchenjahr keinen Bezug hatten; ähnlich wie die orientalischen Liturgien nur einige Anaphora-Formulare benützen. In späterer Zeit wurden auch «gallikanische» Liturgiebücher in Irland abgeschrieben und verwendet (vgl. Nr. 211 und 216). Diese sind jedoch erst im folgenden Abschnitt unter den gallikanischen Sakramentaren zu behandeln.

Für die Frühzeit haben wir lediglich zwei Arten irischer Liturgiebücher zu unterscheiden: einen *Meßlibellus* mit einigen Formularen sowie Rituale-Texten und ein *Antiphonar* mit den beim Chorgebet gesungenen Cantica und Hymnen sowie den verschiedenen Antiphonen und Orationen. Als Liturgiebücher im weiteren Sinn müssen auch die im Gottesdienst gebrauchten *Psalterien* und die meist prachtvoll ausgestatteten *Evangeliare* gelten.

Eine eingehende Untersuchung verdient die Frage, wieweit in den irischen Meßlibelli ältestes *stadtrömisches Liturgiegut* weiterlebt (vgl. Nr. 075). Eine derartige Annahme legt u. a. schon die Allerheiligen-Litanei nahe, die sich regelmäßig in diesen Libelli zu Beginn der «Missa canonica» (im Stowe-Missale: «Orationes et preces missae *ecclesiae romanae*» überschrieben) findet. Sie dürfte auf den römischen Brauch der Stationsprozession mit ihrem Litaneigesang zurückgehen [2].

Überbringer eines römischen Meßlibellus auf die Grüne Insel könnte der Römer *Palladius* gewesen sein, der i. J. 431 vom Papst Coelestinus (422–432) zum Bischof geweiht und mit der Organisation der zahlreichen bereits in Irland lebenden Christen zu einer «Kirche» betraut worden war [3]. Die Gestalt des Bischof Palladius trat später gegenüber der des Mönches *Patricius* († 461) sehr zurück. Dieser war es, welcher der irischen Kirche den stark monastischen Zug aufgeprägt hat.

---

[1] J. HENNIG hat jetzt seine Arbeiten zur altirischen Liturgie zusammengefaßt in seinem Beitrag zu Old Ireland (hg. R. MCNALLY. Dublin 1965) 60–89 und dort sowie in Bulletin Codicologique 1965, 2. no. 696 zu dem Einwurf von L. EIZENHÖFER, in Das irische Palimpsestsakramentar in Clm 14429 (Beuron 1964) 119* f. Stellung genommen.

[2] Vgl. K. GAMBER, Die irischen Meßlibelli als Zeugnis für die alte römische Liturgie, in: Liturgie übermorgen (Freiburg i. Br. 1966) 118–126.

[3] Vgl. L. BIELER, Irland, Wegbereiter des Mittelalters (Olten 1961) 11.

a) Sacramentaria celtica

Wie bereits in der Einleitung betont, handelt es sich bei den folgenden Handschriften (meist sind es nur Fragmente) nicht um Jahres-Sakramentare, sondern um Meßlibelli. Die bekannteste Handschrift ist die folgende:

101 Stowe-Missale   Sigel: Sto

> **Bibl.:** Dublin, Royal Irish Academy, MS D II 3. – **Edit.:** F. E. WARREN, The Liturgy and Ritual of the Celtic Church (Oxford 1881); G. F. WARNER, The Stowe Missal (= HBS 32, London 1915). – **Facs.-Ausgabe:** G. F. WARNER (= HBS 31, London 1906). – **Lit.:** S. BÄUMER, Das Stowe-Missale neu untersucht, in: ZkTh 16 (1892) 446–490; F. PROBST, Die abendländische Messe vom 5. bis zum 8. Jh. (Münster i. W. 1896) 40–99; E. BISHOP, Liturgica Historica (Oxford 1918) 77–115; 137–164; KENNEY Nr. 555 S. 692–699 (mit ausführlicher Inhaltsangabe und weiterer Lit.); DACL II,2 2973–75; XI,2 1440–41 (mit 2 Tafeln); LOWE II Nr. 268; BOURQUE II,2 Nr. 527 S. 405; Sakramentartypen 32. – **Schrift:** Irische Minuskel. – **Zeit und Ort:** nach 792 (LOWE), Irland, wahrscheinlich Tallaght[1], mit späteren Hinzufügungen durch den Priester Móel cáich.

Die einzige Vollhandschrift eines irischen Sakramentars besteht aus 57 Blättern, deren ursprüngliche Folge beim Binden durcheinander gebracht worden ist (vgl. KENNEY 695). Vorausgehen 11 Blätter mit dem Text des Johannes-Evangeliums[2]. Die Handschrift wurde im 18. Jh. von dem Iren John Grace († 1789) in Deutschland (Ort unbekannt) gefunden[3].

Das Meßbuch beginnt mit einer «Apologia sacerdotis» (vgl. DACL I,2 2591–601); darauf f. 12 die «Missa canonica». Diese trägt an der Spitze eine altertümliche, sehr kurze Allerheiligenlitanei[4] mit vorausgehender

---

[1] Aus der gleichen Schreibschule stammen die Consuetudines monasticae bei LOWE VIII Nr. 1118.

[2] Vgl. KENNEY Nr. 466 S. 637 (mit Literatur).

[3] Vgl. T. F. O'RAHILLY, The history of the Stowe Missal, in: Eriu 10 (1926) 95–109.

[4] BISHOP a. a. O. 142 f. vergleicht den Text u. o. mit einer griechischen Übersetzung, wie sie sich im «Athelstan Psalter» (London, British Museum, Cotton MS Galba A.XVIII) auf f. 200ʳ und im Cotton MS Titus D.XVIII auf f. 12ᵛ findet; vgl. auch BISHOP, The Litany of Saints in the Stowe Missal, in: JThSt 7 (1906) 122–136.

Antiphon: «Peccauimus domine . . .»; f. 15 finden wir dann die Überschrift:

ORATIONES ET PRECES MISSAE ECCLESIAE ROMANAE

Was folgt ist im wesentlichen der Ritus der römischen Messe mit einigen wenigen gallikanischen Zusätzen, darunter f. 16[v] die «Deprecatio sancti Martini pro populo»[1] und 23[v] das «Post sanctus»-Gebet «Benedictus qui uenit de caelis . . .». Der Canon, der in den beiden Memento-Gebeten Erweiterungen zeigt, trägt den Titel: «Canon dominicus papae Gilasi.» Die Fractio panis findet noch vor dem Paternoster statt (f. 34[r])[2].

Unser Libellus enthält außerdem eine «Misa apostolorum et martirum et sanctorum et sanctarum uirginum», eine «Misa pro penitentibus uiuis», eine «Misa pro mortuis pluribus»; ferner einen (römischen) «Ordo baptismi» (ff. 47–60[r]) mit Kommunion und einen «Ordo ad infirmum uisitandum» (ff. 60–65), der mit demjenigen im Book of Dimma (Nr. 145), im Book of Mulling (Nr. 141) und im Book of Deer (Nr. 149) weitgehend übereinstimmt. Den Schluß (ff. 65[v]–67) bildet ein irischer Traktat über die heilige Messe[3].

102 Irisches Meßbuch von Fulda

Bibl.: Fulda, ehem. Klosterbibliothek (Handschrift verloren).– **Edit.** (im Auszug): G. WITZEL, Exercitamenta syncerae pietatis (Moguntiae 1555). – **Lit.:** P. LEJAY, in: Revue d'histoire et de littérature religieuse 7 (1902) 561; KENNEY Nr. 556 S. 699–700; DACL II, 2 2975; L. PRALLE, Ein keltisches Missale in der Fuldaer Klosterbibliothek, in: Fuldaer Geschichtsblätter. Zeitschrift des Fuldaer Geschichtsvereins 31 (1955) 8–21; BOURQUE II, 2 Nr. 528 A S. 407. – **Zeit und Ort:** vermutlich 8. Jh., Irland.

Das leider verloren gegangene Manuskript bildete eine Schwester-Handschrift zum Stowe-Missale, wenn auch die durch WITZEL bekannt

---

[1] Edition der Litanei mit Melodie, in: Variae Preces (Solesmes 1895); vgl. auch B. STÄBLEIN, in: Musik in Geschichte und Gegenwart IV, 1299–1325, bes. 1313–1314.

[2] Die Brotbrechung wurde in Rom erst von Gregor d. Gr. auf ihren jetzigen Platz nach der Oratio dominica verlegt; vgl. Gregor, Ep. IX,12 (PL 77,956).

[3] Vgl. W. STOKES, in: Zeitschrift für vergleichende Sprachforschung 26 (1882) 497–519; CH. BLUMMER, ebd. 27 (1883) 441–448; KENNEY Nr. 549 S. 688.

gewordenen Texte (s. Lit.) nicht ganz mit dem genannten Codex übereinstimmen.

103 Sakramentar-Fragment von St. Gallen

> **Bibl.:** St. Gallen, Stiftsbibliothek, Cod. 1395 (pp. 422/23, 426/27). – **Edit.:**
> F. E. WARREN, The Liturgy and Ritual of the Celtic Church (Oxford 1881)
> 179–181. – **Lit.:** KENNEY Nr. 557 (II) S. 700 (mit weiterer Lit.); J. DUFT –
> P. MEYER, Die irischen Miniaturen der Stiftsbibliothek St. Gallen (Bern-
> Lausanne 1953) 76–79 (mit z.T. farbigen Abbildungen); LOWE VII Nr.
> 988; Sakramentartypen 32. – **Schrift:** Irische Majuskel, 19 Langzeilen. –
> **Zeit und Ort:** 2. Hälfte des 8. Jh., wahrscheinlich Irland, später in St.
> Gallen.

Von der ehemaligen Handschrift sind nur die zwei Schmuckseiten
(mit liturgischem Text auf der Rückseite) erhalten. Die in unserm
Fragment noch gut zu erkennende künstlerische Ausstattung darf als
typisch für die älteren irischen Sakramentare angesehen werden. Auf
p. 422 finden wir ein durch Bandverschlingungen reich verziertes
Kreuz, p. 423 (Rückseite) steht die «Benedictio aque et salis ad
aspergendum in domo». Auf p. 426 beginnt mit einer ebenfalls reich
verzierten P-Initiale die Litanei zur Missa canonica, entsprechend
der in Nr. 101; sie setzt sich p. 427 (Rückseite) bis «Sce stephane»
fort. Damit endet das Fragment, wenn nicht die wegen Unterschiede
in der Schrift im folgenden eigens genannten Fragmente Nr. 104,
105 und 106 ebenfalls zur gleichen ehemaligen Handschrift gehört
haben[1].

104 Sakramentar-Fragment von St. Gallen

> **Bibl.:** St. Gallen, Stiftsbibliothek, Cod. 1395 (pp. 430–433). – **Edit.:** F. E.
> WARREN, The Liturgy and Ritual of the Celtic Church (Oxford 1881)
> 180–182, mit Ergänzungen von B. BISCHOFF, in: Miscellanea G. Mercati I
> (= Studi e Testi 121) 425 ff. – **Lit.:** KENNEY Nr. 557 (I) S. 700 (mit weite-
> rer Lit.); LOWE VII Nr. 989; Sakramentartypen 32. – **Schrift:** Irische
> Minuskel, 21 Langzeilen. – **Zeit und Ort:** 8. Jh., Irland, später in St.
> Gallen.

---

[1] Fraglich ist, ob auch das Blatt 418/19 des Cod. 1395 der gleichen Handschrift
zugehörig war, obwohl es offensichtlich vom gleichen Künstler stammt. Es
stellt den Evangelisten Matthäus dar; vgl. Nr. 147.

Zu dem bereits früher bekannten stark beschnittenen Doppelblatt hat B. BISCHOFF noch einen weiteren Streifen gefunden. Das Fragment enthält Teile einer Missa pro defunctis. Als Evangelium ist die Perikope von der Auferweckung des Lazarus („Jo 11,14ff.) gewählt[1].

105 Sakramentar-Fragment von St. Gallen

Bibl.: Zürich, Staatsarchiv, W 3 A. G. 19, Nr. XXXVI (f. 57)[2]. – **Lit.:** F. KELLER, in: Mitt. der antiquarischen Gesellschaft in Zürich 7 (1851) 8,8 mit Facsimile p. XIII n. 3; Archeological Journal 31 (1874) 85–86; F. E. WARREN, The Liturgy and Ritual of the Celtic Church (Oxford 1881) 23–24; KENNEY Nr. 565 S. 704; DACL II,2 2976; LOWE VII Nr. 1012; Sakramentartypen 32 Anm. 3. – **Schrift:** Irische Minuskel, 19 Langzeilen. – **Zeit und Ort:** 8. Jh., wahrscheinlich Irland, später in St. Gallen.

Das auf der einen Seite stark beriebene Doppelblatt enthält Gebete bei der Einkleidung einer Jungfrau und ein Totengebet: «Deus noster ihs xps saluator . . .».

106 Sakramentar-Fragment von St. Gallen

Bibl.: St. Gallen, Stiftsbibliothek, Cod. 1395 (pp. 444–447). – **Edit.:** F. E. WARREN, The Liturgy and Ritual of the Celtic Church (Oxford 1881) 182f. – **Lit.:** P. C. COOPER, Appendix A to Rymer's Foedera and Supplement to appendix A (London 1869); KENNEY Nr. 557 (IV) S. 701; DACL II,2 2976; J. DUFT – P. MEYER, Die irischen Miniaturen der Stiftsbibliothek St. Gallen (1953) 67, 79ff.; LOWE VII Nr. 991. – **Schrift:** Irische Minuskel, 13–16 Langzeilen. – **Zeit und Ort:** 8. Jh., wahrscheinlich Irland, zuletzt in St. Gallen.

Wie das Stowe-Missale (Nr. 101) zeigt, gehörten den irischen Sakramentaren am Schluß einige Rituale-Texte an.
Unser Fragment beinhaltet Teile eines «Ordo ad infirmum uisitandum».[3]

---

[1] Bezüglich der altlateinischen Textfassung vgl. B. BISCHOFF, in: Miscellanea G. Mercati a. a. O.

[2] Die Fragmente in: W 3 A. G. 19 sind von FERD. KELLER gesammelt worden.

[3] Wegen der Beziehung zum Stowe-Missale hinsichtlich des „Ordo ad infirmum uisitandum" wurde unser Fragment unter die irischen Sakramentare eingereiht.

107   Sakramentar-Fragment aus Regensburg

> **Bibl.:** München, B. Staatsbibliothek, Clm 29163a (ausgelöst aus Clm 14747). – **Schrift:** Irische Majuskel, ehedem 16 Zeilen. – **Zeit und Ort:** 8. Jh., Irland (B. Bischoff), zuletzt in Regensburg.

Erhalten ist lediglich ein stark beschnittenes Blatt mit Teilen des Beerdigungsritus. Nach der Oration V 1619 folgt: In exitu israhel de aegypto. In memoria aeterna; dann V 1617 und 1608. Auffällig ist die Folge 1619/17 wie im Regensburger Baturich-Pontifikale (Nr. 1550). Ob das Blatt den Rest eines Meßbuches darstellt, wie es von irischen Missionaren nach Bayern gebracht worden ist, wissen wir nicht.

108   Sakramentar-Fragment in Colmar

> **Bibl.:** Colmar, Bibl. munic., ms. 144 (loses Blatt). – **Edit.:** L. Brou, Le fragment liturgique Colmar 144, reste d'un pontifical irlandais du VIIIe siècle, in: Bulletin de littérature ecclésiastique, 1955, 65–71. – **Lit.:** Lowe VI Nr. 757. – **Schrift:** Irische Majuskel, 18 oder mehr Langzeilen. – **Zeit und Ort:** 2. Hälfte des 8. Jh., Irland, zuletzt in Murbach.

Das Einzelblatt zeigt gepflegte Schrift und ausgezeichnete Initialen. Es beinhaltet den Schluß der Weihe einer Jungfrau[1] und den Beginn der «Benedicto uiduae». Rubriken sind in kleinerer Schrift gehalten. Das Fragment dürfte ehedem zu einem Meßbuch gehört haben (vgl. Nr. 105).

110   Sakramentar-Fragment? (Palimpsest) aus der Reichenau

> **Bibl.:** Karlsruhe, Bad. Landesbibliothek, Cod. Aug. CXXXII (f. 18). – **Lit.:** Lowe VIII Nr. 1083. – **Schrift:** Irische Majuskel, 16 Langzeilen. – **Zeit und Ort:** 8. Jh., wahrscheinlich Irland.

Das nur aus einem einzigen palimpsestierten Blatt bestehende Fragment ist noch nicht vollständig entziffert. Eine einfache Initiale ist sichtbar.

---

[1] Zur Jungfrauen-Weihe vgl. die Studie von R. Metz, La consécration des vierges dans l'église romaine (= Bibliothèque de l'Institut de droit canonique de l'Université de Strasbourg, Paris 1954).

111 Sakramentar-Fragment? (Palimpsest) aus der Reichenau

> **Bibl.:** Karlsruhe, Bad. Landesbibliothek, Cod. Aug. CLXVII (f. 34). –
> **Lit.:** Lowe VIII Nr. 1085. – **Schrift:** Irische Majuskel, 16 Langzeilen. –
> **Zeit und Ort:** 8. Jh., wahrscheinlich Irland.

Auch dieses Fragment ist fast noch nicht entziffert. Zu erkennen ist
eine Rubrik in Rot und die Initialen D(ebitum) und O(mnipotens).
Möglicherweise gehörte das Fragment trotz einiger kleiner Schrift-
unterschiede zum gleichen ehemaligen Liturgiebuch wie das vorausgenannte Blatt (Nr. 110).

112 Sakramentar-Fragment aus der Reichenau

> **Bibl.:** Karlsruhe, Bad. Landesbiliothek, Fragm. Aug. 19. – **Lit.:** A. Hol-
> der, Die Reichenauer Handschriften, II (Leipzig 1914) 379 f.; Lowe VIII
> Nr. 1117. – **Schrift:** Irische Majuskel, 19 Langzeilen. – **Zeit und Ort:** 8. Jh.,
> Irland oder angelsächsisches Zentrum auf dem Festland.

Erhalten sind zwei Blätter eines nicht mehr vollständig lesbaren
Palimpsestes mit Orationen (u. a. Exorzismus). Die ehemalige Zugehörigkeit zu einem Sakramentar ist wahrscheinlich.

115 Sakramentar-Fragment von St. Gallen

> **Bibl.:** St. Gallen, Stiftsbibliothek, Cod. 1394 (pp. 95–98). – **Edit.:** F. E.
> Warren, The Liturgy and Ritual of the Celtic Church (Oxford 1881)
> 174–179. – **Lit.:** C. J. Greith, Geschichte der altirischen Kirche (Frei-
> burg i. Br. 1867) 440–442; Kenney Nr. 557 (III) S. 700 (mit weiterer Lit.);
> J. Duft – P. Meyer, Die irischen Miniaturen der Stiftsbibliothek St.
> Gallen (1953) 75 f.; Lowe VII Nr. 979; Bourque II,2 Nr. 530 S. 409;
> Sakramentartypen 33. – **Schrift:** Irische Majuskel und Minuskel, 23 Lang-
> zeilen. – **Zeit und Ort:** 8./9. Jh., Irland, später in St. Gallen.

Das stark beschnittene Doppelblatt enthält Teile der Missa canonica
von der Secret bis zur Postcommunio, wie wir sie ähnlich im Stowe-
Missale (Nr. 101) vorfinden. Besondere Beachtung verdienen die in
kleinerer Schrift geschriebenen Kommuniongesänge[1].

*

---

[1] Vgl. K. Gamber, in: Ostkirchliche Studien 8 (1959) 221–229, bes. 228 f.

Außer den genannten Meßlibelli, wurden in verschiedenen Kirchen
Irlands auch *gallikanische Sakramentare* übernommen. Da diese dort
jedoch kaum Änderungen erfahren haben, werden sie nicht hier, sondern unter den Gallicana aufgeführt (Nr. 211 und 216). Bei anderen
erhaltenen Meßbüchern handelt es sich um *Sacramentaria mixta*. In
ihnen ist wohl der ursprüngliche Libellus-Charakter erhalten geblieben, es wurden aber in stärkerem Maße als in Sto (Nr. 101) einzelne
Formeln und ganze Formulare aus gallikanischen Liturgiebüchern
übernommen.

Zu dieser Gruppe gehören die folgende Fragmente:

120 Sakramentar-Fragment aus der Reichenau

> **Bibl.:** Karlsruhe, Bad. Landesbibliothek, Fragm. Aug. 18 (Zweitschrift) [1]. –
> **Edit.:** H. BANNISTER, Some recently discovered fragments of Irish Sacra-
> mentaries, in: JThSt 5 (1904) 50, 61–66. – **Lit.:** A. HOLDER, Die Reichen-
> auer Handschriften, II. Bd. (Leipzig 1914) 376; KENNEY Nr. 558 S. 701
> Sakramentartypen 33; BOURQUE II,2 Nr. 532 S. 410; cf. LOWE VIII Nr.
> 1116. – **Zeit und Ort:** Anfang des 9. Jh., (zuletzt) Reichenau.

Das stark beschnittene Doppelblatt enthält Teile einer Messe «in com-
memoratione beatissimorum martirum» (vgl. das Post-Sanctus-Gebet).
Im Gegensatz zu den bisher genannten Handschriften ist unser Fragment zweispaltig beschrieben. Der Text nach dem Einsetzungsbericht
(«Oremus domini missericordiam pro animabus omnium episcoporum . . .») geht weithin zusammen mit der entsprechenden Partie in
Nr. 101.

121 Sakramentar-Fragment aus der Reichenau

> **Bibl.:** Karlsruhe, Bad. Landesbibliothek, Fragm. Aug. 17. – **Edit.:**
> H. BANNISTER, Some recently discovered fragments of Irish Sacramen-
> taries, in: JThSt 5 (1904) 49, 55–61. – **Lit.:** BOURQUE II,2 Nr. 531 S. 410;
> Sakramentartypen 33. – **Zeit und Ort:** Anfang des 9. Jh., (zuletzt)
> Reichenau.

Wie in Nr. 120 ist auch in diesem aus zwei Blättern bestehenden Fragment ein Einfluß der gallikanischen Liturgie zu erkennen. Erhalten

---

[1] Die Erstschrift enthält ebenfalls liturgische Texte; vgl. Nr. 163.

sind Teile einer Missa votiva (Collectio, Super oblata, Super populum und Praefatio mit Post-Sanctus)[1], darauf abermals Teile einer ähnlichen Messe und schließlich der Anfang einer, wie es scheint, rein gallikanischen Messe, die mit «Ordo misse pro captiuis incipit» überschrieben ist und nach dem Einleitungsgebet ein Gebet mit der Überschrift «(Post nomi)na recitata» und den ersten Teil einer Präfation erhalten hat.

125 Sakramentar-Fragment in Piacenza

> **Bibl.:** Piacenza, Archivio di S. Antonio[2]. – **Edit.:** H. M. BANNISTER, Some recently discovered fragments of Irish Sacramentaries, in: JThSt 5 (1904) 53–55, 66–75. – **Lit.:** BOURQUE II,2 Nr. 534 S. 411; Sakramentartypen 33. **Zeit und Ort:** 9. Jh., auf dem Kontinent geschrieben, zuletzt wohl in Bobbio.

Das Fragment enthält Teile von zwei Missae cottidianae und den Anfang eines «Ordo missae sce mariae». Die Rubriken sind in gälischer Sprache geschrieben (z. B. lándiunach = Eine volle Waschung). Der Präfation, die in ähnlicher Weise im Bobbio-Missale (vgl. Nr. 220) wiederkehrt (Formel 489), gehen folgende Wechselworte voraus:

> Fratres carissimi sicut simul orauimus ita simul et offeramus sacrificium deo nostro. Sursum corda. R. Habemus ad dominum. – Offeramus domino nostro sacrosancta munera spiritualia. R. Dignum et iustum est. – Benedictio dei patris et filii et spiritus sancti *et reliqua*.

Außer der oben genannten Präfation kommt noch eine weitere in unserm Fragment auch im Bobbio-Missale (Formel 461) vor. Die Beziehungen zum genannten Meßbuch, das früher ebenfalls zur keltischen Sakramentargruppe gerechnet wurde, sind noch zu untersuchen. Das Bobbio-Missale selbst bringen wir unter den Gallicana (Nr. 220).

---

[1] Dieses ist eigenartig:
«Deus qui culpa offenderis et penitentia placaris da nobis domine flere mala que fecimus ut tuae consolationis gratiam consequamur. Qui pridie.»

[2] Das Fragment war bei einem Besuch in Piacenza nach dem Krieg nicht mehr auffindbar.

Zu den Zeugen der jüngeren irischen Meß-Liturgie gehören das
Missale Drumondiense (11. Jh.)[1], das *Corpus-Missal* (12. Jh.?)[2] und
das *Rosslyn-Missal* (13./14. Jh.)[3]. Nicht hierher gehört das in irischer
Schrift geschriebene Plenarmissale-Fragment vom Blandinus-Berg
(10. Jh.); es ist der angelsächsischen Liturgie zuzuzählen (vgl. Nr.
425).

b) Psalteria celtica et Evangeliaria

Als gottesdienstliche Bücher im weiteren Sinn sind, wie bereits betont,
auch die Psalterien und Evangeliare zu betrachten. Die irischen Handschriften zeichnen sich meist durch besonderen künstlerischen Schmuck
aus.

> **Lit.:** St. BEISSEL, Geschichte der Evangelienbücher in der ersten Hälfte
> des Mittelalters (= 92. und 93. Ergänzungsheft zu den «Stimmen aus
> Maria Laach», Freiburg i. Br. 1906); F. H. ROBINSON, Celtic illuminative
> art in the Gospel Books of Durrow, Lindisfarne and Kells (Dublin 1908);
> H. M. BANNISTER, Irish Psalters, in: JThSt 12 (1910/11) 280–284;
> J. MEARNS, The Canticles of the Christian Church Eastern and Western
> (Cambridge 1914) 68–69; DACL II,2 2977–78; J. F. KENNEY, The Sources
> for the early history of Ireland, Vol. I Ecclesiastical (New York 1929)
> 622–659 (= KENNEY); H. SCHNEIDER, Die altlateinischen biblischen
> Cantica (= TuA, Heft 29/30, Beuron 1938) 89–98. P. SALMON, Les «Tituli
> Psalmorum» des manuscrits latins (= Collectanea Biblica Latina, Vol.
> XII, Roma 1959).

Im folgenden können wir nur die älteren und von diesen auch nur die
bedeutenderen Codices aufführen.

130   Psalterium des hl. Columban

> **Bibl.:** Dublin, Royal Irish Academy, «Cathach of St. Columba». – **Edit.:**
> H. J. LAWLOR, The Cathach of St. Columba (= Proceedings of the Royal
> Irish Academy 33 C 11 (Dublin 1916) 241–433. – **Lit.:** KENNEY Nr. 454
> S. 629–630 (mit weiterer Lit.); C. NORDENFALK, Before the Book of
> Durrow, in: Acta Archaeologica 18 (1947) 141–174; P. SALMON, Les

---

[1] Herausgegeben von G. H. FABER (Burntisland 1882); vgl. KENNEY Nr. 566
S. 705.

[2] Herausgegeben von F. E. WARREN, The manuscript Irish Missal (London 1879);
vgl. KENNEY Nr. 567 S. 706.

[3] Herausgegeben von H. JACKSON (London 1899).

«Tituli Psalmorum» des manuscrits latins (= Collectanea Biblica Latina, Vol. XII, Roma 1959) 47, 55–74; Lowe II Nr. 266. – **Zeit und Ort:** 2. Hälfte des 6. Jh., Irland.

Die Tradition bringt die Handschrift in Beziehung zum hl. Columban, der um 545 in der Provinz Leinster in Irland geboren und i. J. 615 in Bobbio, bald nach der Gründung des Klosters, starb. Es handelt sich um ein Psalterium Gallicanum. Für die Liturgiegeschichte von Bedeutung sind die «Tituli», die an der Spitze der einzelnen Psalmen stehen, z. B. zu Ps 1: «De Joseph dicit qui corpus Christi sepeliuit.» Meist heißt es lediglich «Vox Christi» oder «Vox ecclesiae». Die Tituli sollen die Intention des christlichen Sängers wiedergeben. Mit ihnen verbunden sind liturgische Noten, wenn es z. B. zu Ps 40 heißt: «Legendus ad lectionem Esaiae prophetae. Vox Christi de passione sua et de Iuda traditore.»

Es gibt verschiedene Reihen von Tituli. Die im Psalterium des hl. Columban sich findenden waren am meisten verbreitet. Sie zeichnen sich durch ihre christologische Orientierung aus und könnten noch ins 3./4. Jh. zurückgehen. Eine weitere, sehr alte Reihe von Tituli findet sich im (afrikanischen) Psalterium Sinaiticum (Nr. 009) und in einigen weiteren Handschriften, so in Nr. 1612[1].

135 Späte irische Psalter-Handschriften

a **Bibl.:** London, British Museum, Cotton MS Vit. F. XI. – **Lit.:** Kenney Nr. 478 S. 646. – **Zeit:** 9./10. Jh.

b **Bibl.:** Dublin, Franciscan Convent, MS 50 (Psalter of St. Caimin). – **Lit.:** Kenney Nr. 479 S. 646. – **Zeit:** 11. Jh.

c **Bibl.:** London, British Museum, Cotton MS Galba A. 5. – **Lit.:** Kenney Nr. 480 S. 647. – **Zeit:** 11./12. Jh.

d **Bibl.:** Roma, Cod. Vat. Palat. lat. 65. – **Lit.:** Kenney S. 647. – **Zeit und Ort:** 12. Jh., Schottland.

Typisch für die genannten Handschriften (mit Ausnahme des «Psalter of St. Caimin»), ist die Ordnung der Cantica, die in Gruppen nach jeweils 50 Psalmen ihren Platz haben[2], sowie die Psalterkollekten.

---

[1] Vgl. P. Salmon, Les «Tituli Psalmorum» a.a.O. 77–93.
[2] Vgl. H. Schneider, Die altlateinischen biblischen Cantica 94–98.

141   Irisches Evangeliar (Book of Mulling)

> **Bibl.:** Dublin, Library of Trinity College, MS 60 (A. I. 15). – **Edit.:** H. J. LAWLOR, Chapters on the Book of Mulling (Edinburgh 1897). – **Lit.:** DACL V, 1 789; KENNEY Nr. 456 S. 632; LOWE II Nr. 276. – **Zeit und Ort:** Ende des 7. Jh., Irland, geschrieben von einem Schreiber Mulling[1].

Der prächtig ausgestattete Codex weist noch eine altlateinische Textgestalt auf. Er ist bis heute noch nicht geheftet, weil die wertvolleren irischen Evangeliare in kostbar ausgestattete Schreine aus Leder oder Metall gelegt wurden. Auf leere Seiten der Handschrift (ff. 49^v–50) schrieb eine spätere Hand eine «Missa de infirmis», die mit dem Krankenordo in Sto (Nr. 101), sowie im Book of Dimma (Nr. 145) und Book of Deer (Nr. 149) eng verwandt ist[2].

142   Irisches Evangeliar (Book of Durrow)

> **Bibl.:** Dublin, Library of Trinity College, MS 57 (A. IV. 5). – **Facs.-Ausgabe:** The Book of Durrow, Evangeliorum Quattuor Codex Durmanchensis, 2 Bde. (Olten-Lausanne 1960). – **Lit.:** S. BERGER, Histoire de la Vulgate (1893) 41, 381; ST. BEISSEL, Geschichte der Evangelienbücher (Freiburg 1906) 106–109; F. N. ROBINSON, Celtic illuminative art in the Gospel Books of Durrow, Lindisfarne and Kells (Dublin 1908); KENNEY Nr. 455 S. 630; LOWE II Nr. 273 VI S. X; C. NORDENFALK, Before the Book of Durrow, in: Acta Archaeologica 18 (1947) 141–174. – **Zeit und Ort:** 2. Hälfte des 7. Jh. (E. A. LOWE), Kloster Durrow (Irland).

Im Gegensatz zur Handschrift Nr. 141 bietet das Book of Durrow, auch «Evangeliar des hl. Columban» genannt[3], bereits Vulgata-Text, der mit irischen Interpolationen versehen ist. Wir finden den Brief

---

[1] Vgl. die Schlußschrift nach dem Johannes-Evangelium: «Nomen autem scriptoris Mulling dicitur. Finiunt quatuor euangelia.»

[2] Vgl. F. E. WARREN, The Liturgy and Ritual of the Celtic Church (Oxford 1881) 171–173; KENNEY Nr. 562 S. 703 (mit weiterer Lit.); BOURQUE II, 2 Nr. 537.

[3] Der Schreiber hat nämlich aus der Vorlage folgendes Gebet übernommen: «Ich bitte deine Seligkeit, heiliger Priester Patrik: jeder der dieses Buch zur Hand nimmt, möge eingedenk sein des Schreibers Columba, der ich selbst dieses Buch schrieb in der Zeit von zwölf Tagen mit der Gnade unseres Gottes. Bitte für mich mein Bruder. Der Herr sei mit dir!».

des hl. Hieronymus an Papst Damasus, Kanontafeln ohne Säulen und Bogen, dann vor jedem Evangelium in einem mit Flechtwerk gefüllten Rahmen das betreffende Evangelistensymbol, je ein mit Spiralen, Flechtwerk und geometrischen Figuren gefülltes Blatt und einen mit Initialen versehenen Ziertitel, auf dem jeweils der Text beginnt.

Bezüglich des um 700 entstandenen, ebenfalls in insularer Schrift geschriebenen Book of Lindisfarne vgl. Nr. 405.

143 Irisches Evangeliar (Book of Kells)

> **Bibl.** Dublin, Library of Trinity College, MS 58 (A. I. 6). – **Edit.** (vollst. Facs.): The Book of Kells, Evangeliorum Quattuor Codex Cenannensis, 3 Bde. (Olten-Bern 1950/51). – **Lit.:** T. K. ABBOTT, Evangeliorum versio antehieronymiana (Dublin 1884); ST. BEISSEL, Geschichte der Evangelienbücher 109–110; F. N. ROBINSON, Celtic illuminative art in the Gospel Books of Durrow, Lindisfarne and Kells (Dublin 1908); KENNEY Nr. 471 S. 640 (mit weiterer Lit.); LOWE II Nr. 274; E. SULLIVAN, The Book of Kells (5. Aufl. London 1952) mit 24 farbigen Facs.-Seiten; A. M. FRIEND, The Canon Tables of the Book of Kells, in: Medieval Studies in Memory of A. Kingsley Porter 2 (1939) 611–661. – **Zeit und Ort:** Anfang des 8. Jh., Kenanna (Kenannsa) in der Grafschaft Meath in Irland[1].

Die Handschrift zeichnet sich durch außerordentlich reichhaltige Verzierungen aus. So finden wir nicht nur die Bilder der vier Evangelisten, sondern auf weiteren Blättern Bilder der zwischen vier Engel thronenden Gottesmutter, der Versuchung und Gefangennahme Jesu, sowie vor jedem Evangelium zwei dessen Anfang und erste Sätze tragende Ziertitel. Besonders reich sind auch die Canones-Tafeln ausgestattet.

145 Irisches Evangeliar (Book of Dimma)

> **Bibl.:** Dublin, Library of Trinity College, MS 59 (A. IV. 23). – **Lit.:** BERGER, Histoire de la Vulgate (1893) 43,381; KENNEY Nr. 458 S. 633; LOWE II Nr. 275. – **Zeit und Ort:** 8./9. Jh., Irland (Kloster Ros-Cré).

---

[1] Jene berühmte Abtei, in die der Abt von Jona i. J. 802 die Reliquien des hl. Columban übertrug, weshalb das Evangelienbuch auch nach dem hl. Columban genannt worden ist.

Auf leere Seiten (ff. 52–54) schrieb eine Hand des 9. Jh. eine «Missa de uisitatione infirmorum», die mit dem entsprechenden Ordo in Sto (Nr. 101) und im Book of Mulling (Nr. 141) eng verwandt ist[1].

146 Irisches Evangeliar (Book of Armagh)

> **Bibl.:** Dublin, Library of Trinity College, MS 52. – **Edit.:** J. GWYNN, Liber Ardmachanus, The Book of Armagh (Dublin 1913). – **Lit.:** BERGER, Histoire de la Vulgate (1893) 380; DACL V, 1 789; KENNEY Nr. 474 S. 642 vgl. auch Nr. 131 S. 337 (weitere Lit.); LOWE II Nr. 270. – **Zeit und Ort:** geschrieben um d. J. 812 im Auftrag des Erzbischofs von Armagh (Irland).

Das Evangeliar ist nicht mehr so fein in den Ornamenten wie die vorausgenannten Handschriften. Die Evangelistenbilder (stehend und bartlos) zeigen bereits einen Niedergang der Kunst. Es finden sich einige wenige liturgische Beigaben (ff. 19, 53ᵛ)[2].

147 Irisches Evangeliar in St. Gallen

> **Bibl.:** St. Gallen, Stiftsbibliothek, Cod. 51. – **Lit.:** BEISSEL, Geschichte der Evangelienbücher 124–127; DACL V, 1 792–793; BERGER, Histoire de la Vulgate (1893) 46, 416; Kenney Nr. 486 S. 649; J. DUFT – P. MEYER, Die irischen Miniaturen der Stiftsbibliothek St. Gallen (1953) mit weiterer Lit.; LOWE VII Nr. 901. – **Zeit und Ort:** 8./9. Jh., Irland oder St. Gallen.

Auch in diesem Codex erreichen die Ornamente nicht mehr die Feinheit der Verschlingungen wie in Nr. 142 und 143. Es waren zwei Maler am Werk. Die Seiten 239/240 sind reskribiert.

Die Erstschrift stellt ein in irischer Majuskel des 8. Jh. geschriebenes *Kalendar* dar.

Wertvoller ist ein Fragment (1 Blatt) eines Evangeliars aus der 2. Hälfte des 8. Jh., das sich ebenfalls in St. Gallen (Cod. 1395, Blatt 418/419) befindet, mit dem Bild des Evangelisten Matthäus. Auf der Rückseite stehen Beschwörungsformeln gegen Krankheiten[3].

---

[1] Vgl. WARREN, The Liturgy and Ritual of the Celtic Church (1881) 167–171; KENNEY Nr. 563 S. 703 (mit weiterer Lit.); BOURQUE II, 2 Nr. 538.

[2] Vgl. WARREN a. a. O.; KENNEY Nr. 560 S. 702 (mit weiterer Lit.).

[3] Vgl. DUFT-MEYER a. a. O. Tafel 15 und 26; LOWE VII Nr. 988.

149 Irisches Evangeliar (Book of Deer)

> **Bibl.:** Cambridge, University Library, MS 1911 (I. i. 6. 32). – **Edit.:** J. STUART, The Book of Deer (Edinburgh 1869). – **Lit.:** KENNEY Nr. 502 S. 656 (mit weiterer Lit.). – **Zeit und Ort:** 9./10. Jh., Kloster Deer (Schottland).

Auf ff. 28[v]–29 finden sich Texte für die Krankenkommunion, ähnlich wie in Sto (Nr. 101) und in Nr. 141 und 145. Die Rubriken sind in gälischer Sprache geschrieben[1].

Unter den irischen liturgischen Handschriften wird auch der «Ordo poenitentiae» angeführt, der sich im Cod. F III 15 der Universitätsbibliothek zu Basel befindet[2].

c) Antiphonaria celtica

Während die Mehrzahl der in Irland gebrauchten Meßbücher, wie erwähnt, älteste stadtrömische Liturgie zu erkennen gibt, zeigen die erhaltenen Antiphonare monastischen, allem Anschein nach gallischen Ursprung.

Das Officium divinum der irischen Mönche wird in der Klosterregel des hl. *Columban* († 615) kurz umrissen[3], ebenso in den verwandten Klosterregeln späterer Zeit, so im «Ordo monasticus» von Kil-ros und in der «Regula ad virgines» des hl. Bischofs *Donatus von Besançon* († nach 656)[4].
Aufschlußreich sind weiterhin die Angaben, die eine «Ratio descursus» des 8. Jh. über den «Cursus scottorum» macht[5].

---

[1] Vgl. WARREN, The Liturgy and Ritual of the Celtic Church (1881) 164–165; KENNEY Nr. 564 S. 704; BOURQUE II,2 Nr. 336 S. 412.

[2] Vgl. WARREN a.a.O. 151–152; KENNEY Nr. 561 S. 703.

[3] Vgl. Regula monachorum, c. 7. De cursu psalmorum (PL 80,212–13). – Zum Einfluß Kolumbans auf Mitteleuropa vgl. H. v. CAMPENHAUSEN, Die asketische Heimatlosigkeit im altkirchlichen und frühmittelalterlichen Mönchtum (1930); I. MÜLLER, Zum geistigen Einfluß der kolumbanischen Bewegung im mittleren Europa, in: Zeitschrift für Schweizerische KG 59 (1965) 265–284.

[4] Vgl. PL 59,565–566 bzw. 87,296.

[5] Vgl. I. W. LEGG, Ratio decursus a.a.O.

Lit.: SEEBASS, Regula monachorum s. Columbani abbatis, in: Zeitschrift für Kirchengeschichte 15 (1895) 366–386; I. W. LEGG, Ratio decursus qui fuerunt ex autores, in: Miscellanea Ceriani (Milano 1910) 149–167; H. SCHNEIDER, Die altlateinischen biblischen Cantica (= TuA, Heft 29/30, Beuron 1938) 89–98; O. HEIMING, Zum monastischen Offizium von Kassianus bis Kolumbanus, in: ALW VII,1 (1961) 89–156 (mit weiterer Lit.).

Das Antiphonar der irischen Mönche ist in folgenden Handschriften bzw. Fragmenten erhalten:

150   Antiphonar von Bangor   Sigel: Ba

Bibl.: Milano, Biblioteca Ambrosiana, Cod. C 5 inf. – **Edit.:** MURATORI (1713) = PL 72,579–606; I. O'LAVERTY, An historical account of the Diocese of Down and Connor II (Dublin 1884) IX–XLV; F. E. WARREN, Antiphonary of Bangor, An early Irish manuscript in the Ambrosian Library at Milan (= HBS 1895); E. FRANCESCHINI (Padova 1941). **Facs.-Ausgabe:** F. E. WARREN, The Antiphonary of Bangor, Part I (London 1893). – **Lit.:** W. C. BISHOP, A service book of the seventh century, in: The Church Quaterly Review 37 (1894) 337 ff.; DACL II,1 183–191; KENNEY Nr. 568 S. 706–712 (mit weiterer Lit. und genauer Inhaltsangabe); LOWE III Nr. 311; E. A. LOWE, The Ambrosiana of Milan and the experiences of a Palaeographer (= Folia Ambrosiana I, 1966) 40–41 (mit Facs.); J. SZÖVERFFY, Die Annalen der lateinischen Hymnendichtung I (Berlin 1964) 144–147 – **Schrift:** Irische Halbunziale, zwei Kolumnen. – **Zeit und Ort:** 680–691, Irland (Kloster Bangor), zuletzt (bis 1606) in Bobbio[1].

Der Mailänder Codex ist die einzige (fast) vollständig erhaltene Handschrift[2] eines irischen «Antiphonars», eines Liturgiebuches, das in erster Linie bei der Feier des Stundengebetes, besonders des Morgengottesdienstes (Ad matutinum), gebraucht worden ist. Es finden sich darin jedoch auch Gesänge, die bei der Meßfeier gesungen wurden, so u. a. ein «Hymnus quando communicarent sacerdotes» (PL 72, 587/88)[3] und Antiphonen «Ad communicare» (PL 72,606). Das Anti-

---

[1] MURATORI hat vermutet, daß die Handschrift nach der Zerstörung des Klosters Bangor i. J. 824 durch einen Flüchtling, vielleicht den Mönch Dungal, nach Bobbio gebracht worden ist; vgl. DACL II,1 184f.

[2] Im Manuskript befindet sich eine Lücke zwischen ff. 17 und 18 und dann zwischen ff. 29 und 30; ff. 7–9 sind später hinzugefügt.

[3] C. MULCAHY, The Irish Latin Hymns: «Sancti venite» of St. Sechnall (circ.

phonar enthält an Gesängen für das Offizium: sechs Cantica[1], eine Sammlung von zwölf Hymnen und zahlreiche Kollekten und Antiphonen. Der erste Hymnus trägt den Namen des hl. Hilarius an der Spitze (vgl. Nr. 040). Bei anderen werden irische Namen (Patrick, Comgall, Camelacus) als Verfasser genannt.

151 Antiphonar-Fragment in Turin

> **Bibl.:** Torino, Biblioteca Nazionale, Cod. 882 N. 8 (früher: F IV, 1 fragm. IX). – **Edit.:** W. MEYER, Das Turiner Bruchstück der ältesten irischen Liturgie, in: Nachrichten der kgl. Gesellschaft d. W. zu Göttingen, Phil.-hist. Klasse 1903 (1904) 163–214. – **Lit.:** F. E. WARREN, in: JThSt 4 (1903) 610–613; KENNEY Nr. 569 S. 712 (mit Inhaltsangabe); LOWE IV Nr. 454. – **Zeit und Ort:** Anfang des 8. Jh., Irland, zuletzt in Bobbio.

Das größere Fragment (drei Doppelblätter) stellt eine Schwester-Handschrift zum etwas älteren Antiphonar von Bangor (Nr. 150) dar, mit dem es auch schriftmäßig Ähnlichkeit aufweist.

152 Antiphonar-Fragment (?) in Paris

> **Bibl.:** Paris, B. N., ms. lat. 9488 (ff.75–76). – **Lit.:** H. M. BANNISTER, in: JThSt 9 (1908) 422–427; KENNEY Nr. 573 S. 716; LOWE V Nr. 583. – **Schrift:** Irische Majuskel, 23 Langzeilen. – **Zeit und Ort:** 2. Hälfte des 8. Jh., wahrscheinlich Irland.

Das aus zwei Blättern bestehende Fragment enthält Hymnen, wie sie auch im Antiphonar von Bangor vorkommen, so den ersten: «Hymnum dicat turba fratrum» (PL 72, 583–585) und den Hymnus «Spiritus diuinae lucis gloriae» (PL 72, 590), ferner das «Te Deum». Möglicherweise handelt es sich um kein Antiphonar, sondern um eine Hymnensammlung (des Niceta von Remesiana?).[2]

153 Antiphonar-Fragment (Palimpsest) aus der Reichenau

> **Bibl.:** Karlsruhe, Bad. Landesbibliothek, Cod. Aug. CXCV (ff. 33 und 41). – **Edit.:** A. DOLD, Liturgiefragmente aus den beiden Palimpsesten

---

447) and «Altus prosator» of St. Columba (521–597), in: The Irish Ecclesiastical Record 57 (1941) 385–405.

[1] Vgl. SCHNEIDER, Die altlateinischen biblischen Cantica (1938) 89–91.

[2] Vgl. K. GAMBER, Fragen zu Person und Werk des Niceta von Remesiana, in: Röm. Quartalschrift 62 (1967) 222–231.

Cod. Aug. CXCV und Clm 14429, in: Rev. bénéd. 38 (1926) 273–287; mit Ergänzungen von P. Siffrin, in: Rev. bénéd. 39 (1927) 135f.; 40 (1928) 137–138. – **Lit.:** Lowe VIII Nr. 1091; Bourque II,2 408 Nr. 528 B –. **Schrift:** Irische Majuskel, 17 Langzeilen. – **Zeit und Ort:** 8. Jh., wahrscheinlich Irland, später Reichenau.

Von dem palimpsestierten Doppelblatt konnte Dold zwei Seiten entziffern; Siffrin wies auf die Gleichheit zweier Formeln mit dem in Nr. 150 genannten Antiphonar von Bangor hin (ed. Warren n. 61 und 52; PL 72,600).

154 Antiphonar-Fragment? (Palimpsest) aus der Reichenau

Bibl.: Karlsruhe, Bad. Landesbibliothek, Cod. Aug. CXCV (f. 35). – **Lit.:** A. Dold, in: Rev. bénéd. 38 (1926) 274; Lowe VIII Nr. 1092. – **Schrift:** Irische Majuskel, 20 Langzeilen. – **Zeit und Ort:** 8. Jh., wahrscheinlich Irland, später Reichenau.

Das palimpsestierte Einzelblatt ist bis jetzt noch wenig entziffert. Es handelt sich jedoch sicher um einen liturgischen Text. Dold konnte die Worte «‹gra›tias tibi agamus dne» und eine Zeile weiter unten «qui pro nobis d . . .» erkennen.
Eine ähnliche Oration findet sich im Antiphonar von Bangor «Ad secundam» (PL 72,505).

158 Antiphonar-Fragment? (Palimpsest) in Oxford

Bibl.: Oxford, Bibl. Bodleiana, MS Auct. F. III. 15 (1311), foll. 54 bis 65. – **Lit.:** Kenney, Sources 679 (mit Bibliographie); Lowe II Nr. 232. – **Schrift:** Irische Majuskel, 23 Langzeilen. – **Zeit und Ort:** 8. Jh., Irland.

Der Text der sechs palimpsestierten Blätter ist meist unleserlich. Spuren von größeren dekorativen Initialen in kurzen Abständen lassen eine Gebetssammlung vermuten. Der auf fol. 56^v/63 lesbare Text ist identisch mit der Oration «Super hominem qui habet diabulum» auf fol. 30^v des Antiphonar von Bangor (Nr. 150) und nur wenig verschieden vom «Ordo baptismi» auf fol. 47 des Stowe-Missale (Nr. 101).

160 Antiphonar-Fragment? (Palimpsest) aus der Reichenau

> **Bibl.:** Karlsruhe, Bad. Landesbibliothek, Cod. Aug. CXCV (f. 19). –
> **Lit.:** A. DOLD, in: Rev. bénéd. 38 (1926) 274; LOWE VIII Nr. 1089. –
> **Schrift:** Irische Majuskel, ca. 21 Langzeilen. – **Zeit und Ort: 8./9.** Jh.,
> wahrscheinlich Irland, später Reichenau.

Das palimpsestierte Einzelblatt ist ebenfalls noch kaum entziffert.
DOLD und ihm folgend LOWE vermuten auf Grund der lesbaren Worte
«lumen» und «cereum» als Inhalt des Fragments Texte der Karsamstagsliturgie. Wahrscheinlicher ist, daß es sich um den Rest eines Antiphonale handelt, da die beiden Worte ebensogut zu einem Morgen-
oder Abendhymnus gehören können[1].

162 Antiphonar-Fragment? (Palimpsest) aus der Reichenau

> **Bibl.:** Karlsruhe, Bad. Landesbibliothek, Cod. Aug. CXCV (ff. 32, 34, 39,
> 40, 42). – **Lit.:** LOWE VIII Nr. 1090. – **Schrift:** Irische Minuskel, 25/26
> Langzeilen. – **Zeit und Ort: 8./9.** Jh., wahrscheinlich Irland, später
> Reichenau.

Die fünf Palimpsestblätter sind mit einer engzeiligen Zweitschrift
beschrieben und bis jetzt noch nicht entziffert. Nach LOWE handelt es
sich um einen liturgischen Text. Die große Zeilenzahl spricht eher für
ein ehemaliges Antiphonar als für ein Sakramentar[2].

163 Antiphonar-Fragment (Palimpsest) aus der Reichenau

> **Bibl.:** Karlsruhe, Bad. Landesbibliothek, Fragm. Aug. 18 (Erstschrift). –
> **Lit.:** LOWE VIII Nr. 1116. – **Schrift:** Irische Majuskel, 25 Langzeilen. –
> **Zeit und Ort: 8.** Jh., Irland, später Reichenau.

Von dem palimpsestierten Doppelblatt konnte LOWE auf f. 1v den
Anfang eines Hymnus lesen:

---

[1] Vgl. z.B. den «Hymnus ad matutinum in dominica» im Antiphonar von
Bangor (PL 72,589/90).

[2] Es ist nicht ausgeschlossen, daß die vier Karlsruher Fragmente (Nr. 153–162)
oder wenigstens einige davon, trotz der etwas unterschiedlichen Größe des
Schriftspiegels und der verschiedenen Schreiber einmal zu einem einzigen
Liturgiebuch gehört haben.

O *(Initiale)* ⟨pa⟩tris unigenitus ⟨ma⟩gnus mariae ⟨filius⟩
... ⟨pri⟩mogeniti humani generis ... missum.

Liturgische Stücke aus einem irischen Antiphonar finden sich auch in einem Psalter zu Basel, Universitätsbibliothek, Cod. A. VII. 3 (ff. 1–3); vgl. KENNEY Nr. 571 S. 713.

In irischer Schrift geschrieben ist ein Responsoriale (Nr. 428). Es gehört jedoch allem Anschein nach dem angelsächsischen Liturgiebereich an.

d) Documenta devotionis hibernicae

Bei den im folgenden genannten irischen Handschriften handelt es sich nicht um Liturgiebücher im eigentlichen Sinn, sondern um mehr private Gebets- und Hymnen-Sammlungen.

> **Lit.:** F. HEILER, Altkirchliche Autonomie und päpstlicher Zentralismus (= Die katholische Kirche des Ostens und Westens, Band II, 1 München 1941) 131–149; W. GODEL, Irisches Beten im frühen Mittelalter, in: ZkTh 85 (1963) 261–321, 389–439; KENNEY 258–270 (vollständige Lit.).

Wir führen hier nur die älteren und bekannteren Beispiele an:

170   Libellus precum

> **Bibl.:** London, British Museum, MS Royal 2 A. XX. – **Edit.:** A. B. KUYPERS, The Book of Cerne (Cambridge 1902) 201–225. – **Lit.:** W. MEYER, Oratio Moncani, in: Nachrichten der kgl. Gesellschaft d. W. zu Göttingen, Phil.-hist. Klasse (1917) 620–625; E. BISHOP, Liturgica historica (Oxford 1918) 192–197; KENNEY Nr. 576 S. 719; DACL II, 2 2982; LOWE II Nr. 215. – **Zeit und Ort:** 2. Hälfte des 8. Jh., England (Mercia).

Ähnliche Texte wie hier finden sich in dem Fragment MS Harl. 7653 aus dem 8./9. Jh. (KENNEY Nr. 575) und im MS Harl. 2965 der gleichen Bibliothek, «Book of Nunnaminster» genannt (KENNEY Nr. 577)[1], sowie in der folgenden Handschrift:

---

[1] Herausgegeben von W. GRAY DE BIRCH, Book of Nunnaminster (London 1889).

175   «Book of Cerne»

> **Bibl.:** Cambridge, University, MS Ll 1.10. – **Edit.:** A. B. Kuypers, The
> Prayer Book of Aedeluald the Bishop, commonly called the Book of
> Cerne (Cambridge 1902) 1–200 (mit zwei Facsimile). – **Lit.:** Kenney Nr.
> 587 S. 720–722; W. Levison, England and the Continent (Oxford 1946)
> 295f.; DACL II, 2 2982–83. – **Zeit und Ort:** 9. Jh., England (Mercia).

Das Buch ist geschrieben von einem Bischof Aethelwald und zwar,
wie die beiden vorausgenannten Manuskripte, in angelsächsischer
Schrift, was jedoch die Annahme, daß es sich zum großen Teil um
irisches Gebetsgut handelt, nicht ausschließt.

177   Irischer «Liber hymnorum»

> **Bibl.:** Dublin, Library of Trinity Colleg, MS 1441 (alt E. 4. 2). – **Edit.:**
> J. H. Bernard – A. Atkinson, The Irish Liber Hymnorum, 2 Bde.
> (= HBS 13–14, London 1897/98). – **Lit.:** DACL II, 2 2979–80; Kenney
> Nr. 574 S. 716–718 (mit weiterer Lit.); L. Bieler, The Irish Book of
> Hymns: A palaeographical study, in: Scriptorium 2 (1948) 177–194. –
> **Zeit und Ort:** 11. Jh., Irland.

Eine Sammlung von 40 Hymnen in lateinischer und gälischer Sprache,
die in ihrer Gesamtheit wohl kaum für den Gottesdienst bestimmt war.
An altlateinischen Cantica-Texten finden sich das Benedictus und das
Magnificat[1], außerdem das Te Deum (vgl. Nr. 083). Eine weitere derartige Handschrift ist in Killiney, Franciscan House of Studies (früher: Dublin, Franciscan Convent, Merchant's Quay, MS A.2) aus dem
12. Jh[2].

Wie ein Zeugnis moderner Frömmigkeit muten die zahlreichen irischen Litaneien an, die in verschiedenen Handschriften zu finden
sind[3].

---

[1] Vgl. H. Schneider, Die altlateinischen biblischen Cantica 92–94.

[2] Zur irischen Hymnologie vgl. weiterhin C. Blume, Die Hymnen des 5.–11. Jh.
und die irisch-keltische Hymnodie, in: Analecta Hymnica 51 (Leipzig 1908)
259–364; J. Szöverffy, Die Annalen der lateinischen Hymnendichtung I (Berlin 1964).

[3] Vgl. die Übersicht in DACL II, 2 2983–84; Kenney Nr. 579ff. S. 723ff. Sie
sind herausgegeben von Ch. Plummer, Irish Litanies (= HBS 62, London
1925).

Im Kloster St. Emmeram in Regensburg wurde im 1. oder 2. Jahr-
zehnt des 9. Jh. (B. BISCHOFF) der Clm 14248 geschrieben, der eine
Sammlung privater Gebete enthält, die irischen Einfluß erkennen
lassen[1].

*

Die Bedeutung der irischen Liturgiebücher liegt vor allem darin, daß
in ihnen ältestes römisches und gallikanisches Liturgiegut erhalten
geblieben ist. Eigentlich irischen Ursprungs sind vor allem die eben
genannten mehr privaten Gebets- und Hymnensammlungen. Ein
Einfluß der irischen Traditionen auf die übrigen Liturgien des Abendlandes ist trotz der «irischen Mission» nicht zu erkennen. Diese wird
ihrem Umfang nach meist überbetont. Bei der Mission der irischen
Wandermönche handelte es sich in erster Linie um den Versuch einer
geistigen Durchdringung einiger Gebiete in der nördlichen Hälfte
Europas mit monastischen Idealen. Die Bedeutung der irischen Mönche
bestand daher in erster Linie darin, «daß sie vom Kloster aus einen
Impuls asketischer Lebensverwirklichung auch in ihre Umgebung
hineintragen konnten» (A. MIRGELER).

Erst in der karolingischen Periode und unter den sächsischen Königen
gewannen die Klöster, jetzt jedoch in der Hauptsache Benediktiner-
Klöster, immer stärkere Bedeutung auf dem Gebiete der Seelsorge und
damit auch hinsichtlich der Gestaltung der Liturgie. Bei allem Re-
spekt vor den kulturellen Leistungen der Mönche – waren sie es doch
in erster Linie, die in der Spätzeit (vom 7./8. Jh. an) die liturgischen
Bücher abgeschrieben haben – sowie vor ihren Pionierleistungen im
germanischen Norden darf doch nicht übersehen werden: Das Mönchtum hat damals Aufgaben, wie die Seelsorge, übernommen, die nicht
zu seinem eigentlichen Wesen gehören. Dadurch ist auch der Einfluß
der monastischen Geisteswelt auf die Gestaltung des religiösen und
gottesdienstlichen Lebens immer stärker geworden. Wie weit sich
dieser Einfluß auch in den liturgischen Büchern wiederspiegelt, müßte
im einzelnen noch eingehend untersucht werden.

---

[1] Vgl. M. FROST, A Prayer Book from St. Emmeram Ratisbon, in: JThSt 30
(1929) 32–45; BISCHOFF 193, 176; W. GODEL, in: ZkTh 85 (1963) 261 ff.

Libri liturgici gallicani
(Sigel: Ga)

Der sog. gallikanische Ritus war außer in Gallien auch in weiten Gebieten Spaniens sowie in Norditalien (Gallia Transpadana) in Gebrauch. Er ist zu unterscheiden vom afrikanisch-römischen Ritus, dessen Verbreitungsgebiet bis zum 7./8. Jh. außer (Nord-)Afrika, wo schon früh die lateinische Liturgiesprache ausgebildet worden ist, Mittel- und Süditalien sowie Teile Spaniens und des Balkans war.

Lit.: L. MABILLON, De Liturgia Gallicana libri tres (Parisiis 1685) = PL 72, 99–382; B. BUCHWALD, De liturgia gallicana (Breslau 1890); F. PROBST, Die abendländische Messe vom fünften bis zum achten Jh. (Münster i. W. 1896); DACL VI, 1 473–593 *(mit Lit.)*; J. B. THIBAUT, L'ancienne liturgie gallicane. Son origine et sa formation en Provence aux Ve et VIe siècles (Paris 1929); F. CABROL, Les origines de la liturgie gallicane, in: Revue d'histoire ecclésiastique 25 (1930) 951–962; G. NICKL, Der Anteil des Volkes an der Meßliturgie im Frankenreich von Chlodwig bis Karl d. Gr. (= Forschungen zur Geschichte des innerkirchlichen Lebens, 2. Heft, Innsbruck 1930); A. GASTOUE, Le chant gallican, in: Revue du chant grégorien 41 (1937) – 43 (1938); H. SCHNEIDER, Die altlateinischen biblischen Cantica (TuA, Heft 29/30, Beuron 1938) 158–177; FR. HEILER, Altkirchliche Autonomie und päpstlicher Zentralismus (München 1941) 86–96; C. VOGEL, La discipline pénitentielle en Gaule, in: Revue des Sciences religieuses 30 (1956) 1–26, 157–186; E. GRIFFE, Aux origines de la liturgie gallicane, in: Bulletin de littérature ecclésiastique 52 (1951) 17–43; A. G. MARTIMORT, La liturgie de la messe en Gaule, in: Compagnie de Saint Sulpice. Bulletin du Comité des Etudes, Nr. 22 (= T. III, 3, 1958) 204–222; Sakramentartypen 20–30; W. S. PORTER, The Gallican Rite (London 1958); A. A. KING, Liturgies of the Past (London 1959) 77–186; B. STÄBLEIN, in: Musik in Geschichte und Gegenwart IV, 1299–1325 *(erhaltene gallikanische Melodien)*; K. GAMBER, Die gallikanische Liturgie, in: Liturgie übermorgen. Gedanken über die Geschichte und Zukunft des Gottesdienstes (Freiburg i. Br. 1966) 126–140.

Im folgenden werden die gallischen und oberitalienischen Zeugen der gallikanischen Liturgie (mit Ausnahme der mailändischen) gemeinsam behandelt, die spanischen (mozarabischen) dagegen in einem eigenen Kapitel.

> **Lit.** *(zur älteren Liturgie Aquilejas)*: F. CABROL, in: DACL I,2 2883–91 (mit der älteren Lit.); P. BORELLA, in: Liturgisch Woordenboek I,181–183 (mit Lit.); Sakramentartypen 36–43; A. DOLD – K. GAMBER, Das Sakramentar von Salzburg (= TuA Beiheft 4, Beuron 1960) 10–17; K. GAMBER, I più antichi libri liturgici dell' alta Italia, in: Rivista di Storia della Chiesa in Italia 15 (1961) 71–81; vgl. auch S. 74; *zum «Ritus Patriarchinus»* vgl. S. 287 ff.

Über den Ritus in Gallien im 5./6. Jh. sind wir durch zahlreiche Hinweise in den Sermonen des Bischofs *Caesarius von Arles* († 542) relativ gut unterrichtet[1]. Aus etwas späterer Zeit, angeblich oder tatsächlich von Bischof *Germanus von Paris* († 576) stammt eine eingehende Beschreibung der gallikanischen Meßfeier, die «Expositio brevis antiquae liturgiae gallicanae: Quomodo solemnis ordo ecclesiae agitur»[2].

> **Lit.** *(zur Echtheitsfrage)* : A. VAN DER MENSBRUGGE, Expositio missae gallicanae est-elle de Saint Germain de Paris?, in: Messager de l'Exarchat du Patriarche russe en Europe occidentale 8 (1959) 217–249; IDEM, Pseudo-Germanus Reconsidered, in: Studia Patristica V (= Texte und Untersuchungen 80, Berlin 1962) 172–184. **Ausgaben:** Migne, PL 72, 83–98; J. QUASTEN, Expositio antiquae liturgiae gallicanae Germano Parisiensi ascripta (= Opuscula et Textus, Ser. lit. 3, Münster i. W. 1934); K. GAMBER, Ordo antiquus Gallicanus (Regensburg 1965) gekürzter Text.

Die entsprechende Handschrift galt lange als verloren. Sie befindet sich in Autun, Bibl. munic., ms. 184 (alt G III). Eine Edition ist von RATCLIFF in den Bänden der HBS angekündigt.

Der Ritus der *gallikanischen Meßfeier* (von Gregor von Tours meist «missarum sollemnia» genannt) unterscheidet sich in einigen Punkten vom Ritus des afrikanisch-römischen Liturgiebereichs; so u. a. in der Stellung des Friedenskusses bereits vor dem Eucharistiegebet und nicht erst vor der Kommunion. Er ist nahe verwandt mit dem mozarabischen Ritus.

> **Lit.:** L. DUCHESNE, Les origines du culte chrétien (letzte Aufl. Paris 1925); H. LIETZMANN, Liturgische Texte II: Ordo missae romanae et

---

[1] Vgl. K. BERG, Die Werke des hl. Caesarius von Arles als liturgiegeschichtliche Quelle (= Dissert. Pont. Universitatis Gregorianae, Romae 1946); B. BECK, Annotationes ad textus quosdam liturgicos e vitis Sanctorum Aevi Merovingici selectos (Diss. Romae 1939).

[2] Ein weiterer gallikanischer Meßordo ist in den Ordo Romanus XV eingebaut (n. 133–147 ed. ANDRIEU III,122–124).

gallicanae (= Kleine Texte 19, Bonn 1923); K. GAMBER, Ordo antiquus gallicanus. Der gallikanische Meßritus des 6. Jh. (= Textus patristici et liturgici 3, Regensburg 1965).

Besonders reich war der Wortgottesdienst gestaltet. Wir finden hier den Gesang des «Aius» in lateinischer und griechischer Sprache, sowie seit dem 6. Jh. (unter römischem Einfluß) ein dreimaliges «Kyrie eleison»; ferner die «Prophetia» (das Canticum Zachariae, Luc 1,68–79) mit anschließender «Collectio post prophetiam».

Nach dieser erst im Laufe der Zeit ausgebildeten «Vormesse» begannen nun die Lesungen, die im Gegensatz zum afrikanisch-römischen Ritus regelmäßig drei waren: eine aus dem Alten Testament (oder aus der Apostelgeschichte bzw. der Apokalypse), eine aus dem «Apostel» und als letzte das Evangelium. Nach der 1. Lesung wurde der «Psalmus responsorius» vorgetragen, an Festtagen außerdem noch die «Benedictiones» (das Canticum trium puerorum, Dan 3).

Der Opfergang war bereits liturgisch weitergebildet. Die Opfergaben wurden nämlich schon zu Beginn der Feier im Sacrarium abgegeben und bereitet. Der Einzug mit diesen in die Kirche war ähnlich gestaltet wie der «Große Eingang» in der byzantinischen Liturgie: Der Diakon brachte die Gaben feierlich zum Altar, das Brot in einem turmartigen Gefäß («Turris» genannt), den Wein im Kelch. Währenddessen wurde vom Chor der «Sonus» gesungen. Chorgesänge fanden auch während der Brotbrechung (vor dem Paternoster) und der Kommunionausteilung statt[1].

Die «Missa», wie in den Liturgiebüchern die Eucharistiefeier genannt wird[2], beinhaltete sieben Gebete[3]. Sie tragen in den Sakramentaren

---

[1] Liturgiebücher mit Chorgesängen für die Meßfeier sind aus Gallien nicht erhalten. Manche gallikanischen Gesänge mögen in mozarabischen und ambrosianischen Antiphonaren weiterleben (vgl. Nr. 380ff. und 550ff.). Die Reste des gallikanischen Kirchengesangs hat A. GASTOUE, in: Revue du Chant Grégorien 41 (1937) 101ff. gesammelt; vgl. auch B. STÄBLEIN, Gallikanische Liturgie, in: Musik in Geschichte und Gegenwart III, 1299–1325.

[2] Die Bezeichnung «Missa» für die Eucharistiefeier scheint in Gallien aufgekommen zu sein. In Afrika war, wie S. 69 erwähnt, «missa» nur im Sinn von Entlassung der Katechumenen gebräuchlich; vgl. K. GAMBER, Missa, in: Ephem. lit. 74 (1960) 48–52.

[3] Darüber spricht Isidor, De eccl. off. 1,15 (De missa et orationibus); vgl. weiterhin M. FEROTIN, Le Liber Ordinum (Paris 1904) 233ff.

die Bezeichnung: «Praefatio (missae)», «Collectio (sequitur)», «(Collectio) post nomina», «(Collectio) ad pacem», «Immolatio (missae)» oder «Contestatio», «Post (ter) Sanctus» mit dem Einsetzungsbericht («Mysterium» oder «Secreta» genannt) und dem Gebet «Post mysterium» bzw. «Post secreta», und als siebtes Gebet schließlich die «Oratio dominica» mit einer Formel «ante» und «post orationem». Die Sakramentare verzeichnen außerdem noch gelegentlich Segensgebete vor der Kommunion (vgl. Nr. 280 ff.) und zwei Gebete: «Post eucharistiam» (oder: communionem) und «Consummatio missae» überschrieben.

An der Ausbildung gallikanischer Liturgiebücher waren mehrere Autoren beteiligt, deren Namen nur zum Teil überliefert sind. So nennt Hieronymus (De vir. ill. c. 100) einen «Liber mysteriorum», den *Hilarius von Poitiers* geschrieben hat (vgl. Nr. 030); Gennadius wiederum spricht (De vir. ill. c. 79) von einem Lektionar und Sakramentar des Priesters *Musaeus von Marseille* (vgl. Nr. 032, 037). Auch *Sidonius Apollinaris* hat, wie er selbst einmal schreibt (Lib. VII, Ep. 3), «Contestatiunculae» (Präfationen) verfaßt, die von *Gregor von Tours* zu einem Meßlibellus vereinigt worden sind (vgl. Nr. 035).

a) Sacramentaria Gallicana

Die meisten der handschriftlich erhaltenen Denkmäler der gallikanischen Liturgie stellen keine reinen Typen dar, da sie bereits mehr oder weniger einen Einfluß stadtrömischer Quellen erkennen lassen. Dies gilt jedoch nicht für das folgende höchst altertümliche Sakramentar aus Oberitalien:

201 Sakramentar-Fragment (Palimpsest) in St. Gallen

> **Bibl.:** St. Gallen, Stiftsbibliothek, Cod. 908 (pp. 79/80, 85/86, 93/94, 97–100, 103/04). – **Edit.:** BUNSEN (1854); HAMMOND (1879); A. DOLD, Palimpsest-Studien I (= TuA, Heft 45, Beuron 1955) 1–36. – **Lit.:** LOWE VII Nr. 958; J. A. JUNGMANN, Die vormonastische Morgenhore, in: ZkTh 78 (1956) 306–333; K. GAMBER, I più antichi libri liturgici dell'alta Italia, in: Rivista di storia della Chiesa in Italia 15 (1961) 71–81, bes. 71–74; Sakramentartypen 15. – **Schrift:** Halbunziale, 16 Langzeilen,

Überschriften in kleineren Buchstaben[1]. – **Zeit und Ort:** 6. Jh., vermutlich Oberitalien (LOWE), möglicherweise Aquileja [2].

Das aus sechs Blättern (2 Doppel- und 2 Einzelblättern) bestehende Fragment gewährt uns einen Einblick in die Sakramentare in der klassischen Zeit der Liturgie. Es ist zugleich das älteste Sakramentar-Fragment überhaupt. Die Blätter bieten leider, abgesehen vom 1. Doppelblatt, keinen fortlaufenden Text, da immer wieder Seiten dazwischen fehlen. Erhalten sind zuerst Teile einer Totenmesse, die defekt mit der Contestatio (Präfation) beginnt und noch ohne Sanctus nach einem kurzen Bittgebet (Praecamur ergo . . .) unmittelbar zum Einsetzungsbericht überleitet[3]. Das Gebet nach dem «Qui pridie» stellt eine Geist-Epiklese dar, sie bricht jedoch leider defekt ab. Nach einer Lücke von vermutlich einem Blatt finden wir den Schluß eines Gebetes, das in den gallikanischen Liturgiebüchern mit «Consummatio (missae)» überschrieben ist. Die darauf folgende «Collectio» hat die nur noch in GV (Nr. 214) 88 nachweisbare Doxologie: «quia tibi est gloria aput aeternum patrem». Danach beginnt mit einer nicht mehr deutbaren Überschrift (Item . . .) die «Praefatio missae» eines Formulars «pro vivis et defunctis», wovon es in oberitalienischen Sakramentaren eine Reihe gibt, ohne daß jedoch eines davon mit unserm Text übereinstimmt[4].

Die weiteren Blätter bieten Texte, die für den Morgengottesdienst (ad matutinas) bestimmt waren[5]. Nach einem nicht mehr sicher deutbaren ersten Formular, dessen 1. Gebet defekt beginnt und von dem die beiden folgenden die Überschriften «Collectio» und «Consummatio» tragen (dem Inhalt nach jedenfalls Morgengebete) beginnen mit der Überschrift «Incipit exhortatio matutina» mehrere Formulare, die alle den

---

[1] Ähnlich im Sakramentar Nr. 882 (entstanden nach 800), das ebenfalls aus Aquileja stammen oder zum mindesten für Aquileja geschrieben sein dürfte. Hier ist sogar auch die Zeilenzahl mit unserm Fragment gleich.

[2] Ein früherer zeitlicher Ansatz (Ende des 5. Jh.) ist wegen des Fehlens des Sanctus durchaus möglich. B. BISCHOFF urteilt vorsichtig: Eine zeitliche oder örtliche Festlegung . . . ist nicht gelungen (in: TuA 45, S. 9).

[3] Vgl. Sakramentartypen 15–16; L. CHAVOUTIER, in: Sacris erudiri 11 (1960) 174–191; K. GAMBER, in: Heiliger Dienst 14 (1960) 132–136.

[4] Vgl. K. GAMBER, Fragmenta Liturgica II, in: Sacris erudiri 17 (1966).

[5] Perikopen für den Morgengottesdienst finden sich in der aquileischen Perikopenliste (vgl. Nr. 245).

gleichen Aufbau zeigen und den gleichen Titel: «Item Exhortatio matutina» tragen, von denen jedoch keines vollständig erhalten ist. Das erste Gebet ist jeweils eine der «Praefatio missae» entsprechende Formel, der eine «Collectio» folgt. Ob auch hier eine «Consummatio» dazugehört hat, können wir wegen des fragmentarischen Zustandes nicht mehr feststellen. Am Schluß des letzten der erhaltenen Blätter steht die Quaternionenzahl XI.

Als den Verfasser der Gebete dürfen wir Bischof *Chromatius von Aquileja* († 407/8) vermuten (vgl. Nr. 056). Durch den Vergleich mit seinen Schriften läßt sich ein nicht mehr sicher deutbares Wort zu Beginn des Gebetes II, 2 (ed. DOLD) feststellen: «Deus uiuorum et iudex (nicht: noster) mortuorum . . .»[1]. Auf Bischof Chromatius gehen allem Anschein nach auch die *Psalter-Kollekten* der sog. Series romana (Nr. 1616) zurück; sie zeigen denselben Stil wie die Gebete der «Exhortatio matutina».

Die St. Galler Palimpsestblätter wurden hier deshalb so ausführlich besprochen, weil sie die ältesten Reste eines Sakramentars darstellen und es sich dabei um einen Typus handelt, von dem keine spätere Handschrift mehr Zeugnis gibt. Die folgenden Codices brauchen jeweils nur kurz besprochen zu werden, weil meist eine eingehende Literatur dazu vorhanden ist.

203   Libellus missae (Palimpsest), sog. Mone-Messen   Sigel: Mone

Bibl.: Karlsruhe, B. Landesbibliothek, Cod. Aug. CCLIII (ff. 12, 15, 26 usw.). – **Edit.:** MONE (1850) = PL 138, 863–882; J. M. NEALE - G. M. FORBES (1855–67); L. EIZENHÖFER, Die Mone-Messen, in: MOHLBERG, Missale Gallicanum Vetus (Roma 1958) 61–91, 135–138 (mit ausführl. Lit.). – **Lit.:** F. G. MONE, in: Revue catholique de Louvain 8 (1850/51) 149 ff. (französische Übersetzung der Einleitung zur zitierten Edition von MONE). DACL VI, 1 519–522; A. WILMART, L'âge et l'ordre des messes de Mone, in: Rev. bénéd. 28 (1911) 377–390; M. BREWER, Der zeitliche Ursprung und der Verfasser der Moneschen Messen, in: ZkTh 43 (1919) 693–703; P. RADO, Verfasser und Heimat der Mone-Messen, in: Ephem. lit. 42 (1928) 58–65; L. EIZENHÖFER, Arator in einer Contestatio der Mone-Messen, in: Rev. bénéd. 63 (1953) 329–333; BOURQUE II, 2 Nr. 515

---

[1] Vgl. K. GAMBER, I più antichi libri liturgici a. a. O. 72–73.

S. 398; Lowe VIII Nr. 1102; Sakramentartypen 22. – **Zeit und Ort:** 7. Jh. (630–640), vermutlich Burgund[1].

Die Mone-Messen sind sieben, nach ihrem Entdecker und ersten Herausgeber F. J. Mone benannte, rein gallikanische Meßformulare und zwar sind es sechs «Missae cotidianae» (die erste in Hexametern) und eine Messe zu Ehren des hl. Germanus von Auxerre. Die Handschrift geht vielleicht auf einen Meßlibellus des Sidonius Apollinaris bzw. des Gregor v. Tours (vgl. Nr. 035) zurück. Sichere Hinweise sind jedoch nicht vorhanden.

204 Sakramentar-Fragment (Palimpsest) in Karlsruhe

> **Bibl.:** Karlsruhe, B. Landesbibliothek, Cod. Aug. CCLIII (ff. 13, 14, 18–25, 96). – **Lit.:** F. J. Mone, Lateinische und griechische Messen aus dem zweiten bis sechsten Jahrhundert (Frankfurt 1850) 12, 38–39, 151 (Nr. 7); L. C. Mohlberg, Sacramentarium Veronense (Roma 1957), Beigabe V S. 200f.; Lowe VIII Nr. 1103. – **Schrift:** Kursive Minuskel und Kursive, 14–19 Langzeilen. – **Zeit und Ort:** 2. Hälfte des 7. Jahrhundert, mit Nachträgen aus der 1. Hälfte des 8. Jahrhundert, Entstehungsort ungewiß (Frankreich?).

Mone konnte nur das hintere Deckblatt (f. 96) der ehemaligen Handschrift entziffern. Die übrigen erhaltenen zehn Blätter (fünf Doppelblätter) sind stark geschabt und bis jetzt noch nicht identifiziert worden[2].

205 Sakramentar (Palimpsest) in Mailand (unvollst.)   Sigel: GaM

> **Bibl.:** Milano, Biblioteca Ambrosiana, Cod. M 12 sup.[3] – **Edit.:** A. Dold, Das Sakramentar im Schabkodex M 12 sup. der Biblioteca Ambrosiana

---

[1] Bei der Zweitschrift handelt es sich um einen etwa i. J. 750 im Frankenreich geschriebenen Kommentar des Hieronymus zu Matthäus.

[2] Lowe a.a.O. konnte zusätzlich auf f. 19v einige Worte entziffern: /. . . . cors . . . / . . . quabile (?) utraque . . . / . . . . . nostra. / Tironische Noten finden sich auf f. 96v.

[3] Als Zweitschrift trägt sie jetzt auf den ff. 25–46 Texte eines Kalendars des 9. Jh.; herausgegeben von B. Bischoff, Das karolingische Kalendar der Palimpsesthandschrift Ambros. M 12 sup., in: TuA, 2. Beiheft (Beuron 1952) 247–260 (mit Facsimile).

(= TuA, Heft 43, Beuron 1952), mit mehreren Facsimile-Seiten[1]. – **Lit.:**
DACL I, 2 1886–89; A. WILMART, in: Revue biblique 31 (1922) 182–202;
LOWE III Nr. 354; L. EIZENHÖFER, Zitate in altspanischen Meßgebeten,
in: Römische Quartalschrift 50 (1955) 248–254; BOURQUE II, 2 Nr. 522
S. 401; Sakramentartypen 16–18. K. GAMBER, Das Lektionar und Sakra-
mentar des Musäus von Massilia, in: Rev. bénéd. 69 (1959) 198–215. –
Schrift: Große Unzialbuchstaben, meist 14 Langzeilen. – **Zeit und Ort:**
Um oder vor 700, Südfrankreich.

Ein großer Teil der ehemaligen Handschrift, nämlich 93 Blätter, sind
als Palimpsest erhalten. Von einigen Seiten ist jedoch leider nicht
mehr allzuviel zu lesen. Schwierig ist es, die ehemalige Lagefolge der
Blätter sicher zu bestimmen, da keinerlei Quaternionenzahlen mehr
zu erkennen sind[2]. Das Sakramentar hat vermutlich mit den Ora-
tionen zur Ostervigil begonnen (S. 26* der Edition von DOLD)[3].
Es finden sich noch Formulare von folgenden Festen: Stephanus,
Infantes, Johannes et Jacobus, Circumcisio, Epiphania, Cathedra
Petri, Pascha, ferner einige Messen für die Fastenzeit und für die
Sonntage des Jahres und schließlich ein Formular zu Ehren des hl.
Ilduinus[4].

Nicht wenige Formeln finden sich in spanischen Liturgiebüchern
wieder. Das Sakramentar ist jedoch als gallisch zu bezeichnen, da
die Titel der Gebete denen in gallischen Meßbüchern entsprechen
(Ordo missae praefatio, Collectio, Post nomina, Ad pacem, Contestatio, Post ter sanctus, Post mysterium). Manchen Gebeten liegen Texte
der Kirchenväter zugrunde und zwar von Cyprian bis Leo d. Gr.[5].
In der Zeit vor Leo kann daher das Sakramentar nicht entstanden sein.

---

[1] Frühere dürftige Teilausgaben: L. A. MURATORI, Antiquitates Italicae medii
aevi III (Mediolanum 1740) 834; A. PEYRON, M. T. Ciceronis orationum . . .
fragmenta (Stuttgart 1824) 227; A. MAI, Scriptorum veterum Nova collectio
III, 2 Roma 1828) 247–248; A. WILMART, in: Revue biblique 31 (1922) 182 bis
202.
[2] In Sakramentartypen 17 wird teilweise eine andere Ordnung der Blätter
vorgeschlagen als bei DOLD.
[3] Vgl. K. GAMBER, in: Rev. bénéd. 69 (1959) 201.
[4] Zu Ilduinus vgl. A. DOLD, in: TuA, Heft 43 (1952) 45; H. SEEMANN, in: Benediktinische Monatsschrift 29 (1953) 226–330.
[5] Vgl. L. EIZENHÖFER, in: Römische Quartalschrift 50 (1955) 248–254. Die
gleiche Beobachtung ist auch im mozarabischen Meßbuch (= LM) zu machen;
vgl. DACL XII, 2 483–486 (nach den Untersuchungen von M. HAVARD).

Nach einer Vermutung von GAMBER ist *Musaeus von Marseille* der Verfasser (um 460). Ein Großteil der Formeln findet sich nicht mehr in den späteren Meßbüchern.

Vielleicht sind noch zwei *Schwester-Handschriften* zum Palimpsest von Mailand erhalten, die beide aus dem 7. bzw. 7./8. Jh. stammen, dieselben großen Unzialbuchstaben aufweisen und mit 16–22 Langzeilen beschrieben sind. Es sind dies die Palimpsest-Codices Paris, B. N., ms. lat. 2739 (37 Blätter)[1] und Karlsruhe, B. Landesbibliothek, Cod. Aug. CCLIII (ff. 154, 162)[2]. Die Entzifferung der beiden Handschriften ist wohl kaum mehr möglich.

208 Sakramentarfragment? (Palimpsest) in Karlsruhe

> **Bibl.:** Karlsruhe, Bad. Landesbibliothek, Cod. Aug. CCLIII (ff. 11, 16). – **Lit.:** A. DOLD, Zwei altfränkische Gebete aus Codex Augiensis CCLIII (= TuA, Heft 12, Beuron 1925) 35–37; LOWE VIII Nr. 1101. – **Zeit und Ort:** 1. Hälfte des 8. Jh., Frankreich.

Von dem palimpsestierten Doppelblatt konnte DOLD nur f. 16r mit einem sonst unbekannten Gebet für die Frankenkönige (Domine domine deus omnium creator . . .) entziffern. Die einstige Zugehörigkeit des Doppelblattes zu einem Sakramentar ist wahrscheinlich, da es in so früher Zeit kaum sonstige Gebetssammlungen gegeben hat.

210 «Missale Gothicum» Sigel: Go

> **Bibl.:** Roma, Cod. Vat. Regin. lat. 317. – **Edit.:** TOMMASI (1680); MABILLON (1685) = PL 72, 225–310; MURATORI (1748); H. M. BANNISTER, Missale Gothicum, Vol. I Text and introduction (= HBS 52, London 1917), Vol. II Notes and indices (= HBS 54, London 1919); L. C. MOHLBERG, Missale Gothicum (= Rerum ecclesiasticarum Documenta. Series maior, Fontes V, Roma 1961), mit umfangreicher Lit. – **Facsimile-Ausgabe:** C. MOHLBERG, Missale Gothicum, Tafelband und Einleitung (= Codices liturgici e Vaticanis praesertim selecti phototypice expressi I, Augsburg 1929). – **Lit.:** L. DELISLE, Le sacramentaire d'Autun, in: Gazette

---

[1] Vgl. B. BISCHOFF, in: Colligere Fragmenta (= TuA, 2. Beiheft, Beuron 1952) 247 Anm. 5; LOWE V Nr. 549.
[2] Vgl. LOWE VIII Nr. 1109.

archéologique 9 (1884) 153–163; DELISLE 69; EHRENSBERGER 392; DACL VI, 2 1393–1425; XV, 1 278–279; J. LEROCY, in: Recherches de science religieuse 2 (1938) 82–89; G. MORIN, in: Rev. bénéd. 56 (1945/46) 7–11; B. CAPELLE, ebd. 58 (1948) 73–76; IDEM, in: Miscellanea Liturgica II (Roma 1949) 33–59 (vier Aufsätze über die Marienfeste in Go); LOWE I Nr. 106 cf. VI p. X, XV–XVII; A. WILMART, Codices Reginenses latini 2 (Bibl. Vaticana 1945) 204–208; BOURQUE II, 2 Nr. 516 S. 390; Sakramentartypen 24; K. GAMBER, in: FISCHER-WAGNER, Paschatis Sollemnia (Freiburg i. Br. 1959) 159–178; P. SIFFRIN, Konkordanztabellen III (Roma 1961); F. DELL'ORO, in: Ephem. lit. 76 (1962) 74–81. – **Zeit und Ort:** Anfang des 8. Jh., Ostfrankreich, wahrscheinlich Autun[1].

Die Handschrift ist am Anfang und Schluß defekt. Den verlorenen Beginn des Meßbuches dürften nicht, wie meist angenommen wird, Adventsmessen gebildet haben, sondern Orationen für die Vigilfeier von Weihnachten, entsprechend den Formularen 10 und 11 im Missale Gallicanum Vetus (ed. MOHLBERG). Die ersten Messen weisen in Go noch den vollen ursprünglichen Bestand an Formeln auf, die späteren brechen meist schon mit der Contestatio ab; es wird demnach allem Anschein nach, ähnlich wie in Bo (Nr. 220), bereits der römische Canon vorausgesetzt. Die Heiligenfeste sind blockartig an zwei Stellen des Meßbuches eingefügt. Das Martinsformular steht zu Beginn des (vermutlich ursprünglich selbständigen) Sonntagsmessen-Libellus[2]. Mit der 1. Oration der «Missa cotidiana rominsis» (vgl. Nr. 605) bricht der Codex defekt ab.

Der bedeutungsvollste Neufund der letzten Jahre stellt die folgende Handschrift dar:

211   Codex palimpsestus Monacensis   Sigel: Mon

> **Bibl.:** München, B. Staatsbibliothek, Clm 14429. – **Edit.:** A. DOLD-L. EIZENHÖFER, Das irische Palimpsestsakramentar im Clm 14429 der Staatsbibliothek München (= TuA, Heft 53/54, Beuron 1964). – **Lit.:** A. DOLD, Liturgiefragmente, in: Rev. bénéd. 38 (1926) 277–287; LOWE

---

[1] Vgl. G. MORIN, Sur la provenance du Missale Gothicum, in: Revue d'histoire ecclésiastique 37 (1941) 24–30.

[2] Die Formulierung «patris nostri Martini» in Go 472 läßt an eine Herkunft dieses Libellus aus Marmoutier (bei Tours) denken. Das Martinsformular von Go findet sich ganz ähnlich in Pr (Formular 206) wieder; vgl. dazu K. GAMBER, in: Münchener Theol. Zeitschrift 12 (1961) 206 f.; M. SCHELLHORN, in: Heiliger Dienst 15 (1961) 91–96.

IX Nr. 1298; BOURQUE II, 2 Nr. 520 S. 399; Sakramentartypen 23. –
Schrift: Irische Majuskel, meist 21–22 Langzeilen. – **Zeit und Ort:** Mitte
des 7. Jh., Irland, später auf der Reichenau.

Die zehn Lagen (Quinionen) der ehemaligen Sakramentar-Handschrift
sind fast vollständig erhalten. Sie zeigen Formulare (jeweils ohne
«Benedictio populi») von der Vigil von Weihnachten bis zu einer Missa
pro defunctis. Die Erstschrift der 79 Palimpsestblätter ist jedoch so
stark geschabt und mit engzeiliger Neuschrift, einem Liber Glossarum[1], überschrieben, daß eine Entzifferung nicht zuletzt auch wegen
der schädlichen Behandlung durch Reagenzien nur teilweise möglich
war. Diese zeigt, daß es sich trotz der irischen Schrift und der liturgischen Verwendung in Irland – die Initialen sind ähnlich denen im
«Cathach of St. Columba» (Nr. 130)[2] – im wesentlichen um die Abschrift eines gallikanischen Sakramentars handelt, das dem Missale
Gothicum (Nr. 210) ähnlich ist, im Gegensatz zu diesem jedoch noch
keine Beeinflussung durch «römische» Gebete aufweist[3]. Im Anschluß
an das ‹Post Sanctus› der Weihnachtsmesse, die als einzige aus einem
vollständigen Meßformular (von der «Praefatio missae» bis zur «Collecta
post eucharistiam») besteht, während die anderen Formulare meist
mit dem «Post sanctus» abbrechen, findet sich die «Secreta», der gallikanische Einsetzungsbericht. Ein solcher ist in keiner weiteren galli-
nischen Handschrift mehr erhalten geblieben und im ambrosianischen
Canon nur mehr teilweise erkennbar.[4] Erwähnenswert ist auch die
«Post Secreta» an der «Circumcisio», die eine Christus-Epiklese dar-

---

[1] Vgl. G. GÖRZ, Der Liber Glossarum (= Abhandlungen der K. S. Gesellschaft
d. W., Phil.-Hist. Klasse 13, Leipzig 1891).

[2] Bezüglich der Initialen vgl. die Ausführungen von D. H. WRIGHT, in: TuA
53/54, S. 34*–40*.

[3] Die Gleichheit einer Reihe von Formeln mit denen im mozarabischen LM
(Nr. 301), muß nicht, wie EIZENHÖFER 103*–104* meint, Abhängigkeit von
einem spanischen Liturgiebuch bedeuten, da die gallikanische Liturgie während der Zeit des Westgotenreiches starken Einfluß auf Spanien gewonnen
hat; vgl. auch die Rezension von K. GAMBER, in: Theol. Revue 62 (1966) 49 bis
51.

[4] Man darf jedoch den Text sicher nicht als den gallikanischen schlechthin bezeichnen, da z. B. in Mone 31 und im ambrosianischen Canon ein anderer
Wiederholungsbefehl vorkommt als hier. Auch ist durchaus möglich, daß
bei uns in den Einsetzungsworten bereits Einfluß vom römischen Canon vorliegt.

stellt und einen Text aus den apokryphen Thomasakten benützt (S. 43–46 der Edition)[1].

212   Sakramentar-Libellus (Missale Gallicanum Vetus I)   Sigel: GaV

Bibl.: Roma, Cod. Vat. Palat. lat. 493 (ff. 1–10)[2]. – **Edit.**: TOMMASI (1680); MABILLON (1685) = PL 72, 339–382; MURATORI (1748); L. C. MOHLBERG (–L. EIZENHÖFER-P. SIFFRIN), Missale Gallicanum Vetus (= Rerum ecclesiasticarum Documenta, Series maior, Fontes III, Roma 1958) 1–8. – **Lit.**: DELISLE 73; EHRENSBERGER 387; EBNER 246; LOWE I Nr. 92; MOHLBERG, Missale Gallicanum Vetus a. a. O. (mit ausführl. Lit.); BOUR-QUE II, 2 Nr. 519 S. 397; Sakramentartypen 25. – **Schrift**: Unziale, 16 Langzeilen. – **Zeit und Ort**: 1. Hälfte des 8. Jh., Frankreich, vermutlich Luxeuil (B. BISCHOFF).

Es handelt sich um einen gallikanischen Meß-Libellus, der noch keinen stadtrömischen Einfluß zu erkennen gibt. Es ist nur die erste Lage (mit fünf Doppelblättern) erhalten. Zu Beginn steht eine Messe zu Ehren des hl. Germanus, worauf sich eine «Benedictio uirginis» bzw. «uiduae» anschließen. Im letzteren Formular bricht der Libellus unvollständig ab.

213   Sakramentar-Fragment (Missale Gallicanum Vetus II) Sigel: GaV

Bibl.: Roma, Cod. Vat. Palat. lat. 493 (ff. 11–18). – **Edit.**: wie Nr. 212; L. C. MOHLBERG, Missale Gallicanum Vetus (Roma 1958) 8–10. – **Lit.**: wie Nr. 212. – **Schrift**: Unziale, 14 Langzeilen. – **Zeit und Ort**: 1. Hälfte des 8. Jh., Frankreich.

Von der ehemaligen Handschrift ist lediglich eine Lage (von vier Doppelblättern) erhalten. Nach Ausweis der Lagenziffer II (auf f. 18v) handelt es sich um die zweite Quaternio eines gallikanischen Meßbuches. Diese enthält die zweite Hälfte der Palmsonntagsmesse und den Anfang der «Expositio symboli». Der ehemalige Codex muß demnach mit der Palmsonntagsmesse (Missa in simboli traditione)

---

[1] Vgl. K. GAMBER, Die Christus-Epiklese im altgallischen Eucharistiegebet, in: ALW IX, 2 (1966) 375–382.

[2] Bezüglich der Tatsache, daß es sich bei unserem Codex um eine Sammelhandschrift handelt, vgl. K. GAMBER, in: Benediktinische Monatsschrift 34 (1958) 134–136.

begonnen haben, da auf der ersten Lage lediglich der fehlende Teil dieser Messe Platz gehabt haben kann. Unser Fragment steht dem vorausgenannten Libellus (Nr. 212) paläographisch nahe und könnte ursprünglich mit diesem zu einer Handschrift verbunden gewesen sein. In diesem Fall hat der Libellus wohl am Schluß gestanden.

214 Sakramentar (unvollst.) (Missale Gallicanum Vetus III) Sigel: GaV

> **Bibl.:** Roma, Cod. Vat. Palat. lat. 493 (ff. 19–99). – **Edit.:** wie Nr. 212; L. C. MOHLBERG, Missale Gallicanum Vetus (Roma 1958) 11–57. – **Lit.:** wie Nr. 212; LOWE I Nr. 93; K. GAMBER, in: Sacris erudiri 12 (1961) 89–96. – **Schrift:** Unziale (mit reich verzierten Initialen), meist 20 Langzeilen. – **Zeit und Ort:** Mitte des 8. Jh., Frankenreich (nordöstl. von Paris; B. BISCHOFF), zuletzt im Kloster Lorsch (am Rhein)[1].

Es handelt sich um umfangreiche Teile eines gallikanischen Sakramentars. Erhalten sind die Lagen XXVIII–XXVIIII u. XXXII–XXXVII, sowie Teile von zwei weiteren Lagen. Letztere beinhalten Adventsmessen und den Beginn der Weihnachtsformulare[2]. Die vollständigen Lagen beginnen mitten in der Skrutinienordnung, worauf die «Missa in simboli traditione» folgt, darauf Ostermessen bis zu den Bittagen. Nicht wenige Formulare sind aus «gelasianischen» Gebeten gebildet[3], sodaß man von einem «gelasianisierten» gallikanischen Sakramentar sprechen kann.

Es finden sich regelmäßig «Benedictiones episcopales» beigefügt. Sie entsprechen denen im Sakramentar A (Nr. 860).

Im ms. 731 (683) der Bibliothèque municipale von Arras, einer Handschrift, die aus der Abtei Saint-Vaast stammt und im 1. Viertel des

---

[1] Vgl. E. v. DOBSCHÜTZ, Das Decretum Gelasianum (Leipzig 1912) 140–148, 170–171; L. TRAUBE, in: HBS 36 (1908) 31.

[2] Es ist mehr als fraglich, ob diese in der ehemaligen Handschrift zu Beginn des Meßbuches gestanden haben. Den Adventsmessen geht nämlich noch der Schluß einer «Missa cotidiana» voraus, deren einzige erhaltene Formel nur mehr in oberitalienischen Sakramentaren vorkommt (GaV 29 = P 849 = Pr 232, 1); bezüglich der oberitalienischen Vorlage unseres Sakramentars vgl. K. GAMBER, in: Benediktinische Monatsschrift 34 (1958) 134–136.

[3] Dieselbe Tatsache ist auch im Bobbio-Missale (Nr. 220) zu beobachten; vgl. P. SIFFRIN, in: L. C. MOHLBERG, Missale Gallicanum a.a.O. 129–135.

9. Jh. geschrieben ist (B. Bischoff), findet sich (fol. 77–80) ein «Ordo qualiter simbulum tradere debent», welcher der «Expositio uel traditio symboli» im obigen Sakramentar (fol. 20–26) entspricht.[1]

215　Sakramentar-Fragment der Merton-Sammlung

Bibl.: London, Wilfred Merton Collection, MS 21[2]. – **Edit.:** W. J. Anderson, Fragments of an eighth-century Gallican Sacramentary, in: JThSt 29 (1928) 337–345; Mohlberg, Missale Gallicanum Vetus (Roma 1958) 98–102. – **Lit.:** Lowe II Nr. 219; Bourque II, 2 Nr. 524 S. 403; Sakramentartypen 30. – **Schrift:** Unziale (für die Sakramentar-Texte), vorkarolingische Minuskel (für die Benedictiones populi). – **Zeit und Ort:** vor 750, Nordostfrankreich.

Das zwei beschnittene Doppelblätter umfassende Fragment setzt mitten in einer Sonntagsmesse, deren einzelne Formeln auch in Go zu finden sind, ein; darauf folgt eine «Missa in natiuitate sci iohannis baptistae», deren erste Formel im mozarabischen Meßbuch (LM 804) wiederkehrt, während die Contestatio in Bo (321) vorkommt. Zum Schluß des Fragments eine sonst unbekannte, jedoch nur bruchstückweise erhaltene Messe für das Fest Peter und Paul. In unserem Meßbuch ist noch kein Einfluß fremden Gebetsgutes zu erkennen.

216　Sakramentar-Fragment (Palimpsest) in Würzburg

Bibl.: Würzburg, Universitätsbibliothek, M. p. th. f. 61 (ff. 21*, 24*). – **Lit.:** Lowe IX Nr. 1416; L. Eizenhöfer, in: TuA, Heft 53/54 (Beuron 1964) 160. – **Schrift:** Irische Majuskel, 21 Langzeilen. – **Zeit und Ort:** 8. Jh., Irland.

Ein Doppelblatt[3], das (nach Eizenhöfer) ein Martinsformular gleich dem im Sakramentar Nr. 211 beinhaltet. Trotz der irischen Schrift

---

[1] Herausgegeben von J. Barbet-C. Lambot, Nouvelle tradition du symbole de rit gallican, in: Rev. bénéd. 75 (1965) 335–345.

[2] Das Fragment soll nach Amerika verkauft worden sein. Näheres war nicht zu erfahren.

[3] Einer inselländischen Evangelienhandschrift zugehörig; vgl. G. Schepss, Die ältesten Evangelienhandschriften der Würzburger Universitätsbibliothek (Würzburg 1887); Kenney Nr. 462 S. 636. Aus einer liturgischen Handschrift stammt vermutlich auch fol. 15*; vgl. Lowe IX Nr. 1416.

handelt es sich um ein Fragment aus einem gallikanischen Meßbuch, das allem Anschein nach dem gleichen Typus angehört hat wie Nr. 211. Es ist wie Nr. 211 in Irland liturgisch gebraucht worden. Nach Würzburg gelangte das Fragment erst als Palimpsest[1].

217 Sakramentar-Fragment in Cambridge

Bibl.: Cambridge, Gonville and Caius College, MS 820 (k)[2]. – **Edit.:** G. BICKELL, Ein neues Fragment einer gallikanischen Weihnachtsmesse, in: ZkTh 6 (1882) 370–372; MOHLBERG, Missale Gallicanum Vetus (Roma 1958) 95–96. – **Lit.:** LOWE II Nr. 130; BOURQUE II, 2 Nr. 523 S. 402; Sakramentartypen 28. – **Schrift:** Unziale, 23 Langzeilen. – **Zeit und Ort:** Mitte des 8. Jahrhundert, Kloster Chelles in Nordfrankreich (B. BISCHOFF).

Das Einzelblatt enthält den zweiten Teil einer gallikanischen Weihnachtsmesse, beginnend mit dem Schluß der Post sanctus-Formel. Die Initialen sind rot und grün ornamentiert. Wir finden hier völlig andere Texte als in Go (Nr. 210). Diese sind z. T. aus «römischen» Gebeten (L 1259, L 1271) gebildet und bieten ein Beispiel dafür, wie man in der ersten Hälfte des 8. Jh. bemüht war, die alte gallikanische Liturgie der römischen anzupassen.
Die «Benedictio populi» findet sich als Formel 1805 auch in A (Nr. 860).

220 «Bobbio-Missale»[3]   Sigel: Bo

Bibl.: Paris, B. N., ms. lat. 13246 (früher: Saint-Germain-des-Prés 1488)[4]. **Edit.:** MABILLON (1687); MURATORI (1748) = PL 72, 451–574; E. A. LOWE, The Bobbio Missal, a Gallican Mass-book (= HBS 58, London

---

[1] Vgl. J. HOFMANN, in: Würzburger Diözesan-Geschichtsblätter 26 (1964) 351.
[2] Die von späterer Hand beigefügte Blattziffer CCLXXXIII gehörte sicher nicht zur Sakramentar-Handschrift.
[3] Es findet sich in der älteren Literatur auch die Bezeichnung «Missale Vesontionense».
[4] Die fünf letzten Blätter der Handschrift sind palimpsestiert. Die Erstschrift (5. Jh.) beinhaltet Teile von Ambrosius in Lucam und ist in einem oberitalienischen Zentrum geschrieben; vgl. A. WILMART, Le palimpsest du Missel de Bobbio, in: Rev. bénéd. 33 (1921) 1–18; LOWE V Nr. 654.

1920). – **Facsimile-Ausgabe:** J. W. Legg (= HBS 53, London 1917). – **Lit.:** Delisle 79; Leroquais 1; A. Wilmart-E. A. Lowe-H. A. Wilson, The Bobbio Missal. Notes and studies (= HBS 61, London 1924); DACL II, 1 939–62 (mit einer umfassenden Bibliographie und zwei Facsimile-Seiten); V, 1 279–281. 867–869; VI, 1 523–24; XIII, 2 2119–21; XV, 1 265–66; Kenney Nr. 554 S. 689–692 (mit weiterer Lit.); P. Rado, in: Ephem. lit. 45 (1931) 110–112 (Perikopen); Lowe V Nr. 653; Bourque II, 2 Nr. 517 S. 393; Sakramentartypen 39; K. Gamber, in: Sacris erudiri 12 (1961) 89–96. – **Schrift:** Mischung zwischen Unziale und Minuskel, 21–25 Langzeilen. – **Zeit und Ort:** 8. Jh., Entstehungsort nach Lowe: ungewiß, nach Bischoff: Oberitalien[1], zuletzt in Bobbio.

Eine in wenig gepflegter Schrift geschriebene und verhältnismäßig späte, jedoch vollständige Handschrift eines oberitalienischen gallikanischen Sakramentars. Früher wurde das Meßbuch vielfach als irisch angesehen. B. Bischoff teilte schon vor Jahren dem Verfasser diesbezüglich mit: «Da die Handschrift einen vorwiegend gallikanischen Charakter hat, sollte sie endlich aus der irischen Familie ausgeschlossen werden.» Ein Teil der Gebete findet sich auch im Missale Gothicum (Nr. 210), andere wieder dürften eigenständiges Gut darstellen, das z. T. deutlich einer späteren Zeit (6. Jh.?) angehört. Wie in Nr. 214 sind zahlreiche Formeln «römischen» (gelasianischen) Quellen entnommen, sodaß man auch hier von einem «gelasianisierten» gallikanischen Sakramentar sprechen kann. Jedes Formular schließt schon mit der Präfation (Contestatio), da der römische Canon bereits zur Einführung gelangt war. Dieser steht, verbunden mit einer Missa cotidiana, zu Beginn des Meßbuches. Vor jedem Meßformular finden sich die entsprechenden Lesungen (meist sind es drei). Am Schluß der Handschrift ein Pönitentiale (ff. 286v–291)[2], sowie weitere Beigaben, so eine «Inquisitio de lege ad missam celebrare» (ff. 292v–293r)[3],

---

[1] Nach Gamber handelt es sich um das Sakramentar von *Pavia;* vgl. I più antichi libri liturgici dell'Alta Italia, in: Rivista di storia della Chiesa in Italia 15 (1961) 76–78.

[2] Vgl. F. W. H. Wasserschleben, Die Bußordnungen der abendländischen Kirche (Halle 1851; Neudruck Graz 1958) 407–412; H. J. Schmitz, Die Bußbücher und das kanonische Bußverfahren (Düsseldorf 1898) 322–326.

[3] Herausgegeben von A. Wilmart, Une curieuse instruction liturgique du Missel de Bobbio, in: Revue Charlemagne 2 (1912) 1–16; vgl. weiterhin «Pro quale virtute cantantur omnes cursus»; dazu: A. Wilmart, in: Rev. bénéd. 33 (1921) 4.

weiterhin das Symbolum Apostolorum (vgl. Nr. 076)[1] und der Canon der biblischen Bücher[2].

221 Sakramentar-Fragment (Palimpsest) in St. Gallen

Bibl.: St. Gallen, Stiftsbibliothek, Cod. 194 (pp. 222–233). – **Edit.:** K. GAMBER, Ein St. Galler Fragment, in: Scriptorium 20 (1966) 57–59. – **Lit.:** LOWE VII Nr. 919; Sakramentartypen 29. – **Zeit und Ort:** 1. Hälfte des 8. Jh., Oberitalien.

A. DOLD konnte von dem schwer lesbaren Manuskript eine Seite (p. 223) entziffern. Das an erster Stelle stehende Gebet stellt eine «Benedictio populi» dar (A 1863), worauf (Beginn eines neuen Formulars?) die Formel L 191 folgt, mit der in V (Formel 637) das Pfingstformular eingeleitet wird.

222 Sakramentar-Fragment? (Palimpsest) in Karlsruhe

Bibl.: Karlsruhe, Bad. Landesbibliothek, Cod. Aug. CCLIII (ff. 10, 17). – **Lit.:** A. DOLD, in: TuA, Heft 12 (Beuron 1925) 35–37; LOWE VIII Nr. 1100. – **Zeit und Ort:** 8. Jh., Entstehungsort ungewiß (LOWE), Oberitalien(?).

Auch von diesem palimpsestierten Doppelblatt konnte A. DOLD ebenfalls lediglich eine Seite entziffern (f. 17v). Es handelt sich um einen Exorzismus, der im Schlußteil eines Sakramentars gestanden haben könnte.

Das Missale Francorum, das bisher verschiedentlich zu den gallikanischen Sakramentaren gerechnet worden ist, wird unten (Nr. 410) besprochen werden.

229 Liturgische Texte in Evangeliaren

Verschiedentlich finden sich gallikanische Orationen in nicht-liturgischen Codices, hauptsächlich Evangeliaren, eingetragen, so in:

---

[1] Vgl. F. KATTENBUSCH, Das apostolische Symbol I (Leipzig 1894) 186–188; A. E. BURN, Facsimiles of the Creeds (= HBS 36, London 1909) pl. IV.
[2] Vgl. Th. ZAHN, Geschichte des neutestamentlichen Canons II (1890) 284–288.

a Paris, B. N., ms. lat. 256 (f. 103v) aus dem Anfang des 8. Jh. (Missa pro defuncto); vgl. D. DE BRUYNE, in: Rev. bénéd. 34 (1922) 156–158; P. RADO, in: Ephem. lit. 45 (1931) 112–113 (Perikopenvermerke); F. COMBALUZIER, Fragments de messe pro defuncto, in: Ephem. lit. 69 (1955) 31–35; MOHLBERG, Missale Gallicanum Vetus (Roma 1958) 96–97; DACL XIII, 2 2077; BOURQUE II, 2 S. 403 Anm. 36.

b Paris, B. N., ms. lat. 242 (f. 242) vom Ende des 9. Jh. (zwei Orationen); vgl. A. WILMART, in: Archivum Latinitatis Medii Aevi 15 (1940) 207; MOHLBERG, Missale Gallicanum Vetus (Roma 1958) 102–103.

c Reims, Bibl. munic., ms. 1395 (f. 39v) aus dem 9. Jh. (Remigius-Präfation); vgl. J. MABILLON, Annales Ordinis S. Benedicti I (Paris 1703) 63, 680; MOHLBERG, Missale Gallicanum Vetus (Roma 1958) 91–92.

Zu erwähnen sind noch die sog. *Benedictiones Bobienses*, die im Cod. 1094 (alt G. v. 26) der Biblioteca Nazionale zu Torino auf foll. 60/61 im 6./7. Jh. nachgetragen sind und verschiedene Segensgebete, beginnend mit einer «Benedictio ube», zum Inhalt haben[1].

Eine «Benediccio salis ad pecura» findet sich f. 172 des Cod. lat. 563 der Nationalbibliothek in Wien (vgl. LOWE X Nr. 1484), der foll. 122–177 patristische Texte mit (nicht-liturgischen) «Oraciones» enthält. Die in Frage kommenden Blätter sind in der 1. Hälfte des 8. Jh., sehr wahrscheinlich in Oberitalien, beschrieben worden.

b) Capitularia lectionum Gallicana

Aus Oberitalien sind außer der mailändischen Leseordnung, über die später noch zu reden sein wird, einige Listen mit Epistel- und Evangelienperikopen erhalten, die möglicherweise noch auf eine frühe Zeit zurückgehen. Sie sind regelmäßig Apostel- bzw. Evangelien-Handschriften beigegeben. Eine kampanische Epistel-Liste wird im übernächsten Abschnitt (Nr. 401) erwähnt werden.

240 Liste mit Pauluslesungen (Bobbio-Liste)   Sigel: BobL

Bibl.: Roma, Cod. Vat. lat. 5755 (f. 308). – **Edit.:** A. DOLD, in: TuA, Heft 19/20 (Beuron 1931) 64–83, bes. 66 und Tafel VI. – **Schrift:** Unziale

---

[1] Vgl. A. WILMART, in: Bulletin d'ancienne littérature et d'archéologie chrétienne 4 (1914) 176–187; LOWE IV Nr. 463.

(Apostolus), kursive Minuskel (Liste). – **Lit.:** Lowe I Nr. 32. – **Zeit und Ort:** 7. Jh., Oberitalien (Bobbio).

Die einer Apostolus-Handschrift beigefügte Epistel-Liste ist nur als Palimpsest erhalten. Die Erstbeschriftung ist stark geschabt und deshalb nur noch teilweise lesbar. Die eigentliche Liste kann jedoch durch Perikopen-Notizen in der Apostolus-Handschrift z. T. ergänzt werden. Eine genaue Untersuchung steht noch aus.

Zum gleichen Typus wie BobL gehören vermutlich Perikopen-Notizen in der Freisinger Apostolus-Handschrift (Clm 6229) aus der Zeit des Bischof Arbeo von Freising (764–784)[1]. Die Handschrift selbst ist in zwei Kolumnen geschrieben und läßt (nach B. Bischoff) durch ihre sorgfältige Schrift liturgische Verwendung vermuten[2]. Die Perikopenangaben, die jeweils an den Rand einzelner Abschnitte geschrieben sind, stammen von erster Hand. Auf die Heimat der vermutlich aus der Vorlage übernommenen Notizen kann vielleicht die Angabe f. 41 hindeuten: «In natale calicis mane in baptisterio[3].» Eine eigentliche Liste fehlt.

Perikopen-Notizen fanden sich ehedem auch im Schabcodex 908 der Stiftsbibliothek von St. Gallen, der u. a. Paulus-Text enthält[4].

242 Liste mit Pauluslesungen (Ravenna-Liste)   Sigel: RavL

Bibl.: Roma, Cod. Vat. Regin. lat 9 (vorgeheftete Blätter). – **Edit.:** A. Dold, Die im Cod. Vat. Reg. lat. 9 vorgeheftete Liste paulinischer Lesungen für die Meßfeier (= TuA, Heft 35, Beuron 1944). – **Lit.:** G. Morin, in: Rev. bénéd. 15 (1898) 104–106; Lowe I Nr. 100; K. Gamber, Eine altravennatische Epistel-Liste aus der Zeit des hl. Petrus Chrysologus, in: Liturgisches Jahrbuch 8 (1958) 73–96; A. Olivar, in: Ephem. lit. 74 (1960) 393–408; idem, in: Scripta et Documenta 13 (Montserrat 1962) 429–435. – **Zeit und Ort:** Mitte des 8. Jh., Oberitalien.

---

[1] Bezüglich der Schwester-Handschrift Clm 4577 vgl. Bischoff 30, 71 ff; R. Dubois, Marginalia Gallicana, in: Tijdschrift voor Liturgie 50 (1966) 473–478.

[2] Vgl. B. Bischoff, Gallikanische Epistelperikopen, in: Studien und Mitteilungen OSB 50 (1932) 116–519; Bischoff 71; Lowe IX Nr. 1251.

[3] Zur Bezeichnung «natalis calicis» vgl. J. Pascher, Das liturgische Jahr (München 1963) 129.

[4] Vgl. A. Dold, «Enthenticus – authenticus». Ein Terminus im St. Galler Palimpsest 908 und seine Stellung in der Liturgiegeschichte, in: Münchener Theol. Zeitschrift 11 (1960) 262–266.

RavL ist der Niederschrift nach um 100 Jahre jünger als BobL (Nr.
240). Dies zeigt sich auch an den zahlreichen Hinzufügungen (u. a.
Perikopen für die Adventsonntage am Schluß der Liste). Mehrere
Feste orientalischer, hauptsächlich syrischer Heiliger weisen nach
Ravenna, der Syrer-Zentrale im Abendland, als wenigstens zeitweisen
Verwendungsort der Liste (DOLD-BAUMSTARK). Die Frage, ob *Petrus
Chrysologus* von Ravenna († 450) die Liste gekannt und in der Liturgie
verwendet hat, ist noch strittig. Zu beachten sind auch die Margina-
lien in der Handschrift selbst.

245 Capitulare Evangelii im Cod. Rehdigeranus (Aquileja-Liste)

Sigel: AquL

> **Bibl.:** Wrocław (Breslau), ehem. Stadtbibliothek, Cod. Rehd. 169 (f. 92s.) [1].
> **Edit.:** H. J. VOGELS, Codex Rehdigeranus (= Collectanea biblica latina,
> Vol. II, Roma 1913) 95–97 und XXII–XXV (mit vollst. Facsimile); DACL
> I, 2 2685–88. – **Lit.:** G. MORIN, L'année liturgique à Aquilée antérieure-
> ment à l'époque carolingienne d'après le Codex Evangeliorum Rehdige-
> ranus, in: Rev. bénéd. 19 (1902) 1–12; LOWE VIII Nr. 1073; IX S. 57;
> K. GAMBER, Die älteste abendländische Evangelien-Perikopenliste, ver-
> mutlich von Bischof Fortunatianus von Aquileja, in: Münchener Theol.
> Zeitschrift 13 (1962) 181–201. – **Zeit und Ort:** 1. Hälfte des 8. Jh., Ober-
> italien (Aquileja).

Diese aus Aquileja stammende Liste mit Evangelien-Perikopen geht
allem Anschein nach auf Bischof *Fortunatianus von Aquileja* († nach
360) zurück. Sie trägt den Titel:

IN NOMINE DOMINI INCIPIT CAPITULARE EUANGELII.

Sie ist von fast gleichzeitiger Hand in die Evangelien-Handschrift auf
freien Seiten (fol. 92ᵛ–93ᵛ) nachgetragen und bricht wegen Blattverlust
jetzt nach der Vigil des hl. Johannes d. T. defekt ab.

246 Capitulare Evangelii (Fragment) im Codex Forojuliensis

> **Bibl.:** Cividale, Museo archeologico nazionale, Cod. Forojuliensis +
> Venezia, S. Marco, o. N. + Praha, Knihovna Metropolitní Kapitoly,

---

[1] Die Handschrift galt als im letzten Krieg vernichtet, sie befindet sich jedoch
neben weiteren ausgelagerten Handschriften in Tübingen.

Cim 1. – **Edit.:** D. De Bruyne, Les notes liturgiques du Codex Foro-juliensis, in: Rev. bénéd. 30 (1913) 208–218, bes. 216f. – **Lit.:** Lowe IV und X Nr. 285; K. Gamber, Die älteste abendländische Evangelien-Perikopenliste, in: Münchner Theol. Zeitschrift 13 (1962) 181–201. – **Zeit und Ort:** Evangeliar: Anfang des 6. Jh. (Gegend von) Aquileja; Capitulare und Notizen: 7./8. Jh.

Das kleine Fragment reicht vom 4. Sonntag im Oktober bis zum 2. Sonntag im November.

Die gleiche Handschrift enthält ferner zahlreiche Perikopen-Notizen am Rand, die weitgehend mit dem Capitulare im Codex Rehdigeranus (Nr. 245) übereinstimmen.

247 Perikopen-Notizen im sog. Korbinian-Evangeliar

Bibl.: München, B. Staatsbibliothek, Clm 6224. – **Edit.:** H. J. White, Old-Latin Biblical Texts, No. III: The Four Gospels from the Munich MS (q) now numbered Lat. 6224 in the Royal Library at Munich. Edited with the aid of Tischendorf's Transcript (Oxford 1888); Peri-kopen-Notizen hier S. LIII ss. – **Lit.:** G. Morin, Un nouveau type liturgique d'après le livre des évangiles Clm 6224, in: Rev. bénéd. 10 (1893) 246–256; E. H. Zimmermann, Vorkarolingische Miniaturen (Berlin 1916) Tafel 4–10 (mehrere Facs.); G. Leidinger, in: Wissenschaftliche Festgabe zum 1200. Jubiläum des hl. Korbinian (München 1924) 79–102; Lowe IX Nr. 1249; K. Gamber, in: Münchener Theol. Z. 13 (1962) 181–201. **Schrift:** Unziale, zweispaltig, durchschnittlich 20 Zeilen. – **Zeit und Ort:** 6. oder 6./7. Jh., Oberitalien (Gebiet von Aquileja).

Die Blätter dieser kostbaren Handschrift mit vorhieronymianischen Bibeltext zeigen fast quadratische Form. Die Verzierungen sind ein interessantes Beispiel für die Art, wie sich in der Gegend der Ent-stehung des Codex byzantinische und ältere italienische Einflüsse kreuzten, sowie der späteren sog. zoomorphen Ornamentik der Ver-zierung mit Tierfiguren[1]. Die Perikopen-Notizen gehen auf eine etwas ältere Fassung des aquileischen «Capitulare Evangelii» zurück, als sie in den Handschriften Nr. 245 und 246 zutagetritt. Sie sind von ver-

---

[1] Byzantinisch ist nach Zimmermann an unserem Codex besonders die Ver-zierung der Schlußseite. Im Gegensatz zu den Abendländern haben die Byzan-tiner gern den Text mit Verzierungen ausklingen lassen.

schiedenen Händen eingetragen[1]. Das Ende der Lesung ist meist mit einem Kreuz bezeichnet.

Ähnliche Notizen, weitgehend des gleichen Typus, finden sich ferner in einer Evangelienhandschrift des 6. Jh. in der Biblioteca Ambrosiana in Mailand (Cod. C 39 inf.), die vermutlich aus Verona stammt[2], und schließlich im Evangeliar von Split (Spalato)[3].

c) Lectionaria Gallicana

In Gallien und Oberitalien kam es in verhältnismäßig früher Zeit, vermutlich schon im 5. Jh., zur Ausbildung von vollausgeschriebenen Lektionaren. Während diese im gallischen Raum Lectionaria plenaria darstellen, d. h. sämtliche in der Meßfeier vorgetragene Lesungen (Lectio, Epistel, Evangelium) enthalten, sind aus Oberitalien, wenn man von Mailand absieht (vgl. Nr. 540), nur nach Episteln und Evangelien getrennte Perikopenbücher überliefert.

250 Lektionar (Palimpsest) in Wolfenbüttel (unvollst.)   Sigel: W

> **Bibl.:** Wolfenbüttel, Herzog August-Bibliothek, Cod. Weißenb. 76. – **Edit.:** A. DOLD, Das älteste Liturgiebuch der lateinischen Kirche (= TuA Heft 26/28, Beuron 1936). – **Lit.:** DACL VIII, 2 2302–03; G. MORIN, Le plus ancien monument qui existe de la liturgie Gallicane, in: Ephem. lit.

---

[1] Zwei dieser Perikopen-Notizen stammen noch von der Hand des Schreibers des Codex, eines gewissen *Valerianus*. Die erste (zu Anfang von Matth 2) hat er auf den farbigen Anfangsbuchstaben C dieses Kapitels geschrieben (f. 3r), die zweite (vor Matth 3,13). Zu einer angeblichen 3. Notiz vgl. LEIDINGER 96–98. Der Hauptschreiber der späteren Notizen (in flüchtiger Kursive) ist jedoch sicher nicht wie LEIDINGER 102 vermutet, Korbinian. Sie sind vielmehr schon in Oberitalien (Gegend von Aquileja) erfolgt. Den genauen Ort der Entstehung könnte die Angabe «In thimothei et ui» (LEIDINGER 93 ff.) bestimmen helfen, wenn sie sicher zu deuten wäre.

[2] Vgl. G. MORIN, in: Rev. bénéd. 20 (1903) 375–388; LOWE III Nr. 313; E. A. LOWE, The Ambrosiana of Milan and the Experiences of a Palaeographer (= Folia Ambrosiana I) 38 (mit Abbildung).

[3] Vgl. C. KNIEWALD, in: Ephem. lit. 71 (1947) 419–427. Übersichtliche Darstellung der genannten Capitulare-Handschriften und Perikopen-Notizen in: DACL V, I 883–895.

51 (1937) 3–12; H. SCHNEIDER, Die altlateinischen biblischen Cantica
(= TuA, Heft 29/30, Beuron 1938) 158–160; K. GAMBER, Das Lektionar
und Sakramentar des Musäus von Massilia, in: Rev. bénéd. 69 (1959)
198–215; LOWE IX Nr. 1392. – **Schrift:** Unziale, 28 Langzeilen. – **Zeit
und Ort:** Anfang des 6. Jh., vermutlich Südfrankreich, zuletzt im
Kloster Weißenburg.

Ein sehr umfangreiches Lektionar, das für jeden liturgisch gefeierten
Tag drei Lesungen (Altes Testament, Paulusbriefe, Evangelium) bietet,
von dessen ehemaligem Bestand noch über die Hälfte als Palimpsest
erhalten ist. Das Liturgiebuch beginnt mit den Lesungen zur Ostervigil (vgl. das Sakramentar Nr. 205). Überschriften sind keine mehr zu
erkennen, sodaß eine genaue Wiederherstellung der Reihenfolge der
einzelnen Palimpsestblätter und eine in allen Fällen sichere Bestimmung des Verwendungstages der erhaltenen Perikopen nicht mehr
möglich ist[1]. Bei nicht wenigen Stücken handelt es sich um einen
Cento, d. h. die betreffende Lektion stellt keinen fortlaufenden Abschnitt aus der Heiligen Schrift dar; es sind vielmehr mehrere Stellen
daraus zu einer Perikope vereinigt[2]. Wie schon G. MORIN vermutet
hat (vgl. Lit.), dürfte das Lektionar auf *Musaeus von Massilia* († 461)
zurückgehen[3]. Unser Codex wäre dann nur ungefähr 50 Jahre nach
dessen Tod geschrieben worden. Er dürfte eine genaue Abschrift des
Originals darstellen.

Offensichtlich zum gleichen Typus wie W (Nr. 250) und nicht, wie viel-
fach angenommen wird, wie X (Nr. 255) gehören die Perikopen-
Notizen im *Kilian-Evangeliar* in Würzburg (Universitätsbibliothek,
M. p. th. q. 1 a) aus dem 6./7. Jh.[4]. Für diese Annahme spricht u. a.

---

[1] K. GAMBER schlägt in: Rev. bénéd. 69 (1959) 206 einige Änderungen in der
Blattfolge vor. Weitere Änderungsvorschläge von P. SALMON, Le lectionnaire
de Luxeuil (1944).

[2] Vgl. A. DOLD, Ein einzigartiges Dokument der Karsamstagsliturgie, in:
FISCHER-WAGNER, Paschatis Sollemnia (Freiburg i. Br. 1959) 179–187.

[3] G. BERTI, Il più antico lezionario della chiesa, in: Ephem. lit. 68 (1954) 147–154,
sieht in Claudianus Mamertus den Verfasser (vgl. auch Nr. 37).

[4] Vgl. G. MORIN, in: Rev. bénéd. 28 (1911) 328–330; P. RADO, in: Ephem.
lit. 45 (1931) 113f.; P. SALMON, in: Rev. bénéd. 61 (1951) 38–53; 62 (1952)
294–296; B. BISCHOFF - J. HOFMANN, Libri Sancti Kyliani (= Quellen und
Forschungen zur Geschichte des Bistums und Hochstifts Würzburg Band VI,
Würzburg 1952) Nr. 5 S. 92; LOWE IX Nr. 1429.

der auf Grund der Notizen erkennbare Evangelien-Cento (Jo 1. 2. 5a. 14; Lc 24,13–14.30–31 = Brotvermehrung und Brotbrechung in Emmaus) «In epyfania», der sich ebenso (und nur) in W findet.

255 Lectionarium Luxoviense (unvollst.) Sigel: X

Bibl.: Paris, B. N., ms. lat. 9427 (früher: R. C. 5067 und suppl. lat. 1444). **Edit.:** Mabillon (1685) = PL 72, 99–448; P. Salmon, Le lectionnaire de Luxeuil (= Collectanea Biblica Latina, Vol. VII, Roma 1944). – **Lit.:** DACL V, 1 274–277, 863–869; IX, 2 2748–69; P. Rado, Das älteste Schriftlesungssystem der altgallikanischen Liturgie, in: Ephem. lit. 45 (1931) 9–25, 100–115; H. Schneider, Die altlateinischen biblischen Cantica (= TuA Heft 29/30, Beuron 1938) 160–162; C. Charlier, in: Rev. bénéd. 58 (1948) 149–157; Lowe V Nr. 579; P. Salmon, Le lectionnaire de Luxeuil, II. Etude paléographique et liturgique suivie d'un choix de planches (= Collectanea biblica latina, Vol. IX, Roma 1953) mit zahlreichen Facsimile-Wiedergaben; E. A. Lowe, in: Rev. bénéd. 63 (1953) 132–146; Lowe V Nr. 579. – **Schrift:** «Luxeuil» -Minuskel, 22 Langzeilen. – **Zeit und Ort:** 7./8. Jh., Frankreich[1], in Luxeuil bis zur französischen Revolution.

Der Codex beginnt defekt mit der Vigil von Weihnachten. Auch innerhalb der Handschrift finden sich mehrmals Lücken durch das Fehlen ganzer Lagen.[2] In den «Lecciones cotidianas» bricht das Manuskript schließlich defekt ab. Jedes Formular ist durchlaufend numeriert und enthält (wie Nr. 250) drei Lesungen (Lectio, Epistel und Evangelium). Das Lektionar repräsentiert einen völlig anderen Typus als Nr. 250. Als Redaktor unseres Perikopenbuches könnte *Claudius Mamertus von Vienna* († um 474) in Frage kommen (vgl. Nr. 037).

Liturgische Rubriken finden sich in dem Anfang des 8. Jh. in Luxeuil geschriebenen Propheten-Fragmenten (München, Clm 2958a und Blätter in weiteren Bibliotheken; vgl. Lowe Nr. 1337)[3].

---

[1] Zur Frage der Heimat der Handschrift: P. Salmon, Le lectionnaire de Luxeuil. Ses origines et l'Eglise de Langres, in: Rev. bénéd. 53 (1941) 89–107; F. Masai, Pour quelle église fut exécuté le lectionnaire de Luxeuil? in: Scriptorium 2 (1948) 37–46; vgl. ebd. 3 (1949) 172.

[2] Vgl. die Übersicht der erhaltenen Lagen in der Edition von Salmon a.a.O. p. XII.

[3] Vgl. P. Salmon, Le Lectionnaire de Luxeuil a.a.O. 2f., 16ff., 21, 23f., und pl. V.

258 Lektionar-Fragment (Palimpsest) in Paris

> **Bibl.:** Paris, B. N., ms. lat. 10863. – **Lit.:** E. CHATELAIN, Fragments palimpsestes d'un lectionnaire mérovingien, in: Revue d'histoire et de littérature religieuses 5 (1900) 193–199; P. RADO, Das Lektionarfragment Chatelains, in: Ephem. lit. 45 (1931) 109–110; DACL VI, 1 513–514; LOWE V Nr. 607. **Schrift:** Unziale und Halbunziale, 16–24 Langzeilen. – **Zeit und Ort:** 7. Jh., vermutlich Frankreich.

Die in zwei Kolumnen angelegte Handschrift besteht aus 69 palimpsestierten Blättern. Die erhaltenen bzw. bis jetzt bestimmten Perikopen, hauptsächlich Evangelien, stimmen nur in einigen Fällen mit dem Lektionar X (Nr. 255) überein. Es finden sich sechs Adventsonntage. Näheres über den Typus der ehemaligen Handschriften kann erst eine gründliche Untersuchung der Palimpsestblätter ergeben[1].

Aus dem 8. Jh. stammt das Ein-Blatt-Fragment in Toledo, Catedral Bibl. del Cabildo 13.3 (fol. A), das in Frankreich geschrieben ist (vgl. Lowe XI, Nr. 1641).

260 Gallikanische Perikopen-Notizen[2]

> a **Bibl.:** Lyon, Bibl. munic., ms. 403 (329) + ms. 1964 (1840). – **Lit.:** U. ROBERT, Pentateuchi versio latina antiquissima I (Paris 1881) XIX bis XLI; II (Lyon 1900) XIII; LOWE VI Nr. 771. – **Zeit:** 7. Jh.

> b **Bibl.:** Orléans, Bibl. munic., ms. 19 (16), ff. 26–30 + Paris, B. N., ms. lat. 2389, ff. 41–48. – **Lit.:** H. QUENTIN, in: Rev. bénéd. 28 (1911) 258f.; LOWE VI Nr. 800. – **Zeit:** 7./8. Jh.

> c **Bibl.:** Paris, B. N., ms. lat. 256. – **Lit.:** G. MORIN, Le lectionnaire de l'église de Paris au VIIe siècle, in: Rev. bénéd. 10 (1893) 438–441; P. RADO, in: Ephem. lit. 45 (1931) 112–113; LOWE V Nr. 524. – **Zeit:** Anfang des 8. Jh.

> d **Bibl.:** Trier, Dombibliothek (Domschatz), Cod. 420 (alt 134). – **Lit.:** D. DE BRUYNE, in: Rev. bénéd. 33 (1921) 46–52; P. RADO, Die Heimat des Perikopen-Systems im Thomas-Evangeliar, in: Ephem. lit. 45 (1931) 208–210; LOWE IX Nr. 1364. – **Zeit:** 8. Jh., Echternach.

---

[1] Weitere Textentzifferungen durch P. VANNE bei: SALMON, Le lectionnaire de Luxeuil (Roma 1944) CV ff.

[2] Man beachte auch die bereits oben S. 171 in anderem Zusammenhang angeführten Perikopen-Notizen.

e **Bibl.**: Durham, Bibl. cap., MS A. II. 16 + MS A. II. 17. – **Lit.**: C. H. TURNER, The Oldest MS of Vulgate Gospels (Oxford 1931) 217; LOWE II Nr. 148 a–150. – **Zeit:** 8./9. Jh.

Zu den genannten Notizen vgl. die Übersichtstabellen in: P. SALMON, Le lectionnaire de Luxeuil (Roma 1944) LXXXI–CXXIII.

Die folgenden Zeugen gallikanischer Lektionare stammen aus *Oberitalien*. Es handelt sich, wie bereits einmal erwähnt, nicht um Lectionaria plenaria.

261   Evangelistar von Konstanz (unvollst.)   Sigel: Ko

Bibl.: Darmstadt, Landes- und Hochschulbibliothek, Hs. 895 (Einzelblatt) + Donaueschingen, Hofbibliothek, Cod. 925 + Stuttgart, W. Landesbibliothek, Cod. fragm. 100 w, x, y, z (4 Einzelblätter aus: HB VI 114, VII 29, VII, 64, XIV 15). – **Edit.:** A. DOLD, in: TuA, Heft 7/9 (Beuron 1923) 194–224. – **Lit.:** LOWE VIII Nr. 1175; K. GAMBER, Die älteste abendländische Evangelienperikopen-Liste, in: Münchener Theol. Zeitschrift 13 (1962) 181–201. – **Zeit und Ort:** 7. Jh., vermutlich Oberitalien, zuletzt in Konstanz.

Von dem ehemaligen Liturgiebuch sind mehrere Lagen ganz oder teilweise erhalten. Unser Evangelistar hat als Grundlage ein Capitulare Evangelii im Typus des Cod. Rehdigeranus (vgl. Nr. 245). Gegenüber der von DOLD vorgeschlagenen Lageordnung dürften auf Grund des Vergleichs mit AquL einige Änderungen am Platz sein.

Auffällige Beziehungen bestehen auch zwischen dem Evangelistar von Konstanz und einem Evangeliar in Verona (Cod. VII) aus dem 8. Jh., das die Kapitel Mt 1,18–9,9 umfaßt. In dieses ist der in der oberitalienischen Liturgie damals nicht vorkommende Anfang des Matthäus-Evangeliums (Liber generationis) nicht aufgenommen. Die Überschriften der einzelnen Kapitel aus Mt sind offensichtlich einem Evangelistar entnommen[1].

Spärliche Reste einer Lektionsordnung sind auch im Codex Anconitanus (6./7. Jh.) zu finden[2].

---

[1] Vgl. H. VOGELS, in: Colligere Fragmenta (= TuA, 2. Beiheft, Beuron 1952) 1–12.
[2] Vgl. Th. KLAUSER, in: Rev. bénéd. 50 (1938) 309–323.

265 Lektionar in Schlettstadt Sigel: Q

Bibl.: Sélestat (Schlettstadt), Bibliothèque de la ville, ms. 1 (alt 1093). – **Lit.:** G. MORIN, Le lectionnaire mérovingien de Schlettstadt avec fragments du texte oriental des Actes, in: Rev. bénéd. 25 (1908) 161–166; IDEM, Etudes, textes, découvertes (Maredsous 1913) 440–456; DACL V, 1 277–279, VI, 1 514–516; LOWE VI Nr. 829; K. GAMBER, I più antichi libri liturgici dell' alta Italia, in: Rivista di storia della Chiesa in Italia 15 (1961) 74–75. – **Zeit und Ort:** 7./8. Jh., Oberitalien.

Das vollständig erhaltene Liturgiebuch enthält Lesungen, wie sie vor der Epistel vorgetragen worden sind. Es ist nicht nur für den Liturgiker, sondern wegen der altlateinischen Fassung eines Teiles der Perikopen (Apostelgeschichte) auch für den Bibelwissenschaftler von Interesse. Es stammt nicht, wie man bisher vielfach annahm, aus dem Frankenreich, sondern (nach LOWE) aus Oberitalien.

266 Epistolar-Fragment in Schlettstadt

Bibl.: Sélestat (Schlettstadt), Bibliothèque de la ville, ms. 1 (B). – **Lit.:** G. MORIN, Le lectionnaire mérovingien de Schlettstadt, in: Rev. bénéd. 25 (1908) 166; IDEM, Etudes, textes découvertes (Maredsous 1913) 446; LOWE VI Nr. 831. – **Zeit und Ort:** 7./8. Jh., Oberitalien.

Das Fragment besteht aus sieben Blättern eines Epistelbuches, die z. T. palimpsestiert sind und Perikopen vom Advent bis zur Dominica de Samaritana (2. Fastensonntag) zeigen. Eine liturgiegeschichtliche Untersuchung dieses interessanten Fragments steht noch aus, besonders auch die Frage, in welcher oberitalienischen Kirchenprovinz (Aquileja oder Mailand) das ehemalige Liturgiebuch gebraucht worden ist.

267 Alttestamentl. Perikopen im Turiner Evangeliar

Bibl.: Torino, B. N., Cod. F. VI. 1 (i. J. 1904 verbrannt). – **Lit.:** B. BEYRON, Notizie d'un antico evangelistario Bobbiese, in: Rivista di filologia 1 (1873) 53–71; LOWE IV Nr. 459. – **Zeit und Ort:** 6. Jh., Italien, Perikopeneinträge etwas später.

Von etwas jüngerer Hand waren in das Evangeliar verschiedentlich voll ausgeschriebene Lesungen eingetragen, so fol. 61: «In sci Iohannis baptistae. Lectio hieremiae prophetae. Haec dicit dns: Priusquam . . .» (Jer 1, 4 ff.).

Perikopen-Notizen fanden sich auch in einem «Liber prophetarum», einer in Oberitalien geschriebenen Palimpsest-Handschrift aus dem 5. Jh. (Konstanzer Prophetenbuch)[1]. Ferner in verschiedenen Veroneser Codices. Aus dem 8. Jh. stammen die Einträge in die Codd. II (2) und LI (49), wo sich f. 1v, 169v, 231v bzw. 231r Perikopen aus Ezech 36, Dan 3 und Jer 4 (Lectio hierimie profetae in epiphaniorum mane: Jer 4, 3–4) finden[2]. Aus der gleichen Zeit stammen Einträge im Codex Veronensis XXXVIII (36) auf f. 117v–118r (In coena dni, in epiphaniorum mane)[3].

---

[1] Fragmente in verschiedenen Bibliotheken; vgl. Lowe Nr. 1174; A. Dold in: TuA 7/9 (Beuron 1923) 24–25.

[2] Vgl. W. M. Lindsay, Monumenti paleografici Veronesi, fasc. 2 (Roma 1934) Tafel 25–28 (mit Umschrift); A. Dold, in: Atti del Congresso internazionale di diretto romano e di storia del diretto, Vol. I (1931) 235–242; Lowe IV Nr. 477, 493 und 504.

[3] Vgl. A. Wilmart, in: Rev. bénéd. 26 (1909) 145–162; M. Venturini, Vita ed attività dello ‹Scriptorium› Veronese nel secolo XI (Verona 1930) 106–107; Lowe IV Nr. 494; Vetus Latina 1, Verzeichnis der Sigel (Beuron 1949) Nr. 181–183 (weitere Lit.).

d) Reliqui libri liturgici gallicani

Unter dieser Überschrift bringen wir gallikanische Liturgiebücher bzw. Fragmente von solchen, die sich unter die bisherigen Kategorien nicht einordnen ließen. Sie sind ebenfalls teils in Oberitalien, teils in Gallien beheimatet, oder stammen wenigstens von gallikanischen Liturgiebüchern ab. Es sind *Passionare* (mit den Passiones bzw. Viten der Heiligen), *Benediktionalien* (mit dem feierlichen bischöflichen Segen), *Tauf-Ordines* (mit den in den einzelnen oberitalienischen Kirchen verschiedenen Riten) sowie *Diptychen-Tafeln*, soweit sie liturgischen Text aufweisen.

Wie wir durch Gregor von Tours[1] und aus anderen Quellen wissen[2], wurden im gallikanischen Gottesdienst, in erster Linie bei der Feier der Missarum sollemnia, an Heiligenfesten die Passio (Vita) des Gefeierten aus einem P a s s i o n a r i u m verlesen (vgl. auch Nr. 375, 376, 595, 1645 ff.). Auf folgende Handschriften wird hier hingewiesen:

276 Passionar in München

> **Bibl.:** München, B. Staatsbibliothek, Clm 3514. – **Teil-Edit.:** B. KRUSCH, in: MGH, Script. rer. mer. I (1885) 878–881; VII (1920) 771; Auct. antiqu. IV, 2 (1885) XXVI, 64–67. – **Lit.:** LOWE IX Nr. 1238. – **Schrift:** Vorkarolingische Minuskel und Unziale, 25 Zeilen. – **Zeit und Ort:** Mitte des 8. Jh., Dreieck: Paris-Corbie-Soissons (B. BISCHOFF).

Die Handschrift stammt aus der gleichen Schreibschule, aus der ein Psalterium Gallicanum (Nr. 1617) und das Missale Francorum (Nr. 410) stammt[3].

---

[1] Vgl. GREGOR, De virtutibus S. Martini II, 49 (PL 71, 963 C): Denique sacerdotibus qui advenerant ad agenda sollemnia procedentibus, cum lector cui legendum erat officium advenisset et arrepto libro *vitam sancti* coepisset legere confessoris . . .; De gloria mart. I, 85 (PL 71, 781 C): Dies passionis erat Polycarpi martyris magni et in Ricomagnesi vico civitatis Arbernae eius sollemnia celebrabantur. Lecta igitur *passione* cum reliquis lectionibus qua canon sacerdotalis invexit tempus ad sacrificium offerendum advenit.

[2] Vgl. B. de GAIFFIER, La lecture des Actes des martyrs dans la prière liturgique en Occident, in: Analecta Bollandiana 72 (1954) 134–166.

[3] Ferner eine Octoteuch-Handschrift (Deuteronomium-Ruth) in Paris, B. N., nouv. acq. lat. 1740 (LOWE V Nr. 691).

278 Fragmente von Passionaren

a **Bibl.:** Bern, Burgerbibliothek, Cod. 611 (ff. 116–143, 145). – **Edit.:** H. HAGEN, Berner Palimpsestblätter aus dem 5./6. Jh. zur Passio s. Sebastiani, in: Denkschrift der k. Akad. d. W., Phil.-hist. Klasse (Wien 1884) 19–50. – **Lit.:** LOWE VII Nr. 866. – **Zeit und Ort:** 7. Jh., vermutlich Italien.

b **Bibl.:** Turin, Biblioteca Nazionale, Cod. D. V. 3. – **Lit.:** LOWE IV Nr. 446. – **Zeit und Ort:** Ende des 8. Jh., Corbie.

c **Bibl.:** Luzern, Stiftsarchiv, Schachtel Nr. 96. – **Lit.:** LOWE VII Nr. 887 mit weiterer Lit. – **Zeit und Ort:** 2. Hälfte des 8. Jh., Schweiz.

d **Bibl.:** Roma, Biblioteca Vallicelliana, Cod. R. 32 (foll. 16–17). – **Lit.:** A. PONCELET, Catalogus cod. hag. lat. Bibliotheca Vaticanae (= Subsidia Hagiographica 11, Bruxellis 1910) 462; LOWE IV Nr. 434. – **Zeit und Ort:** 8. Jh., Oberitalien.

e **Bibl.:** Edinburgh, Nat. Library, MS Adv. 18.7.8 + MS Adv. 18.6.12: (mehrere Palimpsestblätter). – **Lit.:** E. A. LOWE, Codices rescripti, in: Studi e Testi 235 (Roma 1964) Nr. 47. – **Zeit und Ort:** 2. Hälfte des 8. Jh., England.

f **Bibl.:** Basel, Universitätsbibliothek, N I 2 (fol. 5). – **Lit.:** LOWE VII Nr. 851. – **Zeit und Ort:** Ende des 8. Jh., angelsächsisches Zentrum in Deutschland.

g **Bibl.:** Bruxelles, Bibl. Royale, ms. II, 1069 (foll. 59–97), Palimpsestblätter. – **Lit.:** LOWE X Nr. 1551 mit weiterer Lit. – **Zeit und Ort:** 2. Hälfte des 8. Jh., angelsächsisches Zentrum auf dem Kontinent[1].

Die unterschiedlich großen Fragmente geben einen Einblick in die Gestalt der Passionare während des 7. und 8. Jh. Hierher gehört vielleicht auch das Fragment Nr. 028, dessen Heimat nicht feststeht (Afrika?, Spanien?).

279 Passionar in Paris

Bibl.: Paris, B. N., ms. lat. 12598. – **Lit.:** Catalogus cod. hagiographicorum lat. ant. III (Paris 1893) 123 ff.; LOWE V Nr. 644 a–b. – **Zeit und Ort:** 2. Hälfte des 8. Jh., Gegend von Utrecht oder Maastricht, seit dem 9. Jh. in Corbie, später in Saint-Germain-des-Prés.

---

[1] Enthält fragmentarisch die Passiones Apostolorum (vgl. Nr. 029 und LOWE IX Nr. 1425).

Der Codex enthält u. a. die Vita S. Landberti und S. Servatii, die in der Gegend von Utrecht und Maastricht besonders verehrt werden[1].

Weitere (spätere) *Passionar-Handschriften* werden unter Nr. 1645 bis 1648 aufgeführt. Hinsichtlich eines bisher meist als gallikanisch angesehenen, in irischer Schrift geschriebenen Responsoriale (für das Chorgebet) vgl. Nr. 428.

*

Typisch für den gallikanischen Ritus waren die Benedictiones episcopales. Sie wurden vor der Kommunion vom Bischof über das Volk gesprochen und bildeten ein Gegenstück zum Inklinationsgebet der orientalischen Liturgien (vgl. auch Nr. 048). Die Nichtkommunikanten verließen daraufhin das Gotteshaus. Dem (späteren) römischen Ritus sind derartige Benedictiones an sich fremd, ihnen entspricht in etwa die «Super populum»-Formel nach der Kommunion. Es konnten sich jedoch bis ins Mittelalter hinein, besonders im ursprünglichen Herrschaftsbereich des gallikanischen Ritus, die Benedictiones episcopales weiterhin durchsetzen[2].

> **Lit.:** DACL II, 1 717–723 (mit ausführl. Lit.); W. Dürig, Das Benedictionale Frisingense vetus, in: ALW IV, 2 (1956) 223–244 (mit weiterer Lit. S. 223 Anm. 2); J. Laporte, Quelques particularités du Recueil des Bénédictions épiscopales de Durand de Mende, in: Mélanges M. Andrieu (Strasbourg 1956) 279–286 (zählt 36 Handschriften auf); R. J. Hesbert, Le chant de la Bénédiction épiscopale, ebd. 201–218; J. Deshusses, Le bénédictionnaire gallican du VIIIe siècle, in: Ephem. lit. 77 (1963) 169 bis 187; F. Combaluzier, Un Bénédictionnaire épiscopal du Xe siècle, in: Sacris erudiri 14 (1963) 286–360 (mit umfangreicher Lit.).

Wir können hier nur die älteren Sammlungen dieser Segensgebete anführen. Benedictiones episcopales finden sich ferner in zahlreichen Sakramentaren, Pontifikalien und Plenarmissalien, worauf im folgenden immer wieder verwiesen wird.

---

[1] Hierher gehören auch die Codices Sangallenses 548 (Ende des 8. Jh.), 549 (8./9. Jh.), 552 (8./9. Jh.), 567 (8./9. Jh.); vgl. Lowe VII Nr. 940–944.
[2] Vgl. F. Combaluzier, in: Sacris erudiri 14 (1963) 346, wo die späteren diesbezüglichen Rubriken angeführt werden.

280   Benedictionale Frisingense   Sigel: BFr

> **Bibl.:** München, B. Staatsbibliothek, Clm 6430. – **Teil-Edit.:** W. Dürig,
> Das Benedictionale Frisingense, in: ALW IV, 2 (1956) 223–244. – **Lit.:**
> G. Morin, Un recueil gallican inédit de Benedictiones episcopales en
> usage à Freising aux VIIe–IXe siècles, in: Rev. bénéd. 24 (1912) 168–194;
> Bischoff Nr. 77 S. 114; W. Dürig, Die Typologie der Osterwoche im
> jüngeren Freisinger Benediktionale, in: Fischer-Wagner, Paschatis
> Sollemnia (Freiburg i. Br. 1959) 197–205. – **Zeit und Ort:** Mitte des
> 9. Jh. (ff. 1–14), 9./10. Jh. (ff. 15 ss.), Freising.

Bei der Freisinger Handschrift handelt es sich um drei verschiedene
Libelli mit gallikanischen Benedictiones episcopales, von denen lediglich der erste ediert ist[1].

281   Benediktionale-Fragment von Freising

> **Bibl.:** München, B. Staatsbibliothek, Clm 29163 m. – **Edit.:** W. Dürig,
> Die Bruchstücke einer Sammlung von Benedictiones gallicanae in Clm
> 29163 m, in: Rev. bénéd. 64 (1954) 168–175. – **Lit.:** G. Morin, in: Rev.
> bénéd. 24 (1912) 168–194; Bischoff Nr. 66 S. 110. – **Zeit und Ort:**
> 1. Hälfte des 9. Jh. unter Bischof Hitto von Freising (811/12–836).

Die Fragmente bestehen aus zwei inneren Doppelblättern mit Texten
von Benedictiones episcopales vom Passionssonntag bis zur Feria V der
Osterwoche. Die ehemalige Handschrift dürfte (nach Bischoff) älter
sein als Nr. 280 und die Vorlage für diese gebildet haben. Die Blätter
haben Diptychon-Format.

282   Benediktionale-Fragment aus Rätien

> **Bibl.:** New York, Pierpont Morgan Library, MS Glazier G. 27. – **Zeit und
> Ort:** 8./9. Jh., Rätien (B. Bischoff), vielleicht in Chur geschrieben.

Das kleine Fragment, ein Einzelblatt, enthält Benedictiones episcopales für die Feste nach Weihnachten (vgl. Nr. 418).

---

[1] Zu den die *fränkische Königsweihe* betreffenden Formularen unseres Codex
vgl. E. Eichmann, Die Kaiserkrönung im Abendland I (Würzburg 1942)
bes. 63.

Aus der Fülle der *jüngeren Handschriften* sind folgende eigens hier zu
nennen:

285 Benediktionale von Augsburg

> **Bibl.:** Cambridge, Fitzwilliam Museum, MS 27. – **Lit.:** DACL II, 2 1761
> bis 1763 (mit ausführlicher Inhaltsangabe); W. DÜRIG, in: ALW IV, 2
> (1956) 225. – **Zeit und Ort:** 9./10. Jh., Augsburg.

Das Benediktionale gehört (nach DÜRIG) zum jüngeren erweiterten
gallikanischen Typus, wie er auch in den Benedictiones episcopales
der Sakramentare von Angoulême (Nr. 860) und Gellone (Nr. 855) zu
finden ist, ferner im 2. Teil des Benedictionale Frisingense (Nr. 280).
Unser Codex trägt den Titel (f. 1v):

> IN NOMINE DOMINI INCIPIUNT BENEDICTIONES EPISCOPALES

und beginnt mit der Vigil von Weihnachten.

287 Benediktionale von Sainte-Geneviève

> **Bibl.:** Paris, Bibl. Sainte-Geneviève, ms. 2657. – **Edit.:** F. COMBALUZIER,
> Un bénédictionnaire épiscopal du Xe siècle, in: Sacris eruditi 14 (1963)
> 286–342. – **Zeit und Ort:** 10. Jh., Frankreich.

Die Sammlung, die mit dem 1. Adventssonntag beginnt und 177 Formeln aufweist, trägt die Überschrift:

> IN NOMINE SANCTAE ET INDIUIDUAE TRINITATIS INCIPIUNT PONTI-
> FICALES BENEDICTIONES.

Das Benediktionale stellt einen eigenen Typus dar. Die äußere Ausstattung der Handschrift (drei ganzseitige Miniaturen zu Beginn) ist
bemerkenswert.

Noch aus dem 10. Jh. stammt weiterhin das Benediktionale zu Paris,
B. N., ms. lat. 2294 (foll. 69–102), wo sich eine Sammlung von 82
Formeln findet[1].

---

[1] Herausgegeben von F. COMBALUZIER - J. LAPORTE, in: Ephem. lit. 71 (1957)
145–186.

Nach Dürig ist weiterhin von den bisher genannten Typen die Sammlung von Benedictiones episcopales zu unterscheiden, die Alkuin
vorgenommen hat. Sie findet sich in allen Sakramentaren, die den
Alkuin-Anhang aufweisen (Nr. 740 ff.).

Aus späterer Zeit sind eine Reihe von Handschriften mit Benedictiones
episcopales erhalten, von denen einige in der Sammlung HBS ediert
sind, so: H. A. Wilson, Benedictional of Archbishop Robert (Nr. 24),
R. M. Wooley, Canterbury Benedictional (Nr. 51), idem, Benedictionale of John Longlonde (Nr. 64).

> **Weitere Lit.:** W. Lüdtke, Bischöfliche Benediktionen aus Magdeburg
> und Braunschweig, in: JLW 5 (1925) 97–122; J. Ruis Serra, Benedic-
> tiones episcopales de un manuscrito de Roda, in: Hispania sacra 10 (1957)
> 161–210; V. Fiala, Sechs Benedictiones episcopales aus einer Weingarte-
> ner Handschrift des 12. Jh., in: ALW VIII, 1 (1963) 73–78.

Folgende bisher noch wenig beachtete Handschriften seien eigens
genannt: Oxford, Bibl. Bodleiana, MS Canon. liturg. 326 (19415),
11. Jh., aus Verona; Novara, Bibl. capitolare, Cod. 4, 11./12. Jh., aus
Oberitalien; Kraków (Krakau), Kapitelsbibliothek, Cod. 23, Ende des
12. Jh., aus Regensburg (Dom). Bei letzterer Handschrift handelt es
sich um eine äußerst reichhaltige Sammlung. Für jedes Fest und jeden
Ferialtag finden wir wenigstens ein, oft aber mehr Formulare. Es erscheint bereits das Josefs-Fest am 19. März.

*

Von besonderem Interesse für die liturgische Forschung sind die verschiedenen Handschriften von nicht-römischen Ordines scrutiniorum (Tauf-Ordines), wie wir sie in Oberitalien finden:

> **Lit.:** A. Dondeyne, La discipline des scrutins dans l'eglise latine avant
> Charlemagne, in: Revue d'histoire ecclésiastique de Louvain 28 (1932)
> 5–33, 751–787; H. B. Porter, Maxentius of Aquileja (811–833) and the
> North Italian Baptismal Rites, in: Ephem. lit. 69 (1955) 3–9; A. Stenzel,
> Die Taufe. Eine genetische Erklärung der Taufliturgie (= Forschungen
> zur Geschichte der Theologie und des innerkirchlichen Lebens, Heft
> VII/VIII, Innsbruck 1958).

Trotz ihres verhältnismäßig jungen Alters ist die folgende Handschrift für die Geschichte des Taufritus von unschätzbarem Wert:

290   Ordo scrutiniorum aus Oberitalien   Sigel: Y

> **Bibl.:** Milano, Bibliotheca Ambrosiana, Cod. T 27 sup. – **Edit.:** C. LAMBOT, North Italian services of the XI century (= HBS, Vol. 67, London 1931). – **Lit.:** G. MORIN, Un «Ordo scrutiniorum» de type inconnu jusqu'ici, in: Rev. bénéd. 39 (1927) 56–80; IDEM, in: Rev. bénéd. 46 (1934) 216–223; A. STENZEL, Die Taufe (Innsbruck 1958) 197. – **Zeit und Ort:** 11./12. Jh., Oberitalien.

Die Handschrift geht auf eine alte Vorlage, vermutlich noch des 6. Jh., zurück. Sie zeigt die Skrutiniengottesdienste in einer oberitalienischen Kirche. Welche Kirche dies war, ist immer noch nicht eindeutig geklärt. MORIN (s. Lit.) denkt an Grado, weil sich daselbst die im Ordo erwähnte Kirche «s. Maria» neben der Kathedrale befindet[1], doch trifft dies auch für andere Orte Oberitaliens zu (u. a. Brescia, Triest). In unserem Codex finden wir einen «Ordo scrutiniorum» (ff. 1–29), der aus mehreren Skrutinien besteht, die mit Lesegottesdiensten verbunden sind. Darauf folgt f. 30 ein «Ordo ad paenitentiam dando»[2] und zuletzt (f. 37) ein «Ordo infirmorum uel mortuorum» mit der letzten Ölung und einem Toten-Offizium. Da der Ritus der Extrema unctio auffällig mit dem im Codex M (Nr. 801) übereinstimmt[3], wobei dieser aus Bergamo stammt, möchte man an eine Kirche in der Nähe von Bergamo (vielleicht Brescia) als Entstehungsort denken, zumal der aquileisch-gradesische «Ordo scrutiniorum» erhalten ist (vgl. Nr. 294). Ein Teil der Handschrift ist neumiert (ff. 1–26)[4].

Mit unserer Handschrift zu vergleichen ist eine ähnliche in *Monza*.

---

[1] Zur Frage der oberitalienischen Doppelkirchen und deren Verwendung vgl. K. GAMBER, Zur ältesten Liturgie Aquilejas, in: Ostkirchl. Studien 11 (1962) 52–56.

[2] Vgl. J. A. JUNGMANN, Die lateinischen Bußriten in ihrer geschichtlichen Entwicklung (= Forschungen zur Geschichte des innerkirchl. Lebens, 3./4. Heft, Innsbruck 1932) 194f.

[3] Vgl. ferner den ganz ähnlichen Ritus in einem oberitalienischen Sakramentar-Fragment, in: Sacris erudiri 13 (1962) 367–376.

[4] Vgl. M. HUGLO, Vestiges d'un ancien répertoire musical de Haute-Italie, in: Zweiter internationaler Kongreß für kathol. Kirchenmusik (Wien 1955) 142–145.

Sie stammt aus dem 13. Jh. und wird von FRISI teilweise ediert[1]. Sie
trägt den Titel «Incipit ordo ministerii quod per circulum anni obser-
vatur in Ecclesia Modotiensi.» Monza folgte bekanntlich nicht dem
Ritus von Mailand.

292 Ordo scrutiniorum von Ravenna

> **Bibl.:** Verona, Bibl. Capitolare, Cod. XCII (alt 87); weitere Handschrif-
> ten bei ANDRIEU, Ordines II, 365 ff. – **Edit.:** M. ANDRIEU, Les Ordines
> Romani du haut moyen âge II (Louvain 1948) 417–447. – **Lit.:** ANDRIEU,
> ebd. I, 369; II, 365–413; A. STENZEL, Die Taufe. Eine genetische Erklä-
> rung der Taufliturgie (= Forschungen zur Geschichte der Theologie und
> des innerkirchlichen Lebens, Heft VII/VIII, Innsbruck 1958) mit weiterer
> Lit. – **Zeit und Ort:** Anfang des 9. Jh., Verona.

Die früheste handschriftliche Bezeugung dieses Skrutinien-Ordo (bei
ANDRIEU ist es der Ordo Romanus XI) findet sich im sog. Gelasianum
(Nr. 610) und zwar als Einfügung vor der Dominica in Palmis (ed.
MOHLBERG 283–328). Nach ANDRIEU handelt es sich um einen römischen Ordo, der in einer Gruppe von Handschriften («Collection B»)
gallikanisiert worden ist, in Wirklichkeit dürfte es sich um den Skrutinien-Ordo von Ravenna handeln, wie er im 5. Jh., als noch die Er-
wachsenentaufe die Regel war, ausgebildet worden war[2]. Auf diesen
Ordo spielt noch um 600 Gregor d. Gr. an, wenn er in einem Brief an
den erkrankten Bischof Marinianus von Ravenna (595–606) schreibt
(Regest. epist. 11,33):

> Sed et a vigiliis quoque temperandum est, et preces quae super
> cereum in Ravennati civitate dici solent, vel Expositiones
> evangeliorum quae circa paschalem sollemnitatem a sacerdo-
> tibus fiunt, per alium dicantur.

---

[1] A. F. FRISI, Memorie storiche di Monza e sua Corte, Tom. III (Milano 1794)
192 ff.

[2] Auf einen nicht-römischen Ursprung weisen verschiedene Dinge hin, so die
beiden Lesungen bei der «aurium apertione» (n. 42–43 ed. ANDRIEU 427) oder
die Tatsache, daß die «Praefatio symboli» von *Chromatius von Aquileja* stammt
(vgl. dazu S. 82), daß also ein Text aus der Nachbarmetropole verwendet
wird. – Auch die Siebenzahl der Skrutinien war in Rom nicht bekannt. Zum
römischen Tauflibellus vgl. Nr. 075.

Die Frage nach der Heimat dieses Ordo, die noch nicht endgültig ge-
löst ist, hängt mit einer anderen Frage zusammen, nämlich, wo das
sog. Gelasianum ausgebildet worden ist, weil er in diesem Sakramentar
zum erstenmal erscheint.

Durch das Gelasianum und die Gelasiana mixta hat unser Ordo eine
weite Verbreitung fast im ganzen Abendland gefunden (vgl. u. a.
Nr. 615, 851, 855, 866, 1414, 1416, 1552). So wurde er in einer Pfarrkirche in Bamberg noch bis ins 17. Jh. hinein gebraucht, wie Eintragungen in die betreffende Handschrift zeigen. Diese befindet sich jetzt
in Bamberg, Staatliche Bibliothek, Cod. lit. 42 («Missa graeca») und
wurde i. J. 1520 nach einer älteren Vorlage abgeschrieben[1].

294 «Ordo scrutinii catechumenorum» von Cividale

> **Bibl.:** Cividale, Museo archeologico nazionale, Cod. LXXXVII. – **Edit.:**
> M. B. DE RUBEIS, Dissertationes duae de vetustissimis liturgicis aliisque
> sacris ritibus, qui vigebant olim in aliquibus Forojuliensibus provinciae
> ecclesiis (Venetiis 1754) 228–246. – **Lit.:** A. OLIVAR, San Piedro Crisólogo
> autor de la Expositio Symboli de Cividale, in: Sacris eruditi 12 (1961)
> 294–312; IDEM, Los sermones de San Piedro Crisólogo (= Scripta et
> Documenta 13, Montserrat 1962) 367–384, 494f. – **Zeit und Ort:** 14. Jh.,
> Cividale.

Es handelt sich (nach DE RUBEIS) hierbei um eine Abschrift eines
Ordo scrutiniorum aus der Zeit des Patriarchen Lupus I von Aquileja
(um 870).

Aus Aquileja stammt (nach BORELLA) ebenfalls ein kleines Fragment
eines Ordo baptismi, das die «Abrenuntiatio diaboli» enthält. Es
findet sich in Milano, Castello Sforzesco, Archivio storico civico,
Cod. 510 (10. Jh.)[2].

*

---

[1] Vgl. A. SCHELLENBERG, Geschichte der Pfarre zu U. L. Frauen in Bamberg
(Bamberg 1787) 60–90 (neue Edition in Vorbereitung).
[2] Herausgegeben von P. BORELLA, Un frammento di ‹Ordo scrutiniorum›
dell'Italia settentrionale, in: **Ephem. lit.** 62 (1948) 93–95.

Im gallikanischen Ritus fand die Verlesung der «Nomina offerentium» bzw. «pausantium» bereits vor dem Eucharistiegebet statt. Es folgte darauf die Oration «Post nomina». Die Namen waren nicht selten auf kostbaren Diptychon-Tafeln aufgezeichnet[1].

> **Lit.:** A. GORI, Thesaurus veterum Diptychorum Consularium et Ecclesiasticorum, 3 Bde. (Firenze 1759); R. DELBRUECK, Die Consulardiptychen und verwandte Denkmäler (= Studien zur spätantiken Kunstgeschichte II, Berlin 1929); F. CABROL, Diptyques, in: DACL IV, 1 1045 bis 1099 (mit weiterer Lit.); V. L. KENNEDY, The Saints of the Canon of the Mass (= Studi di antichità cristiana 14, Roma 1938 und Neuaufl.); A. STUIBER, Die Diptychon-Formel für die Nomina offerentium im römischen Meßkanon, in: Ephem. lit. 68 (1954) 127–146; J. HOURLIER, Neumes sur les Diptyques, in: Etudes Grégoriennes 6 (1963) 149–152.

An erster Stelle hier zu nennen ist die Diptychon-Formel, wie sie in der *Regel des Aurelian* verzeichnet ist[2]. Unter der Menge der erhaltenen Diptychon-Tafeln zeigen nur die folgenden liturgischen Text:

295 Diptychon von Lüttich (Diptychon Leodicense)

> **Aufbewahrungsort:** London, South Kensington. – **Lit.:** A. WILTHEIM, Diptychon Leodicense ex consulari factum episcopale et in illud commentarius (Leodii 1659); abgedruckt bei A. GORI, Thesaurus veterum Diptychorum, Tom. I (Firenze 1759) 1–104; DACL IV, 1 1119–1120; KENNEDY, The Saints 65–67. – **Zeit und Ort:** Tafel aus dem Jahr 517, Text später, Liège.

Der nicht mehr vollständig lesbare liturgische Text lautet hier wie folgt:

> Offerentes ⟨. . .⟩ ecclesia catholica quam eis dominus adsignare dignetur. Facientes commemorationem beatissimorum apostolorum et martyrum omniumque sanctorum: sanctae Mariae . . .
> *(es folgen weitere Namen in zwei Kolumnen).*

---

[1] Solche waren auch in den östlichen Riten üblich. Bekannt ist das Diptychon des Clementius; vgl. DACL IV, 1 1088–91 (mit Facs.).

[2] Text bei J. MABILLON, De Liturgia Gallicana (Paris 1785); L. C. MOHLBERG, Missale Gallicanum Vetus (Roma 1958) 92–93; GAMBER, Ordo antiquus gallicanus 35.

Zu vgl. ist die entsprechende Formel in der mozarabischen Liturgie: «Facientes commemorationem beatissimorum apostolorum et martyrum: gloriosae sanctae Mariae uirginis . . .».

Auf einer weiteren Tafel, *Barbarini-Diptychon* genannt (im Louvre zu Paris), sind nur noch Heiligen-Namen lesbar[1].

298 Boethius-Diptychon

> **Aufbewahrungsort:** Brescia, Museo Civico Cristiano. – **Lit.:** R. DEL-
> BRUECK, Die Consulardiptychen und verwandte Denkmäler (= Studien
> zur spätantiken Kunstgeschichte II, Berlin 1929) Nr. 7 S. 103; P. PANAZZA,
> Le miniature del dittico di Boezio, in: Commentari per l'Ateneo di
> Brescia (1938) 95 ff.; IDEM, in: Storia di Brescia I (1963) 382. – **Zeit und
> Ort:** 487, nachweisbar in liturgischem Gebrauch seit dem 7. Jh., Brescia(?)[2].

Im oberen Teil des Schriftfeldes je eine Miniatur, auf der Vorderseite die Auferweckung des Lazarus, auf der Rückseite drei Heilige in Halbfigur: Hieronymus, Augustinus und Gregorius. Darunter quer über beide Tafeln: QUOS DEO OFFERIMUS.

Ein weiteres Diptychon in Mailand, Civico Museo d'Arte del Castello Sforzesco, zeigt auf der Rückseite Spuren späteren liturgischen Gebrauchs, darunter mehrere Namen[3].

299 Diptychon von Lucca

> **Aufbewahrungsort:** Lucca, Museo Civico. – **Lit.:** P. GUIDI, La liste
> inédite des diptyques de la liturgie de Lucques, in: Rev. bénéd. 24 (1907)
> 119–123; DACL II, 1 1147–49. – **Zeit und Ort:** 6./7. Jh., Lucca.

Nach einer Einleitungsformel, die dem vor-römischen (gallikanischen?) Ritus von Lucca angehört:

---

[1] Vgl. GORI, Thesaurus veterum Diptychorum, Tom. II (Firenze 1758) 163–168;
DACL IV, 1 1156–62 (mit weiterer Lit.).

[2] Vor 1717 in der Sammlung Barbisoni in Brescia, davor vermutlich im Kloster
S. Giulia in Brescia.

[3] R. DELBRUECK, Die Consulardiptychen Nr. 68 S. 274; E. P. DE LOOS-DIETZ,
Christelijke Ivoren (Assen 1947) 103 ff.

Memento dne omnium orthodoxorum pontificum . . .
finden sich einige Namen von Personen, die damals bei der hl. Messe
genannt worden sind. «De nominibus recitandis» handelt auch ein
Brief des Papstes Innocenz I (402–417) an den Bischof von Gubbio
(Eugubium in Umbrien) v. J. 416 (vgl. Nr. 076).

Das *Diptychon von Ravenna* aus der Mitte des 6. Jh. wird unter den
Zeugnissen der ravennatischen Liturgie aufgeführt werden (Nr. 646).
Es spiegelt bereits römische Canon-Gewohnheiten wieder.

*

Der gallikanische Ritus wurde durch *König Pippin* i. J. 754 im Frankenreich offiziell abgeschafft. Er scheint jedoch, wie das etwas später
geschriebene Sakramentar Nr. 214 zeigt, im *Frankenreich* nicht sofort
überall ausgestorben zu sein[1]. Als «römisches» Meßbuch wurde damals
das sog. Gelasianum eingeführt (vgl. Nr. 610), ohne daß man es gewagt
hatte, an diesem Liturgiebuch irgendwelche Änderungen vorzuneh-
men. Sonst bliebe es unerklärlich, warum z. B. nicht das Fest des
hl. Martin darin Aufnahme gefunden hat oder auch die Rogations-
tage, die seit dem Konzil von Orleans v. J. 511 für ganz Gallien vorgeschrieben waren. Es fehlt darin weiterhin das «Exultet», das bereits
in Go (Nr. 210) und in anderen gallikanischen Liturgiebüchern erscheint und (nach Bon. FISCHER) sogar in Gallien entstanden sein
dürfte. Statt dessen finden wir eine wohl ravennatische, sicher jedoch
nicht-römische Weiheformel für die Osterkerze[2].

In *Oberitalien* wurden die gallikanischen Gewohnheiten weder durch
königlichen Erlaß noch überall gleichzeitig abgeschafft. Den Anfang
machten die Metropolen Mailand (wohl schon um 500) und Ravenna
(um 550)[3]. Im langobardisch beherrschten Gebiet von Aquileja erst

---

[1] Am längsten scheint sich, wie verschiedene Erlasse noch unter Karl d. Gr. und
Karl d. Kahlen zeigen, der gallikanische Kirchengesang erhalten zu haben;
vgl. Th. KLAUSER, in: Historisches Jahrbuch 53 (1933) 169–189; A. GASTOUÉ,
Le chant gallican, in: Revue du chant grégorien 41 (1937) bis 42 (1938).

[2] Über den von GAMBER angenommenen ravennatischen Ursprung des sog. Gelasianum vgl. S. 314.

[3] Vgl. K. GAMBER, Zur ältesten Liturgie von Mailand, in: Ephem. lit. 77 (1963)
391–395; weiterhin im folgenden S. 311.

um 700 (nach dem Unionskonzil), in See-Venezien, das unter byzantinischer Oberherrschaft stand, wohl schon etwas früher[1]. In den kleineren Städten Oberitaliens blieben, wie das Missale von Bobbio (Nr. 220) zeigt, gallikanische Sakramentare bis ins 8. Jh. hinein in Gebrauch, wenn sie auch bereits stark mit «römischem» Orationsgut überarbeitet waren.

---

[1] Vgl. A. DOLD - K. GAMBER, Das Sakramentar von Salzburg (= TuA, 4. Beiheft, Beuron 1960) 10–17.

Libri liturgici mozarabici
(Sigel: Mo)

Die altspanische (westgotische) Liturgie, seit dem 16. Jh. allgemein
«mozarabische» Liturgie genannt, gehört, wie erwähnt, zum gallikanischen Ritus.

Lit.: F. Probst, Die spanische Messe bis zum 8. Jh., in: ZkTh 12 (1888)
1–35, 193–245; idem, Die abendländische Messe vom 5. bis zum 8. Jh.
(Münster i. W. 1896); M. Férotin, Liber mozarabicus sacramentorum
(= Monumenta ecclesiae liturgica, Vol. VI, Paris 1912); W. C. Bishop,
The Mozarabic and Ambrosian Rites (= Alcuin Club, Tract 15, London
1924); D. De Bruyne, Manuscrits wisigotiques, in: Rev. bénéd. 35 (1924)
7–20; G. Prado, Historia del Rito Mozarabe y Toledano (Silos 1928);
idem, Textos inéditos de la Liturgia Mozarabe (Madrid 1926); idem,
El Rito Mozarabe (Madrid 1943) mit Vorschlägen zur Reform des mozarabischen Ritus; W. S. Porter, in: JThSt 34 (1933) 144–150, 320–324; 35
(1934) 266–286; 44 (1943) 182–194; A. Baumstark, Orientalisches in
altspanischer Liturgie, in: Oriens Christianus, 3. Ser. 10 (1935) 1–37;
F. Heiler, Altkirchliche Autonomie und päpstlicher Zentralismus
(München 1941) 58–77; M. Dietz, Gebetsklänge aus Altspanien. Illatio-
nen (Präfationen) des altspanisch-westgotisch-mozarabischen Ritus mit
geschichtlicher und liturgischer Einführung (Bonn 1947); L. Brou,
Bulletin de liturgie mozarabe, in: Hispania sacra 2 (1949) 459–484 (umfassende Literaturübersicht); J. M. Pinell, Boletin de Liturgia hispano-
visigótica, in: Hispania sacra 9 (1956) 418–421 (weitere Lit.); H. Jenner,
Mozarabic, in: The Catholic Encyclopaedia X, 617ff.; DACL XII, 2
390–491 (mit ausführl. Lit.); L. Brou, Etudes sur le Missel et le Bréviaire
«mozarabes» imprimés, in: Hispania sacra 11 (1958) 349–398; Sakramentartypen 15–19; M. C. Diaz y Diaz, Index Scriptorum latinorum Medii
Aevi Hispanorum (= Acta Salmanticensia, Filosofía y Letras, Tomo
XIII, 1 Salamanca 1958/1959), im folgenden abgekürzt: Diaz; J. Pinell,
Una exhortacion diaconal en el antiguo rito hispánico: la «supplicatio», in:
Analecta sacra Tarracon. 36 (1964) 3–25; idem, Los textos de la antiqua
liturgia hispánica. Fuentes para su estudio, in: Estudios sobre la liturgia
mozárabe (Toledo 1965) 109–164; Estudios sobre la Liturgia mozárabe
(= Publicationes del Instituto provincial de investigationes y estu-
dios toledanos, Ser. III, Vol. 1, Toledo 1965) mit vollständiger Bibliographie.

Die meisten Denkmäler der altspanischen Liturgie stammen aus verhältnismäßig später Zeit. Sie zeigen fast durchweg eine gewisse Einheitlichkeit, was mit ihrer endgültigen Redaktion unter *Julian, Bischof von Toledo* († 690) zusammenhängen dürfte. In der Vita s. Juliani, verfaßt von Felix († 700), wird dessen besonderes Bemühen um die liturgischen Bücher hervorgehoben und ihm die Neufassung des Sakramentars für die Meßfeier und das Orationale für das Stundengebet zugeschrieben (PL 96, 448–450).

Außer Julian werden noch weitere spanische Bischöfe genannt, die vor ihm liturgische Texte verfaßt haben, so schon *Petrus von Lerida* (5./6. Jh.)[1], außerdem *Leander von Sevilla* († 599), *Johannes von Saragossa* († 631), *Isidor von Sevilla* († 636) und *Ildephons von Toledo* († 667).

> **Lit.:** M. Férotin, Liber mozarabicus sacramentorum (Paris 1912) XIV bis XVII, wo die Belegstellen im einzelnen aufgeführt werden; weiterhin: JThSt 8 (1907) 427 ff.; D. De Bruyne, De l'origine de quelques textes mozarabes, in: Rev. bénéd. 30 (1913) 421–436; DACL XII, 2 399–401; P. Battifol, in: Bulletin d'ancienne littérature 3 (1913) 236; K. Kordel, Liturgja mozarabska w dziele De eccl. sw. Izidor ze Sev. (Kraków 1935); P. Séjourné, Saint Isidore de Séville et la liturgie wisigothique, in: Miscellanea Isidoriana (Roma 1936) 221–251; A. Lambert, La fête de l' «Ordinatio s. Martini». Ses origines, sa doctrine dans la liturgie wisigothique, in: Revue d'histoire ecclésiastique 38 (1942) 421–422; B. de Gaiffier, in: Revue d'ascétique et mystique 25 (1949) 219–224; A. Olivar, Sobre una citación de un Misal llamado de San Isidoro en Guitmundo de Aversa, in: Hispania sacra 11 (1958) 185 f.; J. N. Hillgarth, St. Julian of Toledo in the Middle Ages, in: Journal of the Warburg and Courtauld Institutes 21 (1958) 7–26.

Über die *liturgischen Handschriften* in den spanischen Bibliotheken wie überhaupt die mozarabischen Liturgiebücher ist eine umfassende Bibliographie vorhanden:

> **Lit.:** D. De Bruyne, Manuscrits wisigothiques, in Rev. bénéd. 35 (1924) 7–20; L. Brou, Bulletin de liturgie mozarabe, in: Hispania sacra 2 (1949) 459–484; J. M. Pinell, Boletin de Liturgia hispano-visigotica, ebd. 9 (1956) 418–421; A. Millares Carlo, Mss. Visigóticos. Notas bibliográficas (Madrid-Barcelona 1963) *auf dieses grundlegende paläographische Werk wurde nicht jedesmal eigens verwiesen*; Fl. M. Rodriguez, La antigua

---

[1] Vgl. Isidor v. Sevilla, De viris ill. (PL 83, 1090): Petrus, Ilerdensis Hispanarum ecclesiae episcopus, edidit diversis solemnitatibus congruentes orationes et missas eleganti sensu et aperto sermone.

biblioteca de la Catedral de Salamanca, Boletin 14 (1961) 281–323; J. JA-
NINI, Hacia e inventarios de mss. liturgicos de las bibliotecas de España.
Primeros etapos de un Iter Hispanicum, ebd. 14 (1961) 465–471. Weiter-
hin bei DIAZ (s. o.); J. M. PINELL, Los textos de la antiqua liturgia his-
pánica. Bibliografía general, in: Estudios sobre la liturgia mozarabe
(Toledo 1965) 109–164 (eine umfassende Studie!); A. OLIVAR, Les super-
vivències litúrgiques autòctones a Catalunya en els manuscrits dels segles
XI–XII, in: Il Congrés litúrgic de Montserrat (Montserrat 1967) 21–89.

Bezüglich der älteren (vor-gallikanischen) Liturgiebücher Spaniens vgl. S. 67 ff.

a) Sacramentaria mozarabica

Heute ist nur mehr eine einzige vollständige Sakramentar-Handschrift,
«Manuale» genannt[1], erhalten. Bei der Redaktion des mozarabischen
Meßbuches i. J. 1500, *Missale mixtum* genannt (Sigel: MM)[2], müssen
jedoch noch weitere ähnliche Codices vorgelegen haben.

301 Liber mozarabicus Sacramentorum von Toledo   Sigel: LM

> **Bibl.:** Toledo, Biblioteca Capitular, Cod. 35. 3. – **Edit.:** M. FÉROTIN,
> Liber mozarabicus Sacramentorum (= Monumenta ecclesiae liturgica,
> Vol. VI, Paris 1912), mit Facsim. Tab. IV und V. – **Lit.:** DACL XII, 1
> 404–407; DIAZ Nr. 639; S. 155 BOURQUE II, 2 Nr. 543 S. 417; Sakramentar-
> typen 18. – **Zeit und Ort:** 9. Jh., Toledo (Kirche der hl. Eulalia).

Die Handschrift, ein sog. «Manuale» oder «Liber missarum», gliedert
sich in vier Teile: «Missae de aduentu domini», «Missae de quadragesima», «Missa in hilaria pasche dicenda» und «Missae quotidianae». Dies
stimmt zur Beschreibung, die ein gewisser Felix über die Abfassung
eines Sakramentars durch Julian, Bischof von Toledo († 690) gibt
(PL 96, 450):

> Scripsit *librum missarum* de toto circulo anni in quattuor partes
> divisum, in quibus aliquas vetustatis incuria vitiatas ac semi-
> plenas emendavit atque complevit, alias vero ex toto composuit.

---

[1] Vgl. J. M. PINELL, Los textos a. a. O. 125.
[2] Abgedruckt in PL 85, mit den Anmerkungen von A. LESBY; vgl. F. DE LOREN-
ZANA, Missale Gothicum secundum regulam beati Isidori Hispalensis Episcopi
(Roma 1804); DIAZ Nr. 642 S. 157.

Teile anderer altspanischer Sakramentare, die vor der Redaktion des Liber sacramentorum des Julian liegen, dürften in den Handschriften Nr. 305 ff. erhalten sein, die bereits Plenarmissalien (verbunden mit einem Brevier) darstellen, sowie in dem eingangs erwähnten Missale mixtum.

Sonst sind keine weiteren altspanischen Sakramentar-Handschriften erhalten geblieben, vielleicht mit Ausnahme des kleinen Fragments Nr. 319 aus dem 11. Jh. Die Handschriften bei J. M. PINELL, Los textos Nr. 65 und 66 (S. 126) gehören sicher nicht, wie der Herausgeber A. DOLD vermutet hat, dem altspanischen Ritus, sondern dem gallikanischen an (vgl. Nr. 201 und 205). Einzelne Formulare aus Sakramentaren, die sich in anderen Handschriften befinden, werden von PINELL Nr. 67–72 aufgeführt.

303   Libellus «Omnium offerentium»

> Handschriftlich nicht erhalten, sondern lediglich im Missale mixtum (1500) 220–234. – **Edit.:** PL 75, 530–569. – **Lit.:** DACL XII, 1 407–408.

Dieser Libellus enthält das Ordinarium missae mit einigen Orationen sowie Lesungen. Einen breiten Raum nehmen die Opferbitten (vor der Illatio) ein, daher vielleicht die Bezeichnung «Omnium offerentium». Der Text des Libellus ist im Missale mixtum weitgehend mit Gesangs-Noten versehen[1]. Ein ähnlicher Libellus, «Ordo misse omnimode» überschrieben, findet sich im Liber Ordinum (vgl. Nr. 391).

b) Manuscripta mozarabica cum officiis et missis

Die im folgenden Abschnitt erwähnten mozarabischen Liturgiebücher sind jünger als das unter Nr. 301 besprochene Sakramentar. Sie beinhalten sowohl die Texte für das Offizium (Ad uesperum, Ad matutinum)[2] als auch die für die Messe (Ad missam) und wurden «Liber

---

[1] Wenn dieser Libellus auch offensichtlich spätere Zusätze erfahren hat, dürfte er doch im wesentlichen alt sein. Man kann ihn vergleichen mit den irischen Meß-Libelli (vgl. Nr. 101 ff.) und mit der «Missa cotidiana Romensis» (Nr. 605).

[2] Zur mozarabischen Matutin vgl. J. M. PINELL, El «Matutinarium» en la liturgia hispana, in: Hispana sacra 9 (1956) 61–68.

misticus» genannt[1]. Wie in den Teilen für das Offizium Orationen und Gesänge beisammen stehen, so sind auch bei den Meßformularen die entsprechenden Meßgesänge (mit Neumen) und die Lesungen den Sakramentar-Texten beigefügt. Es handelt sich also um Plenarmissalien, die mit einem Brevier verbunden sind, wie sie aus der gleichen Zeit in ähnlicher Weise aus dem mittelitalienischen Raum erhalten sind (vgl. Nr. 1440 und 1441).

305   Liber misticus (Officia et missae) von Silos

> **Bibl.:** London, British Museum, Addit. MS 30. 844 (Codex Silensis V). – **Teil-Edit.:** FÉROTIN, Liber mozarabicus sacramentorum (Paris 1912) 608–614 (Messe auf das Fest des hl. Thomas). – **Lit.:** FÉROTIN a.a.O. 804–820 (ausführliche Beschreibung und Inhaltsangabe der Handschrift); DIAZ Nr. 639; BOURQUE II, 2 Nr. 544 S. 417; J. M. PINELL, Los textos a. a. O. Nr. 104 S. 134 (hier auch die folgenden Codices). – **Zeit und Ort:** 10. Jh., Abtei Silos.

Die am Anfang und Ende defekte, jedoch umfangreiche Handschrift enthält Formulare für das Chorgebet und die Meßfeier folgender Tage: In diem s. Mariae, de Natiuitate Domini, in die s. Stephani, s. Eugeniae, s. Iacobi, s. Iohannis Apost., s. Columbe, in festo Circumcisionis Domini, in Apparitione Domini, in Cathedra s. Petri, in Ascensione Domini, de Letania ante Pentecosten, de Letanias canonicas. Neumen fehlen.

306   Liber misticus (Officia et missae) von Silos

> **Bibl.:** London, British Museum, Addit. MS 30. 845 (Codex Silensis VI). – **Teil-Edit.:** FÉROTIN, Liber mozarabicus sacramentorum (Paris 1912) 549–552 (De Letanias canonicas), 559–592 (Quiricus-Formular), 598–608 (Vincentius und Laetus-Formular); W. MEYER, Die rhythmischen Preces der mozarabischen Liturgie (= Nachrichten der Ges. d. W. zu Göttingen XV, 3 Berlin 1914). – **Lit.:** FÉROTIN a.a.O. 820–842 (mit Inhaltsangabe); D. DE BRUYNE, in: Rev. bénéd. 30 (1913) 431–436; G. SUNOL, Introduction à la paléographie musicale grégorienne (1935) pl. 96 A und B (Facsi-

---

[1] Wahrscheinlich soviel wie «L. mixtus»; vgl. J. PINELL, El Liber Horarum y el Misticus entre los libros de la antigua liturgia hispánica, in: Hispania sacra 8 (1955) 85–107.

mile); BOURQUE II, 2 Nr. 545 S. 418; DIAZ Nr. 639; L. EIZENHÖFER, in: Archiv für Liturgiew. VII, 2 (1962) 416–422. – **Zeit und Ort:** 10./11. Jh., Abtei Silos.

Das umfangreiche Manuskript enthält zahlreiche Formulare (mit Neumen) für das Chorgebet und die Meßfeier an Heiligenfesten (von Quiricus bis Bartholomäus).

307 Liber misticus (Officia et missae) von Silos

> **Bibl.:** London, British Museum, Addit. MS 30. 846 (Codex Silensis VII). – **Teil-Edit.:** FÉROTIN, Liber mozarabicus sacramentorum (Paris 1912) 544–548 (Meßformular des Samstags nach Ostern), 553–555 (Ad Letanias Apostolicas); W. MEYER, Die rhythmischen Preces a.a.O. – **Lit.:** FÉRO-TIN a.a.O. 842–870 (mit Inhaltsangabe); DIAZ Nr. 639; BOURQUE II, 2 Nr. 546 S. 419. – **Zeit und Ort:** 10. Jh., Abtei Silos.

Die am Anfang etwas defekte Handschrift beginnt mit Ostern und enthält Texte für die Osterwoche und weitere De tempore-Formulare bis Pfingsten. Die Gesangstexte sind neumiert.

309 Liber misticus (Officia et missae) von Silos

> **Bibl.:** Silos, Archivo del monasterio, Cod. 6 (E). – **Edit.:** I. FERNÁNDEZ DE LA CUESTA, El Breviarium Gothicum de Silos, in: Hispania sacra 17 (1964) 393–494. – **Lit.:** W. M. WHITEHILL - J. PÉREZ DE URBEL, Los manuscritos del real monasterio de Santo Domingo de Silos (Madrid 1930) 27–50; DIAZ Nr. 639; J. M. PINELL, Los textos Nr. 113 S. 136. – **Zeit und Ort:** 11. Jh., Abtei Silos.

Dieser Codex ist bis jetzt noch wenig beachtet worden, wie ihn auch FÉROTIN noch nicht gekannt hat. Er enthält das Offizium und die Messen des Commune Sanctorum sowie der Sonntage «de cotidiano». Die Gesangstexte sind neumiert.

Eine Parallel-Handschrift liegt im Add. MS 30. 851 (fol. 182–202) des British Museum in London vor, die ebenfalls aus dem 11. Jh. und aus Silos stammt (vgl. Nr. 352).

311   Liber misticus (Officia et missae) von Toledo

> **Bibl.:** Toledo, Biblioteca Capitular, Cod. 35. 4. – **Teil-Edit.:** Férotin,
> Liber mozarabicus sacramentorum (Paris 1912) 537–540 (Missa inchoante
> Aduentu Domini), 614–646 (II Dominico quotidiano). – **Lit.:** Férotin
> a. a. O. 691–722 (mit Inhaltsangabe); G. Sunol, Introduction à la paléo-
> graphie musicale grégorienne (1935) p. 95 A und B (Facsimile); Diaz
> Nr. 639; Bourque II, 2 Nr. 547 S. 419. – **Zeit und Ort:** 9./10. Jh.,
> Toledo.

Der Codex ist älter als die bisher genannten. Seine Seiten sind in zwei
Kolumnen beschrieben. Er beginnt defekt mit Hymnen und anderen
Texten für das Chorgebet in der Osterzeit. Es folgen dann (ähnlich wie
in Nr. 307) Formulare (mit Neumen) von Ostern bis zum 20. Sonntag
«De quotidiano».

312   Liber misticus (Officia et missae) von Toledo (unvollst.)

> **Bibl.:** Toledo, Biblioteca Capitular, Cod. 35. 5. – **Teil-Edit.:** Férotin,
> Liber mozarabicus sacramentorum (Paris 1912) 540–544 (Messe des
> 5. Fastensonntags); vollständige Edition in Vorbereitung (J. M. Pinell). –
> **Lit.:** Férotin a. a. O. 722–738 (mit Inhaltsangabe); Diaz Nr. 639;
> H. Schneider, Die altlateinischen biblischen Cantica (1938) 138; Bour-
> que II, 2 Nr. 548 S. 419. – **Zeit und Ort:** 9./10. Jh., Toledo.

Der Codex beginnt (am Anfang etwas defekt) mit dem 1. Fastensonntag
und enthält Formulare für die Quadragesima (an den Werktagen nur
an der Feria IV und VI) und für die Osterwoche. Am Osterdienstag
bricht das Liturgiebuch unvollständig ab.

313   Liber misticus (Officia et missae) von Toledo (unvollst.)

> **Bibl.:** Toledo, Biblioteca Capitular, Cod. 35. 6. – **Teil-Edit.:** Férotin,
> Liber mozarabicus sacramentorum (Paris 1912) 646–666 (Ordo de primi-
> tiis ad missam). – **Lit.:** Férotin a. a. O. 738–754 (mit Inhaltsangabe);
> Diaz Nr. 639; Bourque II, 2 Nr. 549 S. 420. – **Zeit und Ort:** 10. Jh.,
> Toledo.

Unsere Handschrift weicht dem Typus nach geringfügig von den vorausgenannten ab. Es müssen zu Beginn mehrere Lagen fehlen. Der
neumierte Codex beginnt jetzt mit der Messe des Osterdienstag. In
diesem 1. Teil der Handschrift finden sich unter der jeweiligen Überschrift «Legendum III *(etc.)* Feria Pasce» bis zum Ostersamstag lediglich

die Lesungen für die Messe und das Meßformular selbst. Vom Oktavtag von Ostern an bis zum Fest der hl. Justus und Pastor, wo der Codex abbricht, sind jedoch, wie in den bisherigen Liturgiebüchern, Texte für das Offizium und die Messe vereinigt. Sie tragen die jeweilige Überschrift: «Ordo psallendi in . . .».

314 Liber misticus (Officia et missae) von Toledo (unvollst.)

> **Bibl.:** Toledo, Biblioteca Capitular, Cod. 35. 7 (ff. 55–122). – **Teil-Edit.:** FÉROTIN, Liber mozarabicus sacramentorum (Paris 1912) 555–559 (Stephanus-Messe). – **Lit.:** FÉROTIN a. a. O. 754, 759–766 (mit Inhaltsangabe); DIAZ Nr. 639; BOURQUE II, 2 Nr. 550 S. 421. – **Zeit und Ort:** 9./10. Jh., Toledo, geschrieben von einem Schreiber Sebastianus.

Die Handschrift wurde schon früh mit der unten genannten (Nr. 320) zusammengebunden. Sie beginnt mit dem «Officium in diem Natiuitatis Domini» und reicht bis zum «Officium in die Apparitionis Domini» (Epiphanie). Im Matutinum dieses Festes bricht das Manuskript defekt ab. Einige Gesänge sind mit Neumen versehen (vgl. das Facsimile bei FÉROTIN, Tab. VI).

316 Liber misticus (Fragment) von Toledo

> **Bibl.:** Toledo, Museo de San Vicente, Fragm. 2. – **Lit.:** G. SUNOL, Introduction à la paleographie musicale grégorienne (Paris 1935) 322, 587 und Abb. 95a und 95b; L. BROU, Le joyau des antiphonaires latins, in: Archivos Leoneses 8 (1954) 113 Anm. 153; IDEM, Deux mauvaises lectures du chanoine Ortiz, in: Miscellanea H. Anglés I (Barcelona 1958) 177, 178; DIAZ Nr. 639. – **Zeit und Ort:** 9. Jh., Toledo (Pfarrkirche S. Justa y Rufina).

Das größere Fragment ist vor allem wegen seines Alters beachtenswert. Es stellt das älteste Beispiel des mozarabischen «Liber misticus» dar. Die Blätter zeigen Texte für die Messe und das Stundengebet vom Fest des hl. Johannes d. T. bis Peter und Paul und vom Fest Simon und Juda. Diese stimmen fast vollständig mit den gedruckten Liturgiebüchern überein (PL 86, 1137ff., 1236ff.). Die Gesangstexte sind mit Neumen versehen.

317   Liber misticus (Fragment) von Toledo

> **Bibl.:** Madrid, B. N., Cod. 10.001 (Toledo 35. 1), Deckblätter. – **Lit.:**
> L. BROU, Notes de paléographie musicale mozarabe, in: Anuario Musical
> 10 (1955) 23–44, bes. 24–25, 30–31; J. M. PINELL, Los textos Nr. 103
> S. 134. – **Zeit und Ort:** 9./10. Jh., Toledo.

Die zwei Fragmentblätter enthalten Texte von der Dom. V des Advents
und von Weihnachten. Die Gesangstexte sind neumiert.

Ein Fragment (Einzelblatt) in einem Graduale des 13. Jh. in Coimbra,
Arg. Cat. 1, aus dem Anfang des 11. Jh. beschreibt J. M. PINELL, Los
textos Nr. 102 S. 134.

318   Liber misticus (unvollst.) von San Millan

> **Bibl.:** Madrid, Academia de la Historia, Cod. Emil. 30. – **Lit.:** FÉROTIN,
> Liber Mozarabicus 893–989; L. BROU, Le ‹Sancta sanctis› en Occident, in:
> JThSt 46 (1945) 160–178; 47 (1946) 11–29; V. JANERAS, Combinación de
> los oficios temporal y festivo en la Liturgia Hispana, in: Archivos Leoneses
> 8 (1954) 186–225, bes. 222; A. FABREGA, Santa Eulalia de Barcelona
> (Roma 1958) 41, 43; J. M. PINELL, Los textos Nr. 100 S. 134. – **Zeit und
> Ort:** 10. Jh., San Millán.

Enthält mit einigen Lücken die ganze Advents- und Weihnachtszeit,
weiterhin von S. Aciclius bis «Carnes tollendas». Die Handschrift ist in
einem schlechten Zustand. Die Gesangstexte sind neumiert.

319   Liber misticus (Fragment) von San Zoilo von Carrión

> **Bibl.:** Madrid, Biblioteca Nacional, Cod. 11. 556 (Vorsatzblatt). – **Edit.:**
> J. JANINI, Los fragmentos visigoticos de San Zoilo de Carrión, in: Litur-
> gica 3 (= Scripta et Documenta 17, Montserrat 1966) 72–83, bes. 78 ff. –
> **Lit.:** LOEWE-HARTEL, Bibliotheca Patrum Latinorum Hispanensis I
> (Wien 1887) 307–309; DIAZ Nr. 639. – **Zeit und Ort:** 11. Jh., Kloster San
> Zoilo y San Félix von Carrión (Provinz Valencia).

Das nur aus einem Blatt bestehende Fragment enthält Teile der
«Missa in diem sanctarum Iuste et Rufine uirginum» (cf. LM 830–834).
Möglicherweise handelt es sich um den Rest einer Sakramentar-Hand-
schrift; jedoch läßt der geringe Umfang des Bruchstücks keine sicheren
Schlüsse zu.

Als Nachsatzblatt derselben Handschrift ein Fragment eines mozarabischen Antiphonale (mit Neumen) gleicher Provenienz und aus der gleichen Zeit[1].

320   Libellus für Mutter-Gottes-Feste

> **Bibl.:** Toledo, Biblioteca Capitular, Cod. 35. 7 (ff. 1–54). – **Lit.:** Férotin, Liber mozarabicus sacramentorum (Paris 1912) 754–759 (mit Beschreibung der Handschrift und Edition unbekannter Formeln); G. Sunol, Introduction à la paléographie musicale grégorienne (1935) pl. 93 B (Facsimile); Díaz Nr. 639; Bourque II, 2 Nr. 550 S. 421; DACL XII, 1 400 (mit Facsimile); L. Brou, Séquences et tropes dans la liturgie mozarabe, in: Hispania sacra 4 (1951) 27–41. – **Zeit und Ort:** 9./10. Jh., Toledo, geschrieben von einem Schreiber Sebastianus.

Vorausgeht ein Traktat des hl. Ildephons, De uirginitate s. Mariae, in sieben Lesungen, die «Missa»[2] genannt werden, eingeteilt (ff. 1 bis 34). Darauf «Officia et missae» der beiden Mutter-Gottes-Feste am 18. Dezember und am 15. August. Einige Gesangstexte, so das «Canticum angelorum» (Gloria in excelsis Deo), sind mit Neumen versehen.

321   Libellus für das Fest der hl. Cosmas und Damianus

> **Bibl.:** Madrid, Academia de la Historia, Cod. Aemilian. 60. – **Edit.:** Férotin, Liber mozarabicus sacramentorum (Paris 1912) 453–457 (Cosmas und Damian-Formular); A. Franquesa, in: Hispania sacra 12 (1959) 423–444. – **Lit.:** Férotin a.a.O. 898–899 (Beschreibung und Inhaltsangabe). – **Zeit und Ort:** 10. Jahrhundert, San Millán de la Cogolla.

Vorausgeht ein Traktat «De reprimenda auaritia» (ff. 2–28), darauf (f. 28v): «Officium de Letanias», dann (f. 29): «Passio beatissimorum

---

[1] Ediert von J. Janini a.a.O. 76 ff. Vielleicht gehörten zur gleichen Antiphonale-Handschrift ehedem auch die Palimpsestblätter im oben genannten Madrider Codex (vgl. Janini 74). Sie sind noch nicht entziffert.

[2] «Missa» also hier im Sinn von Lesung; so schon bei Caesarius von Arles (PL 57, 1102); vgl. Férotin a.a.O. 755. Zu «Missa» im Sinn von Entlassung bzw. Opfer vgl. K. Gamber, in: Ephem. lit. 74 (1960) 48–52; idem, in: Heiliger Dienst 14 (1960) 90–93; idem, in: Ephem. lit. 81 (1967) 70–73.

martirum Cosme et Damiani» etc. und «Missa in diem ss. Cosme et Damiani», zum Schluß (f. 55): «Incipit liber sententiarum» und (f. 67): «Incipiunt sermones cotidiani beati Augustini».

322   Libellus für das Fest des hl. Pelagius

> **Bibl.:** Paris, B. N., ms. nouv. acq. lat. 239 (Codex Silensis 12), ff. 68–83. –
> **Lit.:** Férotin, Liber mozarabicus sacramentorum (Paris 1912) 889–890
> (mit Inhaltsangabe); L. Delisle, Mélanges de paléographie (Paris 1880)
> 76–79; Diaz Nr. 639. – **Zeit und Ort:** 11. Jh., Abtei Silos.

Der erste Teil der Handschrift enthält patristische Texte, dann folgt (f. 68) ohne Überschrift das Officium (mit der Passio) und die Messe vom Fest des hl. Märtyrers Pelagius von Cordoba († 925)[1].

323   Libellus für Heiligenfeste von Toledo

> **Bibl.:** Toledo, Biblioteca Capitular, Cod. 33. 2 (Handschrift verloren),
> vollständige Abschrift von Polomares. – **Lit.:** D. De Bruyne, in: Rev.
> bénéd. 21 (1904) 9–26; Millares, El codice toledano 33. 2 y el Emilia-
> nense 47, in: Homenaje a Menendez Pidal III, 501–507; vgl. J. Vives, in:
> JLW 7 (1927) Nr. 304 S. 295. – **Zeit und Ort:** 10. Jh., Toledo.

«Codex mozarabicus in quo continentur officia de s. Martino, s. Aemiliano et de Assumptione B. M. V.» (Polomares).

325   Libellus für das Fest der hl. Leocadia (Fragment)

> **Bibl.:** Cincinnati (USA), Hebrew Union College, Konvolut spanischer
> Dokumente. – **Lit.:** E. Werner, Eine neuentdeckte mozarabische Hand-
> schrift mit Neumen, in: Miscellánea H. Anglés II (Barcelona 1961)
> 979–991 (mit vollst. Facs.). – **Zeit und Ort:** 9./10. Jh., Toledo (Werner).

Das Fragment besteht aus vier Blättern mit Gebeten und Gesängen (mit Neumen) vom Fest der hl. Leocadia.

---

[1] Vgl. auch den Codex Tudensis, der ebenfalls ein «Officium in diem s. Pelagii» enthält; Férotin a. a. O. 961 f.

328   Libellus für das Fest des hl. Martin

> **Bibl.:** Silos, Arch. Mon., Cod. 5 (D), fol. 40–86. – **Lit.:** FÉROTIN, Liber
> Mozarabicus Sacramentorum 802–803; L. BROU, Notes de paléographie
> musicale mozarabe, in: Anuario Musical 10 (1955) 26–27; J. M. PINELL,
> Los textos Nr. 110 S. 135; Nr. 146 S. 143. – **Zeit und Ort:** 1009, Silos.

Der Libellus enthält das Officium und die Messe vom Fest des hl.
Martin und des hl. Michael. Die Gesangstexte mit Neumen. Im Offizium
die Vita des hl. Martin.

329   Libellus für das Fest der Assumptio

> **Bibl.:** Silos, Arch. Mon., Cod. 3 (B), foll. 107–129. – **Lit.:** FEROTIN, Liber
> Mozarabicus Sacramentorum 785–802; J. M. PINELL, Los textos Nr. 111
> S. 135. – **Zeit und Ort:** 1039, Silos.

Es handelt sich um ein Gegenstück zum Libellus Nr. 320 aus Toledo.
Die Gesangstexte sind neumiert.

Von einem weiteren ähnlichen Libellus des 10. Jh. ist eine spätere
Abschrift erhalten (Madrid, B.N., Cod. 13. 060, fol. 121–185); vgl.
J. M. PINELL Nr. 118 S. 136.

Die einzelnen Handschriften des «Liber misticus» sind zu vergleichen
mit den fast gleichzeitigen (mittel-)italienischen Plenarmissalien, in
Benevent «Liber typicus» genannt, bei denen die Offiziumstexte jeweils mit den Meßformularen verbunden sind. Leider sind aus Italien
nur mehr wenige dieser hochentwickelten Liturgiebücher erhalten
(Nr. 1440–1441 und 460). Dabei muß man sich bewußt sein, daß sowohl auf der Pyrrhenäen- als auch auf der Apenninen-Halbinsel nur
mehr ein verschwindend kleiner Teil des ehemaligen Bestands an
Handschriften übrig geblieben ist. Die Entwicklung zum Plenarmissale
(und teilweise auch zum Brevier) hat hier schon im 8. Jh. begonnen
(vgl. Nr. 1401) und war, wie das Fragment Nr. 316 zeigt, im 9. Jh.
im wesentlichen bereits abgeschlossen.

c) Orationalia visigothica et Psalteria

Der mozarabische «Liber orationum» diente für die Gottesdienste außerhalb der heiligen Messe (Matutin und Vesper) und entspricht somit etwa den Kollektaren des römischen Ritus (vgl. Nr. 1501 ff.); er ist jedoch weit reichhaltiger als diese. Es sind zwei Handschriften erhalten:

330 Orationale visigothicum in Verona   Sigel: OV

> **Bibl.:** Verona, Biblioteca Capitolare, Cod. LXXXIX (alt 84). – **Edit.:** BIANCHINI (1741); J. VIVES - J. CLAVERAS, Oracional Visigóthico (= Monumenta Hispaniae sacra, Serie liturgica, Vol. I, Barcelona 1946). – **Lit.:** J. CLAVERAS ebd. XXIX–LIV; FÉROTIN a.a.O. 947–960; A. W. S. PORTER, Studies in the Mozarabic Office, in: JThSt 35 (1934) 266 bis 268; B. DE GAIFFIER, in: Revue d'ascétique et mystique 25 (1949) 219–224; DIAZ Nr. 334 S. 92; LOWE IV Nr. 515; M. RUFFINI, Il ritmo prosaico finale delle «benedictiones» dell' orazionale visigotico, in: Analecta Sacra Tarraconensia 31 (1958) 109–250; IDEM, Strutturazione morfologica e sintattica delle «benedictiones» dell' orazionale visigotico, ebd. 32 (1959) 5–29; G. PRESA, L'orazionale della biblioteca capitolare di Verona è mozarabico?, in: Studi grafici 36 (1960) Sonderdruck. – **Zeit und Ort:** um 700 (vor 732), Spanien (Tarragona), Ende des 8. Jh. bereits in Verona[1].

Die auf Grund ihres Alters kostbarste Handschrift der altspanischen Liturgie. Unser Orationale ist nur wenige Jahre nach der mutmaßlichen Redaktion durch Julian, Bischof von Toledo († 690) abgeschrieben worden. Von dieser Redaktion sagt der bereits einmal erwähnte Felix an der gleichen Stelle (vgl. Nr. 301):

> Item (scripsit) *librum orationum* de festivitatibus, quas Toletana ecclesia per totum circulum anni est solita celebrare, partim stilo sui ingenii depromptum, partim etiam insolita antiquitate vitiatum, studiose correctum in unum congessit, atque ecclesiae Dei usibus ob amorem reliquit sanctae religionis[2].

---

[1] Vgl. L. SCHIAPARELLI, Note Paleografiche. Sulla data e provenienza del Cod. LXXXIX della Bibl. Cap. di Verona, in: Archivia Storico Italiano I (1924).

[2] Die ursprüngliche Redaktion des «Liber orationum» geht vermutlich auf Bischof *Leander von Sevilla* († 599) zurück; vgl. Ildephons, De vir. ill. (PL 96, 203); dazu DIAZ Nr. 334 S. 92 und die dort angegebene Literatur.

Die meisten Texte des Orationale sind in das spätere *Breviarium Gothicum* (= PL 86) eingegangen.

331 Orationale visigothicum von Silos

> **Bibl.:** London, British Museum, Addit. MS 30. 852. – **Edit.:** J. VIVES wie Nr. 350). – **Lit.:** FÉROTIN, Liber mozarabicus sacramentorum (Paris 1912) 880–882 (Beschreibung der Handschrift); DACL IX, 2 2383–87; J. CLAVERAS a. a. O. XLI–XLVI; J. VIVES, El oracional mozárabe de Silos, in: Analecta Sacra Tarraconensia 18 (1945) 1–25; IDEM, Reliquias inéditas del «Libellus orationum» visigótico, in: Miscellanea G. Mercati, Vol. II (= Studi e Testi 122, Roma 1946) 465–476; DIAZ Nr. 334. – **Zeit und Ort:** 9. Jh., Abtei Silos.

Eine jüngere Schwesterhandschrift zum Codex von Verona (Nr. 330). Das Manuskript beginnt defekt mit dem 3. Adventsonntag[1].

*

Für das (monastische) Chorgebet entstand im 10. Jh. in Spanien der Liber horarum, ein dem «Brevier» ähnliches Liturgiebuch[2] (vgl. das Brevierfragment Nr. 1690 aus dem 10. Jh. mit römischem Ritus).

> **Lit.:** *grundlegend:* J. PINELL, Las horas vigiliares del oficio monacal hispanico, in: Liturgica 3 (= Scripta et Documenta 17, Montserrat 1966) 197–340; *frühere Arbeiten:* M. FÉROTIN, Le Liber Mozarabicus Sacramentorum et les manuscrits mozarabes (= Monumenta Ecclesiae Liturgica 6, Paris 1912); W. MEYER, Die Preces der mozarabischen Liturgie (Berlin 1914); W. M. WHITEHILL, A Catalogue of Mozarabic Liturgical Manuscripts containing the Psalter and Liber canticorum, in: JLW 14 (1934) 95–122; P. WAGNER, Untersuchungen zu den Gesangstexten und zur responsorialen Psalmodie der altspanischen Liturgie, in: Spanische Forschungen der Görresgesellschaft I, 2 (1930) 67–113; J. PINELL, Las «missae», grupos de cantos y oraciones en el oficio de la antigua liturgia hispana, in: Archivos Leoneses 8 (1954) 145–185; IDEM, El «Liber horarum» y el «misticus» entre los libros de la antigua liturgia hispana, in: Hispania sacra 8 (1955) 87–107; IDEM, El oficio hispano-visigótico, ebd. 10 (1957) 385–427; A. MUNDÓ, La datación de los codices litúrgicos toledanos, ebd. 17 (1964).

Folgende Handschriften können hier angeführt werden (vgl. auch Nr. 350–358):

---

[1] Ein Facsimile von f. 40 findet sich in DACL IX, 2 fig. 7180.

[2] Vgl. die spätere Druckausgabe «Breviarium Gothicum» bei MIGNE, PL 86.

340 Fragment eines Liber horarum von Santo Domingo

> **Bibl.:** Archivo Catedral de Santo Domingo de la Calzada, 2 Fragment-
> blätter. – **Edit.:** M. L. Povés, Los fragmentos de códices visigóticos de
> la catedral de Santo Domingo de la Calzada, in: Revista de Archi-
> vos, Bibliotecas y Museos 58 (1952) 517–520. – **Lit.:** A. Millares
> Carlo, Manuscritos Visigóticos. Notas bibliográficas (Madrid-Barcelona
> 1963) Nr. 230; J. Pinell, Las horas vigiliares a.a.O. 203–204. –
> **Zeit und Ort:** vielleicht noch Ende des 10. Jh., Santo Domingo de la
> Calzada.

Das teilweise unleserliche Fragment enthält den Text des Ordo «ad
nocturnos» der Feria IV und V.

341 Liber horarum von Silos

> **Bibl.:** Silos, Archivo del monastero, Cod. 7 (alt C). – **Lit.:** Férotin,
> Le Liber Mozarabicus sacramentorum (Paris 1912) 770–782 (ausführliche
> Beschreibung der Handschrift); W. M. Whitehill - J. Pérez de Urbel,
> in: Boletín de la Academia de la Historia 95 (1929) 544–564; Díaz Nr. 637;
> W. C. Porter, Early Spanish Monasticism, in: Laudate 12 (1934) 31–52;
> J. Pinell, El oficio hispano-visigótico a.a.O. 339, 406–407; idem, Los
> textos a.a.O. Nr. 151; Millares Carlo, Manuscritos Nr. 162. – **Zeit
> und Ort:** 11. Jh., Abtei Silos.

Die foll. 12–30 enthalten die Votiv-Offizien für die Kranken und Toten
(vgl. Férotin, Le Liber Ordinum 782–783 und Nr. 395), anschließend
(foll. 31–141) den «Liber horarum»[1].

Interessant ist der Prolog mit seiner Unterscheidung des Kathedral-
Offizium vom monastischen.

343 Liber horarum von Toledo

> **Bibl.:** Toledo, Biblioteca Capitular, Cod. 33. 3. – **Lit.:** Férotin, Le Liber
> Mozarabicus sacramentorum 684–686 (Inhaltsangabe und Initien der
> einzelnen Formeln); A. Millares Carlo, Los códices de la catedral
> toledana (Madrid 1932); idem, Manuscritos Nr. 171; J. Pinell, Los
> textos Nr. 148. – **Zeit und Ort:** 12. Jh., Toledo.

Das teilweise nur mehr schlecht lesbare Manuskript enthält die «Horae
diurnae». Eine Rubrik (fol. 1r) erwähnt die «oblatio luminis» zum

---

[1] Vgl. Breviarium Gothicum, in: PL 86, 946–960.

Ordo «ad duodecimam» (Vesper). Am Schluß einige nicht-liturgische monastische Riten.

345 Officia feriarum in Quadragesima

> **Bibl.:** Madrid, B. N., Cod. 10.110 (alt Hh 23), früher: Toledo, Bibl. Capit. Cod. 35. 2. **Edit.** (in Vorbereitung): J. M. Pinell. – **Lit.:** Férotin, Le Liber Mozarabicus sacramentorum 688–690 (Inhaltsangabe der Handschrift); H. Schneider, Die altlateinischen biblischen Cantica (1938) 138; J. Enciso, El Breviario mozárabe de la Biblioteca Nacional, in: Estudios biblicos 2 (1943) 189–211; J. M. Pinell, Los textos Nr. 120 S. 137 (mit weiterer Lit.); Diaz Nr. 639. – **Zeit und Ort:** Anfang des 11. Jh., Toledo (Pfarrkirche S. Justa y Rufina)[1].

Der neumierte Codex beginnt mit dem «Ordo II Feria ad Matutinum incipiente Quadragesima» und enthält nur die Offizien der Werktage der Fastenzeit. Er bildet die vollständige Ergänzung zum «Liber misticus» Nr. 312. Während dieses Liturgiebuch die Texte für die Meßfeier enthält, so das unsere die entsprechenden Formulare für das Chorgebet.

*

An dieser Stelle ist ferner auf das beim spanischen Chorgebet verwendete **Psalterium mozarabicum** hinzuweisen.

> **Lit.:** M. Gilson, The Mozarabic Psalter (= HBS, London 1905); W. M. Whitehill, A Catalogue of Mozarabic Liturgical Manuscripts containing the Psalter and Liber canticorum, in: JLW 14 (1938) 95–122; L. Brou, Les «Benedictiones» ou cantique des trois enfants dans l'ancienne messe espagnole, in: Hispania sacra 1 (1948) 21–33; idem, Le psautier wisigothique et les editions critiques des psautiers latins, ebd. 8 (1955) 337–360; A. Allgeier, Das afrikanische Element im altspanischen Psalter, in: Gesammelte Aufsätze zur Kulturgeschichte Spaniens (= Spanische Forschungen der Görres-Gesellschaft I. Reihe, 2. Band, Münster i. W. 1930); idem, Die Psalmen in der mozarabischen Liturgie und das Psalterium von Saint-Germain-des-Prés, ebd. 3 (1931) 179–236; idem, Die Psalmen in der mozarabischen Liturgie, ebd. 3 (1931); T. Ayuso, Psalterium Visigothicum-Mozarabicum (= Biblia Polyglotta Matritensia,

---

[1] Die gleiche Provenienz hat auch das Fragment Nr. 316 (Liber misticus).

Tom. 21, ser. VII, Madrid 1958); H. ANGLÈS, The Old Spanish Music and the «Hymnarium Cisneros», in: Festschrift G. Reese (New York 1964); J. PINELL, Las horas vigiliares del oficio monacal hispánico, in: Liturgica 3 (= Scripta et Documenta 17, Montserrat 1966) 197–340.

Das spanische Psalterium ist regelmäßig mit den biblischen Cantica («Liber Canticorum»)[1], gelegentlich auch mit Hymnen und dem «Liber horarum» (s. o.), verbunden.

Hinsichtlich des mozarabischen «Psalmographus», von dem leider keine einzige Handschrift erhalten geblieben ist, vgl. J. M. PINELL, Los textos 122–125. Der Text des Psalmographus, der Psalterkollekten im Anschluß an die einzelnen Psalmen enthielt[2], läßt sich jedoch aufgrund nicht-spanischer Handschriften vollständig rekonstruieren.

350 Psalterium mozarabicum mit «Orationes completuriae»

> **Bibl.:** El Escorial, Bibl. Mon., Cod. A. III. 5. – **Edit.** (der Orationen): L. BROU, Les psautiers manuscrits Escurial A. III. 5; Toulouse 144 et leur «Psalterium abreuiatum», final, in: Hispania sacra 9 (1956) 379–390. – **Lit.:** FÉROTIN, Liber mozarabicus sacramentorum (Paris 1912) 943–946; W. M. WHITEHILL, A catalogue of mozarabic liturgical manuscripts, in: JLW 14 (1934) 121–122 (mit weiterer Lit.); DIAZ Nr. 334; T. AYUSO, Psalterium visigothicum-mozarabicum Nr. 35 S. 13. – **Zeit und Ort:** 10 oder 11. Jh. (FÉROTIN nahm an, daß die Handschrift im 10. Jh. von der Schreiberin Leodegundia verfertigt sei).

Auf das Psalterium, das auch den Psalm «Pusillus eram . . .» am Schluß bringt, folgen f. 135ᵛ unmittelbar «Orationes completuriae» (Beatifica domine peccatricem me illam . . .). Die gleichen Orationen finden sich im ms. 144 der Bibliothèque municipale von Toulouse (14. Jh.)[3]. Es fehlen die Cantica sowie ein beigefügtes Hymnarium.

---

[1] Vgl. H. SCHNEIDER, Die altlateinischen biblischen Cantica (= TuA Heft 29/30, Beuron 1938) 126–158; W. C. PORTER, Cantica Mozarabici officii, in: Ephem. lit. 49 (1935) 126–145.

[2] Vgl. L. BROU(-A. WILMART), The Psalter Collects from V–VI Century (= HBS 83, London 1949). Hier werden 4 Handschriften genannt. Dazu kommt noch Lambach, Stiftsbibliothek, Cod. 31 (fol. 171–187) aus dem 9. Jh.; vgl. J. LECLERQ, in: Scriptorium 5 (1951) 196 Anm. 15.

[3] Die Abfassung dieser Gebete durch Bischof Leander von Sevilla († 599) vermutet U. DOMÍNGUEZ-DEL VAL, in: La Ciudad de Dios 169 (1956) 292–295;

Von den «Orationes completuriae» der beiden genannten Handschriften
zu unterscheiden sind die Psalter-Kollekten der «Hispana series» (vgl.
auch die afrikanische Reihe in Nr. 010 und die römische in Nr. 1616)[1].
Sie liegen u. a. im Codex 31 der Stiftsbibliothek zu Lambach (9. Jh.)[2]
und im Psalterium von Moissac (Oxford, Bibl. Bodl., MS D'Orville 45)
aus dem Anfang des 11. Jh. vor[3].

352   Psalterium mozarabicum et Hymnarium

> **Bibl.:** London, British Museum, Add. MS 30. 851 (Codex Silensis VIII). –
> **Edit.:** M. GILSON, The Mozarabic Psalter (= HBS 30, London 1905). –
> **Lit.:** Analecta Hymnica 27 (1897) 26–28; DACL II, 2 1988–1993; FÉRO-
> TIN, Le Liber mozarabicus sacramentorum (Paris 1912) 871–875; W.
> MEYER, Die rhythmischen Preces der mozarabischen Liturgie (= Nach-
> richten der Ges. d. W. zu Göttingen XV, 3, Berlin 1914); W. M. WHITE-
> HILL, in: JLW 14 (1934) 100–102 (mit weiterer Lit.); G. SUÑOL, Introduc-
> tion à la paléographie musicale grégorienne (Paris 1935) pl. 97 (Facs.);
> H. SCHNEIDER, Die altlateinischen biblischen Cantica (Beuron 1938) 127;
> J. PINELL, Unsa exhortación diaconal en el antiguo rito hispánico: la
> «supplicatio», in: Analecta Sacra Tarraconensia 36 (1964) 3–25; IDEM,
> Horas vigiliares a.a.O. 204–205. – **Zeit und Ort:** 10./11. Jh. (LOWE),
> Abtei Silos.

Das Psalterium (mit Orationen und Antiphonen) beginnt defekt, ebenso
der «Liber Canticorum» (ebenfalls mit Antiphonen), die beim mozarabischen Chorgebet verwendeten Cantica. Darauf f. 110ᵛ:

INCIPIT IMNORUM DE TOTO CIRCULO ANNI. IMNUS IN DIEM SANCTI
ACISTULI,

eine *Hymnensammlung*, die von GILSON a.a.O. 185–291 ediert ist.

> **Lit.** *(zu den mozarabischen Hymnen)*: C. BLUME, Hymnodia gothica
> (= Analecta hymnica, Fasc. 27, Leipzig 1897); J. PÉREZ DE URBEL, El

---

vgl. J. PINELL, in: Revue d'histoire ecclésiastique 52 (1957) 626–627; E. DEK-
KERS, Clavis Patrum Latinorum Nr. 2015a S. 455 f.
[1] Herausgegeben von L. BROU(-A. WILMART), The Psalter Collects (= HBS 83,
London 1949) 112–173; vgl. J. LECLERCQ, in: Scriptorium 5 (1951) 196 Anm. 15.
[2] Vgl. J. LECLERCQ, in: Scriptorium 5 (1951) 196 Anm. 15; J. VILLANOVA,
Regula Pauli et Stephani (Montserrat 1959) 25 Anm. 20.
[3] Vgl. L. BROU, The Psalter Collects a.a.O. 31 ff.; DIAZ Nr. 335 S. 93 (weitere
Handschriften); DEKKERS, Clavis Nr. 2015 S. 455.

origen de los himnos mozarabes, in: Bulletin hispanique 28 (1926) 5 ff.; DEKKERS, Clavis Nr. 2011 S. 454 (weitere Lit.); B. THORSBERG, Etudes sur l'hymnologie mozarabe (= Acta Universitatis Stockholmiensis. Studia latina Stockholmiensia VIII, Stockholm 1962).

Am Schluß des Codex stehen (foll. 164–202) einige Offizien (hauptsächlich Commune- und Totenofficium), die ebenfalls von GILSON 292–265 ediert sind. Es handelt sich um Teile eines «Liber horarum» (foll. 164–182) und um ein Fragment eines «Liber misticus».

Von einem weiteren ähnlichen Liturgiebuch sind nur einige Fragmentblätter erhalten. Sie befinden sich im Cod. Aemilianensis 14 (früher F. 184) der Biblioteca de la Real Academia de la Historia zu Madrid. Die Schrift weist in das 11. Jahrhundert. Erhalten sind einige Hymnen (s. Cucufatis, de primitiis, s. Cypriani, in decollatione s. Ioh., s. Micaelis, ss. Fausti, Ianuari et Martialis) und Stücke aus einem «Liber horarum»[1].

353 Psalterium mozarabicum et Hymnarium

> **Bibl.**: Madrid, Biblioteca Nacional, Cod. 10.001 (alt Hh 69), früher: Toledo, Cod. 35. 1. – **Edit.**: PL 86, 739–940. – **Lit.**: Analecta Hymnica 27 (1897) 21–23; A. ALLGEIER, Das afrikanische Element im altspanischen Psalter 196–228; IDEM, Die Psalmen in der mozarabischen Liturgie 179–236; W. M. WHITEHILL, A Catalogue of Mozarabic Liturgical Manuscripts containing the Psalter and Liber canticorum, in: JLW 14 (1938) 95–122, bes. 97–100 *(mit weiterer Lit.)*; DIAZ Nr. 639; J. ENCISO, El breviario mozárabe de la Biblioteca Nacional, in: Estudios Bíblicos 2 (1943) 182–211; IDEM, Il autor del prólogo en verso de los himnos mozárabes, in: Revista Española de Teologia 3 (1943) 485–492; H. ANGLES, Catálogo musical 1–2; J. M. PINELL, Las «missae», in: Archivos Leoneses 8 (1954) 145–185, bes. 146, 155–171, 174–175; IDEM, El oficio hispanovisigótico, in: Hispania sacra 10 (1957) 385–427, bes. 415–419. – **Zeit und Ort**: 9./10. Jh. (LOWE)[2], geschrieben von einem Priester Maurus für einen Priester Abundantius, Toledo.

Die ersten beiden Blätter enthalten das Meßformular für den 5. Sonn-

---

[1] Die Fragmente sind vollständig ediert von J. M. PINELL, Fragmentos de códices del antiguo rito hispánico, in: Miscelánea Férotin (Barcelona 1964) 195–229.

[2] Vgl. E. A. LOWE, Studia Palaeographica (München 1910) 66 Nr. 47.

tag im Advent[1]. Auf das Psalterium folgen fol. 87^v die (76) Cantica[2]; darauf (fol. 110^v) die Überschrift:

INCIPIUNT YMNI DE TOTO CIRCULO ANNI. YMNUS DE ADUENTU DNI ET SANCTORUM FESTIUITATE,

womit eine Sammlung von Hymnen eingeleitet wird, die in PL 86, 885–940 abgedruckt ist; die Texte sind mit Neumen versehen.

Keine andere Liturgie kennt so viele Cantica wie die mozarabische. Sie wurden, wie unsere Handschrift zeigt, in einem eigenen *Liber canticorum* vereinigt (hier 76 Cantica). Die Redaktion dieses Buches (in der Fassung unseres Codex) ist nach SCHNEIDER 136–137 in der 2. Hälfte des 7. Jh. in Spanien erfolgt.

356 «Liber Diurnus» des Königs Ferdinand

> **Bibl.:** Santiago de Compostela, Biblioteca de la Universidad, Cod. reservado 5. – **Lit.:** FÉROTIN, Le Liber Mozarabicus Sacramentorum 931–936 (Beschreibung der Handschrift); IDEM, Deux manuscrits wisigothiques de la Bibliothèque de Ferdinand I Roi de Castille et Léon, in: Bibliothèque de l'Ecole des Chartes 62 (1901) 374–387; P. WAGNER, Untersuchungen zu den Gesangtexten und zur responsorialen Psalmodie der altspanischen Liturgie, in: Spanische Forschungen der Görresgesellschaft. Gesammelte Aufsätze zur Kulturgeschichte Spaniens II (1930) 67–113; W. M. WHITEHILL, in: JLW 14 (1934) 109–116 (mit weiterer Lit.); MILLARES CARLO, Manuscritos Nr. 155; J. PINELL, Horas vigiliares del oficio monacal hispánico, in: Liturgica 3 (Montserrat 1966) 197–340, bes. 202–203 (mit weiterer Lit.). – **Zeit und Ort:** 1055 von einem Schreiber Petrus und einem Maler Fructuosus für König Ferdinand I hergestellt[3].

Auf das Psalterium und die Cantica folgen f. 196^r verschiedene Gebete, darauf ein Teil des «Liber horarum» (foll. 209–224), darunter f. 209^r ein «Ordo ad medium noctis» und f. 215^v ein «Ordo ad celebrandum nocturnos».

Nach PINELL handelt es sich um einen älteren Typus des «Liber horarum», der direkt auf eine Handschrift des 8./9. Jahrhundert zurückgehen könnte.

---

[1] Vgl. FÉROTIN, Liber Mozarabicus Sacramentorum 22–24.

[2] Vgl. H. SCHNEIDER, Die altlateinischen biblischen Cantica (Beuron 1938) 127.

[3] Vgl. die Eintragung auf fol. 6^r: Ferdinandi regis sum liber necnon et Sancia regina.

Zwei weitere mozarabische Psalterien in: Nogent-sur-Marne, Biblio-thèque Smith-Lesouëf, ms. 2, und Madrid, Academia de la Historia, Cod. Aemil. 64 bis (11. bzw. 10./11. Jh.) beschreibt WHITEHILL a. a. O. 102–109. Sie enthalten nur die Psalmen mit den Cantica. Einige weitere Handschriften bei J. M. PINELL, Los Textos 116–122.

358 Liber Canticorum der Königin Sancha

> **Bibl.:** Salamanca, Biblioteca de la Universidad, Cod. 2.668, früher: Madrid, Biblioteca del Palacio Real, Cod. 329 (alt 2. J. 15). – **Lit.:** M. FÉROTIN, Le Liber Mozarabicus Sacramentorum 925–928; IDEM, Deux manuscrits wisigothiques de la bibliothèque de Ferdinand Ier, Roi de Castille et de Léon, in: Bibliothèque de l'Ecole de Chartres 62 (1901) 384–387; W. M. WHITEHILL, in: JLW 14 (1934) 116–121 (mit weiterer Lit.); MILLARES CARLO, Manuscritos Nr. 150; J. PINELL, Horas vigilares a. a. O. 205–206. – **Zeit und Ort:** 1059, von einem Schreiber Christophorus für Sancha, die Gemahlin des Königs Ferdinand I. von Castilien und Léon, geschrieben.

Der im Gegensatz zu den übrigen mozarabischen Handschriften ein-spaltig angelegte Codex (nur 14–15 Zeilen) enthält das Psalterium (ohne Antiphonen und Orationen) sowie den «Liber Canticorum» (mit 120 Cantica)[1]. Darauf (foll. 141–175) Teile des «Liber Horarum», dar-unter f. 164[v] der «Ordo ad celebrandum nocturnis (!)».

d) Lectionaria mozarabica

Im folgenden werden außer dem «Liber Commicus» (Sigel: LC) auch die mozarabischen Homiliare und Passionare beschrieben. Die Be-zeichnung «Commicus» dürfte mit «comma» = Einschnitt, Abschnitt zusammenhängen[2] und eine andere Form des «Liber Comitis» (vgl. S. 430) darstellen.

---

[1] Vgl. H. SCHNEIDER, Die altlateinischen biblischen Cantica a. a. O. 127. Ein Bruchstück einer Cantica-Sammlung ist im MS 30.844 des British Museum zu London (ff. 173–177) zu finden (11. Jh.); vgl. SCHNEIDER 128.

[2] Vgl. J. F. RIVERA, in: Estudios biblicos 7 (1948) 339; T. AYUSO, ebd. 10 (1951) 299–300.

360 Liber Commicus von Silos

> **Bibl.:** Paris, B. N., ms. nouv. acq. lat. 2171. – **Edit.:** G. Morin, Anecdota Maredsolana I (Maredsous 1893); F. J. Perez de Urbel - A. Gonzalez y Ruiz-Zorilla, Liber Commicus (= Monumenta Hispaniae sacra, Serie litúrgica, Vol. II und III, Madrid 1950–55). – **Lit.:** Férotin, Liber mozarabicus sacramentorum (Paris 1912) 885–888 (Inhaltsangabe); DACL V, 1 261–271, 857–863; IX, 1 220–243 (fig. 7071); XV, 1 1453; Diaz Nr. 640 S. 156; Pérez de Urbel a.a.O. Vol. I, pp. xlv–liv. – **Zeit und Ort:** vor 1041/67, Abtei Silos.

Das Lektionar beginnt mit dem Advent und verzeichnet für die einzelnen Tage jeweils drei Lesungen: aus dem AT (Propheten), den Apostelbriefen und den Evangelien. Unsere Handschrift ist gegenüber einigen älteren Codices (s. u.) dem Inhalt nach bereits gekürzt, im übrigen jedoch lückenlos.

361 Liber Commicus-Fragment (Palimpsest) in Paris

> **Bibl.:** Paris, B. N., ms. lat. 2269. – **Edit.:** A. Mundó, El commicus palimpsest Paris lat. 2269. Amb notes sobre litúrgia i manuscrits visigótics a Septimánia i Catalunya, in: Liturgica 1 (= Scripta et Documenta 7, Montserrat 1956) 151–276, mit zahlreichen Literaturangaben und mehreren Facsimile-Seiten. – **Lit.:** A. Mundó, Frammenti palinsesti del «liber commicus» visigotico, in: Analecta Gregoriana 70 (1954) 101–106. – **Zeit und Ort:** Anfang des 9. Jh., Kirche St. Nazarius in Carcassona.

Das Lektionar, von dem lediglich 16 Blätter erhalten sind, erweist sich als altertümlicher als die übrigen Handschriften[1]. Es beinhaltet Texte von der «Apparitio Dni» (6. Jan.) bis zum Sonntag «De Lazaro» der Fastenzeit. Die Perikopen stimmen nicht in allen Fällen mit den späteren Lektionaren überein. Mehrmals finden sich zusätzlich Väter-Homilien (vgl. das Homiliar Nr. 370). Die Formular-Überschriften sind in kleineren Buchstaben jeweils an den Rand geschrieben und daher im Palimpsest meist nicht zu lesen.

362 Liber Commicus von Toledo

> **Bibl.:** Toledo, Biblioteca Capitular (Catedral), Cod. 35. 8. – **Edit.:** wie Nr. 360. – **Lit.:** Férotin, Liber mozarabicus sacramentorum (Paris 1912)

---

[1] Es sei verwiesen auf die tabellenartige Übersicht der einzelnen Handschriften und den Vergleich zu unserm Fragment, Mundó a.a.O. 194–203.

766; J. Fr. Rivera Regio, in: Estudios Biblicos 7 (1948) 335–359. Diaz
Nr. 640. – **Zeit und Ort:** 9./10. Jh., Toledo.

Die Handschrift ist sehr verstümmelt. Auf f. 1 «Legendum in Dominico post Infantum», dann Lücke; darauf: «In VII Dominico ante
Quadragesimam» bis zum «Sabbato in III hebdomada Quadragesimae», womit das Manuskript abbricht. Unser Codex ist von besonderer Bedeutung, weil sich, abgesehen vom Fragment Nr. 361, nur in
ihm die alttestamentlichen Lesungen an den Werktagen der Fastenzeit finden.

In Toledo, Mus. San Vincente (fragm. 1), findet sich ein Fragment eines
Liber Commicus, der in der Pfarrkirche Santa Justa y Rufina gebraucht worden ist[1].

363   Liber Commicus von San Millán

> **Bibl.:** Madrid, Academia de la Historia, Cod. Emilian. 22. – **Edit.:** wie
> Nr. 360. – **Lit.:** wie Nr. 360 pp. LXIII–LXVII; Férotin, Liber mozara-
> bicus sacramentorum (Paris 1912) 903–910 (Inhaltsangabe); Diaz Nr. 640.
> – **Zeit und Ort:** 1073, San Millan de la Cogolla.

Vollständige Handschrift, die jedoch einen jüngeren Typus repräsentiert. Sie trägt den Titel (f. 12):

IN NOMINE DOMINI NOSTRI IHU XPI INCIPIT LIBER COMICUS DE
TOTO ANNI CIRCULO

Vorausgehen (ff. 1–11) verschiedene andere Texte (Lesungen und Orationen).

364   Liber Commicus-Fragment von León

> **Bibl.:** León, Biblioteca Capitular (Catedral), Cod. 2 (ff. 72 ss.). – **Edit.:**
> wie Nr. 360. – **Lit.:** wie Nr. 360, pp. LV–LXI; Diaz Nr. 640. – **Zeit und
> Ort:** 1065–1071, León.

Das Manuskript enthält größere Fragmente eines Lektionars (Advent,

---

[1] Vgl. F. J. Perez de Urbel, Liber Commicus 729–734; A. Millares Carlo,
Nuevos estudios 142–143, 147 (Tafel 50).

Teile der österlichen Zeit, einige Sonntage «De quotidiano», Commune- und Votivmessen).

365 Liber Commicus-Fragment von Toledo

> **Bibl.:** Toledo, Biblioteca Capitular (Catedral), Cod. 35. 4 (ff. 173–174). – **Edit.:** wie Nr. 360. – **Lit.:** Férotin, Liber mozarabicus sacramentorum (Paris 1912) 722. – **Zeit und Ort:** Ende des 9. Jh., Toledo.

Das Fragment besteht aus zwei Blättern. Diese beginnen mit der Überschrift: «Incipiunt lectiones de cotidiano», darauf «Lectiones de uno infirmo», «de uno defuncto», «de plures sacerdotes defunctos» (!).

Ein weiteres kleines Fragment in Madrid, B. N., Cod. 494 (Deckblatt) aus dem 10./11. Jh.[1].

369 Perikopen-Notizen

Außer den genannten Lektionar-Handschriften finden sich in einigen Codices Perikopen-Notizen:

> a **Bibl.:** Autun, Bibl. munic., ms. 27 (ff. 16, 26v–27, 32v–33 etc.). Es handelt sich um Osterlesungen, die zu Beginn des 8. Jh. an den Rand eingetragen worden sind; **Lit.:** Lowe VI Nr. 727a; A. Mundó, in: Liturgica 1 (= Scripta et Documenta 7, Montserrat 1956) 156; A. Millares Carlo, Nuevos estudios 96–97; idem, Los codices visigóticos de la catedral toledana (Madrid 1935) 61–63.
>
> b **Bibl.:** Montpellier, Bibl. munic., ms. 6. Lesungsnotizen aus dem 8./9. Jh., eingetragen in eine Handschrift mit Paulusbriefen; starker gallischer Einfluß; **Lit.:** A. Wilmart, Un lectionnaire d'Aniane, in: Revue Mabillon 13 (1923) 40–53; A. Mundó a. a. O. 155.
>
> c **Bibl.:** Madrid, Univers., Cod. 31. Lesungsnotizen aus dem 9./10. Jh., eingetragen in die Biblia complutensis; **Lit.:** D. De Bruyne, Un système de lectures de la liturgie mozarabe, in: Rev. bénéd. 34 (1922) 147 bis 155; A. Mundó a.a.O. 155; DACL XII, 1 402–404 (vollständige Übersicht!).

Vgl. auch die tabellarische Übersicht bei Mundó a.a.O. 193–208.

---

[1] Vgl. J. M. Pinell, Los textos de la antigua liturgia hispánica a.a.O. Nr. 29 S. 117.

370 Homiliarium mozarabicum

> **Bibl.:** London, British Museum, Add. MS 30. 853 (Codex Silensis X). –
> **Lit.:** G. Morin, Anecdota Maredsolana I (Maredsous 1893) 406–425;
> Férotin, Liber mozarabicus sacramentorum (Paris 1912) 882–885; DACL
> XII, 1 401–402; M. C. Diaz y Diaz, Anecdota Wisigothica I (Salamanca
> 1958) 66, 69f., 324; Diaz Nr. 323, 324, 327, 535. – **Zeit und Ort:** Ende
> des 11. Jh., Abtei Silos.

Das Homiliar enthält Väterlesungen, wie sie im mozarabischen Ritus
verschiedentlich anstelle einer Predigt vorgetragen worden sind. Nach
G. Morin geht die Redaktion des Homiliars vermutlich auf Ildephons
oder Julianus von Toledo zurück. Einige Väterhomilien für die Meßfeier finden sich auch im Liber-Commicus Nr. 361[1].

Bezüglich zweier Fragmente vgl. J. M. Pinell, Los textos Nr. 98 und
99 S. 133.

*

Ähnlich wie in der afrikanischen Liturgie (vgl. Nr. 001) wurden auch
in der spanischen Meßfeier an den Jahrtagen der Märtyrer deren Akten
verlesen[2].

Es sind folgende Handschriften mit Passiones martyrum *(Passionare)*
erhalten.

375 Passionarium mozarabicum von Cardeña

> **Bibl.:** London, British Museum, Add. MS 25. 600. – **Edit.:** A. Fábrega
> Grau, Pasionario hispánico 1 (= Monumenta Hispaniae sacra, Serie
> litúrgica, Vol. VI, Madrid-Barcelona 1953) 25–33, 35–50 (mit Facsimile). –
> **Lit.:** B. de Gaiffier, L'inventio et translatio de S. Zoïle de Cordoue, in:
> Analecta Bollandiana 56 (1938) 364–366; idem, Hagiographie hispani-
> que, ebd. 66 (1948) 299–318; idem, La lecture des actes des martyrs dans
> la prière liturgique en Occident, ebd. 72 (1954) 134–166; idem, Sub

---

[1] Die Handschrift enthält auch ein Poenitentiale; vgl. F. Romero Otazo, El
Penitencial Silense (Madrid 1928) 91–109; Diaz Nr. 535 S. 134.

[2] Vgl. B. de Gaiffier, La lecture des actes des martyrs dans la prière liturgique
en Occident. A propos du Passionaire hispanique, in: Analecta Bollandiana 72
(1954) 134–166.

Daciano praeside, ebd. 378–396; J. Vives, La «Vita Torquati et comitum, in: Analecta Sacra Tarraconensia 20 (1947) 223–230. – **Zeit und Ort:** 11. Jh., Cardeña.

Die bedeutungsvollste mozarabische Passionar-Handschrift.

376 Passionarium mozarabicum von Silos

Bibl.: Paris, B. N., ms. nouv. acq. lat. 2180. – **Lit.:** Fábrega Grau, Pasionario hispanico I (1953) 33–35, 50–57 (mit Facsimile). – **Zeit und Ort:** 2. Hälfte des 10. Jh., Abtei Silos.

Die Handschrift ist am Anfang und Ende defekt und enthält im Gegensatz zur erstgenannten, die sehr reichhaltig ist, nur Texte für wenige Feste.

Eine weitere Handschrift aus Silos befindet sich ebenfalls in Paris, B. N., ms. 2179. Sie stammt aus dem 11. Jh. (Fábrega 225–237).

377 Passionarium mozarabicum von Cardeña

Bibl.: El Escorial, Bib. Mon., Cod. b I 4. – **Lit.:** Fábrega Grau, Pasionario hispánico 240–245. – **Zeit und Ort:** 11. Jh., Cardeña.

Von J. M. Pinell, Los textos 141–143 werden eine Reihe von Fragmenten ehemaliger Passionar-Handschriften vom 9. bis zum 11. Jh. aufgeführt.

*

Die *mozarabischen Kalendare* sind von M. Férotin ausführlich untersucht worden[1].

---

[1] M. Férotin, Le Liber Ordinum a.a.O. xxx–xxxv; 449–497; idem, Le Liber Mozarabicus a.a.O. xliii–liv; dazu jetzt: M. Almo, Les calendriers mozarabes d'après Dom. Férotin. Additions et corrections, in: Revue d'Histoire ecclésiastique 39 (1943) 100–131; J. Vives-A. Fábrega, Calendarios hispanicos anteriores al siglo XIII, in: Hispania sacra 2 (1949) 119–146, 339–380; 3 (1950) 145–161; J. Janini, Dos calendarios del siglo XI, in: Hispania sacra 15 (1962) 177–196; J. M. Pinell, Los textos 149–151; vgl. auch Nr. 094.

e) Antiphonaria mozarabica

Das mozarabische Antiphonar enthält, in einem Buch vereinigt, sowohl die Gesänge für die Meßfeier als auch die für das Chorgebet. Zu untersuchen sind noch die auffälligen Beziehungen, die zwischen den vor einigen Jahren aufgefundenen Fragmenten vom Berg Sinai (Nr. 024), die Texte eines afrikanischen Antiphonars des 10. Jh. darstellen, und den nun zu behandelnden spanischen Antiphonaren bestehen.

> **Lit.:** G. Suñol, Introduction à la paléographie musicale grégorienne (1935) 311–352 (mit ausführl. Lit.); L. Brou, Le «Psallendum» de la messe et les chants connexes d'après les sources manuscrites, in: Ephem. lit. 61 (1947) 13–54; idem, L'antiphonaire wisigothique et l'antiphonaire grégorien au début du VIIIe siècle, in: Anuario musical 5 (1950) 3–10; idem, Notes de paléographie musicale mozarabe, ebd. 10 (1955) 23–44; idem, Le IVe Livre d'Esdras dans la liturgie hispanique et le Graduel romain «Locus iste» de la Messe de la Dédicace, in: Sacris erudiri 8 (1956) 271–276; T. Marin, Bibliografia del Antifonario, in: Archivos Leoneses 8 (1954) 318–327 *(umfassende Lit.)*; E. Werner, Eine neuentdeckte mozarabische Handschrift mit Neumen, in: Miscellánea H. Anglés II (Barcelona 1961) 977–991; H. Husmann, Alleluja, Sequenz und Prosa im altspanischen Choral, ebd. I (1958) 407–415.

> **Lit.** *(zum mozarabischen Gesang)*: G. Rojo-G. Prado, El canto mozárabe. Estudio historico-critico de su antiguedad y estado actual (= Biblioteca de Catalunya, Vol. V, Barcelona 1929); C. Rojo, The Gregorian Antiphonary and the spanish Melody of the lamentations, in: Speculum 5 (1930) 306–323; P. Wagner, Der mozarabische Kirchengesang und seine Überlieferung, in: Spanische Forschungen der Görres-Gesellschaft I. Bd. (Münster i. W. 1928) 102–141; idem, Untersuchungen zu den Gesangstexten und zur responsorialen Psalmodie der altspanischen Liturgie, ebd. II. Bd. (Münster i. W. 1930) 67–113; L. Brou, Le «Psallendum» de la messe et les chants connexes d'après les sources manuscrites, in: Ephem. lit. 61 (1947) 13–54; idem, Le Trisagion de la messe d'après les sources manuscrites, ebd. 309–334; idem, Notes des paléographie musicale mozarabe, in: Anuario Musical 7 (1952) 51 bis 67; 10 (1955) 23–44; G.Prado, Estado actual de los estudios sobre la musica mozarabe, in: Estudios sobre la liturgia mozarabe (Toledo 1965) 89–106.

Es ist bis jetzt nicht gelungen, die Tonschrift der altspanischen Liturgie zu entziffern, sodaß die melodischen Schätze dieses Ritus uns immer noch verborgen sind.

380 Antiphonar der Kathedrale von León   Sigel: AM

Bibl.: León, Biblioteca Catedral, Cod. 8. – **Edit.:** Antiphonarium mozarabicum de la Cathédral de León (Léon 1928); L. BROU - J. VIVES, Anti-
fonario visigotico mozarabe de la Catedral de León (= Monumenta Hispaniae sacra, Serie liturgica, Vol. V, 1, Barcelona-Madrid 1959). – **Facsimile-Ausgabe:** Monumenta Hispaniae sacra, Serie liturgica, Vol. V, 2
(1953). – **Lit.:** FÉROTIN, Liber mozarabicus sacramentorum (Paris 1912)
913–922; G. PRADO, Textes inéditos de la liturgie mozárabe. Rito solemne
de la iniciación cristiana. Consagración de las iglesias. Unción de los
enfermos (Madrid 1926); A. W. S. PORTER, in: JThSt 35 (1934) 266–286;
DACL XII, 2 408–409; L. BROU, in: Anuario musical 5 (1950) 3–10 bzw.
Atti del Congresso internazionale di Musica sacra 1950 (Tournai 1952)
183–186; BROU-VIVES a.a.O. XVII–XVIII (mit ausführl. Lit.); DIAZ
Nr. 638 S. 155; M. R. ALVAREZ, Sobre algunas piezas (transcritas) del
Antifonaria visigótico-mozarabe de la Catedral de León, in: Archivos
Leoneses 13 (1959) 16–85; J. PINELL, Las «missae», grupos de cantos y
oraciones en el oficio de la antigua liturgia hispana, in: Archivos Leoneses
8 (1954) 145–185, bes. 155–176; IDEM, Vestigis del lucernari a Occident,
in: Scripta et Documenta 7 (Montserrat 1956) 91–149, bes. 110–115;
IDEM, El oficio hispano-visigótico, in: Hispania sacra 10 (1957) 385–427,
bes. 412–427. – **Zeit und Ort:** 10. Jh., geschrieben für den Abt Akilia
(917–970), León[1].

Dem Antiphonar gehen mehrere Prologe voraus (ff. 2v–4r). Das Buch
selbst trägt den Titel (f. 28v):

INCIPIT LIBER ANTIPHONARIUM DE TOTO ANNI CIRCULO A FESTI-
UITATE SANCTI ACICLI USQUE IN FINEM

und beginnt dann mit der Überschrift: Ordo psallendi in diem sancti
Acicli (17. November), wobei (wie hier auch sonst) zuerst die Vesper-
gesänge, dann die Gesänge für die Matutin (Morgengottesdienst)[2] und
zuletzt für die Messe verzeichnet sind.
Die Gesänge für die Sonntage (Officium de Quotidiano Dominicale)
finden sich am Ende der Handschrift (f. 281v ff.). Das Antiphonar ist
mit Neumen versehen.

Außer der genannten Vollhandschrift sind nur noch einige Fragmente
erhalten:

---

[1] Vgl. die Miniatur auf f. 1v und die Notiz auf f. 6: «Librum Ikilani». – Vollständige Literatur von TOMAS MÁRIN, in: Archivos Leoneses 8 (1954) 318–327.
[2] Vgl. J. M. PINELL, El Matutinarium en la Liturgia hispana, in: Hispania
sacra 9 (1956) 68 ff.

382 Antiphonar-Fragment in Zaragossa

> **Bibl.:** Zaragossa, Facultad de Derecho, «Libro de S. Voto». – **Edit.:**
> L. BROU, Fragments d'un antiphonaire mozarabe du monastère de San
> Juan de la Peña, in: Hispania sacra 5 (1952) 35–65. – **Lit.:** H. ANGLÉS,
> El Codex musical de la Huelgas I (Barcelona 1931) 24–25, 369; A. UBIETO
> ARTETA, El Libro de San Voto, in: Hispania sacra 3 (1950) 191–204;
> DIAZ Nr. 638; J. M. PINELL, Los textos Nr. 83 S. 130. – **Zeit und Ort:**
> 10. Jh., Kloster San Juan de la Peña.

Das Fragment enthält neumierte Gesänge für einige Heiligenfeste
(Vinzentius, Tirsus usw.) und den Sonntag «Ante carnes tollendas».

383 Antiphonar-Fragment in Paris

> **Bibl.:** Paris, B. N., ms. nouv. acq. lat. 2199, fol. 14–16. – **Lit.:** FÉROTIN,
> Liber Mozarabicus Sacramentorum (Paris 1912) 890–892 (mit Edition des
> Großteils der Texte); L. DELISLE, in: Le Cabinet historique 28 (1882)
> 293f.; DIAZ Nr. 638; M. S. GROS, Les fragments parisiens de l'antipho-
> naire de Silos, in: Rev. bénéd. 74 (1964) 324–333. – **Zeit und Ort:** 9./10.
> Jh., Abtei Silos.

In der Sammelhandschrift 2199 finden sich u. a. drei Fragmente von
Manuskripten aus Silos, darunter unser Antiphonar-Fragment mit
neumierten Texten zur Kirchweihe.

384 Antiphonar-Fragment in London

> **Bibl.:** London, British Museum, Add. MS 11. 695 (ff. 1–4). – **Edit.:**
> L. BROU, Un antiphonaire mozarabe de Silos d'après les fragments du
> British Museum, in: Hispania sacra 5 (1952) 341–366. – **Lit.:** DIAZ
> Nr. 638; J. M. PINELL, Los textos Nr. 84 S. 130. – **Zeit und Ort:** Anfang
> des 11. Jh., Abtei Silos.

Erhalten sind vier Blätter mit dem Schluß der (neumierten) Gesänge
vom Fest des hl. Romanus und der 1. Feria des Advents (= Antiphonar
von León, fol. 32v).

Weitere kleine Fragmente bei J. M. PINELL, Los textos 130–131 (vgl.
auch Nr. 317). Für die Geschichte des mozarabischen Antiphonars sind
sie ohne Bedeutung.

PINELL unterscheidet vom Antiphonar (mit dem vollständigen zur
Meßfeier und Chorgebet notwendigen Gesängen) den Libellus anti-

phonarum mit «varias colecciones de antíphonas, necesarias para la celebración del oficio ferial ordinario» (Los textos 127). Die betreffenden Handschriften, in denen der Libellus antiphonarum vorkommt, wurden bereits genannt (Nr. 305, 345, 350, 352, 353, 380).

f) Liber Ordinum mozarabicus

Der mozarabische «Liber Ordinum» ist zugleich Pontificale und Rituale. Er ist im wesentlichen in zwei sich ergänzenden Handschriften überliefert:

390 Liber Ordinum von Silos   Sigel: LO

> **Bibl.:** Silos, Biblioteca del Monastero, Cod. 4. – **Edit.:** M. Férotin, Le Liber Ordinum en usage dans l'église wisigothique et mozarabe d'Espagne du Vᵉ au XIᵉ siècle (= Monumenta ecclesiae liturgica, Vol. V, Paris 1904) 1–226. – **Lit.:** Férotin, Le Liber Ordinum a.a.O. XVII–XXIV; idem, Liber mozarabicus sacramentorum a.a.O. 795–802; Diaz Nr. 637 S. 155; Bourque II, 2 Nr. 552 S. 421; Sakramentartypen 19. – **Zeit und Ort:** 1052, Abtei Silos[1].

Der Codex von Silos stellt den 1. Teil (episcopalis) des mozarabischen «Liber Ordinum» dar. Er trägt den Titel:

IN NOMINE DOMINI INCIPIT LIBER ORDINUM EX PATRUM ORDINE COLLECTUS IN UNUM.

Darauf folgen f. 6 die Capitula beider Bücher (Incipiunt breves eiusdem). Im 1. Teil des LO finden wir (außer verschiedenen Benediktionen) den Ordo baptismi, die Ordinationsgebete (mit Jungfrauen- und Äbtissinweihe), die Krankenölung[2], Buß-Ordines[3], den Beerdigungsritus, die Funktionen am Palmsonntag und in der Karwoche und zum Schluß den Ritus der Eheschließung.

---

[1] Férotin, Le Liber Ordinum p. XVIII s. ist der Meinung, daß es sich beim Codex von Silos um die gleiche Handschrift handelt, die i. J. 1065 Papst Alexander II vorgelegt wurde, als dessen Legaten die mozarabische Liturgie verbieten wollten.

[2] Vgl. W. S. Porter, The Mozarabic unction and other rites of the sick, in: Laudate 22 (1944) 81–89.

[3] Vgl. J. A. Jungmann, Die lateinischen Bußriten in ihrer geschichtlichen Entwicklung (= Forschungen zur Geschichte des innerkirchl. Lebens, 3./4. Heft, Innsbruck 1932) 129–141.

391   Liber Ordinum von San Millán

> **Bibl.:** Madrid, Academia de la Historia, Cod. Emilian. 56 (alt F. 224). –
> **Edit.:** M. Férotin (wie Nr. 390) 227–448. – **Lit.:** Férotin, Le Liber
> Ordinum (Paris 1904) XXIV–XXVII; idem, Liber mozarabicus Sacra-
> mentorum (Paris 1912) 899–903; Diaz Nr. 637; Bourque II, 2 Nr. 552
> S. 421; Sakramentartypen 19. – **Zeit und Ort:** 11. Jh., San Millán.

Die Handschrift beginnt defekt mit einer «Missa sancti Petri apostoli
Romensis» (vgl. Nr. 605). Sie stellt den 2. Teil (sacerdotalis) des mozarabischen «Liber Ordinum» dar (Item alius liber Ordinum) und beinhaltet
in der Hauptsache Votivmessen. Besondere Bedeutung hat der «Ordo
misse omnimode», der sich ff. 167r–174v findet (vgl. Nr. 303), mit dem
Text der «Missa secreta», dem mozarabischen Einsetzungsbericht, und
einem ausführlichen Libera-Gebet nach dem Paternoster, mit An-
klängen an den römischen Canon (Te igitur und Memento).

392   Liber Ordinum von Silos

> **Bibl.:** Silos, Biblioteca del Monastero, Cod. 3. – **Lit.:** Férotin, Le Liber
> Ordinum (Paris 1904) XXVII–XXIX (Übersicht über den Inhalt der
> Handschrift); Diaz Nr. 637. – **Zeit und Ort:** 1039, Abtei Silos.

Die Handschrift, die eine wichtige Ergänzung der beiden vorausgenannten Codices darstellt, ist im wesentlichen ein Rituale (sacerdotalis),
das mit einem Ordo baptismi beginnt; darauf Ordines zur Krankenölung, zur Beerdigung, zur Trauung usw.

394   Fragment eines Liber Ordinum in Toledo

> **Bibl.:** Toledo, Biblioteca Capitular, Cod. 35. 7 (fol. 44). – **Edit.:** M. Féro-
> tin, Liber Mozarabicus sacramentorum 756. – **Lit.:** J. M. Pinell, Los
> textos Nr. 179 S. 148. – **Zeit und Ort:** 9./10. Jh., Toledo.

Das Fragment enthält Teile des «Ordo ad commendandum corpora
defunctorum» (mit Neumen).

395   Officia varia (de infirmis etc.) von Silos

> **Bibl.:** Silos, Biblioteca del Monastero, Cod. 7 (C). – **Lit.:** M. Férotin,
> Le Liber Ordinum (Paris 1904) XXIX–XXX; idem, Liber Mozarabicus

Sacramentorum 782–783; DIAZ Nr. 637. – **Zeit und Ort:** 11. Jh., Abtei Silos[1].

Das Manuskript (mit Neumen) beinhaltet ein «Officium de infirmis» (foll. 1–12) und ein «Officium de defunctis» (foll. 12–30). Den Rest der Handschrift (foll. 31–142) bilden Texte für das Offizium (vgl. Nr. 341).

Damit sind die älteren spanischen liturgischen Handschriften beschrieben. Einige weitere erwähnt DIAZ Nr. 637–642, doch handelt es sich um spätere Codices.[2] Einige weitere sind nur als *Palimpseste* erhalten und bis jetzt noch nicht näher untersucht bzw. noch nicht entziffert, so die Codices in Burgo de Osma, Bibl. Cat. 132; Madrid, B. N., Cod. 11. 556; Madrid, Bibl. Univ., Cod. 76. Nähere Angaben bei J. M. PINELL, Los textos 151.

*

Die besondere Bedeutung der spanischen Liturgiebücher ist vor allem darin zu suchen, daß in ihnen mehrfach frühafrikanisches und klassisch-afrikanisches Gebetsgut weitertradiert wird, eine Tatsache, die durch den Neufund von Teilen eines nordafrikanischen Antiphonars auf dem Berg Sinai (vgl. Nr. 024) abermals schlagartig deutlich geworden ist. Die kommende Forschung wird u. a. die Aufgabe haben, dieses altspanische Liturgiegut vom jüngeren («mozarabischen») zu trennen, wie es in der Zeit einer relativen Blüte der spanischen Kirche im 6. und 7. Jh., nämlich von Leander von Sevilla († 599) bis Ildephons von Toledo († 667), ausgebildet worden ist. Was damals produziert wurde, gehört, obwohl es von bedeutsamen Männern stammt und als wertvoll zu bezeichnen ist, streng genommen doch der Spätzeit der Liturgie an.

---

[1] Der Codex war längere Zeit im Besitz des Freundes des letzten Abtes von Silos und kehrte i. J. 1889 wieder nach Silos zurück.

[2] Hinsichtlich der «Benedictio cerei» vgl. DEKKERS, Clavis Nr. 1932, Lowe XI Nr. 1628 b.

Libri liturgici Campani et Beneventani

Liturgische Dokumente aus Kampanien sind bereits aus dem 6. und 7. Jahrhundert erhalten, dagegen besitzen wir Liturgiebücher von Benevent erst aus dem 10./11. Jh. Während letztere verständlicherweise bereits eine stärkere Beeinflussung vonseiten des stadtrömischen Ritus zeigen, sind die Denkmäler der kampanischen Liturgie weithin eigenständig. Wir wenden uns zuerst diesen zu.

1. Libri liturgici Campani (Sigel: Ca)

Über die älteste Liturgie Kampaniens und ihre mutmaßlichen Beziehungen zur Liturgie Nordafrikas wurde bereits S. 106 ff. gesprochen.

> **Lit.:** J. CHAPMAN, The Capuan Mass-Books of Northumbria, in: Notes on the Early History of the Vulgate Gospels (Oxford 1908) 144–161; A. BAUMSTARK, Die northumbrischen «alten» und «neuen» Meßbücher, in: Liturgiegeschichtliche Quellen, Heft 11/12 (Münster i. W. 1927) 63*–70*; D. MALLARDO, La Pasqua e la settimana maggiore a Napoli dal sec. V al XIV, in: Ephem. lit. 66 (1952) 3–36; K. GAMBER, Das kampanische Meßbuch als Vorläufer des Gelasianum. Ist der hl. Paulinus von Nola der Verfasser?, in: Sacris erudiri 12 (1961) 5–111; IDEM, Die kampanische Lektionsordnung, in: Sacris erudiri 13 (1962) 326–352; IDEM, Das Meßbuch des hl. Paulinus von Nola, in: Heiliger Dienst 20 (1966) 17–25.

Ein direktes Zeugnis der altkampanischen Liturgie liegt in der Epistelliste des Victor-Codex aus der Zeit um 545 vor (vgl. Nr. 401). Von der kampanischen Evangelienliste des 7. Jh. sind nur angelsächsische Abschriften erhalten (Nr. 405–407). Überbringer sowohl des Victor-Codex als auch anderer nicht mehr im Original erhaltener Liturgiebücher nach England war allem Anschein nach *Hadrian*, der vormalige Abt des Klosters Nisida bei Neapel und Begleiter des i. J. 668 zum Erzbischof von Canterbury ernannten Theodor[1].

---

[1] Vgl. Beda Ven., Historia ecclesiastica IV, 1; dazu: G. MORIN, in: Rev. bénéd. 8 (1891) 482 f.; A. BAUMSTARK, in: Liturgiegeschichtl. Quellen, Heft 11/12 (1927) 63*.

Erhalten sind außer der erwähnten Evangelistenliste auch mehrere fragmentarische Abschriften des kampanischen Sakramentars (Nr. 410–418).

Als Urheber eines solchen Sakramentars wird von Gennadius (De vir. ill. c. 49) der hl. *Paulinus von Nola* († 431) genannt (vgl. Nr. 077). Es ist anzunehmen, daß Teile seines Meßbuches in späteren kampanischen (angelsächsischen) und beneventanischen Sakramentaren, sowie im «ambrosianischen» Sakramentar weiterleben.

a) Capitularia lectionum Campana

Das einzige erhaltene direkte Zeugnis der alt-kampanischen Liturgie ist, wie erwähnt, die folgende Epistel-Liste aus der Mitte des 6. Jh.:

401   Codex Fuldensis (Capua-Liste)   Sigel: CapL

> **Bibl.:** Fulda, Landesbibliothek, Codex Bonifatianus 1. – **Edit.:** E. RANKE, Codex Fuldensis (Marburg 1868) bes. 165–168; G. MORIN, Lectiones ex epistolis paulinis excerptae quae in ecclesia Capuana saec. VI legebantur, in: Anecdota Maredsolana 1893, App. V 436–444, R. DUBOIS, Victor Capuanus (CapL), in: Tijdschrift voor Liturgie 50 (1966) 411–417 (mit exakter neuer Edition der Liste). – **Lit.:** M. GERBERT, Monumenta veteris Liturgiae Alemannicae I (1777) 409–416; J. CHAPMAN, Notes on the early History of the Vulgate Gospels (Oxford 1908) 130–133; E. VON DOBSCHÜTZ, in: Zeitschrift für neutestamentl. Wissenschaft 10 (1909) 90–96; P. CORSSEN ebd. 175–177; G. KUNZE, Die gottesdienstl. Schriftlesung (Göttingen 1947) 47–52; DACL V, 1 297–300; VIII, 2 2276–83; LOWE VIII Nr. 1196; K. GAMBER, in: Sacris erudiri 12 (1961) 65–67; 13 (1962) 326–334. – **Zeit und Ort:** um 545, Capua (geschrieben für Bischof Victor von Capua).

Der Codex kam vermutlich durch den Abt Hadrian des Klosters Nisida bei Neapel i. J. 668 nach England und befand sich später im Besitz des hl. Bonifatius († 754)[1]. Er beinhaltet ein Diatessaron und die

---

[1] Ebenfalls aus dem Besitz des hl. Bonifatius stammt das in sehr kleiner irischer Minuskel geschriebene sog. *Cadmug-Evangeliar*, jetzt in Fulda, Cod. Bonif. 3; vgl. S. SCHERER, Die Codices Bonifatiani (Fulda 1905) 30 ff.; LOWE VIII Nr. 1198. Vielleicht diente das Buch für den Gottesdienst auf den Missionsreisen.

paulinischen Briefe. Die Lesungen (nur Episteln aus den paulinischen Briefen) sind im Codex Fuldensis doppelt verzeichnet: einmal in Form einer Liste und dann als Randnotizen innerhalb des biblischen Textes. Liste und Notizen stimmen nicht immer überein. Die Liste beginnt mit Lesungen für den Advent. Die Sonntags-Perikopen (De cottidiana) sind nach Epiphanie eingefügt. In der Fastenzeit sind außer an den Sonntagen nur jeweils am Mittwoch und Freitag Lesungen vorgesehen. An Heiligenfesten finden wir nur Peter und Paul, Laurentius und Andreas; es sind jedoch mehrere Commune-Perikopen für Martyrer-Feste vorhanden.

404 Evangeliar des hl. Augustinus (unvollst.)

> **Bibl.:** Cambridge, Corpus Christi College, MS 286. – **Lit.:** Lowe II Nr. 150, mit weiterer Lit.; F. Wormald, The Miniatures in the Gospels of St. Augustine (Cambridge 1954). – **Zeit und Ort:** Ende des 6. Jh., Italien (Rom?), sicher seit dem 11. Jh. in der Abtei St. Augustin in Canterbury.

Die Handschrift weist im Gegensatz zu den folgenden Evangelien-Handschriften keine Perikopen-Angaben auf. Sie wird hier wegen ihrer prächtigen Ausstattung (Evangelistenbild des Lukas)[1] und ihrer Beziehung zur angelsächsischen Mission aufgeführt. Es handelt sich wahrscheinlich um das Exemplar, das Papst Gregor seinem Legaten Augustinus i. J. 597 nach England mitgegeben hat.

Nach einem aus Neapel eingeführten Vorbild ist der «Codex Amiatinus» in dem unter römischem Einfluß gegründeten Kloster von Wearmouth (England) gegen 700 geschrieben worden. Die Vorlage könnte wie Nr. 401 durch Abt Hadrian nach dort gebracht worden sein. Der Codex befindet sich jetzt in Florenz, Bibl. Laurenziana, Cod. Amiatinus I. Bedeutungsvoll sind auch hier die prächtigen Miniaturen[2].

Die folgenden drei Handschriften enthalten, im wesentlichen gleichlautend, eine alt-kampanische Evangelien-Liste:

---

[1] Farbige Abbildung in P. Bamm, Welten des Glaubens (München-Zürich 1959) vor S. 339.

[2] Die hauptsächlichsten Miniaturen sind veröffentlicht im Kommentarband zur Facs.-Ausgabe des Evangeliars von Lindisfarne (Nr. 405).

405 Evangeliar von Lindisfarne (Neapel-Liste) Sigel: NapL

Bibl.: London, British Museum, Cotton MS Nero D. IV. – **Edit.:** W. W. SKEAT (Cambridge 1871/87). – **Facsimile-Ausgabe:** Evangeliorum Quattuor Codex Lindisfarnensis, 2 Bde. (Olten-Lausanne 1956/60). – **Lit.:** G. MORIN, La liturgie de Naples au temps de Saint Grégoire, in: Rev. bénéd. 8 (1891) 481–493; 529–537; KENNEY Nr. 490 S. 651 (mit weiterer Lit.); DACL V, 1 nach 818 farbige Facs.-Darstellung des hl. Markus; IX, 2 2373–77 (mit Lit.); XII, 1 758–761; D. MALLARDO, La Pasqua e la settimana maggiore a Napoli dal sec. V al XIV, in: Ephem. lit. 66 (1952) 3–36, bes. 12 ff.; LOWE II Nr. 187; K. GAMBER, Die kampanische Lektionsordnung, in: Sacris erudiri 13 (1962) 326–352. – **Zeit und Ort:** um 700, Lindisfarne, geschrieben nach einer neapolitanischen Vorlage.

Im Evangeliar von Lindisfarne, auch Evangelium des hl. Cuthbert oder «Book of Durham» genannt, findet sich vor jedem der vier Evangelien mit Vulgata-Text[1] eine Perikopenliste, die nicht nach dem Kirchenjahr, sondern nach der Textfolge des jeweiligen Evangeliums geordnet ist, beginnend auf f. 24: «Pridii (!) natale domini». Das Vorkommen des Festes des hl. Januarius (mit Vigil), des Patrons von Neapel, zeigt, daß die Handschrift nach einer neapolitanischen Vorlage angefertigt worden ist.

406 Codex Regius

Bibl.: London, British Museum, Royal MS IB VII. – **Lit.:** G. MORIN, La liturgie de Naples au temps de Saint Grégoire, in: Rev. bénéd. 8 (1891) 481–493; 529–537; LOWE II Nr. 213; DACL IX, 2 2377–78; K. GAMBER, Die kampanische Lektionsordnung, in: Sacris erudiri 13 (1962) 326–352. – **Zeit und Ort:** 8. Jh., Northumbrien.

Hier findet sich dieselbe Evangelien-Liste wie in Nr. 405. Möglicherweise stellt unsere Handschrift eine Kopie des Evangeliars von Lindisfarne dar.

Wesentlich älter als die beiden genannten Evangeliare ist das folgende in Würzburg:

---

[1] Vgl. S. BERGER, Histoire de la Vulgate (Paris 1887) 39–41, 385.

407 Das sog. Burchard-Evangeliar

> **Bibl.:** Würzburg, Universitätsbibliothek, M. p. th. f. 68. – **Lit.:** G. Morin,
> Les notes liturgiques de l'Evangéliaire de Burchard, in: Rev. bénéd. 10
> (1893) 113–126; DACL XII, 1 762–768; B. Bischoff - J. Hofmann, Libri
> Sancti Kyliani (Würzburg 1952) Nr. 7 S. 93; J. Hofmann, Angelsäch-
> sische Handschriften in der Würzburger Dombibliothek, in: Heiliges
> Franken. Festchronik zum Jahr der Frankenapostel (Würzburg 1952)
> 172–176 (mit Facsimile auf S. 173); Lowe IX Nr. 1423; K. Gamber, Die
> kampanische Lektionsordnung, in: Sacris erudiri 13 (1962) 326–352. –
> **Zeit und Ort:** 2. Hälfte des 6. Jh., Italien (Kampanien?); Perikopen-
> notizen um 700 in Northumbrien nachgetragen.

Wenn nicht alles täuscht, ist unser Evangeliar in derselben Gegend
beheimatet, aus der auch die Bibel-Handschrift Nr. 401 stammt,
nämlich aus Kampanien. Es könnte ebenfalls zu den Codices gehört
haben, die Abt Hadrian nach England mitgenommen hat. Die Perikopen-Notizen sind jedoch erst auf der Insel angebracht worden. Sie
befinden sich auf den oberen Rändern der Textseiten. Außerdem ist
der Beginn der Lesungen im Text durch ein Kreuz aus fünf Punkten
bezeichnet. Obwohl in den Notizen bereits der Einfluß des römischen
Capitulare evangeliorum (vgl. Nr. 1201 ff.) zu erkennen ist, bilden
diese doch eine wichtige Ergänzung zu den in den beiden vorausgenannten Evangeliaren[1].

Nach Mitteilung von R. Dubois (Venray) finden sich Perikopennotizen
wie in den genannten Evangeliaren auch im ms. 9 der Bibl. munic. von
Reims (nur zu Lucas und Johannes).

b) Sacramentaria anglosaxonica

Aus älterer Zeit sind uns keine Sakramentar-Handschriften aus Kampanien erhalten. Wir besitzen jedoch, ähnlich wie bei der kampanischen Evangelienliste (Nr. 405–407), einige Abschriften, die auf die
angelsächsische Mission im Frankenreich und in Bayern zurückgehen
dürften.

---

[1] Ob sich auch im Fragment eines Evangeliars in Utrecht, Universiteits-Biblio-
theek, Cod. 32 (Eccl. 484), das nach 700 in Northumbrien geschrieben worden
ist (vgl. Lowe X Nr. 1587), Reste einer Evangelienliste finden, ist aus der
Literatur nicht ersichtlich.

410 «Missale Francorum» Sigel: MFr

Bibl.: Roma, Cod. Vat. Regin. lat. 257 (früher: Bibl. Reginae Sueciae Nr. 1457). – **Edit.:** Tommasi (1680); Mabillon (1685) = PL 72, 317–340; L. C. Mohlberg(-L. Eizenhöfer-P. Siffrin), Missale Francorum (= Rerum ecclesiasticarum Documenta, Series maior, Fontes II, Roma 1957), mit mehreren Facsimile-Seiten. – **Lit.:** Ebner 238; Ehrensberger 389; Lowe I Nr. 103; DACL VI, 1 524–529; L. Eizenhöfer, Das Hilarius-Formular im Missale Francorum auf seine Vorlagen untersucht, in: Colligere Fragmenta (= TuA, 2. Beifheft, Beuron 1952) 160–165; Bourque II, 2 Nr. 518 S. 395; Sakramentartypen 61; K. Gamber, in: Sacris erudiri 12 (1961) 82–89. – **Schrift:** Unziale, 13 Langzeilen. Die Schriftzeichen sind wie bei Luxus-Handschriften durch eine Doppellinie geführt. – **Zeit und Ort:** Mitte des 8. Jh., Corbie (Zimmermann), nach B. Bischoff im Dreieck: Paris-Corbie-Soissons (oder Epernay) geschrieben[1], zuletzt in St. Denis.

Der Codex ist am Anfang und Ende defekt. Es handelt sich um einen Libellus für den Gebrauch des Bischofs mit den Gebeten für die einzelnen Ordinationen (vom Ostiariat bis zur Bischofsweihe) und die Jungfrauen- und Witwenweihe[2]. Darauf (f. 76v) eine Consecratio altaris[3]. Der 1. Teil der Handschrift entspricht den späteren Pontifikalien; der 2. Teil ist ein Meß-Libellus mit einer Messe «pro regibus (Francorum)»[4], eine zu Ehren des hl. Hilarius, darauf Commune sanctorum.

Mit einer großen (in Rot und Grün gehaltenen) Überschrift:

INCIPIUNT ORATIONES ET PRECES COMMUNES COTTIDIANAE CUM CANONE

beginnen f. 116v eine Reihe von vier Sonntagsmessen mit dem Canon,

---

[1] Aus der gleichen Schreibschule stammen das Psalterium Cod. Vat. Regin. lat. 11 (vgl. Nr. 1617) und ein Passionar (vgl. Nr. 276).

[2] Das ganze im MFr enthaltene Weiheritual ist in seinen Beziehungen zu anderen abendländischen Liturgiebüchern in sieben Tabellen dargestellt bei M. Avery, The relation of the Casanatense Pontifical (Ms. Casanat. 724 B I 13) to the century changes in the Ordination Rites at Rome, in: Miscellanea G. Mercati 6 (= Studi e Testi 126, Roma 1946) nach S. 268; vgl. auch G. Ellard, Ordination anointings in the Western Church before 1000 A. D. (1933).

[3] Vgl. S. Benz, Zur Geschichte der römischen Kirchweihe, in: Enkainia (Düsseldorf 1956) 62–109.

[4] Daher die spätere Bezeichnung «Missale Francorum».

der im «Nobis quoque» defekt abbricht. Obwohl die Handschrift nicht von einem Angelsachsen geschrieben ist, bestehen doch, wie bereits P. SIFFRIN erkannt hat[1], deutlich Beziehungen zu den angelsächsischen (kampanischen) Sakramentaren. Die Vorlage der Handschrift, die in der erhaltenen Fassung eine geringfügige Angleichung an den gallikanischen Ritus zeigt (besonders auch hinsichtlich der Überschriften zu den Orationen), dürfte während der angelsächsischen Mission ins Frankenreich gekommen sein[2].

411   Sakramentar-Fragment in London

> **Bibl.:** London, British Museum, MS Add. 37. 518 (f. 116/117). – **Edit.:** A. BAUMSTARK, Ein altgelasianisches Sakramentarbruchstück insularer Herkunft, in: JLW 7 (1927) 130–136; L. C. MOHLBERG, Liber sacramentorum (Roma 1960) 266 f. – **Lit.:** KENNEY S. 630; BOURQUE I Nr. 12 S. 812; LOWE II Nr. 176; Sakramentartypen 63; K. GAMBER, in: Sacris eruditi 12 (1961) 98 f. – **Schrift:** «Script is an ornate type of uncial with a distinct anglo-saxon flavour» (LOWE). – **Zeit und Ort:** 8. Jh., angelsächsisches Zentrum (England oder Nordfrankreich).

Das kleine Fragment beinhaltet «Orationes matuti⟨nales et uespertinales⟩». Die Zugehörigkeit zum angelsächsischen Sakramentar-Typus hat H. FRANK nahegelegt[3]. Wenig Beachtung hat bis jetzt das in gleicher Schrift geschriebene Blatt 117 mit Evangelien-Perikopen (Joh 14,7–14; Luc 24,49–53; Marc 16,15–20) gefunden.

*

Während die beiden genannten Sakramentare aus dem Frankenreich stammen, sind die folgenden zwei Handschriften (Nr. 412 und 413) Zeugen der angelsächsischen Mission auf bayerischem Boden. Hier hatte es Winfried-Bonifatius in seiner kirchlichen Erneuerungsarbeit

---

[1] P. SIFFRIN, in: Ephem. lit. 47 (1933) 222 ff.

[2] Vgl. K. GAMBER, Heimat und Ausbildung der Gelasiana saec. VIII, in: Sacris eruditi 14 (1963) 99 ff., bes. 103–104; IDEM, Das Meßbuch des hl. Paulinus von Nola, in: Heiliger Dienst 20 (1966) 17–25, bes. 20–21.

[3] H. FRANK, Die Briefe des hl. Bonifatius und das von ihm benutzte Sakramentar, in: Sankt Bonifatius (Fulda 1954) 75.

leichter als im fränkischen Gebiet, wo der Gegensatz zwischen dem adlig-fränkischen Episkopat und den angelsächsischen Missionaren besonders deutlich wurde auf Pippins neurastischer Synode v. J. 744[1]. So darf es uns nicht wundern, daß der durch das «Missale Francorum» vertretene (kampanisch-)angelsächsische Sakramentartypus zur gleichen Zeit durch ein aus Italien stammendes «römisches» Meßbuch, das sog. *Gelasianum* (Nr. 610 ff.), abgelöst worden ist. Diesem folgten rasch als neue Typen die *Gelasiana mixta* (vgl. Nr. 850 ff.) und schließlich das *Gregorianum* (vgl. Nr. 720 ff.) nach.

Hier jedoch zuerst die Reste angelsächsischer Sakramentare aus der *bayerischen Mission:*

412   Regensburger Bonifatius-Sakramentar (Fragment)   Sigel: Bon

> **Bibl.:** Berlin, Öffentl. Wissenschaftl. Bibliothek (Deutsche Staatsbibliothek), Ms. Lat. Fol. 877[2] + Schloß Hauzenstein (bei Regensburg), Gräfl. Walderdorffsche Bibliothek (o. N.)[3]. – **Edit.:** P. SIFFRIN, in JLW 10 (1930) 1–39; IDEM, in: Ephem. lit. 47 (1933) 201–224; IDEM, in: L. C. MOHLBERG, Missale Francorum (Roma 1957) 71–85 (mit Facsimile, Tafel VI). – **Lit.:** BISCHOFF 183; BOURQUE II, 1 S. 232; H. FRANK, Die Briefe des hl. Bonifatius und das von ihm benutzte Sakramentar, in: Sankt Bonifatius. Gedenkgabe zum zwölfhundertjährigen Todestag (Fulda 1954) 58–88; LOWE VIII Nr. 1052; Sakramentartypen 61; K. GAMBER, in: Sacris erudiri 12 (1961) 43–51, 74 f. – **Schrift:** angelsächsische Majuskel northumbrischen Typs, 23 Zeilen zu zwei Kolumnen; Kalendar: ca. 31 Zeilen. – **Zeit und Ort:** 8. Jh., Northumbrien; seit dem 8. Jh. in Regensburg, zuletzt in der Bibliothek des Hochstifts Regensburg.

Dieses kostbare Fragment besteht aus zwei (ehedem als Bucheinbände von Akten des Hochstifts Regensburg verwendeten) Doppelblättern. Das eine beinhaltet Teile des Kalendars (Juli bis Oktober), das andere Sakramentartexte, die defekt in der Weihnachtsmesse beginnen, darauf das Stephanus-Formular und schließlich nach einer Lücke zwei

---

[1] Vgl. Fr. PRINZ, Abriß der kirchlichen und monastischen Entwicklung des Frankenreiches bis zu Karl d. Großen, in: Karl der Große, II. Band (Düsseldorf 1965) 290–299, bes. 293; J. SEMMLER, Karl der Große und das fränkische Mönchtum, ebd. 255–289.

[2] Seit dem Krieg in der Universitätsbibliothek Tübingen (Abteilung Berliner Handschriften).

[3] Es ist zu bedauern, daß ein so wertvolles Handschrift-Fragment sich in fast unzugänglichem Privatbesitz befindet.

Formulare für die enthalten, von denen das zweite überschrieben ist: «XVI Orationes et praeces inter ieiunia sexagissimae diebus dominicis». Auf die kampanische Heimat weisen die mit «ort et pr» (= orationes et praeces) ausgezeichneten Heiligenfeste des Kalendars (u. a. Rufus von Capua, Priscus von Capua, Quintus von Kampanien, Sinotus von Capua, Marcellus und Apuleius von Kampanien und Lupulus von Capua)[1]. Es ist nicht ausgeschlossen, daß das ehemalige Liturgiebuch durch den hl. *Bonifatius* († 754) nach Regensburg gekommen ist[2].

413 Sakramentar-Fragment (?) von Ilmmünster

Bibl.: München, Bayerisches Hauptstaatsarchiv, Raritätenselect Nr. 108. – **Edit.:** R. BAUERREISS, Ein angelsächsisches Kalendarfragment, in: Studien und Mitteilungen OSB 51 (1933) 177–182; P. GROSJEAN, Un fragment d'obituaire anglosaxon, in: Analecta Bollandiana 79 (1961) 320–345. – **Lit.:** BISCHOFF 167; LOWE IX Nr. 1236; Sakramentartypen 62. – **Schrift:** northumbrische Majuskel, 22–23 Langzeilen. – **Zeit und Ort:** Zwischen 721 und 755, England oder angelsächsisches Zentrum auf dem Festland, dann Tegernsee, zuletzt im Kloster Ilmmünster.

Erhalten war lediglich ein einziges Blatt eines Kalendars mit den Monaten Mai und Juni.[3] Es gehörte, wie das Walderdorffer Fragment (Nr. 412), möglicherweise ehedem ebenfalls zu einem Sakramentar. Unser Fragment unterscheidet sich von jenem insofern, als sich keine typisch kampanischen Heiligen finden. Die Handschrift ist (wie spätere Eintragungen zeigen) bis weit ins 9. Jh. benützt worden.

Aus der *Rheingegend* sind folgende Zeugen des angelsächsischen Sakramentars erhalten:

414 Willibrord-Kalendar

Bibl.: Paris, B. N., ms. lat. 10837 (ff. 34–41, 42v–43r). – **Edit.:** H. A. WILSON, The Calendar of st. Willibrord from MS Paris lat. 10837 (= HBS 55, London 1918); H. BANNISTER, Liturgical Fragments, in: JThSt 9 (1908)

---

[1] Vgl. A. CHAVASSE, Le Sacramentaire Gélasien (Paris 1958) 271–402; K. GAMBER, in: Sacris erudiri 12 (1961) 43–51.
[2] Vgl. Th. KLAUSER, in: Jahrbuch für Liturgiew. 13 (1935) Nr. 272 S. 358.
[3] Das Fragment ist seit dem Krieg verschollen.

406–411. – **Lit.:** W. LAMPEN, De Kalendar van St. Willibrord, in: Tijdschrift v. Lit. 12 (1931) 267–273; P. SIFFRIN, in: Ephem. lit. 47 (1933) 201–224; L. EIZENHÖFER, Zu Bannisters Echternacher Meßformular für die Vigil von Christi Himmelfahrt, in: Colligere Fragmenta (= TuA, 2. Beiheft, Beuron 1952) 106–172; DACL XIII, 2 2109; LOWE V Nr. 606a und 606b; BOURQUE II, 1 Nr. 50 S. 28; Sakramentartypen 62; K. GAMBER, in: Sacris erudiri 12 (1961) 65 f. – **Schrift:** Angelsächsische Majuskel 23 Langzeilen (Kalendar); angelsächsische Minuskel, 23 Langzeilen (Meßformular). – **Zeit und Ort:** Anfang des 8. Jh. (Meßformular nach 760 nachgetragen), vermutlich Echternach.

Möglicherweise bildete auch hier (wie in Nr. 412) das Kalendar ehedem einen Teil eines verlorenen Sakramentars. Über das Verhältnis zum Kalendar in Nr. 412 hat P. SIFFRIN (s. Lit.) gehandelt. Mit dem Kalendar sind Tabulae paschales (von 684–759) verbunden. Im nachgetragenen Teil der Handschrift findet sich eine Messe für die Vigil von Christi Himmelfahrt, eine Fortführung der Tabulae paschales (von 760–797) und ein Horologium.

415 Sakramentar-Fragment in Köln

Bibl.: Köln, Historisches Archiv der Stadt Köln, Handschriftenbruchstücke, GB Kasten B (Nr. 24, 123, 124). – **Edit.:** H. M. BANNISTER, Fragments of an Anglo-Saxon Sacramentary, in: JThSt 12 (1911) 451–454. – **Lit.:** BOURQUE II, 1 Nr. 47 S. 27; LOWE VIII Nr. 1165; Sakramentartypen 63; K. GAMBER, in: Sacris erudiri 12 (1961) 96–98; dagegen: H. FRANK, in: St. Bonifatius (Fulda 1954) 83–88. – **Schrift:** Angelsächsische Majuskel, 24–27 Zeilen zu zwei Kolumnen. – **Zeit und Ort:** 8. Jh., vermutlich Northumbrien.

Das aus einem Doppelblatt und zwei Einzelblättern bestehende Fragment enthält Votivmessen. Diese stimmen zwar fast vollständig (auch der Reihenfolge nach) mit den entsprechenden Formularen in den Gelasiana saec. VIII überein, beinhalten aber auch Eigentexte (Ad fruges nouas). Schrift und Anlage der Handschrift erinnern stark an das Regensburger Bonifatius-Meßbuch[1].

---

[1] Aus diesem Grund wurde das Fragment an dieser Stelle eingereiht. Eine Zugehörigkeit zum Typus der Gelasiana saec. VIII soll damit nicht völlig ausgeschlossen werden, da aus dem angelsächsischen Raum weitere Handschriften dieses Typus, die ebenfalls noch dem 8. Jh. angehören, erhalten sind (vgl. Nr. 803, 804).

Schließlich gehören hierher auch noch die folgenden Fragmente:

416   Sakramentar-Fragment in Paris

Bibl.: Paris, B. N., ms. lat. 9488 (f. 5). – **Edit.:** H. M. BANNISTER, Liturgical Fragments, in: JThSt 9 (1908) 400–401, 405–406. – **Lit.:** BOURQUE II, 1 Nr. 49 S. 28; LOWE V Nr. 582; Sakramentartypen 63; K. GAMBER in: Sacris erudiri 12 (1961) 78 f. – **Schrift:** Irische Majuskel, mehr als 20 Langzeilen. – **Zeit und Ort:** Ende des 8. Jh., Zentrum mit irischer Tradition.

Trotz der irischen Schrift dürfte es sich bei dem vorliegenden kleinen Fragment (ein stark beschädigtes Blatt) nicht um ein Bruchstück der irischen, sondern der kampanisch-angelsächsischen Liturgie handeln. Es beinhaltet ein Formular für die Fastenzeit mit einer sonst unbekannten Präfation[1].

417   Sakramentar-Fragment in Basel

Bibl.: Basel, Universitätsbibliothek, N I 1 (Nr. 3a, 3b). – **Edit.:** A. DOLD, Ein kostbares Sakramentarfragment der Basler Universitätsbibliothek, in: Scriptorium 6 (1952) 260–273 (vollständiges Facsimile). – **Lit.:** P. SIFFRIN, in: MOHLBERG, Missale Francorum (Roma 1957) 78 f.; Sakramentartypen 63; K. GAMBER, in: Sacris erudiri 12 (1961) 75–77. – **Schrift:** Primitive angelsächsische Minuskel, 19 Langzeilen. – **Zeit und Ort:** Anfang des 9. Jh., angelsächsisches Zentrum auf dem Kontinent.

Das Fragment besteht aus zwei stark beschnittenen Blättern. Überschriften sind keine mehr zu lesen, weshalb eine Zuweisung der einzelnen Formulare zu einem bestimmten Fest oder Tag schwierig ist. Auf Blatt 1 dürfte es sich eher um das Fest am 1. Januar, als um das des 2. Februar (DOLD) handeln[2]. Das 2. Blatt beinhaltet Teile von Fastenmessen.

418   Sakramentar-Fragment   Ruland

Bibl.: Prof. Ruland (Fragment wahrscheinlich verloren). – **Edit.:** R. RULAND, in: Theol. Quartalschrift 39 (1857) 420–421, P. SIFFRIN, in: MOHL-

---

[1] Hinsichtlich der 1. Oration vgl. L. EIZENHÖFER, in: Miscellanea Liturgica II (1949) 310.

[2] Die Ergänzung, die DOLD von der Präfation (I 3) gibt, ist sehr wahrscheinlich nicht richtig.

BERG, Missale Gallicanum Vetus (Roma 1958) 93–94. – **Schrift:** Angel-sächsische Halbkursive. – **Zeit:** 8. Jh. (RULAND).

Erhalten ist lediglich das Titelblatt einer Handschrift. Es heißt hier:

IN NOMINE DNI NRI IHU / XPI ET SALUATORIS MUNDI / INCIPIT LIBER SACRAMENTORUM / ECCLESIAE ORDINIS[1] ANNI / CIRCULI ORATIONES / ET PRECES / AD MIS.

Wenn RULAND richtig gelesen hat, dann fehlt bei «ecclesiae» die Bei-fügung «Romanae». Die vom ersten Herausgeber edierten «Benedic-tiones» stehen vermutlich als Nachtrag auf f. 1r. Fragment identisch mit Nr. 282 (Mitteilung von Prof. BISCHOFF).

Von einem weiteren Fragment eines angelsächsischen Liturgiebuches (Sakramentar?) aus dem 8./9. Jh., Cod. 979 (fol. 4) der Stiftsbibliothek von St. Paul in Kärnten (vgl. LOWE X Nr. 1459) gelang es bis jetzt nicht, Photokopien zu erhalten.

Nicht entziffert sind die sechs Palimpsestblätter des MS 24 in Cam-bridge, Trinity Hall (foll. 78–83), die ebenfalls im 8./9. Jh. in angel-sächsischer Schrift geschrieben sind und Benedictiones (also Teile eines Sakramentars?) zeigen.

*

An dieser Stelle seien zwei angelsächsische Liturgiebücher angeführt, auch wenn sie keine Sakramentare darstellen:

425 Plenarmissale-Fragment vom Blandinus-Berg

> **Bibl.:** Roma, Cod. Vat. lat. 3325 (Vor- und Nachsatzblatt). – **Edit.:** H. H. BANNISTER, Liturgical Fragments, in: JThSt 9 (1908) 412–421. – **Lit.:** DACL II, 2 2975; Sakramentartypen 63; K. GAMBER, in: Sacris eruditi 12 (1961) 59. – **Zeit und Ort:** 1. Hälfte des 10. Jh., zuletzt Blandi-nus-Berg bei Gent («Liber sci Petri de Blandinio monasterio»).

---

[1] RULAND liest: Orationis. Da die Überschrift fast genau mit der in Nr. 610 übereinstimmt, könnte unser Fragment auch aus einem Altgelasianum stam-men.

[2] Vgl. E. A. LOWE, Codices rescripti, in: Studi e Testi 235 (Roma 1964) Nr. 12.

Das in irischer Schrift geschriebene Fragment beginnt mitten in der Messe des Festes der Unschuldigen Kinder, bringt dann das Formular «De Circumcisione», wobei als Evangelium ein Abschnitt aus dem Protoevangelium des Jakobus gewählt ist, und schließt defekt in der Messe «Vigilia epiphanie domini». Der Orationsbestand entspricht dem in den angelsächsischen Handschriften.

428 Fragment eines Responsoriale

> **Bibl.:** Paris, B. N., ms. nouv. acq. lat. 1628 (ff. 1–4). – **Edit.:** G. MORIN, Fragments inédits et jusqu'à présent uniques d'antiphonaire gallican, in: Rev. bénéd. 22 (1905) 329–356. – **Lit.:** KENNEY Nr. 570 S. 713; R. J. HESBERT, Les séries de répons des dimanches de l'Avent, in: Les questions liturgiques et paroissiales 39 (1958) 299–326. – **Zeit und Ort:** wohl 9. Jh. (B. BISCHOFF), Herkunft unbekannt (Frankreich?, St. Fleury?).

Das, wie das vorausgenannte Fragment, in irischer Schrift geschriebene Fragment beinhaltet Antiphonen und Responsorien zum Chorgebet. Die in zwei Kolumnen beschriebenen Blätter beginnen mit dem Advent und reichen bis zur Passionszeit. Die Zugehörigkeit zu einem bestimmten Liturgiekreis ist noch nicht geklärt. G. MORIN nahm an, daß das Responsoriale dem gallikanischen Ritus angehört. Manches spricht jedoch für eine Herkunft der Vorlage aus der angelsächsischen (kampanischen?) Liturgie.

2. Libri liturgici Beneventani (Sigel: Be)

Beneventanische Liturgiebücher sind erst vom 10./11. Jahrhundert an auf uns gekommen. Der Verlust der älteren Codices ist umso bedauerlicher, als die Liturgie Benevents altertümliche Formen bewahrt hat. Doch finden wir solche auch in den erhaltenen Handschriften.

> **Lit.:** R. ANDOYER, L'ancienne liturgie de Bénévent, in: Revue du chant grégorien 21 (1912) bis 24 (1920), behandelt hauptsächlich die Gesangstexte; E. A. LOWE, Scriptura Beneventana II (Oxford 1929); R. J. HESBERT, Les dimanches de Carême dans les manuscrits romanobénéventains, in: Ephem. lit. 48 (1934) 198–222; IDEM, L'Antiphonale missarum de

l'ancien rit bénéventain, in: Ephem. lit. 52 (1938) 22ff.; 53 (1939) 168ff.;
A. DOLD, Die Zürcher und Peterlinger Meßbuchfragmente (= TuA,
Heft 25, Beuron 1934); M. AVERI, The Beneventan lections for the Vigil
of Easter and the Ambrosian chant banned by Pope Stephan IX at
Montecassino, in: Studi Gregoriani 1 (1947) 433–458; H. BARRÉ, La fête
mariale du 18 décembre à Bénévent au VIIIe siècle, in: Ephemerides
Mariologicae 6 (1956) 451–462; K. GAMBER, Die mittelitalienisch-beneven-
tanischen Plenarmissalien, in: Sacris erudiri 9 (1957) 265–285; IDEM, La
liturgia delle diocesi dell'Italia centro-meridionale dal IX all' XI secolo,
in: Vescovi e diocesi in Italia nel medioevo (= Italia sacra 5, Padova
1964) 145–156; A. A. KING, Liturgies of the past (London 1959) 57–77;
E. A. LOWE, A new List of Beneventan Manuscripts, in: Collectanea
Vaticana II (= Studi e Testi 220, Roma 1962) 211–244.

a) Missalia plenaria Beneventana

Sakramentare haben sich aus dem Raum von Benevent fast nicht
erhalten, da es in Mittel- und Süditalien schon früh, spätestens im
8. Jh. (vgl. Nr. 1401), zur Ausbildung der Plenarmissalien gekommen
ist[1].

430   Plenarmissale (unvollst.) von Benevent   Sigel: B

Bibl.: Benevento, Archivio arcivescovile, Cod. VI 33. – **Lit.:** PM XV, 53
Nr. 10; XIII, 97 fig. 12; XIV pl. I-VII (Facsimile-Seiten); Le Graduel
romain. Edition critique par les moines de Solesmes, II. Les sources
(Solesmes o. J.) 32; M. HUGLO, in: Vigiliae christianae 8 (1954) 83–86;
K. GAMBER, Väterlesungen innerhalb der Messe in beneventanischen Meßbüchern, in: Ephem. lit. 74 (1960) 163–165; IDEM, Die Sonntagsmessen
nach Pfingsten im Cod. VI 33 von Benevent, in: Ephem. lit. 74 (1960)
428–431, IDEM, in Sacris erudiri 12 (1961) 71f. – **Schrift:** Beneventanische
Minuskel, 29 Zeilen zu 2 Kolumnen. – **Zeit und Ort:** 10./11. Jh., Benevent.

Der Codex ist für die Geschichte der beneventanischen Liturgie von
besonderer Bedeutung, weil er, im Gegensatz zu den folgenden Fragmenten (Nr. 431–440), fast vollständig auf uns gekommen ist. Er ist
lediglich am Anfang und Schluß etwas defekt, außerdem fehlen im

---

[1] Eine Ausnahme bildet u. a. der Cod. 339 von Monte Cassino; vgl. EBNER 100.
Dieser zeigt jedoch außer der Schrift wenig typisch Beneventanisches.

Innern einige Seiten (oder Lagen). Unser Meßbuch aus Benevent läßt jedoch gegenüber der fast gleichzeitigen fragmentarischen Handschrift Nr. 431 aus der Gegend von Bari bereits einige typische Elemente der altbeneventanischen Liturgie vermissen, so das Dreilesungen-System (dieses findet sich fast nur noch an den Sonntagen nach Pfingsten) und die «Oratio post euangelium». Während die Episteln fast vollständig dem Liber comitis des Hieronymus entnommen sind, ist hinsichtlich der Evangelien in vielen Fällen die ursprüngliche Ordnung erhalten geblieben. Praefatio communis und Canon (f. 80v ff.)[1] haben ihren Platz vor dem Ostersonntag («Dom. scm pascha»). Die Sonntagsmessen bilden den Schluß des Meßbuches. Die Meßgesänge sind durchweg mit Neumen versehen.

431 Plenarmissale-Fragment in Zürich, Peterlingen und Luzern

Sigel: ZPL

Bibl.: Zürich, Staatsarchiv, W 3 A. G. 19, ff. 6–15 (10 Blätter) + Zürich, Zentralbibliothek, Z XIV 4 (vier Blätter) + Payerne (Peterlingen), Communalarchiv, o. N. (sechs Blätter) + Luzern, Stiftsarchiv S. Leodegar, Nr. 1912 (ein Doppelblatt). – **Edit.:** A. DOLD, Die Zürcher und Peterlinger Meßbuchfragmente (= TuA, Heft 25, Beuron 1934), mit mehreren Facsimile-Seiten; E. OMLIN, Ein Meßbuchfragment im Stiftsarchiv Luzern, in: Innerschweizerisches Jahrbuch für Heimatkunde 8/10 (1944/46) 39–60; *frühere Teilausgabe:* M. BESSON, L' art barbare dans l' ancien diocèse de Lausanne (Lausanne 1909) 219–223 (mit Facs.). – **Lit.:** G. MORIN, Le Missel de Payerne, in: Zeitschrift für schweizerische Kirchengeschichte 25 (1931) 102–111; PM XIV pl. IX–XI; Sakramentartypen 72; K. GAMBER, in: Sacris erudiri 12 (1961) 21–28, 52–56, 77–82; LOWE, A new List 224, 231, 244. – **Schrift:** Bari-Typ, 30 Zeilen zu zwei Kolumnen, zahlreiche farbige Initialen, beneventanische Neumen. – **Zeit und Ort:** 10./11. Jh., Unteritalien (Gegend von Bari).

Das bedeutendste Zeugnis der älteren beneventanischen Liturgie. Erhalten sind 18 Blätter (davon drei Doppelblätter) mit elf Messen der Vorfasten- und Fastenzeit[2], ferner zehn Messen für Heiligenfeste der Monate Juli/August und zwei Sonntagsmessen. Die meisten Formulare zeigen drei Lesungen (eine aus dem AT, eine aus dem Apostel

---

[1] Im Libera des Canon wird der hl. Bartholomäus erwähnt (. . . andrea atque bartholomeo).

[2] Der 1. Fastensonntag trägt die Überschrift: Dominica initium quadragesimae; vgl. dazu den Cod. H 200 inf. der Ambrosiana (EBNER 83).

und eine aus den Evangelien), wobei das Resp. Graduale nach der
1. Lesung, das Alleluja nach der 2. Lesung zu stehen kommt. Wir
finden ferner fast immer eine zusätzliche «Oratio post euangelium», die uns ähnlich auch in einem mittelitalienischen Plenarmissale (Nr. 1413) begegnet, weiterhin zu jedem Formular eine eigene
Präfation, welche die altertümliche Bezeichnung «Prex» trägt[1], und
eine «Super populum»-Formel. Nicht wenige Orationen begegnen
uns sonst nur noch in L (Nr. 601); verschiedentlich ist ein stärkerer Einfluß vom Gregorianum her zu beobachten. Die Formulare
der Werktage der Fastenzeit und der Sonntage nach Pfingsten entsprechen denen in den oberitalienischen Gelasiana mixta (vgl. S.
370 ff.)[2].

432 Plenarmissale-Fragment in der Vaticana

> **Bibl.:** Roma, Cod. Vat. lat. 10645 (ff. 3–6). – **Edit.:** A. DOLD, in: JLW 10
> (1930) 40–55. – **Lit.:** PM XIV, pl. VIII; XV, 64 Nr. 81; R. J. HESBERT,
> in: Ephem. lit. 48 (1934) 198–222; K. GAMBER, in: Sacris erudiri 12 (1961)
> 66 f. – **Schrift:** Bari-Typ, 24 Zeilen zu 2 Kolumnen. – **Zeit und Ort:**
> 10./11. Jh., Süditalien.

Das im Bari-Schrifttyp, in ganz ähnlicher Weise wie die vorausgenannte Handschrift (Nr. 431) geschriebene Fragment besteht aus nur
zwei Doppelblättern, die eine Ergänzung zu ZPL darstellen. Bemerkenswert ist die «Missa in assumptione sci helie», ferner die in ihrem
Anfang erhaltene Pfingstvigil.

433 Plenarmissale-Fragment im Escorial

> **Bibl.:** El Escorial, Cod. R III 1 (Einband). – **Edit.:** A. DOLD, Im Escorial
> gefundene Bruchstücke eines Plenarmissales in beneventanischer Schrift
> des 11. Jh., in: Spanische Forschungen der Görrresgesellschaft. Gesam-
> melte Aufsätze 5 (1925) 89–96. – **Lit.:** K. GAMBER, in: Sacris erudiri 9
> (1957) 283 f.; 12 (1961) 51; Sakramentartypen 72; LOWE, A new List 220. –
> **Zeit und Ort:** Anfang des 11. Jh., Süditalien.

---

[1] Hingewiesen sei auf den Ergänzungsvorschlag zu einer Präfationslücke in
ZPL VI, 5 in: Sacris erudiri 12 (1961) 21 f. und zur Gründonnerstagsmesse,
ebd. 72.

[2] Vgl. die tabellarische Übersicht in: Sacris erudiri 12 (1961) 80–81.

Das kleine Bruchstück eines beneventanischen Meßbuches beinhaltet Formulare für Heiligenfeste des Monats August (von Magnus bis Augustinus). Die Präfation trägt (wie in Nr. 431) die Überschrift «Prex».

434   Plenarmissale-Fragment (Palimpsest) in Wolfenbüttel

Bibl.: Wolfenbüttel, Herzog August-Bibliothek, Cod. Gudianus graecus 112 (ff. 126, 128, 135). – **Edit.:** A. DOLD, Untersuchungsergebnisse einer doppelt reskribierten Wolfenbütteler Handschrift, in: Zentralblatt für Bibliothekswesen 35 (1917) 233–250. – **Lit.:** K. GAMBER, Die mittel-italienisch-beneventanischen Plenarmissalien, in: Sacris erudiri 9 (1957) 281–283; IDEM, in: Ephem. lit. 74 (1960) 163–165; Sakramentartypen 72; LOWE, A new List 241. – **Zeit und Ort:** Vielleicht noch 10. Jh., Süditalien oder Dalmatien.

Ein kleines Fragment mit Teilen von Meßformularen für den Palm-sonntag (Evangelium: Joh 12,1 ff. wie in NapL), das Fest des hl. Martin (Epistel: aus der Vita des Heiligen von Sulpicius Severus) und das des hl. Andreas (mit interessanter Präfation, deren zweite Hälfte mit S 1369 zusammengeht). Die ehemalige Handschrift war im Gegensatz zu den meisten beneventanischen Plenarmissalien einspaltig angelegt.

436   Plenarmissale-Fragment von Monte Cassino

Bibl.: Monte Cassino, Archivio della Badia, zwei Blätter (ehedem in: Cod. 13) + sechs Blätter (ehedem in: Cod. 105)[1]. – **Lit.:** DACL XI, 2 2469–72. – **Zeit und Ort:** 11. Jh., Monte Cassino.

Da alle übrigen älteren beneventanischen Plenarmissalien wegen ihres fragmentarischen Charakters keine Titel-Seite erhalten haben, ist diese in unserm Fragment von besonderer Bedeutung.
Sie lautet:

IN XPI NOMINE INCIPIT LIBER COMITE COMPOSITO A BEATO PAPA GREGORIO ET PAPA DAMASO ET IERONIMO PRESBITERO. IN PRIMIS DOMINICA DE ADUENTU DNI INTROITUS.

---

[1] Das Fragment befindet sich seit dem letzten Krieg nicht mehr in Monte Cassino und ist vermutlich verlorengegangen (Mitteilung des Bibliothekars der Erzabtei).

Die Bezeichnung «Comitis» für ein Meßbuch, die wir hier und ähnlicherweise in einigen mittelitalienischen Plenarmissalien vorfinden (so Nr. 1417 und 1425), läßt darauf schließen, daß sich die älteren Plenarmissalien aus dem Liber Comitis Hieronymi (sein Name wird im Titel des Meßbuches eigens angeführt) entwickelt haben (zum Liber Comitis vgl. Nr. 074).

437 Plenarmissale-Fragment (Palimpsest) in der Vaticana

> **Bibl.:** Roma, Cod. Vat. Ottob. lat. 576, Pars I u. II (zahlreiche Blätter)[1]. – **Lit.:** A. DOLD, in: Ephem. lit. 52 (1938) 187f.; K. GAMBER, in: Sacris erudiri 12 (1961) 15. – **Zeit und Ort:** Anfang des 11. Jh., Gegend von Benevent.

Von den zahlreichen palimpsestierten Blättern hat DOLD versehentlich nur das eine in Pars I der Handschrift bemerkt und entziffert (Messe der Dom. in albis).

440 Plenarmissale-Fragment von Monte Cassino

> **Bibl.:** Monte Cassino, Archivio della Badia, Compactura VI. – **Edit.:** A. DOLD, Umfangreiche Reste zweier Plenarmissalien des 11. und 12. Jh. aus Monte Cassino, in: Ephem. lit. 53 (1939) 11–167 (mit Facsimile auf S. 115). – **Lit.:** PM xv, 58 Nr. 55; Sakramentartypen 73; K. GAMBER, in: Sacris erudiri 12 (1961) 14ff.; 85f. – **Zeit und Ort:** 11. Jh., Monte Cassino.

Die umfangreichen Reste unseres Plenarmissale haben noch im starken Maße die ältere beneventanische Liturgie erhalten. Die meisten Formulare besitzen noch eine eigene Präfation (manche Texte sind nur hier zu finden). Unterschiedlich gegenüber B (Nr. 430) ist die Tatsache, daß die Sonntage nach Pfingsten nicht mehr am Schluß der Handschrift stehen, sondern blockartig in das Sanctorale eingefügt sind.

---

[1] Die Zweitschrift beinhaltet ebenfalls ein etwas jüngeres beneventanisches Plenarmissale, das einspaltig geschrieben ist (vgl. Nr. 450). Die Tatsache, daß man das ältere Meßbuch schon so bald wieder gelöscht hat, läßt vermuten, daß es weithin den älteren Typus repräsentiert hat. Eine Entzifferung wäre deshalb geboten.

Der «römische» Ritus hat immer mehr Einfluß auf die Liturgie von Benevent gewonnen. So zeigen auch die übrigen erhaltenen beneventanischen Plenarmissalien bereits einen jüngeren Typus. Wir führen diese relativ späten Handschriften unter den «Codices liturgici latini antiquiores» deshalb auf, weil in ihnen verschiedentlich älteres Gut weiter tradiert worden ist, das sich in andern Codices nicht findet.

441   Plenarmissale-Fragment in Monte Cassino

Bibl.: Monte Cassino, Archivio della Badia, Compactura VII. – **Edit.:** A. Dold, in: Ephem. lit. 53 (1939) 11–167, bes. 144 ff. (mit Facsimile auf S. 113). – **Lit.:** PM XV, 58 Nr. 176; Sakramentartypen 73. – **Zeit und Ort:** 11./12. Jh., Monte Cassino.

Es sind nur 12 Blätter des ehemaligen Meßbuches erhalten und zwar sind es Teile des Ordo missae und einiger Feste von der Vigil von Epiphanie bis zum 30. Oktober. Bezüglich der Sonntage nach Pfingsten gilt das Gleiche wie das zu Nr. 440 gesagte.

445   Plenarmissale in Baltimore

Bibl.: Baltimore, Md. (USA), Walters Art Gallery, MS 6 (früher: Gruel and Engelmann coll. n. 75)[1]. – **Lit.:** PM XV, 76 Nr. 109, 176; Le Graduel romain, II. Les sources 29; K. Gamber, Eine «Missa communis» auf einem fliegenden Blatt, in: Sacris erudiri 17 (1966) 251. – **Zeit und Ort:** Ende des 11. Jh., Süditalien (Canossa, Monte Gargano?) oder Dalmatien.

Der Codex, im Bari-Schrifttyp geschrieben, ist im Gegensatz zu den älteren beneventanischen Meßbüchern einspaltig angelegt und in kleinerem Format gehalten. Zu Beginn steht ein ausführliches Kalendar (ff. 1–9), hierauf folgen Votivmessen, deren erste die Überschrift trägt: «Missa quam sacerdos pro se ipso debet facere». Die Gesänge sind in diesem Teil nur vereinzelt mit Neumen versehen. Zahlreiche Präfationen. Auf f. 66v beginnt mit der (neumierten) Praefatio communis der Canon (schöne T-Initiale mit Agnus Dei darüber), worauf ab f. 77r ein Meßbuch für die höheren Feste und die Sonntage seinen Platz hat

---

[1] Die Handschrift wurde i. J. 1915 von M. H. Walter in Paris gekauft.

(an der Spitze: 1. Adventsonntag). Die Gesangstexte sind nun vollständig neumiert. Zahlreiche Präfationen.

446 Plenarmissale in Zagreb

> **Bibl.:** Zagreb, Metropolitanska Knjižnica, Cod. M. R. 166. – **Lit.:** V. NOVAK, Scriptura Beneventana (Zagreb 1920) 37, 72–79 (mit mehreren Facsimile-Seiten); C. KNIEWALD, in: Ephem. lit. 70 (1956) 325–337 (mit vollständiger Edition des Ordo Missae); K. GAMBER, in: Sacris erudiri 12 (1961) 59 ff.; LOWE, A new List 242. – **Zeit und Ort:** Ende des 11. Jh. (mit Nachträgen Ende des 12. Jh.), Süditalien bzw. Dalmatien.

Unser Codex ist ähnlich angelegt wie Nr. 445. Zuerst steht das Commune sanctorum (pp. 1–61), dann die Alkuinschen Wochenmessen (pp. 70–108) und weitere Votivmessen (pp. 108–170). In der Mitte des Buches findet sich auch hier der Ordo Missae (Incipit oratio quando pontifex sacris induitur uestimentis), darauf nochmals Votiv- und Totenmessen, zum Schluß der Tauf-Ordo (p. 325), der unvollständig abbricht. Darauf beginnt (von einer jüngeren Hand) der 2. Teil der Handschrift, der am Anfang und Ende defekt ist, mit Meßformularen für die Festtage[1].

Einige der folgenden Codices sind wegen ihrer Neumierung bedeutungsvoll:

450 Plenarmissale in der Vaticana

> **Bibl.:** Roma, Cod. Vat. Ottob. lat. 576. – **Lit.:** EBNER 236; PM II, pl. 21 (Facsimile). – **Zeit und Ort:** Anfang des 12. Jh., Gegend von Benevent.

Die Handschrift ist vollständig. Der 1. Teil (ff. 1–217) beginnt mit dem 1. Adventsonntag und reicht bis Ostern (am Karsamstag der «Ordo ad catecuminum faciendum»). Darauf der «Ordo ad celebrandum missam» mit manchen Eigentümlichkeiten. Der 2. Teil setzt f. 231 mit

---

[1] Zu erwähnen ist noch ein *Missale aus Ragusa* (Oxford, Bibl. Bodleiana, Nov. MS Canonici liturg. 342, Nr. 19428) aus dem 13. Jh.; vgl. LOWE, Scriptura beneventana II Nr. XCIV; R. J. HESBERT, in: Ephem. lit. 48 (1934) 211; PM XV, 59 Nr. 60.

dem Ostermontag ein, wobei das Sanctorale blockartig in das Temporale eingebaut ist. Die Handschrift weist beneventanische Notation
auf drei Linien auf. Die Ausstattung des Meßbuches entspricht den
bisher beschriebenen. So finden wir vor den Evangelien gern das Bild
des Evangelisten als Initiale.

452   Plenarmissale von S. Pietro in Benevent

> **Bibl.:** London, British Museum, Egerton MS 3511. – **Lit.:** E. A. Lowe,
> A new List of Beneventan Manuscripts, in: Collectanea Vaticana II
> (= Studi e Testi 220, Roma 1962) 223. – **Zeit und Ort:** 11./12. Jh.,
> Benevent (S. Pietro).

Die Handschrift wird von Lowe erstmals erwähnt und ist noch nicht
näher untersucht.

455   Plenarmissale von St. Vinzenz am Volturno

> **Bibl.:** Roma, Cod. Vat. lat. 6082. – **Teil-Edit.:** V. Fiala, Der Ordo missae
> im Vollmissale des Cod. Vat. lat. 6082, in: Zeugnis des Geistes. Gabe zum
> Benediktus-Jubiläum (Beuron 1947) 180–224; A. Dold, Die vom Missale
> Romanum abweichenden Lesetexte für die Meßfeier nach den Notierun-
> gen des aus Monte Cassino stammenden Cod. Vat. lat. 6082, in: Vir
> Dei Benedictus (Münster i. W. 1947) 293–332. – **Lit.:** Ehrensberger
> 448; PM XIV 218; XV 63 Nr. 77; Sakramentartypen 73. – **Zeit und
> Ort:** Ende des 12. Jh., Monte Cassino, später Abtei St. Vinzenz am Vol-
> turno.

Das Meßbuch hat trotz seines verhältnismäßig jungen Alters verschiedentlich älteres Liturgiegut, besonders was die Perikopen betrifft, erhalten[1].

458   Plenarmissale (unvollst.) von Caiazzo

> **Bibl.:** Roma, Cod. Vat. Barb. lat. 603 (alt: XIII, 12). – **Lit.:** Ebner 149;
> PM XIV, 219; XV 66 n. 85, II pl. 23 (Facs.); Le Graduel romain II, 123. –
> **Zeit und Ort:** 1124–1131, Caiazzo (Unteritalien).

---

[1] Die beneventanischen Evangelistare werden unter den Nr. 1170–1179 behandelt.

Der Codex ist in erster Linie für die Geschichte des beneventanischen Chorals bedeutungsvoll. Die Noten stehen diastematisch auf der für den Text gezogenen Linie ohne Schlüssel.

Weniger bedeutend, auch hinsichtlich der Notation, sind die Codices 127, 426 und 540 von Monte Cassino[1], drei Plenarmissalien des 11./12. Jh.; vgl. EBNER 98, 101 und 104.

459 Fragmenta Beneventana

a **Bibl.:** Caiazzo, Curia Vescovile, Pacco II, n. 11 (z. Zt. in der Vaticana). – **Lit.:** E. A. LOWE, A new List of Beneventan Manuscripts, in: Collectanea Vaticana II (= Studi et Texti 220, Roma 1962) 217. – **Zeit und Ort:** 11./12. Jh. (2 Blätter).

b **Bibl.:** Chapel Hill (North Carolina, USA), B. L. Ullman Collection, MS 14. – **Lit.:** LOWE a. a. O. 219. – **Zeit:** 11./12. Jh. (1 Blatt).

c **Bibl.:** Chicago, Newberry Library, MS 36a. – **Lit.:** LOWE a. a. O. 219. – **Zeit:** 11./12. Jh. (1 Blatt).

d **Bibl.:** Den Haag, Koninklijke Bibliotheek, Cod. 75. H. 39 (ff. 25–28). – **Lit.:** LOWE a. a. O. 222. – **Zeit:** 11. Jh. (4 Blätter mit Litaniae).

e **Bibl.:** Montevergine, Biblioteca dell'Abbazia, Frammento 6437. – **Lit.:** LOWE a. a. O. 226. – **Zeit:** 12. Jh. (2 Blätter).

f **Bibl.:** New York, Pierpont Morgan Library, M. 830 A. – **Lit.:** LOWE a. a. O. 229. – **Zeit:** 11./12. Jh. (1 Blatt).

g **Bibl.:** Paris, B. N., ms. lat. 6894 (fol. A–B). – **Lit.:** LOWE a. a. O. 230. – **Zeit:** 10. Jh. (?) (2 Blätter).

h **Bibl.:** Princeton (USA), E. A. LOWE Collection, MS 4. – **Lit.:** LOWE a. a. O. 232. – **Zeit:** 11./12. Jh. (1 Doppelblatt).

Es handelt sich fast durchweg um Fragmente von Missalia plenaria. Sie sind noch nicht näher untersucht. Möglicherweise stellen weitere

---

[1] Der Ordo missae des Cod. 127 hat Ähnlichkeit mit dem in der Handschrift Nr. 455 (bei EBNER 309–311). Am Schluß der Messe findet sich eine Art Schlußsegen, ähnlich dem in der byzantinischen Liturgie: Meritis et intercessionibus omnium sanctorum suorum misereatur et propitius sit nobis omnipotens deus. Amen.

der von LOWE a. a. O. genannten Liturgica Bruchstücke beneventanischer Meßbücher dar.

Auf einen beneventanischen Buß-Libellus aus dem 10. Jh., der
seiner Vorlage nach vermutlich aus S. Sofia in Benevent stammt, wird
unter Nr. 1599 eingegangen werden.

b) Breviaria Beneventana

Die nun zu nennenden Codices waren in erster Linie für die Feier des
Chorgebets im Gebiet von Benevent bestimmt. Besonders Interesse
verdient dabei die folgende Handschrift:

460   «Liber typicus» von Benevent

> **Bibl.:** Benevento, Archivio arcivescovile, Cod. V 19 + Cod. V 20. –
> **Lit.:** PM XIV 216; XV 52 Nr. 5; A. PONCELET, Catalogus codicum hagio-
> graphicorum latinorum bibliothecae Capituli ecclesiae Cathedralis
> Beneventanae, in: Analecta Bollandiana 51 (1933) 361–362; Le Graduel
> romain II. Les sources (Solesmes 1957) 32. – **Zeit und Ort:** 12. Jh.,
> Benevent.

Die beiden mit beneventanischen Neumen auf Linien ausgestatteten
Liturgiebücher stellen die Pars hiemalis bzw. Pars aestiva eines Breviers dar, dem auch die Meßformulare beigegeben sind. Über ähnliche
Verbindungen von Brevier und Plenarmissale vgl. die mittelitalienischen Handschriften Nr. 1440 und Nr. 1441 und die «Liber misticus»
genannten Handschriften in Spanien (Nr. 305 ff.).

465   Breviaria Beneventana

> a **Bibl.:** Roma Cod. Vat. Ottob. lat. 145. – **Lit.:** S. J. P. VAN DIJK (- J. H.
> WALKER), The Origins of the Modern Roman Liturgy (London 1960)
> Nr. 12 S. 529. – **Zeit und Ort:** 11. Jh., Benevent (S. Sofia).

> b **Bibl.:** Roma, Cod. Vat. lat. 10646 (ff. 48–51). – **Lit.:** E. A. LOWE, A new
> List of Beneventan Manuscripts, in: Collectanea Vaticana II (= Studi e
> Testi 220, Roma 1962) 238. – **Zeit und Ort:** 11. Jh., Süditalien.

> c **Bibl.:** Roma, Bibl. Vallicelliana, Cod. C. 51. – **Zeit und Ort:** um 1100,
> Süditalien.

d **Bibl.:** Roma, Cod. Vat. lat. 4928. – **Lit.:** Ehrensberger 206 (weitere Lit.); van Dijk a.a.O. Nr. 11 S. 529. – **Zeit und Ort:** 12. Jh., Benevent (S. Sofia).

e **Bibl.:** Napoli, B. N., Cod. XVI A 7. – **Lit.:** Lowe a.a.O. 228. – **Zeit und Ort:** 12. Jh., Benevent (S. Deodato).

f **Bibl.:** Roma, Cod. Vat. Chigi C. VI. 176. – **Lit.:** Vetus Latina 1 (Beuron 1949) Nr. 352. – **Zeit:** Anfang des 12. Jh.

Nähere Beachtung hat bis jetzt der Codex Nr. 465 d gefunden. Er beginnt nach einem Kalendar f. 25 mit dem Titel: «Incipit Breviarium siue Ordo officiorum per totum anni decursionem». Die Handschrift ist wegen ihres Aufbaus und Inhalts bemerkenswert. So findet sich f. 91 ein «Ordo ad sumendum corpus domini»[1]. Mit dem Brevier verbunden sind außerdem Rituale-Texte, so u. a. f. 302 ein Beicht-Ordo, darauf zwei Ordines für die Krankenölung (letzterer ist «Ordo unctionis brevior» überschrieben[2]).

Beim Chorgebet des beneventanischen Ritus haben weiterhin folgende Passionare Verwendung gefunden:

467 Beneventanische Passionare in Benevent

Bibl.: Benevento, Biblioteca Arcivescovile, Codices I–V und XI. – **Lit.:** A. Poncelet, Catalogus codicum hagiographicorum latinorum Bibliothecae Capituli Ecclesiae Cathedralis Beneventanae, in: Analecta Bollandiane 51 (1933) 337–377. – **Zeit und Ort:** 11./12. Jh., Benevent (Kathedrale).

Die sechs Codices (ein siebter scheint zu fehlen) enthalten zusammen Passiones und Viten von Heiligen fast des ganzen Jahres; darunter auch einige beneventanische. Beachtenswert ist das aus Byzanz stammende Fest der «Depositio vestis B.M.V. in Blachernis»[3].

---

[1] Vgl. auch A. Wilmart, Prières pour la communion en deux psautiers du Mont-Cassin, in: Ephem. lit. 43 (1929) 320–328.

[2] Weitere beneventanische Breviere des 12. Jh. nennt A. Poncelet, in: Analecta Bollandiana 51 (1933) 362–363. Ihre Bedeutung für die beneventanische Liturgiegeschichte ist noch nicht untersucht.

[3] Vollständiger Text, der sonst nicht bekannt ist, von Poncelet a.a.O. 365–369 abgedruckt.

Erwähnt seien auch die drei Bände «Sermones et Homiliae super Evangelia» aus dem 10. Jh., die sich in der gleichen Bibliothek befinden (Codices VIII–X).

c) Antiphonalia Beneventana

Die beneventanischen Meß-Antiphonalien stimmen im wesentlichen mit den römischen Exemplaren überein. Sie zeigen jedoch gelegentlich, besonders auch hinsichtlich der Notation, Eigenheiten sowie Gesangsstücke, wie sie sich sonst nur noch in Mailänder Liturgiebüchern finden[1].

> **Lit.:** H. M. BANNISTER, Ordine «ambrosiano» per la Settimana Santa, in: Miscellanea Ceriani (Milano 1910) 129–141; R. ANDOYER, L'ancienne liturgie de Bénévent, in: Revue du chant grégorien 21 (1912) – 24 (1920); R. J. HESBERT, La tradition bénéventaine dans la tradition manuscrite, in: PM XIV (1931) 60–465; IDEM, Le répons «Tenebrae» dans les liturgies romaine, milanaise et bénéventaine, in: Revue du chant grégorien 38 (1934) 4–24; 56–65; 84–89; IDEM, L'Antiphonale Missarum de l'ancien rit bénéventain, in: Ephem. lit. 52 (1938) 22 ff.; 53 (1939) 168 ff.; I. GAJARD, Graduel bénéventain (XIe siècle), in: Palmus 14 (1936) 425–479.

Papst Stephanus IX verbot i. J. 1058, in jener unerfreulichen Zeit des beginnenden päpstlichen Zentralismus auf liturgischem Gebiet, in der Bischöfe meist deutscher Abstammung auf dem Stuhl des hl. Petrus saßen (im Jahre 1054 war auch das Schisma mit der Ostkirche erfolgt), den «ambrosianischen» Choral in Montecassino[2]. Im Gebiet von Benevent war dagegen, wie die erhaltenen Handschriften zeigen, die herkömmliche Form des Choralgesangs noch länger in Gebrauch.

Bis jetzt hat (wenn man von den Arbeiten von HESBERT absieht) vor

---

[1] Vgl. R. J. HESBERT, in: Ephem. lit. 52 (1938) 28 ff. – Über die Zusammenhänge im einzelnen herrscht noch keine Klarheit.

[2] Vgl. das Chronicon monasterii Cassinensis II, 94: Ambrosianum cantum in ecclesia ista cantari penitus interdixit (MGH Script. VII, 693). Stephan IX (1057–1058), ein Herzogssohn von Lothringen, war als Kardinal zugleich Abt von Monte Cassino gewesen.

allem ANDOYER den beneventanischen Choral näher untersucht. In seiner oben zitierten umfangreichen Studie behandelt er hauptsächlich die beneventanischen Eigentexte, weist er auf Beziehungen zur Mailänder Liturgie hin und bringt dabei mehrere Notenbeispiele, so u.a. die Antiphon «Ad vesperum demorabitur fletus . . .» des Karsamstag (in: 22,1913,8), den Litaneigesang «Domine defende nos . . .» (ebd. 42 f.), die Melodie des «Afferte vobis pacem (ebd. 107), die Melodie des «Libera nos quaesumus» der Messe (ebd. 108 f.) und verschiedene Responsorien des Offiziums.

470 Antiphonale (unvollst.) in Rom

> **Bibl.:** Roma, Cod. Vat. lat. 10673. – **Facsimile-Ausgabe:** PM, Ser. I, t. XIV (1931). – **Lit.:** R. J. HESBERT, La tradition bénéventaine dans la tradition manuscrite, in: PM XIV (1931) 60–465; PM XV Nr. 83; G. SUÑOL, Introduction à la Paléographie musicale grégorienne (Paris 1935) 160–163; Th. KLAUSER, in: JLW 14 (1934) 463–464; Y. DELAPORTE, in: Revue Grégorienne 23 (1938) 127–139. – **Zeit und Ort:** 10./11. Jh., Gegend von Benevent.

Das Antiphonale mit linienlosen beneventanischen Neumen setzt mitten in den Gesängen von Septuagesima ein und reicht bis zum Karsamstag. Typisch beneventanisch sind lediglich die Texte des Karfreitags und der Ostervigil. Nach einer Miniatur zum Exultet bricht die Handschrift mitten in diesem Gesang ab.

471 Antiphonale (unvollst.) von Benevent

> **Bibl.:** Benevento, Archivio arcivescovile, Cod. VI 40. – **Lit.:** PM XIV 217, 281, pl. XII–XXII; PM XV 54 Nr. 17. – **Zeit und Ort:** 11. Jh., Benevent.

Der Codex beginnt defekt mit dem Gründonnerstag. Beneventanische Neumen ohne Linien. Mehrere Tropen und Sequenzen.

472 Antiphonale-Fragment in Chieti

> **Bibl.:** Chieti, Biblioteca Capitolare, Cod. 2 (Deckblätter). – **Lit.:** PM XIV 251 Anm. 1; pl. XLIV–XLV (Facsimile); Le Graduel romain, II. Les sources 44. – **Zeit und Ort:** Anfang des 11. Jh., Mittelitalien.

Das Bruchstück in beneventanischer Schrift geschrieben (mit mittelitalienischen Neumen), enthält die Meßgesänge vom Fest der Unschuldigen Kinder (28. Dez.). Weitere jüngere Fragmente sind unter Nr. 484
zu finden.

474 Antiphonale (unvollst.) von Benevent

> **Bibl.:** Benevento, Archivio arcivescovile, Cod. VI 38. – **Lit.:** PM XV 53
> Nr. 15; PM XIV pl. XXIV (Facsimile); Le Graduel romain II, 32. –
> **Zeit und Ort:** 11. Jh., Benevent.

Das Graduale, das auch Tropen und Sequenzen sowie ein Kyriale enthält[1], beginnt defekt mit dem Sonntag Septuagesima. Die Linien zur
Notation sind von einer späteren Hand hinzugefügt.

475 Antiphonale von Benevent

> **Bibl.:** Benevento, Archivio arcivescovile, Cod. VI 34. – **Facsimile-
> Ausgabe:** J. GAJARD, Le Codex VI 34 de la Bibliothèque Capitulaire de
> Bénévent (= PM Ser. I, t. XV, Tournai 1937). – **Lit.:** G. VECCHI, Atlante
> paleografico musicale (Bologna 1951) 11, Tav. VIII; J. JEANNETAU, in:
> Etudes Grégoriennes 1 (1954) 198–201; Le Graduel romain, II 32. –
> **Zeit und Ort:** 11./12. Jh., Benevent.

Der Codex, der ebenfalls zahlreiche Tropen und Sequenzen sowie zum
Schluß ein Kyriale aufweist, stellt die bedeutungsvollste Handschrift
für die beneventanische Fassung des Chorals dar. Beneventanische
Notation auf Linien (Linie «fa» in Rot, Linie «do» in Grün).

476 Antiphonale (unvollst.) von Benevent

> **Bibl.:** Benevento, Archivio arcivescovile, Cod. VI 39. – **Lit.:** PM XIV 217
> und pl. XXIII (Facsimile); PM XV 53 Nr. 16; Le Graduel romain, II
> 32. – **Zeit und Ort:** Ende des 11. Jh., Benevent.

Das Graduale, das auch Tropen und Sequenzen für die Festtage enthält, beginnt defekt am Donnerstag der Passionswoche und weist zahlreiche weitere Lücken auf. Beneventanische Neumen auf vier Linien.

---

[1] B. STÄBLEIN ediert in: Monumenta monodica medii aevi I (1956) 485 daraus
die Melodie des Prozessions-Hymnus am Palmsonntag «Gloria, laus et honor»,
sowie a. a. O. 445 einen Hymnus zu Ehren des hl. Silvester.

477 Antiphonale aus Dalmatien

> **Bibl.:** Berlin, Deutsche Staatsbibliothek, Cod. Lat. fol. 920. – **Lit.:** E. A. Lowe, A new List of Beneventan Manuscripts, in: Collectanea Vaticana II (= Studi e Testi 220, Roma 1962) 216. – **Zeit und Ort:** 1. Hälfte des 12. Jh., Dalmatien.

Die von Bischoff gefundene und von Lowe erstmals erwähnte Handschrift ist bis jetzt noch nicht näher untersucht.

478 Antiphonale von Benevent

> **Bibl.:** Benevento, Archivio arcivescovile, Cod. VI 35. – **Lit.:** PM XIV pl. XXV (Facsimilie); PM XV 53 Nr. 13; Le Graduel romain, II 32. – **Zeit und Ort:** Anfang des 12. Jh., Benevent.

Der Codex, der auch Tropen und Sequenzen für die Festtage sowie am Schluß ein Kyriale enthält, beginnt defekt am 1. Januar. Beneventanische Notation auf Linien (ähnlich Nr. 475).

480 Hymnarium et Antiphonarium

> **Bibl.:** Napoli, B. N., Cod. XVI A 3. – **Lit.:** E. A. Lowe, A new List of Benevantan Manuscrits, in: Collectanea Vaticana II (= Studi e Testi 220, Roma 1962) 228. – **Zeit und Ort:** 11. Jh., Gegend von Bari.

Wie diese so ist auch die folgende Handschrift noch nicht näher untersucht:

482 Hymnarium et Antiphonarium

> **Bibl.:** Napoli, B. N., Cod. XVI A 19. – **Lit.:** Lowe a.a.O. 228. – **Zeit und Ort:** 12. Jh., Gegend von Benevent.

Für die Geschichte des beneventanischen Chorals sind auch die neumierten Plenarmissalien von Bedeutung, die oben aufgeführt worden sind (Nr. 445, 450, 458), besonders wenn sie Neumen auf Linien aufweisen.

484 Fragmente von beneventanischen Antiphonalien

a **Bibl.:** Farfa, Palmieri I und II. – **Lit.:** PM XV 54 Nr. 24 und 25; PM II pl. 20; PM XIV pl. 26 und 27. – **Zeit und Ort:** 11. Jh., Gegend von Benevent[1].

b **Bibl.:** Roma, Cod. Vat. lat. 10657 (ff. 1–4). – **Lit.:** PM XIV 339, 362–363; PM XV 65 Nr. 82. – **Zeit und Ort:** 11. Jh., zuletzt in der Abtei S. Maria del Mare[2].

c **Bibl.:** Montevergine (b. Benevent), Biblioteca dell' Abbazia, Frammenti Nr. 6435. – **Lit.:** E. A. LOWE, A new List of Beneventan Manuscripts, in: Collectanea Vaticana II (= Studi e Testi 220, Roma 1962) 226. – **Zeit:** 2. Hälfte des 11. Jh. (1 Blatt).

d **Bibl.:** Roma, Cod. Vat. Ottob. lat. 3 (fol. 1). – **Lit.:** EHRENSBERGER 166; M. BANNISTER, Monumenti Vaticani di paleografia musicale latina (Leipzig 1913) Nr. 354 und Tafel 72. – **Zeit und Ort:** 11. Jh., Monte Cassino[3].

e **Bibl.:** Dublin, Merchant's Quay, Franciscan Library, MS B. 29. – **Lit.:** PM 54 Nr. 23; Le Graduel romain II, 48; LOWE, A new List 220. – **Zeit:** 11./12. Jh. (1 Blatt).

f **Bibl.:** Budapest, National Museum, Cod. 329 (loses Blatt). – **Lit.:** LOWE, A new List 217; E. BARTONIEK, Codices manu scripti latini I (Budapest 1940) 289. – **Zeit:** 11./12. Jh. (1 Blatt).

g **Bibl.:** Firenze, Biblioteca Laurenziana, Acquisti e Doni 195. – **Lit.:** LOWE, A new List 221. – **Zeit:** 11./12. Jh. (2 Blätter).

h **Bibl.:** Zara, Staatsarchiv, ohne Nr. – **Lit.:** LOWE, A new List 243. – **Zeit:** 11. bis 12. Jh. (3 Einzelblätter aus verschiedenen Handschriften).

i **Bibl.:** Bologna, Biblioteca Universitaria, Cod. 2551 (fol. 34). – **Lit.:** Le Graduel romain, II. Les sources 36. – **Zeit:** 11. Jh. (1 Blatt).

Unter den weiteren von LOWE, A new List, genannten, nicht näher bestimmten liturgischen Fragmenten, mögen sich noch weitere Bruchstücke beneventanischer Antiphonalien befinden.

d) Rotuli paschales Beneventani

Aus Süditalien sind zahlreiche Rotuli paschales erhalten, auf denen das Exultet, das der Diakon zu Beginn der Ostervigil (im Raum

---

[1] Das eine Bruchstück enthält die Gesänge des Karsamstags, das andere die des Commune unius Confessoris. Linienlose beneventanische Neumen.

[2] Das aus zwei Doppelblättern bestehende Fragment beinhaltet Gesänge des Karsamstag.

[3] Offiziumsgesänge für die Feria II der 2. Fastenwoche.

von Benevent gelegentlich auch erst nach den Lesungen) zu singen hatte, aufgezeichnet ist. Die einzelnen Rotuli sind mit bildlichen Darstellungen versehen. Diese sind zum Text auf dem Kopf stehend angebracht, damit die Gläubigen während des Gesangs des Diakons die Bilder des vom Vorlesepult herunterhängenden Rotulus betrachten konnten.

> **Lit.:** A. EBNER, Handschriftliche Studien über das Praeconium paschale, in: Kirchenmusikalisches Jahrbuch 8 (1893) 73–83; M. AVERY, The Exultet Rolls of South Italy (Princeton 1936); G. BENOIT-CASTELLI, Le Praeconium paschale, in: Ephem. lit. 67 (1953) 309–334; M. HUGLO, L'annuncio pasquale della liturgia ambrosiana, in: Ambrosius (1957) 88–91; J. M. PINELL, La benedicció del ciri pasqual i els seus textos, in: Liturgica 2 (= Scripta et Documenta 10, Montserrat 1958) 1–119; R. HAMMERSTEIN, Tuba intonet salutaris. Die Musik auf den süditalienischen Exultet-Rollen, in: Acta musicologica 31 (1959) 109–129; D. BALBONI, Uso napolitano del cero pasquale nel sec. VIII, in: «Asprenas» 8 (1961) 3–6; K. GAMBER, Älteste Eucharistiegebete der lateinischen Osterliturgie, in: FISCHER-WAGNER, Paschatis Sollemnia (Freiburg i. Br. 1959) 159–178; vgl. auch die Lit. zu Nr. 043.

Auf den Exultet-Rollen des älteren Typus, so Nr. 485 und Nr. 488, sowie im Missale Nr. 430, findet sich eine andere (beneventanische) Text-Fassung der Laus cerei, als sie die oberitalienisch-gallischen Sakramentare, so schon das Missale Gothicum (Nr. 210) und das Bobbio-Missale (Nr. 220), zeigen und wie sie ins Missale Romanum eingegangen ist. Wir führen im folgenden lediglich die bedeutendsten Rotuli auf.

Aus anderen Gegenden als aus Süditalien sind keine Rotuli mit dem «Praeconium paschale» mehr auf uns gekommen, obwohl es nachweisbar auch in Oberitalien (Mailand) solche gegeben hat (vgl. S. 317). Wir besitzen aber z. T. noch deren Texte. So sind von Bischof *Ennodius von Pavia* († 521) zwei derartige Formulare erhalten[1]. Aus Afrika ist eine «Laus cerei» unter dem Namen des hl. Augustinus überliefert (Nr. 017). Das ambrosianische und mozarabische Sakramentar weisen ebenfalls eigene Texte auf. Die ravennatische «Benedictio cerei» könnte (nach GAMBER) im sog. Gelasianum (Nr. 610) überliefert sein (ed. MOHLBERG 428–429)[2]. In Rom gab es bis ins Mittelalter, wie wir

---

[1] Text in: PL 63,257 ff.; CSEL VI, 414 ff.; MGH Auct. ant. VII (1885) 18–20, 109–110.

[2] Vgl. Sakramentartypen 55.

durch den Ordo XXXIV,41 (ed. ANDRIEU III,295) wissen, kein
«Praeconium paschale». Ein solches fehlt deshalb auch noch im
«Hadrianum» (Nr. 720 ff.) sowie in den älteren Gregoriana mixta
(Nr. 901 ff.).

485   Rotulus paschalis von Bari

> **Bibl.**: Bari, Archivio del Duomo. – **Edit.**: L. DUCHESNE, Origines du culte
> chrétien (5. Aufl. Paris 1925) 558; PM XIV 385; J. M. PINELL, La bene-
> dicció del ciri pasqual i els seus textos, in: Liturgica 2 (= Scripta et
> documenta 10, Montserrat 1958) 96 f. – **Lit.**: E. A. LOWE, Scriptura bene-
> ventana II (Oxford 1929) Nr. LXV; C. COEBERGH, in: Miscellanea Litur-
> gica II (Roma 1949) 302 f. – **Zeit und Ort:** 1056, Bari.

Der Rotulus zeigt, wie der folgende (Nr. 488), die vom Missale Romanum abweichende beneventanische Fassung des «Exultet». Bedeutungsvoll sind auch seine Miniaturen[1].

488   Rotulus paschalis von Troia

> **Bibl.**: Troia, Archivio Capitolare. – **Edit.**: M. DE SANTIS, I tre ‹Exultet›
> dell'Archivio Capitolare di Troia, in: Rivista Liturgica 45 (1958) 168–175. –
> **Lit.**: K. PORTER, in: Mélanges offerts à M. G. Schlumberger (Paris 1924)
> 408–415; W. H. WHITEHILL, A twelfth-century Exultet Roll at Troia, in:
> Speculum 2 (1927) 80–84; M. AVERY, The Exultet Rolls of South Italy II
> Plates (Princeton 1936) 5, 37–40; Abbildungen auf pl. CLXIV–CLXXXV.
> – **Zeit und Ort:** 1065, Dom zu Troia (bei Foggia).

Im gleichen Archiv finden sich noch zwei etwas jüngere Rotuli (vgl.
DE SANTIS a. a. O.).

495   Weitere süditalienische Rotuli paschales

> a **Bibl.**: Roma, Cod. Vat. lat. 9820. – **Lit.**: A. EBNER, in: Kirchenmusika-
> lisches Jahrbuch 8 (1893); EHRENSBERGER 414; LOWE, Scriptura Bene-
> ventana II Nr. LIV. – **Zeit und Ort:** 981/87 (LOWE), Süditalien.
>
> b **Bibl.**: Roma, Cod. Vat. lat. 3784. – **Lit.**: EHRENSBERGER 424. – **Zeit und
> Ort:** 11. Jh., Gegend von Benevent.

---

[1] Abbildung in: FISCHER-WAGNER, Paschatis Sollemnia (Freiburg i. Br. 1959)
nach S. 340.

c **Bibl.**: Capua, Biblioteca Capitolare. – **Lit.**: A. EBNER, in: Kirchenmusi-kalisches Jahrbuch 8 (1893) 73–83. – **Zeit und Ort:** 11. Jh., Dom zu Capua.

d **Bibl.**: Manchester, John Rylands Library, MS 2. – **Lit.**: H. M. BANNISTER, in: JThSt 10 (1909) 43 ff. – **Zeit und Ort:** 11. Jh. Süditalien.

e **Bibl.**: Avezzano (Mittelitalien), Curia vescovile (S. N.). – **Lit.**: AVERY, The Exultet rolls 11 und Tafeln I–III; Mostra storica nazionale della miniatura (Katalog), Roma 1954, Seite 52 Nr. 70 (mit Tafelabb. XXb). – **Zeit und Ort:** Mitte des 11. Jh., wahrscheinlich aus Monte Cassino.

Die genannten Rotuli bringen das Exultet in der aus dem Missale Romanum bekannten Fassung oder sind noch nicht näher untersucht.

> **Lit.** *(zu weiteren Exultet-Rollen)* : J. P. GILSON, An Exultet Roll illuminat-ed in the XIth Century at the Abbey of Monte Cassino, reproduced from Add. MS 30337 (London, British Museum 1929); M. GABRIELLI, Un ‹Exultet› cassinese dell' XI secolo, in: Bollettino d'arte 26 (1933) 306–313; Th. KLAUSER, Eine rätselhafte Exultet-Illustration aus Gaeta, in: Corolla. L. Curtius zum 60. Geburtstag dargebracht (Stuttgart 1937) 168–176; J. WETTSTEIN, Un rouleau campanien du XIe siècle conservé au musée San Matteo à Pisa, in: Scriptorium 15 (1961) 234–239.

Der folgende Rotulus, der aus drei Teilen besteht, verdient hier noch eigens genannt zu werden:

499 Rotulus paschalis in der Biblioteca Casanatense

> **Bibl.**: Roma, Biblioteca Casanatense, Cod. 724 B. I. 13. – **Lit.**: LANGLOIS, Les rouleaux d'Exultet de la bibl. Casanatense, in: Extrait des Mélanges d'archéologie et d'histoire, publiés par l'Ecole Française de Rome VI (Roma 1886); A. EBNER, in: Kirchenmusikalisches Jahrbuch 8 (1893) 73 ff.; M. AVERY, The Exultet Rolls of South Italy (Princeton 1936) 27–30 und Tafeln CIV–CXVII; M. AVERY, in: Miscellanea G. Mercati 6 (= Studi e Testi 126, Roma 1946).– **Zeit und Ort:** Rotulus A: 957–894; Rotulus B: Ende des 10. Jh., beide aus S. Vincenzo al Volturno, später in Benevent; Rotulus C: 12. Jh., Benevent.

Der Rotulus A enthält die Texte für die Ordinationen, vom Ostiariat bis zum Presbyterat, «Pontificale Casanatense» genannt, mit interessan-ten Darstellungen geschmückt. Der Rotulus B hat die «Benedictio fontis» zum Inhalt, der Rotulus C ist eine Exultet-Rolle.

Durch den *Liber Pontificalis* der Bischöfe von Neapel, der in der Mitte
des 9. Jh. entstanden ist und Nachträge bis zu Beginn des 10. Jh.
aufweist[1], erfahren wir, daß in Neapel die Osterkerze z. T. sehr groß
war und die ganze Nacht hindurch, von ihrer Weihe am Abend an
bis zum Ende des Ostergottesdienstes am Vormittag, gebrannt hat
(propter dominicae resurrectionis honorem a benedictionis exordio
usque ad alterius diei missarum expleta sollemnia non exstinguere-
tur)[2].

---

[1] Herausgegeben von D. MALLARDO, Storia antica della chiesa di Napoli: Il
Liber Pontificalis (1943).
[2] So wurde unter Bischof Stephanus II (767–800) durch die Osterkerze ein Brand
hervorgerufen, der die Salvator-Kirche (Stephania genannt) zum Opfer fiel;
vgl. D. MALLARDO, in: Ephem. lit. 66 (1952) 22.

Libri liturgici Ambrosiani (Siegel: Am)

Die Anfänge der «ambrosianischen» Liturgie liegen im Dunkel. Es ist sicher zuviel gesagt, wenn Walafried Strabo († 849) meint:

> Ambrosius quoque, Mediolanensis episcopus, tam missae quam ceterorum dispositionem officiorum suae ecclesiae et aliis Liguribus ordinavit; quae et usque hodie in Mediolanensi tenetur ecclesia[1].

Die Bedeutung des hl. *Ambrosius* († 397) in liturgischer Hinsicht dürfte in erster Linie in der Tatsache begründet sein, daß er den *Hymnengesang* in Mailand eingeführt hat (vgl. Nr. 061)[2]. Als er i. J. 373, selbst noch Taufschüler, zum Bischof von Mailand berufen wurde, hat er sicher in seiner Kirche die wichtigsten liturgischen Formeln bereits vorgefunden (vgl. Nr. 060).

Der «Liber notitia sanctorum Mediolani»[3] erwähnt eine liturgische Tätigkeit der Bischöfe *Simplicianus* († 401) und *Eusebius* († 462). Von letzterem heißt es: «Hic Eusebius composuit multos cantus ecclesiae». Die Annahme dürfte berechtigt sein, daß in der Bischofstadt des hl. Ambrosius, wie im übrigen Oberitalien, ein ähnlicher Ritus wie in Gallien in Gebrauch war. Von diesem älteren Ritus sind einige Elemente in das spätere «ambrosianische» Meßbuch übergegangen, so das dreimalige «Kyrie eleison» nach dem Gloria, Canon-Gebete am Gründonnerstag und Karsamstag[4], die Preces an den Fastensonntagen, die Taufwasserweihe u. a.

---

[1] Vgl. A. BERMAREGGI, I primi indizi del Rito Ambrosiano, in: Ambrosius (1925) 69–71; IDEM, La più antica testimonianza dell' attribuzione a S. Ambrogio del rito milanese, ebd. (1928) 146–148.

[2] Ambrosius wird gelegentlich als Verfasser des österlichen *Exultet* genannt; vgl. dazu Bon. FISCHER, in: ALW II (1952) 61–74; ferner als Verfasser der *Canon-Gebete* in «De sacramentis»; vgl. dazu K. GAMBER, in: Ostkirchl. Studien 13 (1964) 192–202.

[3] Herausgegeben von M. MAGISTRETTI-U. MONNERET (Milano 1917) 369 D, 370 C, 119–120; vgl. A. PAREDI, I prefazi ambrosiani (Milano 1937) 282–286.

[4] Vgl. C. COEBERGH, Drie oude Anaphoren uit de Liturgie van Milaan, in: Tijdschrift voor Liturgie 21 (1941) 219–231; dazu: ALW II (1952) 166.

Wann der heute noch in der Diözese Mailand (sowie in einigen Alpentälern) gebrauchte sog. *ambrosianische Ritus* ausgebildet worden ist, wissen wir nicht. Fest steht jedenfalls, daß das Missale Ambrosianum nicht auf den hl. Ambrosius zurückgeht. WILMART[1] verlegt die Redaktion dieses Sakramentars wohl mit Recht ins 6. Jh.; das gleiche tut GAMBER, wenn auch aus anderen Erwägungen heraus[2].

Möglicherweise fand diese Redaktion unter Bischof *Laurentius I von Mailand* (490–512). Es waren damals unter dem Ostgotenkönig Theoderich in Oberitalien relativ ruhige Zeiten, ganz im Gegensatz zur Mitte des 6. Jh. mit seinem Dreikapitelstreit, beginnend unter Bischof Vitalis (552–555), und seiner 2. Hälfte, mit dem Einfall der Langobarden (ab 568). Laurentius konnte damals mehrere Kirchen in Mailand neu bauen oder wiederherstellen (vgl. Acta SS. Jul. VI, 435–443); es ist deshalb daran zu denken, daß er auch die Mailänder Liturgie erneuert hat.

GAMBER vermutet aufgrund auffälliger Beziehungen des ambrosianischen Sakramentars zu Meßbüchern aus Kampanien und Benevent, daß das kampanische Meßbuch des *Paulinus von Nola* (Nr. 077) bei der Redaktion des neuen Mailänder Sakramentars eine wichtige Rolle gespielt hat. Jenes war zur damaligen Zeit, soviel wir wissen, das einzige nicht-gallikanische Meßbuch in Italien. Seine Verwendung war sicher nicht auf den kampanischen Raum beschränkt.

Durch diese Redaktion des Sakramentars wurde auch der *römische Meß-Canon* in Mailand eingeführt, wobei sich ältere gallikanische Elemente, so außer den oben genannten Texten vor allem das «Mandans quoque» im Einsetzungsbericht behaupten konnte. Der Redaktor hatte, wie es scheint, nicht die Absicht, den bisherigen gallikanischen Ritus in Mailand ganz zu verdrängen[3].

> **Lit.** *(zum Canon in Mailand)*: G. MORIN, L'origine del Canone ambrosiano a proposito di particolarità gallicane nel giovedì e sabato santo, in: Ambrosius (1927) 75–77; IDEM, Depuis quand un Canon fixe à Milan?

---

[1] A. WILMART, in: Ephem. lit. 50 (1936) 169–206.
[2] Sacris erudiri 12 (1961) 5–111, bes. 104–106.
[3] So wurden besonders auch die im 5. Jh. in Mailand entstandenen Präfationen (vgl. A. PAREDI, I prefazi ambrosiani) in das neue Meßbuch übernommen; hinsichtlich der Präfationen der Fastensonntage vgl. K. GAMBER, in: Sacris erudiri 13 (1962) 344–345.

Restes de ce qu'il a remplacé, in: Rev. bénéd. (1939) 101–108; Ambrosius (1941) 89–93; B. Capelle, Le Canon romain attesté dès 359, in: Revue d'histoire ecclésiastique 41 (1946) 417–421; dazu: ALW II (1952) 158; P. Borella, Il ‹Canon missae› ambrosiano, in: Ambrosius (1954) 225–257; C. Coebergh, Tre antiche anafore della liturgia di Milano, ebd. (1953) 219–232; idem, Il Canone della messa ambrosiana. Una riforma romana a Milano, ebd. (1955) 138–150; K. Gamber, Canonica prex, in: Heiliger Dienst 17 (1963) 57–64, 87–95; idem, Ist der Canon-Text von ‹De sacramentis› in Mailand gebraucht worden?, in: Ephem. lit. 79 (1965) 109–116.

Unter Bischof Laurentius I dürfte auch die Redaktion eines *Lektionars* erfolgt sein, von dem noch eine Abschrift des 6./7. Jh. in Bruchstücken erhalten ist (vgl. Nr. 540). Es war, wie die meisten aus dem Bereich der gallikanischen Liturgie auf uns gekommenen Lektionare (Nr. 250 ff.) ein Lectionarium plenarium, d. h. in ihm waren sowohl die Epistel als auch die Evangelien zu finden.

In karolingischer Zeit, nach Heiming vermutlich unter Bischof *Odilbert* von Mailand (793–813), hat eine abermalige Redaktion des mailändischen Sakramentars stattgefunden, wobei ein oberitalienisches Gelasianum mixtum zur Ergänzung der bis dahin fehlenden Werktagsmessen der Fastenzeit verwendet worden ist[1]. Eine ähnliche Tatsache ist im beneventanischen Meßbuch zu beobachten[2]. Abgesehen von zwei Fragmenten (Nr. 501 und 502) sind nur Handschriften dieser karolingischen Redaktion auf uns gekommen.

Lit.: W. Bishop, The Mozarabic and Ambrosian Rites. Four Essays in Comparative Liturgicology (London 1924); DACL I, 1 1353–1442; A. Wilmart, Saint Ambroise et la Légende Dorée, in: Ephem. lit. 50 (1936) 167 ff.; B. Neunheuser, Von der ambrosianischen Quadragesima, in: Liturgisches Leben (1937) 57–67; P. Borella, Influssi carolingi e monastici sul Messale Ambrosiano, in: Miscellanea Liturgica I (Roma 1948) 73–115; idem, Le ‹Apologiae sacerdotis› negli antichi messali ambrosiani, in: Ephem. lit. 63 (1949) 27–41; idem, Il rito ambrosiano (= Biblioteca di scienze religiose, Vol. III, Brescia 1964) *mit ausführlicher Lit.;* idem, Il prefazio ambrosiano della dedicazione e un carme anonimo del III secolo, in: Ambrosius 39 (1962) 271–285; Borella - Cattaneo-Villa, Questioni e bibliografia ambrosiane (= Archivio Ambrosiano II, Milano 1950) bes. 79–101 (vollständige Lit. bis 1950); weitere Literaturübersicht in: ALW II (1952) 195–197; O. Heiming, Aliturgische Fastenferien in Mailand, in: ALW II (1952) 44–60; idem, Die ältesten ungedruck-

---

[1] Vgl. O. Heiming, in: Archiv für Liturgiewissenschaft II (1952) 44–60.
[2] K. Gamber, Das kampanische Meßbuch, in: Sacris erudiri 12 (1961) 74–82.

ten Kalender der mailändischen Kirche, in: Colligere Fragmenta (= TuA, 2. Beiheft, Beuron 1952) 214–235; E. CATTANEO, Rito ambrosiano e liturgia orientale, in: Archivio Ambrosiano II (Milano 1950) 19–42; C. MARCORA, Il Santorale ambrosiano (= Archivio Ambrosiano V, Milano 1953); A. PAREDI, I prefazi ambrosiani (= Pubblicazioni dell'-Università Cattolica del Sacro Cuore, Vol. XXV, Milano 1937); IDEM, Influssi orientali sulla liturgia milanese antica, in: La Scuola Cattolica 68 1940) 574–579; IDEM, Testi milanesi nel Sacramentario Leoniano, in: Studi in memoria di Mons. Mercati (Milano 1956) 329–339; IDEM, Messali ambrosiani antichi, in: Ambrosius 35 (1959) Supplem. al n. 4 [1]–[25] (= PAREDI); A. A. KING, Liturgies of the Primatial Sees (London 1957) 286–457; C. MARCORA, Due importanti codici della Bibl. del Capitolo di Gallarate, in: Rassegna Gall. di Storia e Arte (Gallarate 1958); R. AMIET, La tradition manuscrite du missel ambrosien, in: Scriptorium 14 (1960) 16–60 (= AMIET); K. GAMBER, Zur ältesten Liturgie von Mailand, in: Ephem. lit. 77 (1963) 391–395; 79 (1965) 109–116.

Ein wertvolles Zeugnis für den Ritus der Meßfeier in Mailand stellt die «Expositio missae ambrosianae» dar, die sich im ms. 76 der Bibliothèque Universitaire von Montpellier (Anfang des 9. Jh.) befindet[1].

a) Sacramentaria Ambrosiana

Von der älteren Redaktion des ambrosianischen Sakramentars haben sich nur die folgenden zwei Fragmente erhalten. Das erste zeigt uns den Beginn, das andere Partien aus dem Schluß des als Ganzes verlorenen Meßbuches.

501 Sakramentar-Fragment (Palimpsest) in St. Gallen

> **Bibl.:** St. Gallen, Stiftsbibliothek, Cod. 908 (pp. 157–158, 161–164; 167/8). – **Edit.:** A. DOLD, Le texte de la «Missa Catechumenorum» du Cod. Sangall. 908, in: Rev. bénéd. 36 (1924) 307–316. – **Lit.:** A. WILMART, Missa Catechumenorum, in: Rev. bénéd. 27 (1910) 109–113; LOWE VII Nr. 959; BOURQUE II, 2 Nr. 555 S. 424; Sakramentartypen 36. – **Zeit und Ort:** Mitte des 7. Jh., Oberitalien.

---

[1] Ediert von A. WILMART, in: JLW 2 (1922) 47–67. Die *Mailänder Ordines* sind herausgegeben von M. MAGISTRETTI, Beroldus sive Ecclesiae Ambrosianae Kalendarium et Ordines (Milano 1894); vgl. weiterhin C. DOTTA, Il cerimoniale ambrosiano del card. Federico Borromeo, in: Ambrosius 7 (1931) 330–344.

Im Codex Sangallensis 908, der wegen der zahlreichen geschabten sehr alten Handschriften, die in ihm fragmentarisch erhalten sind, «Rex palimpsestorum» genannt wird[1], ist eine vollständige, vermutlich die erste Lage eines mailändischen Sakramentars erhalten. Die ersten drei Seiten der ehemaligen Handschrift waren unbeschrieben. Auf f. 2v ist noch der Rest der durch einen Arkadenbogen geschmückten Titelseite zu erkennen; auf f. 3r hat das Gloria seinen Platz mit anschließendem «Quirialeison» (Kyrie eleison), dann folgen vier Evangelien-Perikopen und auf f. 7v die Überschrift:

⟨INCIPIT⟩ MISSA ⟨CANONICA⟩[2]

Nach vier Orationen bricht das Fragment ab. Die Bezeichnung «Missa catechumenorum», die WILMART gewählt hat und die von DOLD aufgegriffen worden ist, scheint wenig glücklich zu sein, da es sich hier um ein Bruchstück des normalen ambrosianischen Meßbuches des 7. Jh. handelt.

502 Sakramentar-Fragment (Palimpsest) in Monza

> **Bibl.:** Monza, Biblioteca capitolare, Cod. b-23/141 (CCI), ff. 38, 43, 47, 50, 70, 73, 77, 82, 93, 94, 97, 98. – **Edit.:** K. GAMBER, Teile eines ambrosianischen Meßbuches im Palimpsest von Monza aus dem 8. Jh., in: Scriptorium 16 (1962) 3–15 (mit Facsimile). – **Lit.:** LOWE III Nr. 384. – **Zeit und Ort:** 8. Jh., Oberitalien.

Die zwölf Palimpsestblätter, die von B. BISCHOFF als solche erstmals erkannt worden sind, bildeten ehedem Teile von drei Schlußlagen eines mailändischen Liturgiebuchs. Die erhaltenen Texte stimmen weitgehend mit den entsprechenden in späteren ambrosianischen Meßbüchern überein. Fast vollständig ist der Ritus «Ad cathezizandum paruulum» erhalten, ferner Teile des «Ordo ad uisitandum infirmum», einige Benediktionen und der Anfang der Totengebete.

*

---

[1] Eine Übersicht über die älteren palimpsestierten Handschriften findet sich bei E. A. LOWE, Codices rescripti. A List of the Oldest Latin Palimpsests with stray observations on their origin, in: Mélanges Eugène Tisserant, Vol. V (= Studi e Testi 235, Roma 1964) 67–113.

[2] Die eingeklammerten Worte, für die jedoch Platz vorhanden ist, können nicht mehr gelesen werden.

Vollhandschriften ambrosianischer Meßbücher sind erst aus der Zeit nach 800 erhalten. Sie gehören alle der jüngeren Redaktion des Bischof Odilbert an (s. o.). Fast in allen Codices (mit Ausnahme von Nr. 530) finden wir neben den Sakramentartexten zwei Lesungen (Epistel und Evangelium) angegeben, die alttestamentliche Lectio fehlt regelmäßig. Diese ist nur in eigenen Lektionaren überliefert (vgl. Nr. 547–549). Sie war vielleicht schon damals (wie heute) in der Missa lecta nicht mehr üblich.

505   Ambrosianisches Sakramentar von Bergamo   Sigel: AmB

> **Bibl.:** Bergamo, Biblioteca di S. Alessandro in Colonna. – **Edit.:** (P. CAGIN), Codex Sacramentorum Bergomensis (= Supplementum sive Auctarium Solesmense, fasc. 1, Solesmes 1900) 1–176; A. PAREDI (-G. FASSI), Sacramentarium Bergomense (= Monumenta Bergomensia VI, Bergamo 1962) 39–366. – **Lit.:** G. GUERRINI, Il ritmo nelle composizioni liturgiche del Codex Sacramentorum Bergamensis, in: Didascaleion 2 (1926) 109–125; DACL XV, 1 264; BOURQUE II, 2 Nr. 558 S. 427; Sakramentartypen 121; PAREDI, Messali ambrosiani a.a.O. 6; AMIET, La tradition manuscrite du missel ambrosien a.a.O. Nr. 7 S. 28; F. COMBALUZIER, Sacramentaires de Bergame et d'Ariberto. Tables des matières. Index des formules (= Instrumenta Patristica V, Steenbrugge 1962) mit Ergänzungen von F. DELL'ORO, in: Ephem. lit. 77 (1963) 109–114; F. COMBULUZIER, in: Sacris erudiri 13 (1962) 62–66; O. HEIMING, in: ALW IX, 2 (1965) 331–336. – **Zeit und Ort:** 2. Hälfte des 9. Jh. (B. BISCHOFF)[1], Oberitalien (Mailand?), dann in Bergamo.

Wie die meisten ambrosianischen Meßbücher beginnt unser Codex mit der Vigil des Festes des hl. Martin. Mit der Handschrift verbunden, wenn auch von etwas jüngerer Hand geschrieben, sind ein fragmentarisches Antiphonar (ff. 1–11) und Lektionar (ff. 12–19), die unten unter Nr. 552 und Nr. 547 nochmals erwähnt werden. Das Manuskript weist einige Lücken auf.

Der Rest einer Schwester-Handschrift zu Nr. 505 ist das folgende Fragment:

---

[1] Bisher meist zu spät datiert (10./11. Jh.); so von AMIET a.a.O. Nr. 7 S. 58. Hinsichtlich der Datierung der übrigen ambrosianischen Sakramentare vgl. A. PAREDI, Sacramentarium Bergomense a.a.O. XII n. 6.

506 Sakramentar-Fragment von Regensburg

> **Bibl.:** München, B. Staatsbibliothek, Clm 14809 (Vorsatzblatt). – **Edit.:**
> K. GAMBER, Il frammento Ratisbonense di un messale ambrosiano del
> secolo IX, in: Ambrosius 35 (1959), Suppl. al n. 4 [51]–[54], mit Facsimile.
> – **Lit.:** BISCHOFF 225; Sakramentartypen 121; AMIET Nr. 38 S. 60. –
> **Zeit und Ort:** Mitte des 9. Jh. (B. BISCHOFF), Oberitalien, zuletzt in Re-
> gensburg[1].

Das kleine Fragment, ein beschnittenes Halbblatt, ist der älteste erhaltene Zeuge der karolingischen Redaktion des ambrosianischen Meßbuches. Es enthält Teile der Dienstagsmesse nach dem 1. Fastensonntag. In der Schrift besteht auffallende Ähnlichkeit zum Sakramentar
von Bergamo (Nr. 505), das einige Jahre jünger ist[2].

507 Sakramentar-Fragment von S. Maurizio

> **Bibl.:** Milano, Archivio di Stato, fondo Monasteri, cartella 439. – **Edit.:**
> A. PAREDI, Sacramentarium Bergomense a.a.O. 367–378. – **Lit.:** A. RATTI
> in: Archivio Storico Lombardo, 1895, 379–380; PAREDI, Messali ambro-
> siani 19. – **Zeit und Ort:** Ende des 9. Jh., Kloster S. Maurizio Maggiore in
> Mailand.

Erhalten ist die Schlußlage (acht Blätter) eines ambrosianischen Sakramentars mit 14 Meßformularen für die Verstorbenen, denen (von jüngerer Hand) eine Messe zu Ehren der hl. Vitalis und Agricola beigefügt ist. Das Fragment wurde von Achille RATTI, dem späteren Papst
Pius XI, gefunden.

510 Sakramentar von S. Simpliciano

> **Bibl.:** Milano, Biblioteca del Capitolo metropol., Cod. D. III, 3. – **Lit.:**
> DELISLE 204; EBNER 91; PAREDI 16; AMIET Nr. 8 S. 30; BOURQUE II, 2
> Nr. 563 S. 430; Sakramentartypen 122. – **Zeit und Ort:** Ende des 9. Jh.,
> Kloster S. Simpliciano in Mailand.

---

[1] Zu den liturgischen Beziehungen zwischen Mailand und Regensburg im
Mittelalter vgl. W. DÜRIG, Liturgische Austauschbeziehungen zwischen Regensburg und Mailand im 12. Jh., in: ALW IV, 1 (1955) 81–89.
[2] Vgl. die bildliche Gegenüberstellung beider Handschriften in: A. PAREDI,
Sacramentarium Bergomense a. a. O., tav. 1.

Die am Anfang und Schluß etwas defekte Handschrift ist dem Format nach klein (148 × 212 mm), jedoch umfangreich (362 Blätter). Es handelt sich um ein Meßbuch für den *klösterlichen* Gebrauch. Sein Inhalt gliedert sich folgendermaßen: Temporale, ohne Sanctorale (ff. 1–188v), Missa canonica mit Canon und den sieben Wochenmessen (ff. 188v–201r), Commune und Proprium Sanctorum (ff. 201r–315r), Votivmessen (315r–334v); den Schluß bilden eine Art Rituale, mit den Riten über die Büßer am Aschermittwoch und Gründonnerstag, Gebete für Kranke und Sterbende und schließlich die Totenmessen.

511 Sakramentar (Palimpsest) von S. Simpliciano (unvollst.)

> **Bibl.:** London, British Museum, Harleian MS 2510. – **Edit.:** O. HEIMING, Ein «fusioniertes» Gregorianum und ein Ambrosiano-Benedictinum, in: Ephem. lit. 64 (1950) 238–273. – **Lit.:** A. und W. J. ANDERSON, in: JThSt 24 (1923) 326–330; IDEM, in: Ambrosius 9 (1933) 4–9; PAREDI 17; AMIET Nr. 9 S. 31; BOURQUE II, 2 Nr. 557 S. 426; Sakramentartypen 122. – **Zeit und Ort:** 10. Jh., Kloster S. Simpliciano in Mailand.

Es besteht weitgehend Übereinstimmung der erhaltenen Teile der ehemaligen Handschrift – erhalten ist fast das ganze Sanctorale – mit dem etwas älteren Codex Nr. 510 aus dem gleichen Kloster.

515 Sakramentar von Biasca   Sigel: Bi

> **Bibl.:** Milano, Biblioteca Ambrosiana, Cod. A 24 bis inf. – **Edit.:** CERIANI (1912) unvollständig; O. HEIMING (in Vorbereitung) – **Lit.:** DELISLE 199; EBNER 73; DACL XI, 1 1087–92; BOURQUE II, 2 Nr. 556 S. 425; Sakramentartypen 121; PAREDI 2; AMIET Nr. 2 S. 21. – **Zeit und Ort:** 10. Jh., Biasca[1].

Wie in der Handschrift Nr. 505 sind hier Temporale und Sanctorale verbunden, es finden sich jedoch einige zusätzliche Heiligenfeste (vgl. die

---

[1] Vgl. die Rubrik auf dem Vorsatzblatt: Ex ecclesia S. S. Petri et Pauli quae est Abiaschae, metrocomia in Lepontiis. Illatus fuit in Bibliothecam anno 1776, una cum ingenti bibliorum volumine, duobus item voluminibus homiliarum et breviario ambrosiano.

Übersicht bei A. PAREDI, Sacramentarium Bergomense XX–XXIII).
Das Manuskript ist am Anfang und Schluß defekt.

516 Sakramentar von Vercelli (Pars hiemalis)

> **Bibl.:** Vercelli, Biblioteca Capitolare (Tesoro della cattedrale), Cod.
> CXXXVI. – **Lit.:** PAREDI 15; AMIET Nr. 12 S. 34. – **Zeit und Ort:**
> 9./10. Jh.[1], später in Vercelli.

Das Sakramentar enthält nur den Teil des Kirchenjahres vom Fest des
hl. Martin bis zur Vigil von Ostern (Pars Hiemalis). Zu Beginn der
Handschrift ein unvollständiges Lektionar mit den alttestamentlichen
Lesungen (ff. 2r–17v), am Schluß ein unvollständiger «Ingressarius»
(Antiphonale).

517 Sakramentar von Venegono (Pars aestiva)

> **Bibl.:** Monza, Biblioteca Capitolare, Cod. f-2/102 (CXXVII). – **Lit.:**
> A. F. FRISI, Memorie storiche di Monza e sua corte, III (Milano 1794)
> n. CXXVII S. 82–84; S. BOSISIO, Osservazioni paleografiche sui codici
> liturgici del Capitolo di Monza (Milano 1947); DELISLE 198; EBNER 110;
> PAREDI 14; AMIET Nr. 13 S. 35; BOURQUE II, 2 Nr. 566 S. 431. – **Zeit
> und Ort:** 10. Jh., Venegono inferiore (S. Michele)[2].

Ein Teil-Meßbuch, beginnend mit der Vigil von Ostern (Pars aestiva).
Temporale und Sanctorale sind, wie in den monastischen Liturgiebüchern Nr. 510 und 511, getrennt. Am Schluß (ff. 259v–265v) ein
unvollständiger «Ingressarius» (Antiphonale).

518 Sakramentar von Armio (Pars aestiva)

> **Bibl.:** Milano, Biblioteca del Capitolo metropolitano, Cod. D. III, 1. –
> **Lit.:** A. M. CERIANI, Monumenta Sacra et Profana 1, 3 p. 229–232;
> DELISLE 205; EBNER 92; PAREDI 18; AMIET Nr. 10 S. 32; Sakramentar-
> typen 122. – **Zeit und Ort:** 10. Jh., Armio (am Lago Maggiore).

---

[1] Zur Datierung vgl. H. M. BANNISTER, Schedula de titulis et aetate codicum
liturgiae archivii Vercellensis, in: Archivio della Società Vercellese di Storia
ed Arte 1 (1909) 25–26; A. PAREDI, Sacramentarium Bergomense a.a.O. XII
n. 6.

[2] Vgl. den Eintrag auf f. 265v: Iste (!) missale est sancti Michaelis de Venegono
inferiori plebis de Castro Seprio.

Die Handschrift entspricht aufbaumäßig weitgehend der vorausgenannten (Nr. 517). Sie enthält mehrere Lücken (von AMIET 32 im einzelnen aufgeführt).

519 Sakramentar von Lodrino

Bibl.: Milano, Biblioteca Ambrosiana, Cod. A 24 inf. – **Lit.:** DELISLE 202; EBNER 71; P. TOESCA, La pittura e la miniatura in Lombardia (Milano 1912) 74; BOURQUE II, 2 Nr. 562 S. 429; PAREDI 7; AMIET Nr. 5 S. 26. – **Zeit und Ort:** 10. Jh., Lodrino (Tessin)[1].

Die Handschrift beginnt defekt mit dem Fest der hl. Caecilia. Temporale und Sanctorale sind verbunden und reichen bis zum 1. Sonntag nach Pfingsten, dann f. 181r die Missa canonica mit Canon und fünf Missae cottidianae.
Darauf setzt sich f. 204r das Temporale, auch hier verbunden mit dem Sanctorale, fort.

520 Sakramentar von S. Ambrogio (Codex Trotti)

Bibl.: Milano, Biblioteca Ambrosiana, Cod. Trotti 251. – **Lit.:** DELISLE 205; EBNER 93; BOURQUE II, 2 S. 429; Sakramentartypen 122; PAREDI 5; AMIET Nr. 3 S. 23. – **Zeit und Ort:** 10. Jh., Mailand, S. Ambrogio[2].

Das Sakramentar geht typenmäßig mit dem vorausgenannten (Nr. 519) zusammen. Am Schluß der Handschrift (p. 483–514) findet sich ein «Ingressarius» des 14. Jh.

521 Sakramentar von S. Ambrogio (Pars aestiva)

Bibl.: Milano, Archivio della Basilica di S. Ambrogio, Cod. M 17. – **Lit.:** A. PAREDI, Le miniature del sacramentario di Ariberto, in: Studi in onore di C. Castiglioni (Milano 1957) 708; PAREDI 13; AMIET Nr. 11 S. 33. – **Zeit und Ort:** 2. Hälfte des 11. Jh., Mailand, S. Ambrogio.

---

[1] Vgl. die Notiz auf dem Vorsatzblatt: Ex ecclesia Lodrini in Lepontiis. Lodrino liegt in der Nähe von Biasca (vgl. Nr. 515). Vgl. auch den Lokalisierungsversuch von G. P. BOGNETTI, Il messale e il manuale ambrosiano di Lodrino e la loro origine milanese, in: Il Bollettino storico della Svizzera italiana I (1949) 1–8.
[2] Vgl. O. HEIMING, in: Miscellanea Liturgica II (Roma 1949) 320.

Das Sanctorale ist vom Temporale getrennt. Es beginnt f. 62v mit einer Überschrift, die wir ebenso in anderen oberitalienischen Sacramentaria mixta vorfinden (so in M Nr. 801):

INCIPIUNT MISSE DE NATALICIIS SANCTORUM.

Am Schluß des Codex ein unvollständiger «Ingressarius» (ff. 302r–314v), von anderer Hand, aber aus der gleichen Zeit.

522 Sakramentar von S. Vincenzo (Pars aestiva)

> **Bibl.:** Milano, Biblioteca Ambrosiana, Cod. T 120 sup. – **Lit.:** DELISLE
> 206; EBNER 87; A. PAREDI, Due sacramentari ambrosiani, in: La Scuola
> Cattolica, 1934, 200–210; PAREDI 12; AMIET Nr. 6 S. 27; BOURQUE II, 2
> Nr. 560 S. 428. – **Zeit und Ort:** 11. Jh., Mailand, «Monasterium novum»
> (= Benediktinerinnenabtei S. Vincenzo).

Auch hier ist wie in der vorausgenannten Handschrift (Nr. 521) das Sanctorale vom Temporale getrennt.

Kurz erwähnt sei ein Sakramentar-Fragment des 11./12. Jh. in der Bibl. Ambrosiana, Cod. L 77 sup. (ff. 3–4), ein Doppelblatt mit Messen für die Verstorbenen.

530 Sakramentar des Erzbischofs Heribert (Ariberto)   Sigel: D

> **Bibl.:** Milano, Biblioteca del Capitolo metropolitano, Cod. D 3. 2. – **Edit.:**
> A. PAREDI, Il sacramentario di Ariberto, in: Miscellanea Adriano Berna-
> reggi (= Monumenta Bergomensia I, Bergamo 1958) 327–488. – **Lit.:**
> DELISLE 103; EBNER 90; A. PAREDI, Due sacramentari ambrosiani, in:
> La Scuola Cattolica 62 (1934) 200–210; IDEM, Le miniature del sacramen-
> tario di Ariberto, in: Studi in onore di C. Castiglioni (Milano 1957);
> BOURQUE II, 2 Nr. 559 S. 427; Sakramentartypen 121; PAREDI 10;
> AMIET Nr. 4 S. 24; F. DELL' ORO, in: Ephem. lit. 74 (1960) 3–35; F. COM-
> BALUZIER, Sacramentaires de Bergame et d'Ariberto. Tables des matières.
> Index des formules (= Instrumenta Patristica V, Steenbrugge 1962). –
> **Zeit und Ort:** Anfang des 11. Jh., Mailand.

Das Meßbuch des Erzbischofs Heribert trägt den Titel: INCIPIT LIBER TOTIUS ANNI. Es stellt ein reines Sakramentar dar, d.h. es fehlen, im Gegensatz zu den bisher genannten Handschriften, die Lesungen. Die Frage ist noch nicht restlos geklärt, ob hier ein älterer Typus weiterlebt, oder ob unser Meßbuch nur deshalb keine Lesungen aufweist, weil es für den Pontifikalgottesdienst bestimmt war.

535 Sacramentarium Triplex Sigel: T

> **Bibl.:** Zürich, Zentralbibliothek, Cod. C 43. – **Edit.:** M. GERBERT, Monumenta veteris liturgiae alemannicae I (St. Blasien 1777) 1–130; O. HEIMING (in Druck). – **Lit.:** P. CAGIN, Le Sacramentarium Triplex de Gerbert, in: Revue des bibliothèques 9 (1899/1900) 347–371; DACL VI, 1 239–244 (mit mehreren Facsim.-Seiten); K. MOHLBERG, Katalog der Handschriften der Zentralbibliothek, t. I, Mittelalterliche Handschriften (Zürich 1932) Nr. 78 S. 27–28; BOURQUE II, 1 Nr. 26 S. 12; II, 2 Nr. 565 S. 431; Sakramentartypen 122; PAREDI 18; AMIET Nr. 1 S. 19. – **Zeit und Ort:** 1010–1030, St. Gallen.

Der Redaktor dieses Liturgiebuches, wohl ein Mönch von St. Gallen, vereinigte Formulare aus gregorianischen, gelasianischen und ambrosianischen Sakramentaren zu einem Ganzen. Daß dieses Buch auch liturgisch verwendet worden ist, wird heute vielfach angenommen. Es bildet die Frucht liturgischer Studien, die damals in St. Gallen betrieben worden sind, wie die Korrekturen am Codex Sangallensis (Nr. 830) zeigen. Die Handschrift beginnt fol. 1: Incipiunt orationes cottidianae, worauf fol. 2r der Canon zu stehen kommt; danach (fol. 5r): Item cottidianis diebus missa ambrosiana.

Eine gewisse Ähnlichkeit mit dem Sacramentarium Triplex hat ms. 2297 der B. N. zu Paris aus dem Anfang des 11. Jh. In diesem Sakramentar, das aus einem bretonischen Benediktinerkloster stammt, finden wir, vor allem unter den Votivmessen, mehrere ambrosianische Meßformulare. Sie stehen jeweils nach der betreffenden römischen Messe und tragen den Titel: Eodem die missa ambrosiana[1].

Einige weitere, jedoch jüngere ambrosianische Meßbücher nennt R. AMIET, La tradition manuscrite du missel ambrosien 36 ff.

b) Lectionaria Ambrosiana

Im ambrosianischen Ritus sind die Perikopenbücher mit den Episteln und Evangelien verhältnismäßig früh, handschriftlich nachweisbar seit dem 9. Jh., mit dem Sakramentar verbunden worden[2], lediglich die

---

[1] Vgl. DACL XIII, 2 2096–2098; BOURQUE II, 2 Nr. 571 S. 435.

[2] Im Gebiet von Ravenna hat diese Vereinigung, wie wir aus der Handschrift

alttestamentlichen Lesungen (für die Lectio vor der Epistel) wurden auch weiterhin in eigenen Büchern verzeichnet. Im folgenden ältesten Beispiel eines ambrosianischen Perikopenbuches sind, wie in den «römischen» Lectionaria plenaria aus Oberitalien (vgl. Nr. 1201 ff.) Epistel- und Evangelienabschnitte vereinigt.

> **Lit.:** O. HEIMING, Die Episteln der Montage, Dienstage, Mittwoche und Donnerstage der Mailänder Quadragesima, in: Jahrbuch für Liturgiew. 7 (1928) 141–144; P. BORELLA, Il Capitolare ed Evangeliario Ambrosiano di San Giovanni Battista in Busto Arsizio, in: Ambrosius 10 (1934) 210–232; IDEM, Evangelistario eburneo del IV–V secolo nel tesoro del Duomo di Milano, in: Arte Cristiana (1935) 67–81.

Abgesehen von dem erwähnten Fragment (Nr. 540) handelt es sich bei den folgenden Handschriften in erster Linie um Evangelistare und Lektionare mit alttestamentlichen Perikopen.

540   Lektionar-Fragment in Orléans

> **Bibl.:** Orléans, Bibl. munic., ms. 184 (161), Leimabdrücke an beiden Innendeckeln. – **Edit.:** K. GAMBER, Leimabdrücke eines mailändischen Lektionars aus dem 6./7. Jh., in: Scriptorium 15 (1961) 117–121. – **Lit.:** LOWE VI Nr. 803; K. GAMBER, in: Ambrosius 37 (1961) [16] bis [19]. – **Schrift:** Unziale, 29 Langzeilen. – **Zeit und Ort:** 6./7. Jh., Oberitalien.

Die beiden lediglich als Leimabdrücke noch erkennbaren Seiten einer sonst verloren gegangenen Handschrift zeigen zwei Evangelien-Lesungen (Mt 8, 28–9, 8 und Mt 9, 18 ff.), die möglicherweise für Missae cottidianae bestimmt waren[1], und eine Epistel (2 Cor 9, 10–15), wie sie im späteren ambrosianischen Meßbuch (und nur dort) an der Vigil von Laurentius vorkommt. In Einzelheiten treten Eigentümlichkeiten

---

Nr. 701 erfahren, spätestens schon an der Wende zum 8. Jh. stattgefunden. Vorausging, daß man Sakramentar und Lectionarium plenarium zu einem Buch vereinigt hat. Diese Stufe zeigen noch die ältesten Typen der Sacramentaria Gelasiana mixta (Nr. 801, 807, 808 u. a.); vgl. K. GAMBER, Das Sakramentar und Lektionar des Bischof Marinianus von Ravenna, in: Römische Quartalschrift 61 (1966) 203–208.

[1] Der Abschnitt Mt 9, 1–8 ist nämlich im St. Galler Fragment eines ambrosianischen Liturgiebuches (Nr. 501) als Evangelium zur Missa canonica verzeichnet.

in Erscheinung, wie sie sowohl für die gallikanischen als auch für die späteren ambrosianischen Meßbücher charakteristisch sind, so die Beifügung von «dominus» zum Namen Jesu und die Einleitung «Lectio (statt: Sequentia) sci euangelii . . .».

Etwas älter ist eine weitere Lektionar-Handschrift aus Oberitalien (Nr. 1201). Sie zeigt bereits römischen Ritus und stammt vermutlich aus Ravenna. Die Seiten sind hier, im Gegensatz zu unserem Fragment, zweispaltig beschrieben.

541   Ambrosianisches Capitulare Evangeliorum   Sigel: AmbL

> **Bibl.:** Busto Arsizio, San Giovanni Battista, Cod. M I 14. – **Edit.:** P. BORELLA, Il Capitolare ed Evangeliario Ambrosiano di San Giovanni Battista in Busto Arsizio, in: Ambrosius 10 (1934) 210–232. – **Lit.:** E. CATTANEO, Le pericopi evangeliche nelle Domeniche di Quaresima, in: Ambrosius 11 (1935) 63–67; O. HEIMING, Aliturgische Fastenferien in Mailand, in: ALW II (1952) 44–60, bes. 54 ff. – **Zeit und Ort:** 2. Hälfte des 9. Jh. (BISCHOFF), Busto Arsizio (S. Giovanni).

Das älteste erhaltene mailändische Capitulare Evangeliorum, das offensichtlich auf eine vorkarolingische Redaktion zurückgeht. Es ist einem Evangeliar vorgeheftet. Perikopen für die Montage, Dienstage, Mittwoche und Donnerstage der Fastenzeit fehlen noch, da diese Tage im ambrosianischen Ritus bis in die karolingische Zeit hinein aliturgisch waren. Dagegen finden sich schon Perikopen für die Samstage, an denen von altersher in Mailand die Skrutinien stattgefunden haben [1].

543   Evangelistar von Mailand

> **Bibl.:** Milano, Biblioteca Ambrosiana, Cod. A 28 inf. – **Lit.:** BUGATTI, Memorie storiche critiche (Milano 1782) 96 ff.; P. BORELLA, in: Ambrosius 10 (1934) 210–232 (mit Facsimile tav. II S. 213); M. HUGLO, Fonti e paleografia del canto ambrosiano (= Archivio Ambrosiano VII, Milano 1956) Nr. 27 S. 12. – **Zeit und Ort:** 9. Jh., Mailand.

---

[1] Die Meldungen zur Ostertaufe wurden in Mailand nach Ausweis der Manualien am Sonntag «De Samaritana» entgegengenommen. Am Samstag darauf fand das 1. Skrutinium statt; vgl. M. MAGISTRETTI, Manuale Ambrosianum II, 135; IDEM, Beroldus (1894) 92 ff.; Fr. WIEGAND, Erzbischof Odilbert von Mailand über die Taufe (= Studien zur Geschichte der Theologie und der Kirche 4, 1, 1899).

Das zweispaltig geschriebene Evangelistar beginnt mit dem 1. Adventssonntag; darauf f. 143v das Sanctorale: Incipit de festiuitatibus sanctorum. in primis in sci gregorii. Am Schluß der Handschrift stehen
20 Episteln für die Hauptfeste, vier hagiographische Lesungen[1] und
die Passio nach Johannes (beginnend 13, 1: Ante diem festum pascha
sciens ihs . . .).

Aus dem Schlußteil eines ähnlich angelegten Liturgiebuches wie Nr. 543
stammt vermutlich das aus drei Blättern bestehende Fragment B 168
sup. der Biblioteca Ambrosiana in Mailand. Es wurde in der zweiten
Hälfte des 8. Jh. in Unziale geschrieben und hat zu Beginn:

IN XPI NOMINE INCIPIT PASSIO BEATI LEUITE ET MARTYRIS VINCENTII

darauf in Minuskel:

IN XPI NOMINE INCIPIT LECTIO ACTUUM APOSTOLORUM IN NATALE
SCI STEFANI

die gleiche Lesung wie in Nr. 543 (f. 199). Zum Schluß ein Nachtrag
des 9. Jh. mit der Passio s. Luciae (ohne Überschrift), die jedoch schon
bald defekt abbricht[2].

544   Evangelistar von Mailand (Pars hiemalis)

Bibl.: Milano, Biblioteca Ambrosiana, Cod. C 187 inf. – **Lit.:** M. HUGLO,
Fonti e paleografia del canto ambrosiano a.a.O. Nr. 30 S. 13. – **Zeit und
Ort:** 2. Hälfte des 9. Jh., (B. BISCHOFF) Mailand.

Das ebenfalls zweispaltig angelegte Evangelistar stimmt mit dem vorausgenannten Nr. 543 weitgehend überein. Es reicht nur von Advent
bis Ostern[3].

547   Lektionar-Fragment von Bergamo

Bibl.: Bergamo, Biblioteca di S. Alessandro in Colonna, ohne Nr. (ff.
12r–19v). – **Edit.:** P. CAGIN, in: Auctarium Solesmense I (Solesmes 1900)

---

[1] Vgl. I. DOZIO, Esposizione delle ceremonie della Messa privata giusta il rito
ambrosiano (Milano 1853) 134–138; Analecta Bollandiana 11 (1892) 205–206.
[2] Vgl. A. CERIANI, Monumenta sacra et profana, Tom. I, Fasc. II (Mediolani
1865) VI–VII, 125–128; Analecta Bollandiana 11 (1892) 269; LOWE III Nr. 310.
[3] Weitere Handschriften nennt P. BORELLA, in: Ambrosius 10 (1934) 221.

187–192; A. PAREDI, Sacramentarium Bergomense (1962) 28–37. – **Zeit und Ort:** 9./10. Jh. (spätere Hand als der Hauptschreiber des Codex), Bergamo.

Das Fragment beginnt mitten in der Lesung (Lectio) für den 2. Fastensonntag und enthält einige alttestamentliche Lektionen (vgl. Nr. 548). Am Schluß Votivmessen und «Orationes ante altare».

Ein unvollständiges Lektionar mit alttestamentlichen Lesungen findet sich auch im Sakramentar von Vercelli (Nr. 516).

548   Lektionar von Mailand

Bibl.: Milano, Biblioteca del Capitolo metropolitano, Libri del Maestro delle cerimonie (Handschrift verloren)[1]. – **Edit.:** P. CAGIN, in: Auctarium Solesmense I (Solesmes 1900) 193–207. – **Lit.:** O. HEIMING, in: JLW 7 (1927) 142–144; M. HUGLO, Fonti e Paleografia del canto ambrosiano a.a.O. Nr. 29 S. 13. – **Zeit und Ort:** 12. Jh., Dom zu Mailand.

Der Codex bringt die alttestamentlichen Lektionen für die Meßfeier, wie sie im ambrosianischen Ritus (noch heute) vor der Epistel vorgetragen werden. In den älteren Meßbüchern fehlen diese Lektionen regelmäßig, vielleicht deshalb, weil sie in einfacheren Gottesdiensten nicht mehr allgemein üblich waren, wie sie auch heute in diesen nicht mehr vorgeschrieben sind.

549   Lektionar von Mailand

Bibl.: Milano, Biblioteca Ambrosiana, Cod. C 147 inf. – **Lit.:** M. HUGLO, Fonti e paleografia del canto ambrosiano a.a.O. Nr. 22 S. 10. – **Zeit und Ort:** 12. Jh., Mailand.

Eine trotz der späten Niederschrift hochinteressante Handschrift[2]! Sie enthält Lesungen aus der Genesis für das Offizium (Ad tertiam, Ad uesperos), sowie sekundär für die Messe (Ad missam) in der Fastenzeit; sie beginnt:

---

[1] Erhalten sind nur noch Teil-Reproduktionen, die CERIANI anfertigen ließ.

[2] Als Einband wurde ein Doppelblatt aus einem Homiliar des 9./10. Jh. verwendet (sichtbar: In octaua dni).

INCIPIT LIBER GENESIS. EBD. I FER. II AD TERTIAM. SEQUENTIA LIBRI GENESIS,

worauf der Text mit 2, 4 einsetzt: «Istae generationes caeli et terrae . . .» Zahlreiche Neumen über dem Text.

Es ist nicht ausgeschlossen, daß diese Sammlung von Genesis-Perikopen für die Quadragesima[1] in die Zeit des hl. Ambrosius zurückreicht. Dieser spricht von einer regelmäßigen Lesung aus der Genesis sowie aus den Proverbien während der Vorbereitung auf die Taufe zu Beginn seines Büchleins De mysteriis:

> De moralibus cotidianum sermonem habuimus, cum vel patriarcharum gesta (scil. ex libro Genesis) vel Proverbiorum legerentur praecepta[2].

Eine Meßfeier war an den Wochentagen der Quadragesima (mit Ausnahme der Samstage) in Mailand (wie überhaupt im Bereich des gallikanischen Ritus) ursprünglich nicht üblich; so ist auch heute noch hier die Feria VI in der Fastenzeit aliturgisch.

c) Antiphonaria Ambrosiana

Auf Grund der Untersuchungen von HUSMANN (siehe Lit.) hat der ambrosianische Gesang denselben Ausgangspunkt wie der gregorianische. Er ist jedoch auf einer früheren Stufe festgelegt und geordnet worden als dieser[3]. Die Forschungen darüber sind noch nicht abgeschlossen.

---

[1] Genesis-Lesungen in der Fastenzeit findet sich u. a. in Byzanz; vgl. A. RAHLFS, Die alttestamentlichen Lesungen der Griechischen Kirche (= Mitteilungen des Septuaginta-Unternehmens 5, 1915) 210–232; vgl. weiterhin O. HEIMING, Die Genesis- und Proverbienlesung der koptischen Quadragesima und Karwoche, in: JLW 10 (1930) 174–180.

[2] Vgl. K. GAMBER, Weitere Sermonen ad competentes (= Textus patristici et liturgici 2, Regensburg 1965) 7–8.

[3] Über Beziehungen des ambrosianischen Gesangs zu dem von Benevent vgl. R. J. HESBERT, in: Ephem. lit. 52 (1938) 22 ff.; IDEM, Le répons «Tenebrae» dans les liturgies romaine, milanaise et bénéventaine, in: Revue du chant grégorien 38 (1934) 4–24, 56–65, 84–89.

Lit.: A. KIENLE, Über ambrosianische Liturgie und ambrosianischen Gesang, in: Studien und Mittheilungen aus dem Benedictiner und dem Cistercienser Orden 1 (1884) 56 ff., 346 ff.; 2 (1885) 340 ff.; A. MOCQUEREAU, Notes sur l'influence de l' accent et du cursus toniques dans le chant ambrosien, in: Ambrosiana (Milano 1897) 29–37; K. OTT, I versetti ambrosiani e gregoriani dell' offertorio, in: Rassegna Gregoriana (1911) 345–360; G. M. SUÑOL, La notazione musicale ambrosiana, in: Ambrosius 10 (1934) 47–56; IDEM, Versione critica del canto del'Praeconium paschale ambrosiano, ebd. 77–96; O. HEIMING, Vorgregorianisch-römische Offertorien in der mailändischen Liturgie, in: Liturgisches Leben 5 (1938) 72–79; DACL I, 1 1373–1442; E. CATTANEO, Note storiche sul canto ambrosiano (= Archivio Ambrosiano III, Milano 1951) mit guter Übersicht über die umfangreiche Literatur; H. ANGLÈS, Latin Chant before St. Gregory, in: Early Medieval Music up to 1300 (= The New Oxford History of Music 2, Oxford 1954) 58–91; M. HUGLO(-AGUSTONI-CARDINE-MONETA CAGLIO), Fonti e paleografia del canto ambrosiano (= Archivio Ambrosiano VII, Milano 1956); E. MONETA CAGLIO, I Responsori «cum infantibus» della liturgia ambrosiana, in: Studi in onore di C. Castiglioni (= Fontes Ambrosiani XXXII, Milano 1957) 481–574; H. HUSMANN, Zum Großaufbau des ambrosianischen Alleluja, in: Anuario musical 12 (1957) 17–33.

Neben Texten, die sich auch in den römischen Antiphonalien finden, kennt die Mailänder Liturgie auch völlig eigenständige Chorgesänge. Einige von ihnen lassen orientalischen Einfluß erkennen, wie die Transitorien-Gesänge[1].

Aus relativ früher Zeit stammt die folgende kaum mehr lesbare Palimpsest-Handschrift:

550 Antiphonar-Fragment (Palimpsest) in St. Gallen

Bibl.: St. Gallen, Stiftsbibliothek, Cod. 908 (pp. 75–78, 81–84, 87–92, 95–96, 101–102, 105–108, 111–118, 121–122) + Zürich, Zentralbibliothek, Cod. C 79b (ff. 16–19). – **Lit.:** A. DOLD, in: TuA Heft 14 (Beuron 1923) 3–6; LOWE VII Nr. 955; M. HUGLO, Fonti e paleografia del canto ambrosiano. Nr. 1 S. 5; A. DOLD, Die ältesten Spuren der Mailänder

---

[1] Vgl. A. BAUMSTARK, Ein frühchristliches Theotokion in mehrsprachlicher Überlieferung und verwandte Texte des ambrosianischen Ritus, in: Oriens Christianus NS 9 (1920) 36–61; A. PAREDI, Influssi orientali sulla liturgia milanese antica, in: La Scuola Cattolica 68 (1940) 574–579; E. CATTANEO, I Canti della frazione e comunione nella liturgia Ambrosiana, in: Miscellaenea Liturgica II (Roma 1949) 147–174.

Meßliturgie, in: Photographie und Wissenschaft 9 (1960) 7–10 (mit mehreren Facsim.-Abbildungen); IDEM, in: Ambrosius 37 (1960) 3–15; IDEM, in: Münchener Theol. Zeitschrift 11 (1960) 262–266. – **Zeit und Ort:** 7./8. Jh., Oberitalien.

Die 21 erhaltenen Blätter eines ambrosianischen Antiphonars sind doppelt reskribiert und können deshalb in ihrer Gesamtheit kaum mehr entziffert werden. DOLD konnte jedoch einige Worte bzw. Satzteile erkennen, die keinen Zweifel daran lassen, daß es sich um ein Antiphonar handelt. Die identifizierten Texte stimmen mit den entsprechenden der späteren Handschriften überein.

552 Antiphonar (unvollst.) von Bergamo

Bibl.: Bergamo, Biblioteca di S. Alessandro in Colonna (ff. 1–11 des Codex Nr. 505). – **Edit:** P. CAGIN, in: Auctarium Solesmense I (Solesmes 1900) 177–187; A. PAREDI, Sacramentarium Bergomense a. a. O. 3–28. – **Lit.:** M. HUGLO, Fonti e paleografia del canto ambrosiano a. a. O. Nr. 14 S. 8. – **Zeit und Ort:** 10. Jh., Bergamo.

Das Antiphonar weist noch keine Neumen auf. Es ist nur fragmentarisch erhalten und reicht vom 5. Sonntag im Advent bis Peter und Paul.

Weitere (meist ebenfalls fragmentarische) Antiphonare, auch «Ingressarius» genannt, sind, ähnlich wie das obige, verschiedenen Sakramentaren (am Schluß) beigegeben (vgl. Nr. 516, 517, 520, 521). Eine ähnliche Tatsache finden wir auch in mehreren Gelasiana saec. VIII (so in Nr. 801, 802, 856).

*

Die folgenden späten Codices weisen **Neumen** auf:

555 Antiphonar in London (Pars hiemalis)

Bibl.: London, British Museum, Add. MS 34. 209. – **Edit.:** PM, Ser. I, Vol. VI (Tournai 1900). – **Facsimile-Ausgabe:** PM I (1889); V (1896) mit Vorwort von P. CAGIN. – **Lit.:** A. KIENLE, in: Studien und Mitteilungen aus dem Benedictiner und Cisterzienser Orden 1 (1884) 346, Anm. 3; U. SENINI, Poesia e musica nella latinità cristiana (Torino 1949) 78;

G. Suñol, Introduction à la paléographie musicale grégorienne (Paris 1935) 217–221; M. Huglo, Fonti e palegrafia del canto ambrosiano Nr. 50 S. 39–44. – **Zeit und Ort:** Anfang des 12. Jh., Mailand, zuletzt in einer Kirche der Umgebung[1].

Die älteste und bedeutendste ambrosianische Antiphonar-Handschrift mit Neumen. Sie wurde der Neuausgabe des «Antiphonale Missarum juxta ritum Sanctae Ecclesiae Mediolanensis» (Romae 1935) zugrunde-gelegt[2].

556 Antiphonar von Bedero (Pars aestiva)

> **Bibl.:** Bedero di Val Travaglia, Chiesa Collegiata di S. Vittore. – **Lit.:** M. Huglo, Fonti e paleografia del canto ambrosiano Nr. 52 S. 44–46. – **Zeit und Ort:** 12. Jh., Bedero di Val Travaglia.

Eine wichtige Ergänzung zur genannten Handschrift Nr. 555, die nur die Pars hiemalis enthält. Auch dieses Antiphonar wurde bei der Neu-ausgabe des «Antiphonale Missarum» herangezogen.

557 Antiphonar-Fragment in der Vaticana

> **Bibl.:** Roma, Cod. Vat. lat. 10645 (f. 58). – **Lit.:** M. Huglo, Fonti e paleo-grafia del Canto ambrosiano Nr. 51 S. 44. – **Zeit:** 12. Jh.

Das kleine neumierte Fragment beinhaltet Texte vom 29. August bis zum 7. September (Dedicatio S. Michaelis).

Weitere Handschriften, meist aus späterer Zeit, werden von Huglo, Fonti e paleografia del canto ambrosiano (Milano 1956) 46 ff. ange-führt.

---

[1] Das kann man daraus schließen, daß p. 138 in einem Text das «civitate» in «plebe» geändert ist. Die Handschrift wurde gegen Ende des vorigen Jh. vom Antiquariat J. Rosenthal in München erworben und nach London weiterver-kauft.

[2] Vgl. die Besprechung in: Archiv für Liturgiew. I (1950) 414–415.

d) Reliqui libri liturgici Ambrosiani

Die erhaltenen Mailänder Pontifikalien (Liber Pontificalis) unterscheiden sich nicht wesentlich von den entsprechenden römischen Liturgiebüchern (vgl. Nr. 1550 ff.). Sie zeigen wenig typisch Ambrosianisches[1]. Auch sind sie heute in Mailand nicht mehr in Gebrauch, sondern das Pontificale Romanum.

570 Ambrosianisches Pontifikale   Sigel: AmP

> **Bibl.:** Milano, Biblioteca del Capitolo metropolitano, Cod. D. I, 12 (alt: 14). – **Edit.:** M. MAGISTRETTI, Pontificale in usum Ecclesiae Mediolanensis necnon Ordines ambrosiani (= Monumenta veteris Liturgiae ambrosianae, Tom. I (Mediolani 1897) 1–96. – **Lit.:** MAGISTRETTI a. a. O. XXV–XXVII. – **Zeit und Ort:** Anfang des 10. Jh., Kathedrale von Mailand.

Der am Anfang etwas defekte Codex beginnt mit einem sehr ausführlichen Ordo der Kirchweihe (mitsamt den dazugehörenden Benediktionen der einzelnen Geräte); darauf folgt: «Incipit ordo de sacris ordinibus benedicendis», beginnend mit der Weihe zum Ostiarier und schließend mit der Jungfrauen- und Witwenweihe; danach eine «Benedictio ad ordinandum regem» und verschiedene Benediktionen.

571 Ambrosianisches Pontifikale

> **Bibl.:** Milano, Biblioteca del Capitolo metropolitano Cod. D. I, 11 (alt: 21) (alt H 9). – **Lit.:** MAGISTRETTI, Pontificale a. a. O. XXVII–XXXIII (ausführliche Inhaltsangabe der Handschrift). – **Zeit und Ort:** 11. Jh., Kathedrale von Mailand.

Die einzelnen Lagen des am Anfang und Ende defekten Codex scheinen in späterer Zeit einmal der Reihenfolge nach falsch gebunden worden zu sein. Zusätzlich gegenüber der vorausgenannten Handschrift sind u. a. die 67 «Benedictiones episcopales» (ff. 49–102) für die bischöfliche Segnung der Gläubigen. Heute ist dieser gallikanische Brauch (vgl. S. 183) in Mailand nicht mehr üblich. Die Handschrift enthält weiterhin

---

[1] So fehlt z. B. bei den Meßformularen regelmäßig die «Oratio super sindonem».

den Ordo Ambrosianus des Gründonnerstag, den «Exorzismus S. Ambrosii» und das ambrosianische Meßformular für die Kirchweihe (MAGISTRETTI a.a.O. XXVIII–XXIX).

572 Ambrosianisches Pontifikale in der Vaticana

> **Bibl.:** Roma, Cod. Vat. lat. 13151 (früher: München, Sammlung Jacques Rosenthal). – **Lit.:** (E. SCHULZ), Bibliotheca Medii Aevi Manuscripta I (= Katalog 83 J. Rosenthal, München o. J.) Nr. 86 S. 83–86 (mit Facs.); A. CODAGHENGO, Una serie di benedizioni episcopali di un codice liturgico in uso nella Metropolitana milanese nel sec. XII, in: La Scuola Cattolica 57 (1929) 257–272; IDEM, Un Pontificale ad uso della Chiesa Milanese del sec. XI, in: Memorie Storiche della Diocesi di Milano VI (Milano 1959) 240–251. – **Zeit und Ort:** 2. Hälfte des 11. Jh., Mailand, zuletzt im Besitz des Grafen Donatus Silva[1].

Die vorliegende Handschrift füllt die Lücken der Publikation von M. MAGISTRETTI, Pontificale ecclesiae Mediolanensis a.a.O., die auf den beiden defekten Handschriften Nr. 570 und 571 beruht, ersetzt die von ihm aus anderen Quellen herangezogenen Stücke durch die originalen Texte und ermöglicht einige Berichtigungen. Von besonderer Bedeutung sind: f. 1r der bisher unbekannte «Ordo ad confirmandum», ff. 64v–71v der «Ordo qualiter sinodus fieri debet» und die «Reconciliatio penitentium», die in den genannten zwei Handschriften fehlen, sowie ff. 72r–75v der Ritus der «Feria V in cena dni».

*

Von den frühen Mailänder liturgischen Rotuli wird S. 317 die Rede sein. Es ist keiner mehr erhalten. Nur ein solcher aus Ravenna hat die Unbilden der Zeit überstanden (Nr. 660), wie auch aus Süditalien mehrere «Rotuli paschales» auf uns gekommen sind (vgl. Nr. 485 ff.). Die folgenden beiden Manuskripte stellen Abschriften älterer Mailänder Rotuli dar und bringen liturgische Formulare für bestimmte Anlässe.

---

[1] Auf dem Vorsatzblatt befindet sich sein Wappenstempel.

575 Ambrosianischer Kirchweih-Libellus

> **Bibl.:** Lucca, Biblioteca Capitolare, Cod. 605 (alt LXXXIIII), vier nicht-numerierte Blätter am Schluß der Handschrift. – **Edit.:** G. Mercati, Antiche reliquie liturgiche ambrosiane e romane (= Studi e Testi 7, Roma 1902) 5–27. – **Lit.:** P. Borella, L'Ordo ambrosiano di Mercati per la Dedicazione della Chiesa, in: Ephem. lit. 72 (1958) 48–50. – **Zeit und Ort:** 11. Jh., Lucca.

Dieser «Ordo ambrosianus ad consecrandam aecclesiam et altaria» ist sehr altertümlich. Er stimmt nicht mit dem überein, wie er in den ge-nannten mailändischen Pontifikalien zu finden ist. Beachtenswert ist das Fehlen der Depositio reliquiarum[1].

Die *Mailänder Bittage*, «Litaniae» genannt, gehen zurück auf die Zeit des Bischofs Lazarus von Mailand (438–449), als die Bevölkerung in der beginnenden Völkerwanderung viel zu leiden hatte[2].
Im Gegensatz zu den gallikanischen Bittprozessionen finden sie in der Woche vor Pfingsten (und nicht vor Christi Himmelfahrt) statt[3].

Folgende Handschrift ist eine Nachfolgerin der «Rotuli litaniarum» (vgl. S. 317):

577 Ambrosianischer Libellus für die Litaniae maiores

> **Bibl.:** London, British Museum, MS Egerton 3763 (früher: Dyson Perrins 48). – **Edit.:** O. Heiming. Ein benediktinisch-ambrosianisches Gebetbuch des frühen 11. Jh., in: ALW VIII, 2 (1964) 325–435 (mit

---

[1] Vgl. P. Borella, La deposizione delle sacre reliquie, in: Ambrosius 11 (1935) bes. 162; D. Stiefenhofer, Die Geschichte der Kirchweihe vom 1.–7. Jh. (= Veröffentlichungen aus dem Kirchenhistorischen Seminar München, VI. Reihe, München 1909) bes. 82.

[2] Vgl. A. Bernareggi, Le litanie maggiori in Milano, in: Ambrosius 7 (1931) 89–102; P. Borella, Le litanie triduane ambrosiane, ebd. 21 (1945) 40–50. – Der hl. Karl Borromäus hat die Bittage wieder zu neuer Blüte gebracht, vgl. Litaniae majores et triduanae solemnes ritu Ambrosiano, a S. Carolo editae, nunc denuo recognitae (Mediolani 1667).

[3] Im Sakramentar Nr. 708, das aus dem bayerischen Alpengebiet stammt, finden wir die gleiche Stellung der «Letania», ebenso in der Epistelliste Nr. 242.

weiterer Lit.). – **Zeit und Ort:** Anfang des 11. Jh., Mailand, wahrscheinlich S. Ambrogio (O. HEIMING).

Der kunstvoll ausgestattete Libellus beginnt fol. 15ʳ mit der Über-
schrift: «In Christi nomine incipiunt letaniae maiores. Die I. Processio
de ecclesia estiva». Notiert sind jeweils die Orationen, Antiphonen und
Responsorien sowie eine Heiligenreihe (mit prachtvollen ganzseitigen
Heiligenbildern). Die Allerheiligenlitanei selbst findet sich foll. 125–136
(Anfang defekt). Dem Libellus für die Litaniae voraus geht in unserer
Handschrift ein aus Psalterkapiteln gebildetes umfangreiches Gebet
(Kurzpsalter)[1] und folgen umfangreiche «Orationes peculiares» (Privat-
gebete) nach. Am Schluß der Handschrift von späterer Hand Segens-
gebete und Texte zu den Vespern der Litaniae[2].

*

Das ambrosianische **Manuale** enthält die Texte für das Chorgebet.
In den einzelnen Handschriften finden wir am Schluß meist Rituale-
Texte beigefügt.

Lit.: M. MAGISTRETTI, Manuale Ambrosianum (= Monumenta veteris
Liturgiae Ambrosianae, Tom. II, Mediolani 1905); O. HEIMING, Der
ambrosiano-benediktinische Psalter vom 14.–17. Jh., in: JLW 11 (1931)
144–156; H. SCHNEIDER, Die altlateinischen biblischen Cantica (= TuA
Heft 29/30, Beuron 1938); A. CATTANEO, Il Breviario ambrosiano (Milano
1943); P. BORELLA, L'orazione ed imposizione delle mani nella Estrema
Unzione, in: Ambrosius (1944) 49–57 (vgl. ebd. 13–18); IDEM, Il Breviario
ambrosiano, in: RIGHETTI, Storia liturgica II, 2 (Milano 1955) 675–715;
IDEM, L'ufficiatura meridiana nel' antico rito ambrosiano, in: Ambrosius
34 (1958) 99–105.

Die ältesten Codices stammen aus relativ später Zeit (hinsichtlich des
römischen Ritus vgl. Nr. 1685):

---

[1] J. A. JUNGMANN, The early Liturgy to the Time of Gregory the Great (1959;
deutsche Ausgabe, Freiburg 1967) bezeichnet die Zusammenstellung von Psalter-
kapiteln zu einem Kurzpsalter als das älteste Gebetbuch. Eine ähnliche
Auswahl im Libellus Nr. 1599; vgl. A. WILMART, Libelli precum quattuor
(Roma 1940) 143–161.
[2] Spätere Handschriften bei O. HEIMING a.a.O. 345–346; vgl. auch W. VAN
GULIK, Ein mittelalterliches Formular der Letaniae maiores, in: Römische
Quartalschrift 18 (1904) 1–20.

580 Manuale Ambrosianum

> **Bibl.:** Milano, Biblioteca Ambrosiana, Cod. T 103 sup. – **Lit.:** M. MAGI-
> STRETTI, Manuale Ambrosianum (= Monumenta veteris Liturgiae
> Ambrosianae, Tom. II, Mediolani 1905) 20–22; 76–78 (Excerpta);
> M. HUGLO, Fonti e paleografia del canto ambrosiano Nr. 36 S. 19f. –
> **Zeit und Ort:** 10./11. Jh. (verschiedene Hände), Mailand.

Zu Beginn der Handschrift (fol. 1–13v) eine «Tractatio catholicae fidei»,
darauf (fol. 13v–20v) eine Expositio missae («Missa temporis sacrificii . . .»)[1]. Das Manuale beginnt fol. 21r mit der Überschrift:

INCIPIT OFFICIUM DIEBUS DOMINICIS GENERALITER ADBREUIATUM
AD MATUTINUM.

Im Gegensatz zu den späteren Manuale-Handschriften ist das Psalterium noch nicht beigefügt.

582 Manuale Ambrosianum aus Val Travaglia

> **Bibl.:** Milano, Biblioteca del Capitolo metropolitano, Cod. 2102. –
> **Edit.:** M. MAGISTRETTI, Manuale Ambrosianum (= Monumenta veteris
> Liturgiae Ambrosianae, Tom. II, Pars II, Mediolani 1905). – **Lit.:** MAGI-
> STRETTI, Manuale Ambrosianum, Tom. II, Pars I (1905) 11–16; H. SCHNEI-
> DER, Die altlateinischen biblischen Cantica 99–102; P. BORELLA, L'Estre-
> ma unzione nell' antico rito ambrosiano, in: Ambrosius 38 (1962) 89–95;
> 153–161. – **Zeit und Ort:** 11. Jh., Val Travaglia (San Vittore).

Zu Beginn (ab fol. 2v) das Psalterium mit den Cantica; darauf fol. 60v
ein Martyrologium. Das eigentliche Manuale setzt fol. 65v ein. Zum
Schluß (ab fol. 268v) Rituale-Texte (Weihwasserweihe, Taufritus, Buß-
Ordo, In Agenda mortuorum).

Weitere Handschriften, so u. a. Cod. A 246 sup. aus dem 10. Jh., Cod.
T 96 sup. aus dem 11. Jh. und Cod. A 189 sup. aus d. J. 1188 in der
Biblioteca Ambrosiana werden von Magistretti, Manuale Ambrosianum a. a. O. beschrieben. Hier sei nur noch folgende Handschrift angeführt:

---

[1] Nach dem Text im Codex von Montpellier, Univ. 76 (8. Jahrhundert) herausgegeben von A. WILMART, in: JLW 2 (1922) 47–67; vgl. DEKKERS, Clavis Nr.
1911 S. 433.

588 Manuale Romano-Ambrosianum in Bergamo

Bibl.: Bergamo, S. Alessandro (heute in der Biblioteca Ambrosiana). –
Zeit und Ort: 12./13. Jh., Bergamo (S. Alessandro).

Kenntnis von der Handschrift vermittelte mir dankenswerterweise
Mons. A. PAREDI, Mailand, der auch eine Edition vorbereitet. Das
Manuale stellt eine Mischung zwischen dem römischen und ambrosia-
nischen Ritus dar.

*

Die folgenden drei Handschriften sind Psalterien, wie sie in der
ambrosianischen Liturgie beim Stundengebet benützt worden sind.
Mit ihnen ist, wie in einigen Handschriften des Psalterium Gallicanum,
regelmäßig ein Hymnarium verbunden (vgl. Nr. 1617 ff.).

Lit.: A. NOHE, Der Mailänder Psalter, seine Grundlage und Entwicklung
(= Freiburger Theol. Studien, Heft 41, Freiburg i. Br. 1936); A. BEES,
Zum Psalter 552 der Hamilton Sammlung, in: Byzantinische Neugrie-
chische Jahrbücher 12 (Athen 1936); O. HEIMING, Der ambrosiano-
benediktinische Psalter vom 14.–17. Jh., in: JLW 11 (1931) 144–156;
P. BORELLA, Influssi benedettini sul Salterio ambrosiano, in: Ambrosius
23 (1947) 43–48; E. GALBIATI, Che cos'è il Salterio ambrosiano, ebd. 32
(1956) 46–62; IDEM, Volgata e Antica latina nei testi biblici del rito ambrosiano, ebd. 31 (1955) 157–171.

Daß das erste dieser Psalterien in der Diözese Augsburg verwendet
worden ist, zeigt die Ausstrahlungskraft des ambrosianischen Ritus
um die Jahrtausendwende (vgl. auch Nr. 506, 1521 und 1522).

590 Psalterium et Hymnarium Ambrosianum von Augsburg

Bibl.: München, B. Staatsbibliothek, Clm 343. – **Edit.:** Vorrede «Ut
reprobare . . .»: TOMMASI (ed. VEZZOSI) II, XX–XXVI; MGH, Epist. VI
(1925) 201. – **Lit.:** A. NOHE, Der Mailänder Psalter (= Freiburger Theol.
Studien, Heft 41, Freiburg i. Br. 1936); vgl. dazu ALW II (1952) Nr. 73
S. 172; G. MORIN, Une révision du psautier sur le texte grec par un
anonyme du neuvième siècle, in: Rev. bénéd. 10 (1893) 193–197; A. ALL-
GEIER, Die altlateinischen Psalterien (1928) 9–13; H. SCHNEIDER, Die
altlateinischen biblischen Cantica (= TuA Heft 29/30, Beuron 1938) 99,

102–107; P. BORELLA, Influssi benedettini sul Salterio ambrosiano, in: Ambrosius 23 (1947) 43–48. – **Zeit und Ort:** Ende des 9. Jh., Oberitalien, zuletzt in Augsburg[1].

Mit den beiden folgenden Handschriften (Nr. 591 und 592) besteht weitgehende Übereinstimmung. Dem Psalterium, der in 15 Gruppen zu je 10 Psalmen abgeteilt ist, geht eine anonyme Vorrede (Ut reprobare . . .) voraus. Auf das Psalterium folgen die liturgischen Cantica der Mailänder Kirche in der Rezension, wie SCHNEIDER sich ausdrückt, mit den diakritischen Zeichen. Im Anschluß daran einige (in der Hauptsache) ambrosianische Hymnen (vgl. Nr. 061).

591 Psalterium et Hymnarium Ambrosianum aus Pontida

> **Bibl.:** Roma, Cod. Vat. lat. 82. – **Lit.:** EHRENSBERGER 14; A. ALLGEIER, Die altlateinischen Psalterien (1928) 9–13; M. HUGLO, Fonti e paleografia del canto ambrosiano (= Archivio Ambrosiano VII, Milano 1956) Nr. 38 S. 20 (mit weiterer Lit.); H. SCHNEIDER, Die altlateinischen biblischen Cantica, 99, 102–107; L. BROU(-A. WILMART), The Psalter Collects (= HBS 83, London 1949) 48–50. – **Zeit und Ort:** um 850, Oberitalien, zuletzt in der Benediktinerabtei Pontida (bei Bergamo)[2].

Die Handschrift stimmt mit der vorausgenannten auffällig überein. Wir finden hier zusätzlich (ähnlich in Nr. 592) Psalterkollekten der Series romana (vgl. Nr. 1616).

592 Psalterium et Hymnarium Ambrosianum in der Vaticana

> **Bibl.:** Roma, Cod. Vat. lat. 83. – **Lit.:** EHRENSBERGER 16; A. ALLGEIER a. a. O.; H. SCHNEIDER a. a. O.; M. HUGLO a. a. O. (Nr. 591); P. SALMON, Les «Tituli Psalmorum» des manuscrits latins (= Collectanea Biblica Latina, Vol. XII, Roma 1959) 151–186. – **Zeit und Ort:** Ende des 9. Jh., Oberitalien.

In diesem Codex fallen die zahlreichen Rasuren und Verbesserungen eines Korrektors auf. Sonst Übereinstimmung mit Nr. 591. In den beiden letztgenannten Handschriften finden wir außerdem «Tituli» zu den einzelnen Psalmen; und zwar in einer Form, in der sie – abgesehen

---

[1] In Augsburg war mindestens vom 10. Jh. an ein stärkerer Einfluß der Mailänder Liturgie vorhanden; vgl. Nr. 1521 und 1522.

[2] Vgl. fol. 1: Iste liber est monasterii sci iacobi de pontida.

vom Cod. Vat. lat. 84 (vgl. Nr. 1616) – nur hier erscheinen. Sie gehen
(nach SALMON) auf den *Psalmen-Kommentar des Cassiodor* († um 570)
zurück.

Nicht wenige Handschriften mit Passiones bzw. Viten von Heiligen
sind als liturgische Bücher im eigentlichen Sinn zu betrachten (vgl.
auch Nr. 276–279, 375–377, 465 und 1645–1648). Zu diesen gehören
aus der Mailänder Liturgie die folgenden Passionare:

595   Passionarium Ambrosianum

> **Bibl.:** Milano, Biblioteca Ambrosiana, Cod. E 22 inf. – **Lit.:** Catalogus
> Codicum hagiographicorum latinorum Bibliothecae Ambrosianae Medio-
> lanensis, in: Analecta Bollandiana 11 (1892) 302–306. – **Zeit und Ort:**
> 11. Jh., Mailand.

Die umfangreiche Handschrift reicht von «Depositio beatae memoriae
et episcopi Martini» bis «Passio sanctorum Abdon et Sennen».

Weitere ambrosianische Passionare sind u.a. der Cod. H. 224 inf.
(12. Jh.) – er stammt aus dem Kloster S. Petri de Glassiate in Mailand
und beginnt ebenfalls mit dem Fest des hl. Martinus – ferner der Cod.
D 22 inf. (12. Jh.) der gleichen Bibliothek[1].

Am Ende der Betrachtung der älteren ambrosianischen Liturgiebücher
sei auf die umfassende Übersicht nach ihren handschriftlichen Quellen
und Editionen hingewiesen, die sich in: BORELLA-CATTANEO-VILLA,
Questioni e bibliografia ambrosiane (= Archivio Ambrosiano II, Milano
1950) 84–88 findet, wo auch spätere Zeugen aufgeführt werden. Bekanntlich ist der ambrosianische Ritus noch heute in Mailand in
Gebrauch[2].

---

[1] Vgl. Catalogus Codicum hagiographicorum 342–344; 282–290.
[2] Eine Beschreibung bei O. HEIMING, Die Mailänder Meßfeier, in: Eucharistiefeiern in der Christenheit (= Liturgie und Mönchtum, Heft 26, Maria Laach
1960) 48–57.

Appendix: De ritu Patriarchino

Die Kirchen Oberitaliens haben in den ersten vier Jahrhunderten keinen einheitlichen Ritus beobachtet. Die einzelnen Zeugnisse wurden im ersten Kapitel behandelt (S. 73ff). So lassen sich in frühester Zeit Einflüsse vom griechischen Alexandrien (vgl. Nr. 051) und lateinischen Nordafrika erkennen. Letztere bestanden in der Hauptsache in der Übernahme lateinischer Bibelübersetzungen (vgl. Nr. 001, 004, 007, 008). Im 4. Jh. beginnt das benachbarte Gallien, mit dem Oberitalien politisch in Verbindung gestanden hat, in stärkerem Maße Einfluß auf die Liturgie in den oberitalienischen Städten zu nehmen.

In der Zeit der Ostgotenherrschaft begann ein stärkerer Einfluß vom italienischen Süden her zu erfolgen. So wurde damals in Mailand bei einer Neufassung des hier gebrauchten Meßbuches, wie es scheint, der «Liber sacramentorum» des hl. Paulinus von Nola (Nr. 077) zugrundegelegt. Ravenna wiederum hat sich, als es nach dem Abzug der Ostgoten Sitz des byzantinischen Exarchen geworden war, in liturgischer Hinsicht den römischen Bräuchen angeschlossen (vgl. S. 311ff). Das Patriarchat Aquileja folgte hierin erst allmählich nach; anfänglich nur in den Teilen, die wie Ravenna zum byzantinischen Herrschaftsgebiet gehört haben.

Lit. *(zur Geschichte des Patriarchats)*: A. GFÖRER, Geschichte Venedigs von seiner Gründung bis zum Jahr 1084 (Graz 1872); H. KRETSCHMAYER, Geschichte von Venedig I (Gotha 1905); C. COSTANTINI, Aquileia e Grado (Milano 1917); P. PASCHINI, Sulle origini della Chiesa di Aquileia (Udine 1909); IDEM, Storia del Friuli (Udine 1934); C. CESSI, Storia della Repubblica di Venezia (Venezia 1945); IDEM, Documenti relativi alla storia di Venetia I, Secoli V–IX (Padova 1942); A. DOLD–K. GAMBER, Das Sakramentar von Salzburg (= TuA, 4. Beiheft, Beuron 1960) bes. 10ff.; G. BIASUTTI, La tradizione marciana aquileiese (Udine 1959); IDEM, Alessandrinità della chiesa aquileiese primitiva, in: «Jucunda Laudatio» (1965) 246–262; dazu G. C. MENIS, in: Rivista di storia della Chiesa in Italia 18 (1964) 243–253 bzw. in: «Sot la nape» 18 (1966) 48–49; Studi Aquileiesi, offerti a G. Brusin (Aquileia 1953); H. SCHMIDINGER, Patriarch und Landesherr (=Publikationen des österreichischen Kulturinstituts in Rom, I. Abt., Abhandl. 1, Graz-Köln 1954).

Die Zugehörigkeit des Patriarchats Aquileja zum Langobardenreich (ab 568) sowie der *Dreikapitelstreit*, der endgültig erst auf der Synode von Aquileja (um 700) beigelegt werden konnte, verhinderten längere Zeit einen stärkeren liturgischen Einfluß von Rom her[1]. Als es dann zu einer solchen Beeinflussung kam, war es nicht mehr, wie im Fall von Ravenna oder Mailand, ein «gelasianisches» Meßbuch, das eingeführt worden ist, sondern bereits die damals neuesten Liturgiebücher: das Gregorianum und das Gelasianum mixtum.

Letzteres war nach der Annahme von GAMBER schon bald nach dem Jahr 600 in der Stadt des byzantinischen Exarchen ausgebildet worden (vgl. S. 300) und hat sich von hier zuerst nach Oberitalien und dann bis ins Frankenreich ausgebreitet. Dieses ravennatische Gelasianum mixtum ist bald nach 700 in Aquileja nach einer Gregorianum-Handschrift aus dem Ende des 7. Jh. zu einem neuen Typus überarbeitet worden, dessen erhaltene Vertreter unten (Nr. 880 ff.) als P-Typus behandelt werden[2].

Anders lagen die Verhältnisse in *See-Venetien*, also in den Teilen des Patriarchats Aquileja, die nach der Eroberung Oberitaliens durch die Langobarden unter byzantinischer Herrschaft geblieben sind und in Grado eine neue Metropole gefunden haben. Diese Teile Venetiens standen in engem Kontakt zu *Ravenna*[3]. Von hier aus dürfte schon früh das Meßbuch des Maximian von Ravenna (vgl. S. 314) nach Grado gekommen sein, wie u. a. das Fest der hl. Euphemia, der Patronin der Kathedrale von Grado, am 13. April in den späteren Abschriften dieses Sakramentar-Typus beweist[4].

---

[1] Es dürften in diesem Gebiet des Patriarchats ähnliche Meßbücher in Gebrauch gewesen sein wie das Bobbio-Missale (Nr. 220).

[2] Vgl. K. GAMBER, Sakramentare aus dem Patriarchat Aquileja, in: Münchener Theol. Zeitschrift 7 (1956) 281–288; A. DOLD–K. GAMBER, in: TuA, 4. Beiheft (Beuron 1960) bes. 10 ff.

[3] Zur *Spaltung des Patriarchats* vgl. W. MEYER, Die Spaltung des Patriarchats Aquileja (= Abhandlungen der Göttinger Ges. d. W., Phil.-hist. Kl., Neue Folge II, Nr. 6, 1898); H. KRETSCHMAYR, Geschichte von Venedig, Bd. I (1905); W. LENEL, Venezianisch-Istrische Studien (= Schriften der Wiss. Gesellschaft in Straßburg 9, Straßburg 1911).

[4] Vgl. Sakramentartypen 58–60; K. GAMBER, Die Formulare des hl. Praejectus und der hl. Euphemia in den junggelasianischen Sakramentaren, in: Sacris erudiri 12 (1961) 405–410.

Obwohl Teile des Patriarchats Aquileja (Grado) lange Zeit zum byzantinischen Reich gehört haben, ist doch ein Einfluß von der byzantinischen Liturgie her kaum zu erkennen. Lediglich der griechische *Akathistos-Hymnus* fand in dem um das Jahr 800 lebenden Bischof Christophorus von Rivoalto (Venedig) einen Übersetzer und Verbreiter[1]. Allgemein bekannt sind die Beziehungen auf künstlerischem Gebiet[2].

In der nachkarolingischen Zeit hat sich manches liturgische Sondergut im Patriarchat erhalten bzw. ausbilden können. Dieser spätere Ritus wird «Patriarchinus» genannt.

> **Lit.:** M. B. RUBEIS, Monumenta Ecclesiae Aquileiensis (Venetiis 1740); vgl. PL 20, 407–430; IDEM, De antiquis Forojuliensium ritibus (Venetiis 1754); F. ALTHAN, Iter liturgicum Forojuliense. De Calendariis in genere et speciatim de Calendario ecclesiastico (Roma 1749, Venetiis 1753); E. DICHLICH, Rito veneto antico detto Patriarchino (Venezia 1823); DACL I, 2 2683–91 (ältere Lit.); A. BAUMSTARK, Liturgia Romana e liturgia dell' Esarcato, il rito detto in seguito patriarchino e le origini del Canon missae romano (Roma 1904); F. HEILER, Altkirchliche Autonomie und päpstlicher Zentralismus (München 1941) 110–112; die Arbeiten von G. VALE über die Liturgie Aquilejas sind in Ephem. lit. 65 (1951) 113f. zusammengestellt; A. GENTILE, Aquileia e il patriarca Paolino: Studi aquileiesi offerti a Giovanni Brusin (Aquileia 1953) 349–355; BOURQUE II, 2 384–385; A. A. KING, Liturgies of the Past (London 1959) 1–52 (mit weiterer Lit.); P. BORELLA, in: Liturgisch Woordenboek I, 181–183; F. UNTERKIRCHER, Il sacramentario Adalpretiano (= Collana di Monografie XV, Trento 1966) (Sakramentar von Trient, vor 1177); S. TAVANO, Appunti per il nuovo «Proprium» aquileiese-goriziano, in: Studi Goriziani 39 (1966) 141–170.

Einige Handschriften aus der frühen Zeit des Ritus von Aquileja wurden bereits unter den Gallicana erwähnt, solche aus späterer Zeit findet man in unserem Katalog u. a. unter den Sacramentaria Gelasiana mixta (vgl. Nr. 880 ff)[3]. Auf folgende Codices ist hier eigens hinzuweisen:

---

[1] Vgl. G. G. MEERSSEMAN, Der Hymnus Akathistos im Abendland, 2 Bde. (= Spicilegium Friburgense 3/4, Freiburg/Schweiz 1958/60) I, 49 ff., 100 ff.

[2] Vgl. O. WULFF, Altchristliche und byzantinische Kunst, 2 Bde. (Berlin 1914 bis 1918) sowie die zahlreichen neuen Bildbände, darunter D. T. RICE–M. HIRMER, Kunst aus Byzanz (München 1959) mit weiterer Lit.

[3] Vgl. ferner K. GAMBER, Sakramentare aus dem Patriarchat Aquileja, in: Münchener Theol. Zeitschrift 7 (1956) 281–288 und den Index unter dem Stichwort Aquileja.

596 Brevier in San Daniele

> **Bibl.:** San Daniele del Friuli, Biblioteca Guarneriana, Cod. 4 I 91. –
> **Zeit und Ort:** 11./12. Jh., vermutlich Kathedrale Aquileja oder Udine.

Die zweispaltig angelegte großformatige Handschrift gehört zu den wenigen Codices, die nach Abschaffung des Ritus Patriarchinus nicht vernichtet oder verkauft worden sind und noch heute im Gebiet von Friaul aufbewahrt werden.

Aus dem 13. Jh. stammt die Handschrift in Trieste, Biblioteca Civica, R. P. MS 1–22. Sie trägt den Titel: «In Christi nomine. Amen. Incipit ordo brevairii secundum consuetudinem Aquilegensis et Tergestinae Ecclesiae per anni circulum»[1].

> **Gedruckte Liturgiebücher:** Agenda Dioecesis Aquileiensis (Venetiis 1454); Missale pro S. Aquileiensis Ecclesiae ritu (1494, 1517, 1519, auch Nachdruck); Sacramentarium Patriarchale secundum morem S. Comensis Ecclesiae (Mediolani 1537).

Im Jahr 1594/95 wurde der Ritus Patriarchinus abgeschafft. Die bisherigen liturgischen Bücher wurden zum größten Teil vernichtet oder als Altmaterial verkauft[2]. Nur wenige Handschriften blieben erhalten. Sie befinden sich jetzt hauptsächlich in den Bibliotheken von Udine und Cividale, in welchen Städten die Patriarchen von Aquileja zeitweise residiert haben, ferner in Gorizia (Görz) und in San Daniele del Friuli[3].

Außer in Aquileja hat sich auch in den Kathedralen von L y o n und B r a g a (Nordwestspanien) ein eigener Ritus ausgebildet, hier jedoch erst in karolingischer Zeit.

> **Lit.:** A. A. KING, Liturgies of the Primatial Sees (London 1957) 1–285 (mit reicher Lit.); P. M. ALMEIDA, Liturgia Bracarense (diversas espécies

---

[1] Mitteilung von Don Remigio Carletti, Trieste. – Die sich im Codex findende Jahreszahl 1316 muß nicht das Jahr der Entstehung des Codex darstellen.

[2] Auf diese Weise könnten z. B. die Sakramentar-Blätter in Gießen und Marburg (Nr. 882) nach Deutschland gekommen sein.

[3] Vgl. F. SPESSOT, I codici liturgici aquileiesi di Gorizia, in: Studi Goriziani 8 (1930); IDEM, I codici della Basilica aquileiese, in: Aquileia nostra 2 (1931) 33–38; 3 (1932) 121–128; IDEM, Libri liturgici aquileiesi e rito patriarchino, in: Studi Goriziani 35 (1964); die Codices von Cividale sind beschrieben in: Catalogo delle cose d'arte e di antichità d'Italia: Cividale (Roma 1936).

de Missas: Missas votivas), in: Opus Dei 8 (1933/34) 324–327; B. BUENNER, Le rit lyonnais (Lyon-Paris 1934); IDEM, Die Liturgiefeier von Lyon, in: Eucharistiefeiern in der Christenheit (= Liturgie und Mönchtum Heft 26, Maria Laach 1960) 71–78; A. G. MARTIMORT, Le rituel de la concélebration eucharistique, in: Ephem. lit. 77 (1963) 147–168 (die Konzelebration in Lyon betreffend); J. O. BRAGANÇA, A Liturgia de Braga, in: Hispania sacra 17 (1964) = Miscellanea Férotin (Barcelona 1965) 259–281.

Im Gegensatz zu Aquileja haben sich diese Sonderriten bis in die heutige Zeit halten können.

*

Bezeichnend für Oberitalien ist die Mannigfaltigkeit an liturgischen Formen im frühen Mittelalter, die teilweise auch noch in den späteren Jahrhunderten wie im Fall des Ritus Ambrosianus und Patriarchinus zu erkennen ist. Aber auch relativ späte liturgische Handschriften aus den kleineren Städten des Nordens von Italien zeigen vielfach eine eigenständige Entwicklung, die bis jetzt keineswegs ganz erforscht ist.

Die Hauptzentren in Oberitalien waren Mailand, Aquileja und Ravenna. Über die Liturgie Ravennas wird am Schluß des folgenden Kapitels eingehend zu reden sein. Diese liturgische Mannigfaltigkeit ist vor allem in der Tatsache begründet, daß der gallikanische Ritus, der hier nie ein einheitliches Gesicht gezeigt hat, in den einzelnen Zentren verschieden lang weitergelebt hat. So ist es gekommen, daß der liturgische Einfluß vom Süden zu verschiedenen Zeiten gewirkt hat und deshalb nicht einheitlich war.

Während in Mailand, wie wir sahen, ein Einfluß des kampanischen Sakramentars des Paulinus von Nola zu erkennen ist und es in Ravenna in der Hauptsache stadtrömische Meß-Libelli waren, die hier zur Einführung gelangt sind, hat sich in Aquileja, wo wegen des Dreikapitelstreits der Einfluß der römischen Liturgie erst relativ spät (um 700) einsetzt, das Gregorianum durchgesetzt, wobei jedoch auch hier ältere Elemente erhalten geblieben sind.

Sacramentaria romana Prae-Gregoriana («Gelasiana»)
(Sigel: Ge)

Bis ins Mittelalter hinein war für die Feier der Gottesdienste in der Stadt Rom die Tatsache charakteristisch, daß die Liturgie des Papstes und die der Titelkirchen in einigen Punkten verschieden war, worauf A. CHAVASSE in seinen Arbeiten mit Recht immer wieder hinweist. So haben auch die Päpste (bis Gregor d. Gr.) für den von ihnen gefeierten Stationsgottesdienst fast regelmäßig ein eigenes Meßformular neu zusammengestellt, während in den Titelkirchen ein «gelasianisches» (nach GAMBER kampanisches) Meßbuch in Gebrauch war[1].

> **Lit.** (in Auswahl): S. BÄUMER, Über das sog. Sacramentarium Gelasianum, in: Historisches Jahrbuch 14 (1893) 241–301; F. PROBST, Die ältesten römischen Sacramentarien und Ordines (Münster i. W. 1896); E. BISHOP, Liturgica Historica. Papers on the Liturgy and Religious Life of the Western Church (Oxford 1918) 39–61; A. BAUMSTARK, Missale Romanum (Eindhoven-Nijmegen 1929); Th. KLAUSER, Der Übergang der römischen Kirche von der griechischen zur lateinischen Liturgiesprache, in: Miscellanea G. Mercati (= Studi e Testi 121, Roma 1946) 467–482; E. BOURQUE, Etude sur les sacramentaires romains, I. Les textes primitifs (= Studi di antichità cristiana XX, Roma 1948); B. CAPELLE, Le sacramentaire romain avant S. Grégoire, in: Rev. bénéd. 64 (1955) 157–167; A. CHAVASSE, Le sacramentaire gélasien (= Bibliothèque de Théologie, Ser. IV, Vol. I, Paris 1958); K. GAMBER, Das kampanische Meßbuch als Vorläufer des Gelasianum, in: Sacris erudiri 12 (1961) 5–111.

Nähere Angaben über die einzelnen Funktionen des römischen Ritus finden wir in den (fast alle aus relativ später Zeit stammenden) Ordines Romani. Nicht alle Ordines geben rein römische Bräuche wieder[2]. Es kann hier auf das Werk von M. ANDRIEU verwiesen werden, dessen

---

[1] K. GAMBER, Das kampanische Meßbuch, in: Sacris erudiri 12 (1961) 5–111 vermutet, daß es sich näherhin um das Sakramentar des Paulinus von Nola (vgl. Nr. 077), gehandelt hat.

[2] Vgl. E. BISHOP, Liturgica Historica (Oxford 1918) 151 ff.

1. Band die verschiedenen Ordines-Handschriften eingehend beschreibt[1].

> **Lit.:** M. ANDRIEU, Les Ordines Romani du haut moyen âge, 6 Bde.
> (Louvain 1931–1962); vgl. Th. KLAUSER, in: JLW 11 (1931) 326–329;
> A. MUNDÓ, Adnotationes in antiquissimum ordinem Romanum Feriae V
> in Cena Domini noviter editum, in: Liturgica 2 (= Scripta et Documenta
> 10, Monteserrat 1958) 182–189; C. SILVA-TAROUCA, Giovanni ‹Archican-
> tor› di S. Pietro a Roma e l'Ordo Romanus da lui composto (= Atti
> della Pont. Accademia Romana di Archeologia, Serie III, Memorie I, 1
> Roma 1923) 159–219; C. VOGEL, Introduction aux sources de l'histoire
> du culte chrétien au moyen âge (= Biblioteca degli «Studi Medievali» I,
> Spoleto 1965) 99–181 (ausgezeichnete Übersicht mit weiterer Lit.).

Am bedeutungsvollsten ist der *Ordo Romanus I*, der (von einigen Hinzufügungen, wie das Agnus Dei, abgesehen) noch aus der Zeit des Papstes Gregor I (bzw. aus noch früherer Zeit) stammen dürfte und den Ritus des Papsthochamtes (an Ostern) beschreibt[2]. Über die älteste Liturgie der Stadt Rom (bis etwa 450) wurde bereits im Eingangskapitel S. 93ff eingehend gehandelt.

a) Libelli missae Romanorum Pontificum

Eine Anzahl der von den einzelnen Päpsten vor Gregor d. Gr. verfaßten Meßformulare (Libelli) sind als eine private Sammlung im sog. *Leonianum* (Nr. 601) vereinigt und so erhalten geblieben. Als Verfasser von «Praefationes et orationes» wird im Liber Pontificalis (ed. DUCHESNE I, 255) PAPST GELASIUS (492–496) ausdrücklich genannt. Gennadius, De vir. ill. c. 96, spricht sogar von einem «(liber) sacramentorum», den dieser Papst verfaßt haben soll, womit er allem Anschein nach jedoch die «Praefationes et orationes» des Liber Pontificalis meint.

> **Lit.:** B. CAPELLE, L'oeuvre liturgique de S. Gélase, in: JThSt NS 2 (1951)
> 124–144; C. COEBERGH, Le pape saint Gélase I auteur de plusiers messes et
> préfaces du soi-disant sacramentaire léonien, in: Sacris erudiri 4 (1952)
> 46–102; 6 (1954) 282–326; J. JANINI, S. Siricio y las Cuatro Temporas

---

[1] Einige Sammlungen von Ordines bilden bereits eine Art *Pontifikale;* vgl. S. 560.
[2] Vgl. K. GAMBER, Ein Papsthochamt im 8. Jh., in: Liturgie übermorgen (Freiburg i. Br. 1966) 149–157.

(Valencia 1958); A. P. Lang, Leo d. Gr. und die Texte des Altgelasianum mit Berücksichtigung des Sacramentarium Leonianum und des Sacramentarium Gregorianum (Steyl 1957); vgl. dazu A. Chavasse, in: Revue d'histoire ecclésiastique 52 (1957) 909–911; A. Lang, in: Sacris erudiri 10 (1958) 43 Anm. 1; idem, Leo d. Gr. und die Dreifaltigkeitspräfation, in: Sacris erudiri 9 (1957) 116–162; idem, Leo d. Gr. und die liturgischen Texte des Oktavtags von Epiphanie, ebd. 11 (1960) 12–135 idem, Anklänge an Orationen der Ostervigil in Sermonen Leos d. Gr., ebd. 13 (1962) 281–325; E. Dekkers, Autour de l'oeuvre liturgique de s. Léon le Grand, in: Sacris erudiri 10 (1958) 363–398; G. Pomares, Gélase Ier. Lettre contre les Lupercales et dix-huit messes du sacramentaire Léonien (= Sources Chrétiennes, Nr. 65, Paris 1959); dazu J. Janini, in: Analecta Sacra Tarraconensia 31 (1959) 334–336; idem, S. Léon y las misas del Bautista, in: Anales del Seminario de Valencia 2 (1962) 121–201; idem, Roma y Toledo, in: Estudios sobre la liturgia mozárabe (Toledo 1965) 33–53.

Eine kostbare Reliquie aus der römischen Liturgie des 5./6. Jh. liegt in folgender berühmter Handschrift vor. Wenn man jedoch erwarten sollte, in dieser relativ frühen Handschrift eine Menge alten und wertvollen Gebetsmaterials zu finden, wird man enttäuscht sein. Die Gebete («orationes») sind zum großen Teil dogmatisch wenig bedeutend und stereotyp gehalten, die Präfationen («preces») haben das ursprüngliche Thema der «hostia laudis», den Dank für die «mirabilia dei» in der Schöpfung und Erlösung, weitgehend verloren und beschränken sich in den besten Stücken auf eine Erwähnung des jeweiligen Festgeheimnisses, wenn sie nicht sogar zu einem bloßen Bittgebet oder zu einer Streitrede gegen mißliebige Gegner herabgewürdigt werden[1].

601 Römische Libelli im sog. Leonianum   Sigel: L

Bibl.: Verona, Biblioteca Capitolare, Cod. LXXXV (alt 80). – **Edit.:** Bianchini (1735); Muratori (1748); Ballerini (1756) = PL 35, 22–156; Feltoe (1896); L. C. Mohlberg(–L. Eizenhöfer–P. Siffrin), Sacramentarium Veronense (= Rerum ecclesiarum Documenta, Series maior, Fontes I, Roma 1956). – **Facsimile-Ausgabe:** A. Dold–M. Wölffle (Beuron 1957); Fr. Sauer, Sacramentarium Veronense (= Codices selecti phototypice impressi, Vol. I, Graz 1960). – **Lit.:** Mohlberg

---

[1] Vgl. J. A. Jungmann, Missarum Sollemnia (5. Aufl. Wien-Freiburg-Basel 1962) II, 150.

a. a. O. LXV–LXIX (vollständige Lit.) ; A. STUIBER, Libelli Sacramentorum
Romani. Untersuchungen zur Entstehung des sog. Leonianum (= Theo-
phania. Beiträge zur Religions- und Kirchengeschichte des Altertums 6,
Bonn 1950); BOURQUE I Nr. 1 S. 65; LOWE IV Nr. 473; P. SIFFRIN,
Konkordanztabellen I (= Rerum ecclesiasticarum Documenta, Series
minor 4, Roma 1958); Sakramentartypen 48; C. VOGEL, Introduction aux
sources de l'histoire du culte chrétien au moyen âge (Spoleto 1966)
31 ff. (gute Übersicht); R. FALSINI, I postcommuni del Sacramentario
Leoniano. Classificazione, terminologia, dottrina (Roma 1964). – **Zeit
und Ort:** Anfang des 7. Jh., möglicherweise auch schon Ende des 6. Jh.,
Verona[1] (oder Ravenna?).

Zu Beginn des Codex fehlen drei Lagen. Dieser fängt jetzt mit den
Heiligen des Monats April an. Es handelt sich bei der Handschrift um
eine (wohl private) Sammlung von Meßformularen («Libelli missae»),
die kaum für den liturgischen Gebrauch bestimmt war. Es wurde bei
der Zusammenstellung ein altes römisches Kalendar zugrunde gelegt.
Als Einteilungsprinzip dienen die Monate des Jahres (Mense Aprile,
Mense Maio usw.), ähnlich wie im Gregorianum.

Als Verfasser der Meßformulare im Leonianum werden von den Sakra-
mentarforschern außer *Leo d. Gr.* dessen Nachfolger *Hilarius* (461–468),
Simplicius (468–483), *Felix* III (483–492) und *Gelasius* (492–496), unter
den späteren Päpsten auch noch *Vigilius* (537–555) genannt[2]. Es
sind jedoch sicher nicht alle Gebete von L in Rom selbst entstanden. Ein nicht geringer Teil der Orationen dürfte (nach GAMBER)
aus einem kampanischen Meßbuch des 5. Jh. herrühren, das selbst
wieder älteres Material verarbeitet hat, so aus einem gallikanischen
Sakramentar[3].

---

[1] Eine Notiz des Diaconus Pacificus von Verona auf dem ehemaligen Schutzblatt
der Handschrift (jetzt: Bibl. Vaticana, Miscell. frammentar.) beweist die An-
wesenheit unseres Codex in der 1. Hälfte des 9. Jh. zu Verona.

[2] Vgl. A. CHAVASSE, Messes du pape Vigile (537–555) dans le sacramentaire
léonien, in: Ephem. lit. 64 (1950) 161–213; 66 (1952) 145–219; vgl. weiterhin
B. CAPELLE, Retouches gélasiennes dans le sacramentaire léonien, in: Rev.
bénéd. 61 (1951) 3–14.

[3] Vgl. K. GAMBER, in: Sacris erudiri 12 (1961) 5–111, bes. 52–53 (Märtyrer-
präfation). Ein neues Beispiel ist die Präfation (Formel 108) für das Fest
Peter und Paul in Mon (Nr. 211), die weitgehend mit der in L 285 zusammengeht und den ursprünglichen Wortlaut bieten dürfte. L. EIZENHÖFER ist der
gegenteiligen Ansicht; vgl. S. 104* Edition von Mon.

Das Leonianum ist die einzige Handschrift dieser Art. Im folgenden Fall handelt es sich lediglich um einen Eintrag von Gebeten in eine nichtliturgische Handschrift:

602 «Preces diurnae» in einem Mailänder Codex

> **Bibl.:** Milano, Biblioteca Ambrosiana, Cod. O 210 sup. (f. 46). – **Edit.:** G. MERCATI, Frammenti liturgici (= Studi e Testi 7, Roma 1902) 33–44; L. C. MOHLBERG, Sacramentarium Veronense a.a.O. 178f. – **Lit.:** DACL VIII, 2 2569–70; XII, 2 Facsimile nach col. 1688; LOWE III Nr. 358; BOURQUE I 75; Sakramentartypen 50. – **Zeit und Ort:** 7./8. Jh., Oberitalien.

Es finden sich hier (z.T. in tironischen Noten geschrieben) einige «Preces diurnae», wie sie fast alle auch in L erscheinen.

Ein Meßformular aus den «Preces diurnae» kommt auch im Sakramentarfragment Nr. 650, das aus Ravenna stammt (7. Jh.), vor. Es zeigt jedoch, wie die meisten Formulare im Gregorianum, eine dreigliedrige Form.

605 Meßlibellus mit der «Missa cotidiana Romensis»

> Handschriftlich nur in Sakramentaren erhalten, so im Missale Gothicum (Nr. 210) auf fol. 261v, im mozarabischen Liber Ordinum (Nr. 391) zu Beginn des Liber II, ferner in Bo (Nr. 220) und Sto (Nr. 101). – **Lit.:** A. J. BINTERIM, Denkwürdigkeiten IV, 3 (Mainz 1828) 97–98; Sakramentartypen 51–52.

Über die Zusendung eines römischen Meßlibellus an *Profuturus von Braga* sind wir durch einen Brief des Papstes *Vigilius* (538–555) an den genannten Metropoliten unterrichtet (PL 69, 15–19)[1]; darin heißt es:

> Quapropter et ipsius canonicae precis textum direximus supradictum, quem deo propitio ex apostolica traditione suscepimus.

In den vorausgehenden Partien des Briefes erfahren wir, daß diesem Libellus auch der Taufordo angefügt war. Über die alt-römischen

---

[1] Vgl. J. O. BRAGANÇA, A Liturgia de Braga, in: Miscellanea Férotin (Barcelona 1965) 259–281; dazu: Ephem. lit. 80 (1966) 248–249.

Meßlibelli und ihre Beziehungen zu irischen Liturgiebüchern wurde bereits unter Nr. 075 gesprochen.

> **Lit.** *(zum Meßkanon)*: F. CABROL, Canon romain, in: DACL II (1910) 1847–1905 (mit der älteren Lit.); A. FORTESCUE, The Mass. A Study of the Roman Liturgy (London 1912) 138–171; B. BOTTE, Le Canon de la Messe Romain (= Textes et Etudes liturgiques 2, Louvain 1935); C. CALLEWAERT, in: Sacris erudiri 2 (1949) 95–110; H. FRANK, in: ALW I (1950) 107–119; weitere Lit. in ALW II (1952) 157–167; L. EIZENHÖFER, Canon Missae Romanae (= Collectanea Anselmiana, Ser. minor I, Roma 1954); IDEM, Te igitur und Communicantes im römischen Canon, in: Sacris erudiri 8 (1956) 14–75; J. H. CREHAM, Canon Dominicus Papae Gelasii, in: Vigiliae Christianae 12 (1958) 45–48; K. GAMBER, Canonica prex, in: Heiliger Dienst 17 (1963) 57–64; 87–95.

*

Der römische Meßlibellus ist auch in griechischen Übersetzungen liturgisch verwendet worden. In erster Linie sind hier die griechisch-lateinischen Formulare zu erwähnen; sie bilden ein Gegenstück zu den griechisch-lateinischen Bibelhandschriften (vgl. Nr. 079–080) und dürften wie diese in der Hauptsache im Griechisch sprechenden Süditalien sowie in Sizilien in Gebrauch gewesen sein.

606   Griechisch-lateinische Petrus- (Gregor-)Messe

> **Bibl.:** Chalki, Bibliothek der Theol. Schule, Ms. 33 (alt 62), ff. 122, 123, 172, 180. – **Edit.:** A. PAPADOPOULOS-KERAMEUS, Documents grecs, in: Revue de l'Orient latin 1 (1893) 540 ff.; H. W. CODRINGTON, The Liturgy of Saint Peter (= Liturgiegeschichtl. Quellen u. Forschungen, Heft 30, Münster i. W. 1936) bes. 117–121. – **Zeit und Ort:** 10. Jh., Entstehungsort unbekannt.

Der am Schluß defekte Meß-Libellus trägt im Gegensatz zu anderen Petrus-Messen[1] in der Überschrift den Namen des Papstes Gregor. Diese lautet:

---

[1] Der Name Petrus-Messe könnte mit der im Frühmittelalter verbreiteten Meinung zusammenhängen, der römische Meßkanon stamme, wie es im oben zitierten Brief des Papstes Vigilius heißt, «ex apostolica traditione».

‘Η λατινικὴ λειτουργία τοῦ ἁγίου Γρηγορίου τοῦ Διαλόγου
ἑρμηνευθεῖσα ἐκ τῆς ῥωμαίας ἀρτέως εἰς τῆν ἑλληνικήν.

Das Formular beginnt mit «Dominus uobiscum» und einer Oration
(H 58, 4), darauf folgt unmittelbar ein «Super oblata»-Gebet[1], die Ein-
leitungs-Responsorien zur Präfation, die Praefatio communis und der
Canon, der bei «aeterna damnatione . . .» abbricht. Unter der griechischen Übersetzung steht der lateinische Originaltext in griechischen
Buchstaben. Die Fassung des Canon missae ist weitgehend der gregorianischen Fassung angepaßt. Das hindert jedoch nicht anzunehmen,
daß der Libellus in seiner ursprünglichen Fassung auf die Zeit vor
Gregor d. Gr. zurückgeht, was auch stehengebliebene ältere Fassungen
(so: beatissimo famulo tuo papa nostro) nahelegen. Das gleiche gilt
für Nr. 607.

607   Griechisch-lateinische Petrus-Messe

> **Bibl.**: Milano, Biblioteca Ambrosiana, Cod. F 93 sup. – **Edit.**: A. HEISEN-
> BERG, Neue Quellen II (1923) 12–45, 46–52; H. W. CODRINGTON, The
> Liturgy of Saint Peter (Münster i. W. 1936) bes. 121–129. – **Zeit und Ort:**
> 10. Jh., Ort der Entstehung unbekannt (Süditalien?).

Der Libellus, der stellenweise völlig unleserlich ist, beginnt defekt in
den Worten des Canon: «qui tibi offerunt hoc sacrificium laudis . . .»
und reicht bis zum Schluß der Messe: Postcommunio (H 2, 10?), darauf
«Dominus uobiscum» und «(Ite) missa (est)»[2].

*

Außer diesen beiden griechisch-lateinischen Petrus-Messen sind einige
weitere Formulare erhalten, die jedoch nichts anderes darstellen als
byzantinische (oder armenische) Meßliturgien mit römischem Canon in

---

[1] Es lautet: «Sacrificia domine tibi dicata sanctifica. et per eadem nos placatus
   intende. per.»

[2] Vielleicht ist auch (wie in Sto) «Missa (acta est)» zu ergänzen.

griechischer (bzw. armenischer) Übersetzung[1]. Ein beigefügter lateinischer Text fehlt hier. Die Überschrift lautet regelmäßig:

Λειτουργία τοῦ ἁγίου ἀποστόλου Πέτρου.[2]

Von der Petrus-Messe zu unterscheiden ist die sog. *Missa graeca*, das
sind die Ordinariumsgesänge (Gloria, Credo, Sanctus und Agnus Dei),
wie sie, meist mit Neumen versehen, in verschiedenen Handschriften in
griechischer Übersetzung zu finden sind, so u. a. im Clm 14083 (10. Jh.),
Cod. Sangallensis 381, 382 und im ms. lat. 9449 der B. N. zu Paris[3]
(vgl. auch Nr. 1370).

b) Sacramentaria Gelasiana

Außer den unter Nr. 605 (bzw. 075) genannten Meßlibelli sowie der
schöpferischen Tätigkeit an «Orationes et preces» für die Feier der
Stationsgottesdienste, wie sie im sog. Leonianum (Nr. 601) gesammelt
worden sind, war, wie es scheint, ein offizielles Sakramentar «per
circulum anni» in Rom in den ersten Jahrhunderten (bis auf Papst
Gregor d. Gr.) unbekannt.

In der Mitte und in der 2. Hälfte des 8. Jh. begegnen uns im **Frankenreich** sowie im agilolfingischen Bayern Sakramentare «per circulum
anni», die man früher «Gelasianum» nannte, weil man sie mit dem von
Gennadius, De vir. ill. c. 96 erwähnten «(Liber) Sacramentorum» des

---

[1] Die einzelnen Formulare sind herausgegeben und besprochen von H. W.
CODRINGTON a. a. O.

[2] Vgl. auch J. M. HANSSENS, La liturgie romano-byzantine de Saint-Pierre, in:
Orientalia christiana 4 (1938) 234–258; 5 (1939) 103–150.

[3] Vgl. auch die Meßformulare bei F. J. MONE, Lateinische und griechische
Messen aus dem 2. bis zum 6. Jh. (Frankfurt 1850) 139–147. *Weitere Lit.:*
P. WAGNER, Einführung in die gregorianischen Melodien I (Leipzig 1911) 51 f.;
L. BROU, Les chants en langue grecque dans les liturgies latines, in:
Sacris erudiri 1 (1948) 165–180; BOURQUE II, 2 Nr. 431–432 A S. 341 f.;
F. ZAGIBA, Die Messe in griechischer Sprache, in: Musik in Geschichte und
Gegenwart (1961); IDEM, Der Cantus Romanus in lateinischer, griechischer
und slavischer Kultsprache, in: Kirchenmusikalisches Jahrbuch 44 (1960)
1–13.

Papstes *Gelasius* I (492–496) in Verbindung gebracht hat[1]. Doch dürfte dieser Papst lediglich, nach Angabe des Liber pontificalis (ed. DUCHESNE I, 225), wie seine Vorgänger und Nachfolger «Orationes et preces» verfaßt haben[2].

> **Lit.**: A. BAUMSTARK, Das Problem eines vorgregorianischen stadtrömischen Sakramentars, in: K. MOHLBERG, Die älteste erreichbare Gestalt des Liber Sacramentorum anni circuli der römischen Kirche (= Liturgiegeschichtl. Quellen und Forschungen, Heft 11/12, Münster i. W. 1927) 4*–45*; B. CAPELLE, L'oeuvre liturgique de Saint-Gélase, in: JThSt, NS 2 (1951) 129–144; C. COEBERGH, Le pape Saint-Gélase I. auteur de plusieures messes et préfaces du soi-disant sacramentaire Léonien, in: Sacris erudiri 4 (1952) 46–102; G. POMARÈS, Gélase I. Lettre contre des Lupercales et dix-huit messes du sacramentaire Léonien (= Sources Chrétiennes 65, Paris 1959); J. JANINI, Gelasio I y el Sermon De neglecta solemnitate (PL 54, 433–44), in: Studia Patristica VIII (= Texte und Untersuchungen 93, Berlin 1966).

Über die *Herkunft* des sog. Gelasianum wurde schon viel nachgedacht. Neuerdings denkt CHAVASSE wieder an einen römischen Ursprung (presbyterales Meßbuch in den Titelkirchen), verlegt jedoch seine Entstehung erst in die Zeit nach Gregor d. Gr. (7. Jh.)[3]. GAMBER dagegen hält eine Entstehung in Ravenna für am wahrscheinlichsten und sieht im Gelasianum das von Agnellus erwähnte «missale» des Bischof Maximian von Ravenna aus der Mitte des 6. Jh. (vgl. S. 314ff). Dabei hält er, wie CHAVASSE am stadtrömischen Ursprung der meisten Formulare fest und verlegt lediglich die Redaktion des Sakramentars nach Ravenna.

---

[1] Sein Name wird in einer Sakramentar-Handschrift aus dem Anfang des 13. Jh. (Cod. Vat. lat. 3547) im Titel erwähnt: «In nomine dni incipit liber sacramentorum editus primum a beato *gelasio papa* romane sedis emendatus et breviatus a beato gregorio papa»; vgl. H. GRISAR, in: ZkTh 9 (1885) 575; S. BÄUMER, in: Historisches Jahrbuch 14 (1893) 244.

[2] Von liturgiegeschichtlichem Interesse ist der Brief des Papstes an Bischof Elpidius von Volterra; vgl. J. BRINKTRINE, in: Röm. Quartalschrift 45 (1937) 67–69; Th. MICHELS, ebd. 47 (1939) 179–181; C. CALLEWAERT, in: Sacris erudiri 2 (1949) 95–110.

[3] H. SCHMIDT, in: Sacris erudiri 4 (1952) 134 bzw. Miscellanea Liturgica I (1948) 453f. vermutet Gallien als Heimat dieses Liturgiebuches; vgl. weiterhin: B. CAPELLE, in: Rev. bénéd. 64 (1954) 157–167; G. DIX, The Shape of the Liturgy (2. Aufl. London 1945) 532, 565–566.

Lit.: A. CHAVASSE, Le sacramentaire gélasien (Vaticanus Reginensis 316) Sacramentaire presbytéral en usage dans les titres romains au VIIe siècle (= Bibliothèque de Théologie, Ser. IV, Vol. I, Paris 1958); dagegen: C. COEBERGH, in: ALW VII, 1 (1961) 45–88; K. GAMBER, in: Rev. bénéd. 71 (1961) 125–134, bes. 132–134; IDEM, Das Missale des Bischof Maximian von Ravenna, in: Ephem. lit. 80 (1966) 205–210.

Über die Verwendung gelasianischer Meßbücher im Frankenreich sagt Walafried Strabo († 849), De rebus eccl. c. 22:

Nam et Gelasius papa . . . tam a se quam ab aliis compositas preces dicitur ordinasse. Et Galliarum ecclesiae suis orationibus utebantur quae adhuc a multis habentur.

Während demnach zu Walafrieds Zeiten noch zahlreiche derartige Handschriften vorhanden waren, sind jetzt aus dem Frankenreich nur mehr eine Vollhandschrift und einige Fragmente erhalten:

610 Das sog. Gelasianum («Codex Vaticanus») Sigel: V

Bibl.: Roma, Cod. Vat. Regin. lat. 316 + Paris, B. N., ms. lat. 7193 (ff. 41–56). – **Edit.:** TOMMASI (1680); MURATORI (1748) = PL 74, 1055 bis 1244; ASSEMANI (1751); VEZZOSI (1751); WILSON (1894); L. C. MOHLBERG(–L. EIZENHÖFER–P. SIFFRIN), Liber Sacramentorum Romanae aeclesiae ordinis anni circuli (= Rerum ecclesiasticarum Documenta, Series maior, Fontes IV, Roma 1960). – **Lit.:** Vollständige Literatur bei MOHLBERG a.a.O. XXXVIII–XLIV; DACL VI, 1 747–777 (mit Facsimile nach col. 748); E. BISHOP, Liturgica historica (Oxford 1918) 39–91; LOWE I Nr. 105; V Nr. 105 S. 15; BOURQUE I Nr. 8 S. 173–298; A. CHAVASSE, Le sacramentaire gélasien (= Bibliothèque de Théologie, Ser. IV, Vol. I, Paris 1958); Sakramentartypen 56; P. SIFFRIN, Konkordanztabellen II (Roma 1959); K. GAMBER, Das kampanische Meßbuch als Vorläufer des Gelasianum, in: Sacris erudiri 12 (1961) 5–111; C. COEBERGH, Le sacramentaire gélasien, in: ALW VII, 1 (1961) 45–88. – **Zeit und Ort:** um 750, Kloster Chelles (BISCHOFF)[1], zuletzt in Saint-Denis.

Zu Beginn (f. 1–2) der Rest eines Index (vgl. auch Nr. 611), anschließend die Oratio dominica Griechisch und Lateinisch. Zu unserem Codex

---

[1] Vgl. B. BISCHOFF, Die Kölner Nonnenhandschriften und das Skriptorium von Chelles, in: Karolingische und ottonische Kunst (= Forschungen zur Kunstgeschichte und christliche Archäologie, 3. Band, Wiesbaden 1957) 395–411, bes. 408. – Früher wurde die Niederschrift von V meist um 50–100 Jahre zu früh angesetzt.

gehörten ursprünglich auch die membra disiecta, die Lowe i. J. 1921 in Paris (B. N., Ms. 7193) gefunden hat [1] und die einen «Exorcismus contra inergumenos», ein «Iudicium poenitentiale» sowie ein «Breviarium Apostolorum» beinhalten. Der Codex ist in drei Bücher eingeteilt, von denen jedes mit einer neuen Lage und einem eigenen Titelbild und Buchtitel eingeleitet wird. Ursprünglich dürften deshalb die drei Libri auch gesondert gebunden gewesen sein. Die einzelnen Titel lauten:

> IN NOMINE DNI IHU XPI SALUATORIS INCIPIT LIBER SACRAMEN-
> TORUM ROMANAE AECLESIAE ORDINIS ANNI CIRCULI [2].
>
> INCIPIT LIBER SECUNDUS ORACIONES ET PRAECES DE NATALICIIS
> SANCTORUM [3].
>
> INCIPIT LIBER TERTIUS ORACIONES ET PRAECES CUM CANONE PER
> DOMINICIS DIEBUS [4].

Eine ähnliche Einteilung in drei Bücher findet sich auch in einem Sakramentar aus Echternach (Nr. 920).

Das an Formularen äußerst reichhaltige Sakramentar enthält außer Messen de tempore und de sanctis sowie Votivmessen eine Reihe von Ordines, so (Nr. XVI) «Ordo agentibus publicam poenitentiam», (Nr. XX) «Ordo qualiter in Romana Sedis Apostolicae Ecclesia praesbiteri diaconi uel subdiaconi eligendi sunt», (Nr. XXVIIII–XXXVI) einen umfangreichen Skrutinien-Ordo [5], (Nr. XXXVIII) «Ordo agentibus

---

[1] Vgl. E. A. Lowe, The Vatican MS of the Gelasian Sacramentary and its Supplement at Paris, in: JThSt 27 (1925/26) 357–373.

[2] Vgl. die Überschriften in den Fragmenten Nr. 418 und 614. Der Hinzufügung «ordinis» zu «romanae ecclesiae» ist Beachtung zu zollen, da dadurch vielleicht angezeigt wird, daß es sich um ein Sakramentar nach dem Ritus der römischen Kirche und nicht um ein römisches Liturgiebuch handelt (vgl. auch Nr. 805). In den Gregoriana fehlt ein solcher Zusatz.

[3] Der Libellus für die Heiligenfeste ist noch im Codex M (Nr. 701) sowie in einer Reihe späterer Handschriften aus Oberitalien (vgl. Nr. 1186) als selbständiger Libellus erhalten. Er trägt in M die Überschrift: Incipit mis‹sae› de scorum.

[4] Mit diesem Libellus mit Sonntags- und Votivmessen ist der spätere gregorianische zu vergleichen, der sich aus jenem entwickelt haben dürfte (vgl. S. 327).

[5] Vgl. P. de Puniet, Les trois homélies catéchétiques du sacramentaire gélasien, in: Revue d'histoire ecclésiastique 5 (1904) 505–521, 755–786; 6 (1905) 15–32, 304–318. Die «Expositio orationis dominicae» geht nach de Puniet auf Chromatius von Aquileja († um 407) zurück; vgl. a.a.O. 315.

publicam poenitentiam», (Nr. XLI) «Ordo de Feria VI Passione domini», (Nr. XLII) «Ordo qualiter Sabbato sancto ad Vigiliam ingrediantur»[1], (LXVI–LXXVI) abermals ein Skrutinien-Ordo «aegrotanti caticumino», (LXXXVIII) einen Kirchweihe-Ordo, dem sich (Nr. XCV) nochmals einen «Ordo de sacris ordinibus benedicendis» anschließt. Ein Teil dieser Ordines sind nicht-römischen (ravennatischen?) Ursprungs. Das Vorhandensein dieser Ordines dürfte ein Hinweis (unter anderen) auf die Abstammung unseres Codex vom Sakramentar des Maximianus von Ravenna sein, von dem es heißt, es habe »quidquid ad ecclesiae ritum pertinet» enthalten.

611 Sakramentar-Fragment von Saint-Thierry

> **Bibl.:** Reims, Bibl. munic., ms. 8 (C. 142), ff. 1–2. – **Edit.:** A. WILMART, L'index liturgique de Saint-Thierry, in: Rev. bénéd. 30 (1913) 437–450; MOHLBERG, Liber sacramentorum (Roma 1960) 267–275. – **Lit.:** DACL VI, 1 752f.; LOWE VI Nr. 822; BOURQUE I Nr. 9 S. 181; Sakramentartypen 57. – **Zeit und Ort:** um 780, später Saint-Thierry.

Das Fragment besteht aus einem inneren Doppelblatt und beinhaltet Teile eines Index zu einem Sakramentar. Dieses hat, wie die Übereinstimmung mit dem Index von V zeigt, dem gleichen Typus angehört wie Nr. 610[2].

612 Sakramentar-Fragment in Valenciennes

> **Bibl.:** Valenciennes, Bibl. munic., ms. 414 (zwei Vorsatzblätter). – **Edit.:** K. GAMBER, in: Sakramentartypen 57. – **Zeit und Ort:** ausgehendes 8. Jh., Frankreich (B. BISCHOFF).

Die Fragmentblätter wurden von B. BISCHOFF gefunden. Die Schrift ist teilweise nur mehr schwer lesbar. Auf dem ersten Blatt stehen Weihegebete des Liber I von V (Nr. 610) von der Benedictio lectorum

---

[1] Daß dieser Ordo ursprünglich nicht zum Sakramentar gehört hat, zeigt dessen Schlußsatz: «Post hoc surgens sacerdos a sede sua et dicit orationes de uigilia paschae, sicut in *sacramentorum* continetur». Zu «(liber) sacramentorum» vgl. Nr. 020.

[2] Vgl. die Gegenüberstellung bei MOHLBERG a.a.O. 268–275.

bis zur Consecratio episcopi (V I 96, 4–99, 4), auf dem zweiten Blatt
Formulare des Liber II von V und zwar von Agatha bis Mariä Verkündigung. Weitgehende Übereinstimmung mit Nr. 610. Bemerkenswert ist jedoch, daß in unserm Fragment das Fest der Purificatio
(2. Febr.) erst nach dem der hl. Agatha (5. Febr.) zu stehen kommt[1]
und das des hl. Thomas (wie in Nr. 611) im Februar (und nicht wie
in V im Dezember) seinen Platz hat[2].

613   Sakramentar-Fragment (Palimpsest) in Brüssel

> **Bibl.:** Bruxelles (Brüssel), Bibliothèque Royale, ms. 2750–65 (ff. 1–41,
> 78–82, 113–137). – **Schrift:** vorkarolingische Minuskel, 19 Langzeilen. –
> **Lit.:** Lowe X Nr. 1541. – **Zeit und Ort:** 2. Hälfte des 8. Jh., Ost-
> Frankreich, zuletzt in Stavelot.

Die umfangreichen Palimpsestseiten (71 Blätter) sind noch nicht entziffert. B. BISCHOFF, der Entdecker des Palimpsestes, konnte bei einer
flüchtigen Durchsicht einen Satz aus der Formel V 1083 lesen. Herkunft und Alter des Fragments lassen ein Sakramentar des gleichen
Typus wie Nr. 610 vermuten.

614   Sakramentar-Fragment in Brüssel

> **Bibl.:** Bruxelles (Brüssel), Bibliothèque Royale, ms. 9850–52 (f. 2). –
> **Lit.:** Lowe X Nr. 1546. – **Zeit und Ort:** 2. Hälfte des 8. Jh., Nord-
> Frankreich, zuletzt in Arras (St. Vaast).

Das Fragment wurde von B. BISCHOFF gefunden. Erhalten ist lediglich die Titelseite.

---

[1] Diese Tatsache läßt die Vermutung aufkommen, daß im Typus von V das Fest
der Purificatio, das nur 3 Formeln (829–831 ed. MOHLBERG) aufweist, wie auch
die übrigen Marienfeste im gleichen Sakramentar der ursprünglichen Fassung
fremd waren. Möglicherweise wurden sie im Anschluß an die Synode von
Aquileja (um 700), «in quo sinodo catholice constitutum est, ut beata Maria
semper virgo theotocos diceretur» (Paulus Diaconus, Hist. Langobard. VI, 14),
im Gebiet von Aquileja, wo das Gelasianum eingeführt war (vgl. Sakramentartypen 59–60), in das Meßbuch eingefügt. A. CHAVASSE, Le sacramentaire
gélasien, will dagegen diese Zusätze in Rom entstanden wissen.

[2] Im oberitalienischen Sakramentarfragment Nr. 808 finden wir das gleiche Fest
(ähnlich wie in Mailand) am 3. Juli.

Diese lautet:

IN NOMINE DNI NOSTRI IHU XPI INCIPIT LIBER SACRAMENTORUM
RO . . .

Es handelt sich vermutlich um das Bruchstück eines fränkischen
Gelasianum[1].

615 Sakramentar-Fragment aus Tholey

> **Bibl.:** London, British Museum, MS Add. 29. 276 (ff. 1, 169). – **Edit.:**
> K. GAMBER, Fragment eines «Ordo scrutiniorum» aus dem 8. Jh., in:
> Rev. bénéd. 70 (1960) 413–417. – **Lit.:** DACL IX, 2 2383; LOWE II Nr.
> 172; BOURQUE II, 1 Nr. 43 S. 25. – **Zeit und Ort:** 2. Hälfte des 8. Jh.,
> vermutlich nördlich der Alpen (B. BISCHOFF), zuletzt im Kloster
> Tholey[2].

Erhalten sind zwei Blätter (eins davon verstümmelt), die vermutlich
ehedem zu einem Sakramentar gehört haben. Die Bruchstücke bieten
Texte aus einem «Ordo scrutiniorum», der dem im Codex V, noch mehr
aber dem im Pontifikale von Donaueschingen (Nr. 1552) entspricht
(erhalten V 288–292, 300–307). Es dürfte schwer sein, mit letzter
Sicherheit den Sakramentar-Typus bestimmen zu wollen, zu dem die
Skrutinien-Ordnung gehört hat. Auf Grund des Alters reihen wir das
Fragment unter die Gelasiana ein, ohne dabei die Möglichkeit, daß es
sich um ein Gelasianum mixtum gehandelt hat, ausschließen zu wollen
(vgl. Nr. 851, 866, 868).

*

Sakramentare im Typus von V scheinen im Frankenreich in weniger
zentral gelegenen Gegenden, so in der Bretagne, verschiedentlich
auch nach Einführung des Hadrianum (vgl. S. 337) weiter in Verwendung geblieben zu sein, wenn sie auch diesem etwas angeglichen
wurden. Dafür zeugen die folgenden Fragmente:

---

[1] Vgl. den Titel in V (Nr. 610): In nomine dni ihu xpi saluatoris incipit liber
sacramentorum romanae aeclesiae ordinis anni circuli. Vielleicht gehört hierher
auch Fragment Nr. 418, das fast den gleichen Buchtitel zeigt.

[2] Vgl. W. LEVISON, Aus rheinischer und fränkischer Frühzeit (Düsseldorf 1948)
105.

622   Sakramentar-Fragment aus der Bretagne

> **Bibl.:** Oxford, Bibl. Bodleiana, MS Bod. 314 (ff. II, 99). – **Edit.:** K. GAM-
> BER, in: TuA, Heft 52 (Beuron 1962) 101–105. – **Zeit und Ort:** Anfang
> des 10. Jh., Bretagne (B. BISCHOFF)[1].

Die zwei Doppelblätter (z. T. unleserlich) enthalten Formulare des
Karsamstags und des Ostertags, ferner des Sonntags nach Christi
Himmelfahrt und der Pfingstvigil. Die Orationen entstammen noch
teilweise dem Gelasianum, wie auch die Überschriften der Formeln
(Secreta, Post communionem, Ad populum) mit diesem übereinstim-
men.

628   Sakramentar-Fragment in der Bodleiana

> **Bibl.:** Oxford, Bibl. Bodleiana, MS Lat. liturg. d 3 (ff. 1–2). – **Edit.:**
> K. GAMBER, in: TuA, Heft 52 (Beuron 1962) 98–101. – **Zeit und Ort:**
> Ende des 10. Jh., vermutlich Frankreich.

Die zwei Blätter stehen am Karfreitag der Ordnung im Gelasianum
noch sehr nahe, sind im übrigen Orationsbestand jedoch weitgehend
dem Gregorianum angepaßt.

629   Sakramentar-Fragment in Gnesen

> **Bibl.:** Gnesen, Bibliothek des Domkapitels, Cod. 33. – **Zeit und Ort:**
> 10. Jh., Corvey[2], später in Polen (Gnesen).

Das Fragment, das die Schrecken des 2. Weltkrieges überstanden und
auf das mich dankenswerterweise J. WORONOCZAK (Wrocław) auf-
merksam gemacht hat, besteht aus einem Doppelblatt, dessen äußere
Seiten stark gelitten haben. Das Bruchstück beinhaltet Formulare,
wie sie hauptsächlich in V vorkommen und zwar V 640.642, 643 bis
647, darauf «Pro defunctis fratribus» (nicht in V), dann Lücke von

---

[1] Ursprünglich hatte BISCHOFF Oberitalien als Schriftheimat vermutet; vgl.
TuA 52 (Beuron 1962) 98.

[2] Es werden in der 1. Formel der Messe «Pro defunctis fratribus» die Heiligen
Stephanus, Vitus und Justinus erwähnt.

einem Doppelblatt, darauf Präfation F 2568, V 669–673, unleserliche Präfation, V 674 (Schluß des Fragments). Die Formeln tragen die Überschriften: Secreta, Praefatio, Infra actionem und Post communionem.

*

Die folgenden Gelasiana stammen aus dem bayerischen Raum[1]. Sie sind ebenfalls etwas überarbeitet, hauptsächlich mit gregorianischen Formularen:

> **Lit.:** W. Dürig, in: Ephem. lit. 63 (1949) 402–405; K. Gamber, Das Sakramentar des Bischofs Arbeo von Freising, in: Münchener Theol. Zeitschrift 9 (1958) 46–54; idem, Das frühmittelalterliche Bayern im Lichte der ältesten bayerischen Liturgiebücher, in: Deutsche Gaue 54 (1962) 49–62; idem, Die ältesten Liturgiebücher des Freisinger Doms, in: Der Freisinger Dom (Freising 1967) 45–64; idem, Das Sakramentar von Salzburg als Vorlage des Pragense, in: Studia Patristica VIII (= Texte und Untersuchungen 93, Berlin 1966) 209–213.

Während R. Bauerreiss (in: TuA 38/42 S. 43) annimmt, daß fränkische Missionare, so der hl. Korbinian († 730), der Überbringer dieses Meßbuchtypus nach Bayern waren, ist (nach Gamber) eine Einführung direkt aus Oberitalien weit wahrscheinlicher. Dafür spricht u. a. das Fest des hl. Zeno von Verona (am 8. Dez.) in der wichtigsten dieser Handschriften (Nr. 630), sowie die oberitalienische Zählweise der Sonntage nach Pfingsten, als Sonntage «post octauas apostolorum», «post sci laurenti» und «post sci angeli». Während der nur wenig jüngere fränkische Codex Vaticanus (Nr. 610) so gut wie keine Änderungen oder Zusätze zu erkennen gibt, zeigen die bayerischen Gelasiana einen (wohl schon in Oberitalien) weiterentwickelten Typus,

---

[1] In einer St. Emmeramer Urkunde, die Kirche zu Rohrbach (b. Eggenfelden in Ndb.) betreffend, werden um das Jahr 870 folgende Liturgiebücher erwähnt: «Lectionaria II, missalia II, librum omeliarum, gradalia II, nocturnalia II, librum canonum I, psalterium I, penitentiale I»; vgl. J. Widemann, Die Traditionen des Hochstifts Regensburg und des Klosters St. Emmeram (München 1942) 52; vgl. auch S. 86. Hinsichtlich einer Freisinger Urkunde v. J. 855 mit Angabe von Liturgiebüchern vgl. R. Bauerreiss, Kirchengeschichte Bayerns I (St. Ottilien 1949) 63.

wobei es sich um keine systematische Redaktion, sondern um Änderungen handelt, die deutlich sich auf einen längeren Zeitraum erstreckt haben[1].

Es ist nur eine einzige Voll-Handschrift dieses bayerischen Meßbuch-Typus erhalten:

630   Sakramentar in Prag («Tassilo-Sakramentar»)   Sigel: Pr

> **Bibl.:** Praha (Prag), Knihovna Metropolitní Kapitoly, Cod. O. 3. –
> **Edit.:** A. DOLD(–L. EIZENHÖFER), Das Prager Sakramentar, Bd. I Licht-
> bildausgabe (Beuron 1944); Bd. II Prolegomena und Textausgabe
> (= TuA, Heft 38/42, Beuron 1949). – **Lit.:** K. MOHLBERG, in: Liturgie-
> geschichtl. Quellen und Forschungen, Heft 31 (Münster i. W. 1939) 83–90;
> W. DÜRIG, in: Ephem. lit. 63 (1949) 402–405; BOURQUE I Nr. 21 S. 308;
> Sakramentartypen 76; K. GAMBER, Das Kassian- und Zeno-Patrizinium
> in Regensburg. Ein Beitrag zu den Beziehungen zwischen Bayern und
> Oberitalien im Frühmittelalter, in: Deutsche Gaue 49 (1957) 17–28;
> IDEM, in: Münchener Theol. Zeitschrift 9 (1958) 46–54; 10 (1959) 195–199;
> 12 (1961) 205–209; in: Sacris erudiri 12 (961) 20, 100 ff.; IDEM, Das
> frühmittelalterliche Bayern im Lichte der ältesten bayerischen Liturgie-
> bücher, in: Deutsche Gaue 54 (1962) 49–62; LOWE X Nr. 1563/64. –
> **Schrift:** alte karolingische Minuskel, 21 Langzeilen, ab fol. 85 zwei
> Kolumnen. – **Zeit und Ort:** vor 794, vermutlich noch unter Herzog
> Tassilo (abgesetzt 788), Regensburg[2], später in Prag[3].

Ein um die Alia-Oratio (und meist auch um die «Ad populum»-Formel) gekürztes Altgelasianum, das in den Varianten dem Codex V (Nr. 610)

---

[1] Auch hier wieder kann man die Sonntagsmessen nach Pfingsten als Beispiel anführen, die z. T. eigenwillige Orationen-Zusammenstellungen darstellen, oder die Votivmessen, die gegenüber dem genannten Codex V stark abweichen.

[2] Zur mutmaßlichen Entstehung in Regensburg (herzogliche Schreibschule bei
der «Alten Kapelle»?) vgl. Münchener Theol. Zeitschrift 12 (1961) 205–209; vgl.
B. BISCHOFF, in: Karl der Große II (1965) 246.

[3] Nach Prag kam der Codex, wie andere Regensburger Handschriften (Prag,
Univ. Bibl. III F. 22; Metropolitanskapitel A. CLVI), im Zuge der kirchlichen
Organisation Böhmens, das bis 973 dem Bistum Regensburg unterstand
(B. BISCHOFF). Laut Eintrag am unteren Rand von Blatt 1 befand sich unser
Sakramentar im 18. Jh. im Besitz eines Joh. Nep. Hübner; vgl. A. DOLD, in:
TuA 38/42 (1949) 196* Amn. 1.

nahesteht, jedoch eine verwilderte Schreibweise zeigt[1]. Das erste Formular sowie der Titel sind einem Gelasianum mixtum entnommen. Letzterer lautet (f. 1r):

IN XPI NOMINE INCIPIT LIBER SACRAMENTORUM ANNI CIRCULI ROMAE (!) AECCLESIAE IN UIGILIA NATALIS DNI AD NONAM STATIO AD SCAM MARIAM SEU PER DOMINICAS UEL FESTIUITATES SANCTORUM MARTYRUM ET CONFESSORUM[2].

Aus einer anderen Quelle (bzw. aus Nachträgen in der Vorlage) hat der Schreiber eine Reihe von Formularen für Heiligenfeste aus dem Gregorianum zusätzlich aufgenommen. Vom Canon ab (letzterer in Unziale) schreibt er in zwei Kolumnen. Beachtenswert ist die altertümliche Überschrift: «Incipit canonica (sc. prex)». Auf das Sakramentar folgen ff. 121–130 ein Kurz-Lektionar (vgl. Nr. 1220)[3] und ein Poenitentiale (ff. 131–145), letzteres ein Nachtrag des 9. Jh.

Aufs nächste verwandt mit dem Prager Sakramentar sind folgende Fragmente:

631 Sakramentar-Fragment in München

> **Bibl.:** München, Universitätsbibliothek, Cod. 4° 3 (Cim. 23), f. 1[4]. – **Edit.:** K. GAMBER, Das Sakramentar des Bischofs Arbeo von Freising, in: Münchener Theol. Zeitschrift 9 (1958) 46–54. – **Lit.:** B. BISCHOFF, in: TuA Heft 38/42 (Beuron 1949) 36 Anm. 3; BOURQUE II, 2 Nr. 457 S. 350; LOWE IX Nr. 1344; Sakramentartypen 75. – **Zeit und Ort:** Ende des 8. Jh., Südostdeutschland, möglicherweise Regensburg.

---

[1] Man versteht deshalb die Mahnung eines Capitulare ecclesiasticum v. J. 818/19, wo es c. 28 heißt: Quatenus presbyteri missalem et lectionarium sive ceteros libellos sibi necessarios *bene correctos* habeant (MGH Cap. I, 279).

[2] Von «seu per dominicas . . .» ab vermutlich Nachtrag der Vorlage, der in der Abschrift nicht richtig eingefügt worden ist.

[3] Ebenfalls aus Regensburg stammt das zum gleichen Typus gehörende Lectionarium plenarium Nr. 1211, von dem noch zwei Blätter erhalten sind.

[4] Am Rand einiger Seiten des Codex (so f. 2r, f. 111v, 112, 124r) sind Formulare eingetragen, die, beginnend mit der Vigil von Weihnachten, aus einem Gregorianum genommen sind.

Das beschnittene Fragmentblatt, das schriftmäßig dem Sakramentar von Prag (Nr. 630) nahesteht, beinhaltet Formulare für das Fest des hl. Johannes Ev. und das der Unschuldigen Kinder. Die Alia-Oratio fehlt wie in Pr, die «Ad populum»-Formel ist jedoch noch regelmäßig vorhanden. Das zweite Formular weist eine eigene Präfation (= S 61, P 41, Sal 378) auf. Sie könnte, wie andere Formeln in Pr, aus einem Meßbuch im Typus von Sal (Nr. 883) entnommen sein (vgl. Pr 85,1 = Sal 77, Pr 86,3 = Sal 80). Im folgenden Fragment (Nr. 632) finden wir in ähnlicher Weise Commune-Messen aus dem gleichen Typus vor.

632   Sakramentar-Fragment aus Freising

> **Bibl.:** München, B. Staatsbibliothek, Clm 29164 I/1a, f. 13 (aus: Clm 6229). – **Edit.:** K. GAMBER, Das Sakramentar des Bischofs Arbeo von Freising, in: Münchener Theol. Zeitschrift 9 (1958) 46–54. – **Lit.:** BISCHOFF Nr. 27 S. 90; A. DOLD, in: JLW 12 (1932) 156–160; P. SIFFRIN, ebd. 13 (1933) 190–191; BOURQUE II, 1 Nr. 45 S. 26; Sakramentartypen 74; K. GAMBER, Die ältesten Liturgiebücher des Freisinger Doms, in: Der Freisinger Dom (Freising 1966) 47–55. – **Zeit und Ort:** nach 800, Freising.

Das aus einem einzigen, am inneren Rande beschädigten Blatt bestehende Fragment beinhaltet zu Beginn den Schluß einer Benediktus-Messe (= S 998), darauf den Schluß eines Commune Sanctorum, wie es in dieser Form nur noch im Typus des Sakramentars von Salzburg und in P vorkommt (P 837–843). Unmittelbar im Anschluß daran die Messe «Dominica in quadragesima», die, von der zusätzlichen «Ad populum»-Formel abgesehen, ebenso in Pr (Formular 45) zu finden ist. Die Präfation Pr 45,3 fehlt im Fragment. Die unmittelbare Folge: Commune–1. Fastensonntag läßt vermuten, daß im ehemaligen Meßbuch mit diesem Sonntag die Messen de Tempore begonnen haben.

633   Sakramentar-Fragment in Wien

> **Bibl.:** Wien, Österreichische Nationalbibliothek, Cod. Ser. n. 13706. – **Edit.:** F. UNTERKIRCHER (in Vorbereitung). – **Zeit und Ort:** 8./9. Jh. oder Anfang des 9. Jh., Südostdeutschland (B. BISCHOFF).

Das etwas beschnittene Einzelblatt zeigt die gelasianische Benedictio cerei (V 426–428), darauf das «Exultet», das die Überschrift «Item benedictio cerei» trägt[1].

635 Sakramentar-Fragment aus Tegernsee

> **Bibl.:** München, B. Staatsbibliothek, Clm 29164b (aus: 2° Inc. s. a. 813b, dann: Clm 28547). – **Edit.:** A. DOLD, Stark auffällige, dem Altgelasianum und dem Pragense nahe Sakramentar-Texte in Clm 28547, in: Ephem. lit. 66 (1952) 321–351 (mit vollständigem Facsimile). – **Lit.:** BISCHOFF 166; LOWE IX Nr. 1326; BOURQUE II, 2 Nr. 439 S. 345; K. GAMBER, in: Münchener Theol. Zeitschrift 9 (1958) 46–54; Sakramentartypen 77. – **Zeit und Ort:** Ende des 8. Jh., Süddeutschland, zuletzt in Tegernsee.

Das Fragment besteht aus zwei verstümmelten Doppelblättern und einem Blattfragment. Auffällig ist das kleine Format (Schriftspiegel ungefähr 135 × 75 mm). Die Bruchstücke beinhalten Formulare von der Oktav des hl. Laurentius bis Priscus[2]. Diese entsprechen weithin den Formularen in Pr 174–183, weisen jedoch z. T. zusätzliche Formeln (Praefatio, Ad populum) auf. Auch hier ist Gregorianisierungsarbeit geleistet worden, wenn auch in anderer Weise als in Pr.

c) Sacramentaria Ravennatensia[3]

Ravenna, «die älteste Tochter der römischen Kirche» (Gregor d. Gr.), hat als erste Diözese Oberitaliens stadtrömische Liturgiebücher samt dem Meßritus von Rom übernommen. Diese Übernahme fand vielleicht schon unter Bischof *Ecclesius* (521–534)[4] statt, der aus Rom nach

---

[1] Die Verbindung der gelasianischen Benedictio cerei mit dem Exultet findet sich auch in den junggelasianischen Codices G, A und Ph, dürfte aber in unserm Fall eine andere Ursache haben als dort. Das Exultet könnte bei uns eine Übernahme aus einem Sakramentar im Typus von P darstellen.

[2] Bezüglich der ursprünglichen Ordnung der Blätter vgl. Sakramentartypen 77 f.

[3] Zur älteren Liturgie von Ravenna (unter Bischof Petrus Chrysologus) vgl. Nr. 067.

[4] Hinsichtlich einer mutmaßlichen Redaktion des Capitulare Evangeliorum in Ravenna unter diesem Bischof vgl. die Notiz im Clm 6212 (Nr. 1110).

Ravenna gekommen war, spätestens aber unter dem vom Papst Vigilius geweihten Bischof *Maximianus* (546–553), wie ein Fragment eines Liturgiebuches, das schon bald nach dessen Tod entstanden ist (Nr. 1201), zeigt.

Lit.: A. BAUMSTARK, Liturgia romana e liturgia dell'Esarcato, il rito detto in seguito patriarchino e le origini del Canon missae romanae (Roma 1904); F. CABROL, Autour de la liturgie de Ravenne, in: Rev. bénéd. 23 (1906) 489–520; F. LANZONI, Reliquie della liturgia ravennate del sec. IX secondo il «Liber Pontificalis», in: Rassegna Gregoriana 9 (1910) 327–338; DACL XI, 2 1434; E. CARONTI, Frammenti di Anafora Ravennate del secolo IV, in: Rivista liturgica di Finalpia 9 (1922) 114–118; IDEM, Liturgia Ravennate del IV–V secolo, in: Rivista Diocesana di Ravenna e Cervia 13 (1922) 27–32; H. DELEHAYE, L'hagiographie ancienne de Ravenne, in: Analecta Bollandiana 47 (1929) 5–30; K. MOHLBERG, Maximianus von Ravenna und die orientalische Quelle des Martyrologium Hieronymianum, in: Oriens christianus III Ser. 7 (1932) 147–152; G. LUCCHESI, Nuove note agiografiche Ravennati (Faenza 1943); Sakramentartypen 43–46; K. GAMBER, in: Ephem. lit. 72 (1958) 111–126; IDEM, in: TuA, 4. Beiheft (Beuron 1960) 41–46; IDEM, Das Missale des Bischof Maximian von Ravenna, in: Ephem. lit. 80 (1966) 205–210; IDEM, Die Liturgie Ravennas in der Zeit des byzantinischen Exarchats (= Studia patristica et liturgica 3, in Vorbereitung).

Unmittelbar aus der Zeit Maximians stammt ein liturgisches *Elfenbein-Diptychon* (Nr. 646), das auf der Rückseite eine Reihe von Heiligennamen aufweist. Diese zeigen, wie auch die auf den Mosaikbildern von S. Apollinare nuovo (S. Martino) in Ravenna und die Heiligenfeste im Sacramentarium Gelasianum (s. o.) wenig charakteristisch Ravennatisches und sind in der Hauptsache vom römischen bzw. gesamtitalienischen Kult her geprägt.

646 Diptychon von Ravenna

Aufbewahrungsort: Berlin, Kaiser-Wilhelm-Museum (Staatliche Museen), Inv. Nr. 564/565 (Elfenbeindiptychon). – **Lit.:** L. TRAUBE, in: Neues Archiv der Ges. für ältere deutsche Geschichtskunde 26, 605; H. KÄHLER, Zwei byzantinische Meisterwerke der justinianischen Zeit: Silberteller und Elfenbeindiptychon, in: Die Kunst 50 (1952) 321–325; P. METZ, Elfenbein der Spätantike (München 1962) Abb. 39–41. – **Schrift:** (auf der Rückseite): Halbunziale. – **Zeit und Ort:** Mitte des 6. Jh., unter Bischof Maximian von Ravenna.

Auf jeder der beiden Elfenbein-Tafeln mit Abbildungen des thronenden Christus und der thronenden Gottesmutter findet sich eine Reihe
von Namen, von denen nur noch die Heiligennamen (für das Commu-
nicantes?)[1] auf der Rückseite der Tafel J. 565 teilweise zu lesen sind.
Auf der anderen Tafel standen wohl die Namen der beim Gottesdienst
zu verlesenden Lebenden und Toten. Folgende Namen sind von
B. BISCHOFF entziffert worden:

> maria⟨e⟩ . . . (es fehlen ca. 25 Namen) clem⟨entis⟩, iohan⟨nis⟩,
> pauli, timothi, iul⟨. . at .⟩, sennis(?), pauliani, felicis, fortunati,
> filippi, uital⟨is⟩, mar⟨. . .⟩, alexand⟨ri⟩, silan⟨i⟩, ian⟨. . .⟩, felic⟨is⟩,
> ⟨. . .⟩ (1 Name), saba⟨. . .⟩, euphymiae, ceciliae, eugeniae, basillae,
> agathae, agnetis, alcimi, alexan⟨dri⟩, ulpi⟨. . .⟩, systi, ⟨la⟩urenti
> ⟨. . .⟩[2].

Ein lineares Ornament begleitet links die Schriftspalte. Die beiden
Tafeln sind am unteren Rand beschnitten; sie zeigen jedoch (nach
KÄHLER) noch Spuren des Monogramms des Bischof Maximian[3].

*

Agnellus berichtet in seinem Liber Pontificalis der ravennatischen Bischöfe (II, 6)[4] von der literarischen Tätigkeit des genannten Maximian,
an erster Stelle von dessen *Rezension der Hl. Schrift*:

> Fecit omnes ecclesiasticos libros id est septuaginta duo
> optime scribere, quos diu et cautissime legit, absque reprehen-
> sione nobis reliquit, quibus usque hodie utimur, et ultimo loco

---

[1] Jedenfalls scheint zur Zeit des Maximian bereits der römische Meßkanon eingeführt gewesen zu sein, wie die Darstellung des Opfers des Abel und Melchisedech in S. Vitale in Ravenna zeigt; vgl. A. BAUMSTARK, Liturgia romana e
liturgia dell'Esarcato (Roma 1904).

[2] Manche der hier genannten Heiligen finden sich in der (vermutlich aus Ravenna
stammenden) Epistelliste Nr. 242 wieder; vgl. ferner die Namen von Heiligen,
die Agnellus im Zusammenhang mit Maximian zitiert (PL 106, 606A), sowie
die Heiligenreihen in S. Apollinare in Ravenna.

[3] Erhalten ist auch die Kathedra des Maximian (jetzt im Erzbischöfl. Museum
zu Ravenna); ferner das «Diptychon von Murano», ebenfalls 6. Jh. (im Museo
Nazionale zu Ravenna); vgl. P. METZ, Elfenbein der Spätantike Nr. 34–38
bzw. Nr. 44.

[4] PL 106, 610 D; Kritische Ausgabe von O. HOLDER-EGGER, in: MGH Script.
rer. Langob. (1878) 332; A. CHAVASSE, L'oeuvre littéraire de Maximien de
Ravenne, in: Ephem. lit. 74 (1960) 115–120.

> evangeliorum et apostolorum epistolarum . . . Invenietis ita monentes: Emendavi cautissime cum his quae Augustinus, et secundum Evangelia quae beatus Hieronymus Romam misit et suis direxit, tantum ne ab idiotis vel malis scriptoribus vitientur.

Es ist möglich, daß Teile dieser Bibelausgabe erhalten geblieben sind; zu denken wäre an die Fragmentblätter aus dem 6. Jh. im ms. 19 der Bibl. munic. von Orléans (vgl. Lowe VI Nr. 797–801), sowie als spätere Abschrift an den Codex Millenarius in Kremsmünster, Stiftsbibliothek (nach 800)[1].

Der gleiche Agnellus berichtet weiterhin von «missales», die Maximian herausgegeben hat:

> Ediditque namque missales per totum circulum anni et sanctorum omnium, cotidianis namque et quadragesimalibus temporibus, vel quidquid ad ecclesiae ritum pertinet: omnia ibi sine dubio invenietis.

Unter *missales* sind Bücher für die Feier der hl. Messe zu verstehen, vor allem ein Sakramentar und ein Lektionar. Während vom Lektionar ein in der Zeit unmittelbar nach Maximian geschriebenes Fragment erhalten geblieben ist (vgl. Nr. 1201), ist vom Sakramentar kein unmittelbarer Zeuge auf uns gekommen. Doch hat bereits BISHOP die Vermutung geäußert, daß dieses von Agnellus erwähnte Meßbuch mit dem sog. Gelasianum, wie es im Codex Nr. 610 auf uns gekommen ist, im wesentlichen identisch ist[2], eine These, die von GAMBER wieder aufgegriffen worden ist (vgl. die Lit.)

Die Zeit, in der Bischof Maximian von Ravenna gelebt hat, war eine Zeit der Zusammenfassung des Überlieferten. Auf dem Gebiete des Rechts war es zur gleichen Zeit Kaiser *Justinian* I (527–565), der i. J.

---

[1] Vgl. W. NEUMILLER – K. HOLTER, Der Codex Millenarius und sein Umkreis (= Forschungen zur Geschichte Oberösterreichs 6, Graz/Köln [1959]) mit weiterer Literatur. Einen ravennatischen Ursprung der Vorlage hat bereits NEUMILLER vermutet.

[2] E. BISHOP, Liturgica historica (Oxford 1918) 59 Anm. 1: «. . . and whilst it is impossible to bring this description into agreement with either the Leonine or Gregorian books, it accords easily enough with the Gelasian type». H. SCHMIDT, in: Sacris erudiri 4 (1952) 134, und andere treten für Gallien als Entstehungsort des Archetypus von V ein; G. DIX, The Shape of the Liturgy (2. Aufl. London 1945), 532, 565–566, denkt an Süditalien (Capua).

529 den «Codex Justinianus» herausgab, eine Gesetzessammlung, die aus den Werken der bedeutendsten Juristen unter Ausscheidung des Veralteten zusammengestellt worden war, ferner die Digesten (Pandekten) und Institutionen. So stellt auch die liturgische Tätigkeit des Bischofs in der Stadt der byzantinischen Exarchen in erster Linie eine Sammlung des Überlieferten dar.

Noch vor dem Ravennatischen Schisma (648–688) muß eine weitere Redaktion der «missales» des Maximian erfolgt sein und zwar im Anschluß an das Sakramentar des Papstes Gregor (vgl. S. 370), da die erhaltenen Zeugen der ravennatischen Liturgie aus dem Ende des 7. bzw. dem 7./8. Jh. bereits Weiterbildungen eines solchen Mischsakramentars darstellen.

Als Redaktor eines Sacramentarium Gelasianum mixtum kommt nach GAMBER in erster Linie Bischof *Marinianus* (595–606) in Frage, der Freund und ehemalige Klostergenosse des Papstes Gregor. Er dürfte das Gregorianum nach seiner Ernennung und Weihe i. J. 595 in Rom von hier nach Ravenna mitgebracht und es als Grundlage für eine Redaktion des ravennatischen Meßbuches verwendet haben. Auch das von Maximianus redigierte Lectionarium plenarium wurde damals einer Überarbeitung unterworfen und, wie spätere Handschriften (Nr. 801, 806 und 808) zeigen, dem Sakramentar als selbständiger Teil beigefügt[1].

Die ältesten erhaltenen Zeugen des Gelasianum mixtum stammen aus dem 8. Jahrhundert und sind in England bzw. in einem angelsächsischen Zentrum in Deutschland geschrieben (Nr. 803 und 804). Es handelt sich um kleine Fragmente. Sie sind, wie die erhaltenen ravennatischen Liturgiebücher, in zwei Kolumnen beschrieben. Die bedeutungsvollste Voll-Handschrift ist das Sakramentar von Monza (Nr. 801), den ungekürzten Formelbestand zeigt der Codex von Rheinau (Nr. 802)[2].

Aus Ravenna sind, wie gesagt, nur Sakramentare erhalten, die eine weiterentwickelte Form des Gelasianum mixtum darstellen, indem je-

---

[1] Vgl. K. GAMBER, Das Sakramentar und Lektionar des Bischof Marinianus von Ravenna, in: Römische Quartalschrift 61 (1966) 203–208.

[2] Die weitere Entwicklung der Gelasiana mixta in Oberitalien und im Frankenreich vgl. S. 370 ff.

des Formular (wie im Gregorianum) aus nur 3 Formeln (Oration, Se-
kret, Postkommunion) besteht. Es sind die folgenden Fragmente:

650   Sakramentar-Fragment (Palimpsest) in Stuttgart

> **Bibl.:** Stuttgart, W. Landesbibliothek, Cod. fragm. 100 A (aus: Cod.
> H. B. VII 10). – **Edit.:** K. GAMBER, Das Stuttgarter Sakramentar-
> Palimpsestblatt, in: ALW VI, 2 (1960) 455–60. – **Lit.:** A. DOLD, in: TuA,
> Heft 7/9 (Beuron 1923) 11 Anm. 1; C. MOHLBERG, in: Sacramentarium
> Veronense (Roma 1957) 180–181 (wo die Erst-Edition von DOLD über-
> nommen ist); LOWE IX Nr. 1361. – **Schrift:** Unziale, ca. 30 Zeilen in zwei
> Kolumnen. – **Zeit und Ort:** 7. Jh., Oberitalien, vermutlich Gegend von
> Ravenna.

Das palimpsestierte Halbblatt zeigt Votivmessen, von denen die erste
aus der Formularsammlung «Orationes et praeces diurnae» im Leonianum (Nr. 601) ausgewählt ist. Die folgenden Formulare für Ver-
storbene sind dagegen zum Teil dem Gelasianum, zum Teil einem
gregorianischen Votivmessen-Libellus (vgl. Nr. 795) entnommen. Jedes
Formular ist nach dem gregorianischen Schema gebildet und weist
deshalb nur drei Formeln auf (Oratio, Secreta, Post communionem).

651   Sakramentar-Fragmente in Breslau und Stockholm

> **Bibl.:** Wrocław (Breslau), Biblioteka Universytecka, Fragmentenmappe
> (o. Nr.) + Stockholm, Kungl. Biblioteket, Cod. A 135a. – **Edit.:** K. GAM-
> BER, Der Stockholmer Fragmentstreifen und sein Verhältnis zum Palimp-
> sest-Sakramentar von Monte Cassino, in: Ephem. lit. 72 (1958) 111–126;
> IDEM, Die Fragmente von Stockholm und Breslau, in: Sacris erudiri 17
> (1966); 242–46 J. WORONCZAK (in Vorbereitung). – **Lit.:** P. LEHMANN in,
> Nordisk Tidkrift för Bok- och Biblioteksväsen 21 (1934) 166–167 (mit
> farbigem Facsimile); L. EIZENHÖFER, in: ALW VI, 1 (1959) 79–81;
> K. GAMBER, ebd. VI, 2 (1960) 455–460; Sakramentartypen 95. – **Zeit und
> Ort:** 7./8. Jh., Oberitalien (vermutl. Ravenna).

Die zwei Streifen, die das Fragment ausmachen, ein Längs- und ein
Querstreifen, gehören vermutlich zum gleichen ehemaligen Doppelblatt. Die Handschrift war (wie Nr. 650) zweispaltig angelegt. Erhalten
sind Teile von Votivmessen, zu Beginn eine zu Ehren des hl. Johannes
Ev. (Johanneskirche zu Ravenna!), die dem Gregorianum entnommen
ist, dann Messen «pro uiuis et defunctis».

659 Fragmente eines Sakramentars in Stuttgart

> **Bibl.:** Stuttgart, Württembergische Landesbibliothek, in: Inkunabel
> 15370 *b om.* – **Edit.:** K. GAMBER, Fragment mit Votivmessen in Stuttgart,
> in: Sacris erudiri 17 (1966) 246–250. – **Zeit und Ort:** 10. Jh., Oberitalien,
> Gegend von Ravenna (?).

Die zweispaltig geschriebenen Seiten zeigen Votivmessen «pro vivis et
defunctis», die z. T. sonst nicht mehr vorkommen. Es bestehen Beziehungen zu Fragment Nr. 651. Wahrscheinlich handelt es sich um
einen späten Nachkommen jenes ravennatischen Sakramentars, das
im 7./8. Jh. in der Stadt des byzantinischen Exarchen in Gebrauch
war.

Als ein relativ frühes Zeugnis der ravennatischen Liturgie ist der im
folgenden zu nennende Rotulus anzusehen. Der *Rotulus* war neben der
Buchform im 1. Jahrtausend und darüber hinaus allgemein üblich.
Bekannt ist der Rotulus der griechischen Markus-Liturgie in der Vaticana. Aus dem «Ordo officiorum» des Beroldus erfahren wir[1], daß noch
im 12. Jh. Rotuli in der Mailänder Liturgie in Gebrauch waren. So gab
es hier einen «Rotulus orationum», der den Kollektaren der römischen
Liturgie entspricht (vgl. Nr. 1501 ff.), weiter «Rotuli litaniarum» für
die einzelnen Tage der Litaniae (vgl. die Handschrift Nr. 577) und einen
«Rotulus paschalis» für die Weihe der Osterkerze (vgl. Nr. 485 ff.).
Leider ist außer dem folgenden Rotulus kein derartiges Liturgiebuch
aus Oberitalien mehr erhalten geblieben[2].

660 Rotulus von Ravenna

> **Bibl.:** Lugano (früher: Mombello di Imbersago, Como), Archivio del
> Principe Pio (ohne Nr.). – **Edit.:** A. CERIANI, Il rotolo opistografo del
> Principe Antonio Pio di Savoia, in: Archivio storico Lombardo 11 (1884)
> 11–16; DACL XIV, 2 3027–33; L. C. MOHLBERG, Sacramentarium Vero-
> nense (Roma 1958) 173–178, 202f.; S. BENZ (= LQF 45). – **Lit.:**
> F. CABROL, Autour de la liturgie de Ravenne, in: Rev. bénéd. 22 (1905)
> 485, 492–493; 23 (1906) 489–520; DACL I, 2 2254; XV, 1 141–143; LOWE
> III Nr. 371; BOURQUE I Nr. 3 S. 74; Sakramentartypen 44; K. GAMBER,
> Die Orationen des Rotulus von Ravenna, in: ALW V, 2 (1958) 354–361;

---

[1] Vgl. M. MAGISTRETTI, Manuale Ambrosianum I (Milano 1905) 7–8.
[2] Zum Rotulus aus Lorsch mit «Laudes gallicanae» vgl. Nr. 777.

J. LEMARIÉ, in: Les Questions liturgiques et paroissiales 42 (1961) 303–322;
A. OLIVAR, El rollo opistografo con oraciones de adviento, in: Scripta et
Documenta 13 (Montserrat 1962) 414–424 (mit weiterer Lit.). – **Zeit und
Ort:** 7./8. Jh., Ravenna.

Der Rotulus ist am Anfang und Ende lückenhaft überliefert. Über die
Bestimmung der 42 erhaltenen Orationen sind die Meinungen noch
geteilt. A. OLIVAR und andere sehen in ihnen Adventsorationen,
GAMBER denkt auf Grund der Schlußschrift des Rotulus: IN UIGILIIS
NATALIS DOMINI und auf Grund des Inhalts der Gebete an Psalmen-
kollekten, wie sie im Vigilgottesdienst von Weihnachten in Ravenna
gebraucht worden sind[1].

---

[1] Als unser Liturgiebuch entstand, war in Ravenna, wie wir sahen, bereits über
100 Jahre der römische Ritus eingeführt. Die relativ späte Abschrift (7./8. Jh.)
ließe sich sehr einfach dadurch erklären, wenn man annimmt, daß man in
Ravenna auch nach der Einführung des römischen Ritus an dem früheren
Nachtgottesdienst (Vigiliae) von Weihnachten festhalten wollte und deshalb
den Rotulus zur Ergänzung des Liber sacramentorum herstellte.

SPICILEGIUM FRIBURGENSE

Vol. XII

A. HÄNGGI – I. PAHL

PREX EUCHARISTICA

TEXTUS

E VARIIS LITURGIIS ANTQUIORIBUS SELECTI

Singularum partium textus paraverunt:

LOUIS LIGIER:

   Textus Liturgiae Iudaeorum;

JOSEPH A. JUNGMANN:

   Textus Ecclesiae antiquae;

ALPHONSE RAES:

   Anaphorae orientales;

LEO EIZENHÖFER – IRMGARD PAHL – JORDI PINELL:

   Textus Liturgiarum occidentalium.

XXIV-520 pp. 1968.　　　　　　　　　　　　　Fr. 55.—

EDITIONS UNIVERSITAIRES CH – 1700 FRIBOURG

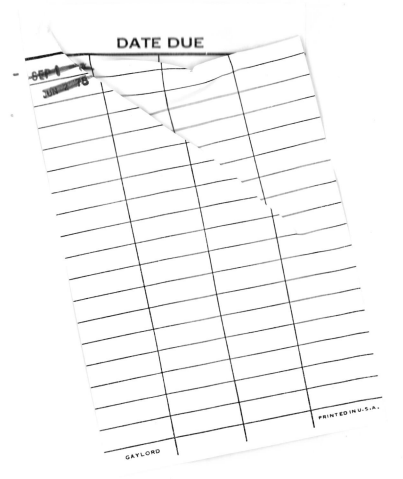

DATE DUE